हिन्दी का कथेतर गद्य
परम्परा और प्रयोग

विद्यानिवास मिश्र स्मृति ग्रन्थमाला

के अन्तर्गत प्रकाशित पुस्तकों की सूची

1. भाषा, संस्कृति और लोक
2. इतिहास, परम्परा और आधुनिकता
3. लोक और शास्त्र : अन्वय और समन्वय
4. साहित्य में नारी-चेतना
5. हिन्दी साहित्य में सांस्कृतिक संवेदना और मूल्यबोध
6. श्रीकृष्ण रस
7. हिन्दी का कथेतर गद्य : परम्परा और प्रयोग
8. हिन्दी भाषा की परम्परा : प्रयोग और सम्भावनाएँ
9. जन-जन के राम
10. शिक्षा, दर्शन और समाज : समकालीन विमर्श

विद्यानिवास मिश्र स्मृति ग्रन्थमाला

हिन्दी का कथेतर गद्य
परम्परा और प्रयोग

प्रधान सम्पादक

दयानिधि मिश्र

सम्पादक

उदयन मिश्र

प्रकाश उदय

वाणी प्रकाशन

वाणी प्रकाशन

4695, 21-ए, दरियागंज, नयी दिल्ली 110 002

फ़ोन : +91 11 23273167 फ़ैक्स : +91 11 23275710

शाखाएँ

अशोक राजपथ, पटना 800 004, बिहार

कॉफ़ी हाउस कैम्पस, महात्मा गांधी मार्ग, इलाहाबाद 211 001, उत्तर प्रदेश

महात्मा गांधी अन्तरराष्ट्रीय हिन्दी विश्वविद्यालय, वर्धा 442 001, महाराष्ट्र

सुल्तानिया रोड, मोतिया पार्क, भोपाल 462 001, मध्य प्रदेश

www.vaniprakashan.com
marketing@vaniprakashan.in
sales@vaniprakashan.in

HINDI KA KATHETAR GADYA : PARAMPARA AUR PRAYOG

Chief Editor : Dayanidhi Mishra

Editor : Udayan Mishra, Prakash Uday

ISBN : 978-93-89563-39-9

Criticism

प्रथम संस्करण 2020

मूल्य : ₹ 495

सिटी प्रेस, दिल्ली-110 095 में मुद्रित

वाणी प्रकाशन का लोगो मक़बूल फ़िदा हुसेन की कूची से

भूमिका

हिन्दी साहित्येतिहास में आधुनिक काल को प्रतिष्ठित करने का श्रेय बहुत कुछ उसकी खड़ी बोली के गद्य-पराक्रम को भी है। इस क्रम में गद्य ने साहित्य की एक शैली के रूप में स्थापित अपनी पहचान से बड़ी और बढ़ी भूमिका निभाई; निबन्ध, नाटक, कहानी, उपन्यास आदि तो हैं ही गद्य-विधाएँ, कालान्तर में कविता तक को गद्य ने अपने प्रभाव में लिया। इसके साथ ही आत्मकथा, जीवनी, यात्रावृत्त, रिपोर्ताज, गद्यगीत, रेखाचित्र, संस्मरण, व्यंग्यबन्ध, स्तम्भ, साक्षात्कार, डायरी, चिट्ठी-पत्री जैसी अनेक कथेतर गद्यविधाएँ भी विकसित हुईं और साहित्य-संसार में अभिव्यक्ति-व्यापार की एक जरूरत के तौर पर अपनी अलग पहचान के साथ स्थापित हुईं। इन सबके जरिए साहित्य के आकाश के खुलने को, उसके दायरे के गहन और विस्तृत होने को महसूस किया जा सकता है। साहित्य को ज्ञान के विभिन्न अनुशासनों से जोड़ने में इन गद्य-विधाओं की एक ऐतिहासिक भूमिका रही है। सम्प्रेषण और पठनीयता के इन्होंने नवीनतर आयाम आविष्कृत और विकसित किये हैं।

इन कथेतर गद्य-विधाओं को हिन्दी के रचना-संसार ने जिस तत्परता, उत्साह और गम्भीरता से अपनाया, इनके प्रयोग और उपयोग के प्रतिमान स्थापित किए और इन गद्य विधाओं ने साहित्यिक ही नहीं सामाजिक जीवन में भी जिस तरह की वैचारिक हलचलों को जन्म दिया है, उससे, जाहिर है कि आलोचना के सैद्धान्तिक और व्यावहारिक दोनों प्रकारों से कई तरह की और नयी तरह की अपेक्षाएँ जग पड़ी हैं। आलोचना के लिए अब कविता-कहानी जैसे पारम्परिक साहित्य-विधानों में फुरसत नहीं पाने के बहाने, तय है कि बहुत दूर तक और बहुत देर तक चलने वाले नहीं हैं। इसके साथ ही यह भी सच है कि विभिन्न विधाओं के साहित्यिक स्वरूप को स्थायी रूप से तय कर देने वाली मानसिकता को इन कथेतर विधाओं ने अपनी आपसी आवाजाही से पर्याप्त हतोत्साहित किया है। सुधीजन ने इसे 'विधाओं में तोड़फोड़' के रूप में लक्षित करते हुए अक्सर यह स्वीकार किया है कि संस्मरण, रेखाचित्र, रिपोर्ट, डायरी जैसी विधाएँ एक-दूसरे से जितनी अलग हैं

उससे कहीं ज्यादा लगी हुई हैं। यही नहीं, कथा से इतर कही जाने वाली ये विधाएँ बहुधा कथा के भीतर भी अपनी और अपने भीतर भी कथा की पैठ बनाती हैं। जाहिर है कि तमाम स्थितियों पर इस तरह से और कई-कई तरफ से बतकही, बल्कि बतकहियों की जगह और जरूरत बनती है; इसी जरूरत के तहत विद्याश्री न्यास ने अपने एक साम्वत्सर उपक्रम को 'कथेतर हिन्दी गद्य : परम्परा और प्रयोग' पर केन्द्रित करते हुए एक अन्तरराष्ट्रीय संगोष्ठी एवं भारतीय लेखक-शिविर का आयोजन किया। साहित्य अकादमी, नई दिल्ली; केन्द्रीय हिन्दी संस्थान, आगरा एवं विद्याश्री न्यास के संयुक्त तत्त्वावधान में सम्पन्न इस आयोजन के कथेतर हिन्दी गद्य : विधाएँ और सम्भावनाएँ, कथेतर हिन्दी गद्य की आलोचना : प्रयोजन और निकष तथा कथेतर हिन्दी गद्य : विकास और अवदान जैसे अकादमिक सत्रों में देश-विदेश से आए सुधीजन ने आधार वक्तव्य, व्याख्यान, आलेख-वाचन, हस्तक्षेप आदि के जरिए केन्द्रीय विषय के विभिन्न आयामों की गवेषणात्मक समीक्षा की, विमर्श की नयी दिशाओं के संधान किये।

विद्याश्री न्यास इस आयोजन और इसके संयोजन में सहभागी सहयोगी सभी व्यक्तियों और संस्थाओं के प्रति कृतज्ञ है। 'विद्यानिवास मिश्र स्मृति ग्रन्थमाला' का यह पुष्प 'हिन्दी का कथेतर गद्य : परम्परा और प्रयोग' भी, हर बार की तरह, उन्हीं की सहृदयता का सुफल है। समस्त सुधीजन, जिन्होंने इस पुस्तक के लिए अपने आलेख उपलब्ध कराए, अपने व्याख्यानों को लेखबद्ध किया उनके प्रति हम हृदय से आभारी हैं। सर्वश्री कृष्ण चन्द्र लाल, देवेन्द्र कुमार गुप्त, वेदप्रकाश अमिताभ और अर्पणा जी की उपस्थिति इस संगोष्ठी में नहीं हो पाई थी, लेकिन उन्होंने अपनी वैचारिक भागीदारी के हमारे आग्रह को स्वीकार किया, इसके लिए हम उनके प्रति कृतज्ञ हैं। इस पुस्तक में शामिल पं. विद्यानिवास मिश्र के तीन आलेख, क्रमशः 'व्यक्तिव्यंजक निबन्ध', 'हिन्दी व्यक्तिव्यंजक निबन्ध' और 'आधुनिक साहित्य का आस्वाद : गद्य का सलोनापन', विश्वास है कि इस पुस्तक को अधिक उपादेय और विचार-समृद्ध करेंगे।

वाणी प्रकाशन से 'विद्यानिवास मिश्र स्मृति ग्रन्थमाला' की अगली कड़ी के रूप में इस पुस्तक के प्रकाशन का श्रेय हमेशा की तरह श्री अरुण माहेश्वरी और विद्याश्री न्यास के इस सारस्वत आयोजन को पुस्तक-आकार देने के उनके संकल्प को है। उनके प्रति कृतज्ञता का यह एक और अवसर हमारे साथ ही भाषा-साहित्य के हर प्रेमी के लिए प्रीतिकर है।

–दयानिधि मिश्र

सचिव, विद्याश्री न्यास

अनुक्रम

गद्य की सत्ता

श्यामसुन्दर दुबे

जीवन-व्यवहार में जिस वाक्-प्रणाली की संरचना सम्भव हुई है—वह गद्य में स्थापित होती है—एक तरह से हमारा जीवन जिस भाषिक सरोकार से आपूरित है—वह गद्यात्मक है। किन्तु यहाँ हम जिस गद्य की चर्चा कर रहे हैं, वह व्यवहारविद तो है ही इससे इतर वह सर्जनात्मक स्तर पर अपनी प्रतिष्ठापूर्ण अवस्थिति का भी द्योतक है। रचना-जगत के गद्य और पद्य को समवेत रूप में वाङ्मय माना गया है। लोक की रचनात्मकता अपनी प्रारम्भिक स्थितियों में काव्य में अभिव्यक्त होती रही—ऐसा इसलिए कि कलात्मक उक्ति अपनी स्वल्प शब्दावली में भी अपने सौन्दर्यगत अभिप्रायों में सक्षम सिद्ध हुई है। धुर आदिवासी क्षेत्रों में बारह और सोलह मात्राओं की छन्द-रचनाएँ प्राप्त होती हैं। भावोच्छलन के लिए यह लघु-छन्द द्रोणी अपने आयतन में पर्याप्त थी। जैसे-जैसे मनुष्य की मेधा के पट खुलते गये वैसे-वैसे उसे अपनी अभिव्यक्ति प्रणाली के लिए भाषिक संरचना के स्तर पर अन्य माध्यम भी तलाशने पड़े। विस्तृत पीठिका वाली विषय-वस्तु प्रधान रचना के लिए उसने गद्य का अवलम्ब लिया। लोककथा इस तरह आकृतिवान होने वाली गद्य रचना है। स्पष्ट है कि सुनियोजित और व्यवस्थित विवरणों के सम्प्रेषण में गद्य का ही अधिक उपयोग हुआ। फिर चाहे व्रतकथा के रूप में हो, नाटक के रूप में हो या फिर विवेचना प्रधान आख्यान हो, सभी में गद्यात्मकता का ही उपयोग हुआ।

मानवीय सभ्यता के विकास क्रम में लम्बे अरसे तक रचनात्मकता के स्तर पर कविता की केन्द्रीयता रही है। भाषा की इस सौन्दर्यात्मक उपलब्धि का उपयोग ज्ञान के अनेक प्रसंगों में किया जाता रहा है। ज्ञान-विज्ञान के पुराकोश कहे जाने वाले वेदों की रचना कविता में ही सम्भव हुई है। ज्ञान-विज्ञान की सूचनात्मकता और उसकी विश्लेषणात्मक प्रपत्तियों को सँभालने में कविता धीरे-धीरे कविताहीन होती गयी और केवल छन्द-साधना के बल पर वह स्मरणीय बनती रही। जिस तरह भाषा संश्लिष्टता से सरलता की ओर जाती है—इसी तरह रचना भी अपनी अभिव्यक्ति प्रणाली में सरलता की ओर प्रयाण करती रहती है। अन्ततोगत्वा रचना सम्प्रेषणीयता

के लिए जुगत साधती रहती है। गद्य का स्वरूप-निर्धारण और उसकी जनसामान्य में प्रचलन रचना की इसी जुगत का परिणाम था। गद्य विभिन्न वार्तिकों, चिट्ठी-पत्रियों, शिलालेखों, सनदों में अपना स्थान निर्धारित करता रहा है—कम-से-कम हिन्दी के प्रारम्भिक गद्य की पड़ताल तो इस रूप में की ही जा सकती है—यह एक तरह का व्यावहारिक गद्य था जो हिन्दी की बोलियों से होता हुआ—आज की हिन्दी तक आया है। खड़ी बोली हिन्दी के गद्य के विकास के कुछ ऐतिहासिक कारण थे। प्रिंटिंग प्रेस के आगमन के साथ समाचार-पत्रों और पत्रिकाओं के प्रकाशन का सिलसिला प्रारम्भ हुआ। इनका अधिकांश कलेवर गद्य प्रधान था। सांस्कृतिक और धार्मिक स्तरों पर आख्यानों-व्याख्यानों तथा अनुवादों के माध्यम से हिन्दी गद्य का क्षेत्र विस्तीर्ण होने लगा था। इधर भाषाओं के साहित्य से सम्पर्कशीलता ने हिन्दी गद्य की रचनाशीलता को प्रभावित किया। गद्य का यह विकास युगीन आवश्यकता की पूर्ति के निमित्त ज़रूर हो रहा था किन्तु इसके अन्तर्लोक में रचनात्मक स्तर की उस सम्प्रेषणीयता की ललक भी थी जो विस्तृत जन-समूह को सम्बोधित करना चाहती थी।

रचना के अन्तराल में भाषा की विवृत्तिगत प्रवृत्ति गद्य के सौन्दर्य में अपना अभिनिवेश करती रही है। रचना में विचार तत्त्व की प्रतिष्ठा को सम्बोध्य बनाने के लिए गद्य के सौन्दर्य का आधार ज़रूरी था। हिन्दी गद्य के इस रूप की पहचान 'सर. स्वती' पत्रिका के आगमन के साथ होने लगी थी और इस तरह की गद्यपरक हिन्दी को 'टकसाली हिन्दी' कहा जाता था। भारतीय समाज में जो चिन्तन-अनुचिन्तन का परिवेश तत्कालीन समूह मानस को आन्दोलित कर रहा था उसकी अभिव्यक्ति गद्य में ही सम्भव थी। एक ओर स्वतन्त्रता की प्राप्ति हेतु किया जाने वाला वाणी-उद्यम तो दूसरी ओर नवजागरण के सभी प्रयास जो वाक् के सभी स्तरों पर सम्पन्न हो रहे थे- हिन्दी गद्य का ही आश्रय ले रहे थे। हिन्दी गद्य वैचारिक ऊर्जा को वहन करने में समर्थ बन रहा था। स्पष्ट था कि कविता की अपेक्षा विचारों को व्यक्त करने में गद्य की भूमिका महत्त्वपूर्ण बनी। गद्य में निबन्ध विधा विचार केन्द्रित विधा के रूप में सर्वाधिक समर्थ बनकर प्रतिष्ठित हुई।

खड़ी बोली के प्रारम्भिक काल से हिन्दी गद्य के अन्तर्गत निबन्ध एक स्वतन्त्र विधा की तरह अस्तित्त्ववान हो चुका था। समाज, संस्कृति, धर्म-दर्शन, राजनीति और ज्ञान की विभिन्न शाखाओं के वैचारिक विमर्श का सिलसिला निबन्ध के माध्यम से भारतेन्दु युग में ही प्राप्त होने लगता है। यहीं से निबन्ध की सृजनधर्मी प्रकृति के बहुआयामी स्वरूप की रचना-यात्रा शुरू हो जाती है—मनोविनोद और हास्यप्रधान प्रसंगों को अपने कलेवर में समेटने वाला निबन्ध यात्रा-विवरणों से लेकर सरस टिप्पणियों तक का संसार निर्मित करने लगा था। सरस्वती के माध्यम से आचार्य महावीर प्रसाद द्विवेदी ने हिन्दी गद्य को बहुआयामी निबन्धों की शृंखला प्रदान की

और भाषागत संस्कारों को परिमार्जित किया। इस स्तर से ही हिन्दी नयी चाल में ढली। अपनी प्रारम्भिक अवस्था में निबन्ध ने हिन्दी को नयी चाल में ढाला। इसी मुकाम से हिन्दी गद्य ने मानसिक आस्वादन के अनेक क्षितिज उद्घाटित किये। विशेष रूप से निबन्ध ने मानसिक ऊर्जा के सम्पोषण और संवितरण में महत्त्वपूर्ण भूमिका निभाना प्रारम्भ कर दिया। साहित्य समीक्षा के मौलिक और विशिष्ट मानदण डों के प्रणयन के साथ सर्जनात्मक साहित्य की आलोचना प्रणाली के लिए निबन्ध ने ही स्पेस बनाया। पत्रकारिता के क्षेत्र में निबन्ध की भूमिका अंसदिग्ध है। रिपोर्ताज, त्वरित टिप्पणियाँ और राजनैतिक आर्थिक तथा सामाजिक क्षेत्रों के विश्लेषण का सांगोपांग निबन्ध ही समेटता है। संस्मरण और ललित निबन्ध जैसी रचना-विधा में निबन्ध की रमणीयता को गद्य के लालित्य के रूप में निरूपित किया जा सकता है। रामचन्द्र शुक्ल, हजारी प्रसाद द्विवेदी, विद्यानिवास मिश्र, महादेवी वर्मा के निबन्धों में यह लालित्य न केवल सुरक्षित है, बल्कि आगामी पीढ़ियों की प्रेरणा भूमि बनकर विचार और भाव की पारस्परिकता के कारण गद्य में भी काव्य के अन्तःआस्वाद्य की परम्परा को ऊर्जास्वित करने में समर्थ है। जीवन-जगत के मध्य स्थापित विषयगत विवेचनों के अनन्त को अब निबन्ध की आत्मा में अनुभव किया जा सकता है। निबन्ध लोकजन से निरन्तर संवादरत है। यह बहुपठित गद्य-विधा समाज की बौद्धिक परितृप्ति हेतु जितनी कटिबद्ध है, उतनी ही यह समाज को प्रबुद्ध करने में अपना सहयोग कर रही है। यह सम्भावना प्रबल है कि निबन्ध ही भविष्य की वह विधा होगी जो सर्वाधिक लोकप्रिय सहज-संवादी विधा बन सकेगी।

कथा-रचना गद्य की सर्जनात्मक शक्तियों का उत्कृष्ट प्रमाण है। गद्य, वार्तालाप की श्रेणी से निकलकर जिस रचनात्मक विधा में स्थापित हुआ, वह कथा विधा ही है—लोक बोलियों में लोक कथाओं का विश्वव्यापी स्वरूप प्राप्त होता है। इन लोक कथाओं में आदिम स्मृतियों का कल्पनात्मक वैभव समाया हुआ है। लोककथाओं से लेकर आधुनिक कथा-रचना तक की लम्बी कथा-यात्रा मानवीय संवेदना और उसकी अद्भुत कल्पना-क्षमता का ही प्रमाण प्रस्तुत करती है। विश्व स्तर पर कथा सर्वाधिक लोकप्रिय रचना-विधा की तरह उभरने वाली साहित्य-सृष्टि है। जीवनगत संवेदनाओं का कलात्मक संयोजन कथा—सृष्टि को जीवन के बहुत गहरे आत्मीय अनुभवों से लबरेज करता है। कथा जीवन के अन्तर्द्वन्द्वों, अन्तःसंघर्षों और अन्तश्चेतना के स्तर पर उठने वाली सूक्ष्म हलचलों को गद्य में निरूपित करने का प्रभावशाली माध्यम है। लोककथाएँ श्रुति परम्परा में जीवित रही हैं—इसलिए इनकी कथन-भंगिमा और आख्यानगत कुशलता कथा के ऐसे संस्कार निर्मित करती रही है कि जिनसे कथा की सम्प्रेषणीयता का परिदृश्य लम्बे समय तक क्रियाशील रहा। इस परिदृश्य के प्रभावों का धनात्मक परिणाम कथा के साहित्यिक संस्करण को भी कुछ मायनों में

प्राप्त होता रहा है–कथा के आस्वादन का सिलसिला जो जनसामान्य तक विस्तृत था यद्यपि उसका दायरा सीमित हुआ, किन्तु आस्वादन के स्तर पर अब भी गद्य की यह विधा सर्वाधिक विस्तार घेरती है। इतिहास, समाज, मनोविज्ञान, विज्ञान के अन्तरी-कोनों तक के जीवन स्पंदनों को कलात्मक परिवेश में कथा ने कुशलता के साथ प्रस्तुत किया है–जो कहावत कभी काव्य के लिए लागू होती थी कि जहाँ न जाये रवि वहाँ जाये कवि, अब कथा-रचना के लिए मौजूँ बन रही है। कथा की पैठ से अब कोई जीवनगत घटनाक्रम अछूता नहीं है। गद्य भी सूक्ष्म से सूक्ष्मतर जीवनानुभवों को अपनी रचनात्मक शक्तियों में शामिल कर सकता है–यह कथा के माध्यम से उजागर होता है। कथा-संरचना इतने प्रयोगों के द्वारों से गुज़री है कि वह अपनी शिल्प प्रविधियों में अनुभवों की अनेक शेड्स वाली उजास से रूबरू होती रही है। संवेदना और विचार का धूप-छाँही ताना-बाना कथा की अन्तरात्मा की आन्तरिक बुनावट को निर्धारित करते हैं–इस आधार पर कथा जीवन-समग्र की व्याख्या में न्यस्त विधा है।

कथा-विधा में उपन्यास एक ऐसा विधा-रूप है जो अपनी चमकदार उपस्थिति हर समय बनाने में समर्थ रहा है। उपन्यास, जीवन की घटना-शृंखला को कुछ इस तरह सम्मूर्तित करता है कि उसमें निहित देश-काल की प्रतीति भी अपना अक्स स्पष्ट करती चलती है। गद्य का यह कथा-करिश्मा जीवनगत समस्त अभिप्रायों को अपने कलेवर में समेटता है और पाठक जैसे इन अभिप्रायों को अपने होने में तलाशता है। उपन्यास जब अपने सम्पूर्ण में प्रस्तुत हुआ, तब इसे इपिक पोयट्री, महाकाव्यीय रचना का स्थानापन्न माना गया। यद्यपि यह तुलना इसलिए विश्वसनीयता प्राप्त नहीं कर पायी कि दोनों के रचना-विधान और दोनों की सैद्धान्तिकी में कोई मेल नहीं था। हिन्दी में प्रेमचन्द द्वारा विरचित 'गोदान' उपन्यास को कृषक-जीवन का महाकाव्य अनेक बार कहा गया। सम्भवतः कृषक जीवन की सहजता और इस सहजता में घटित ट्रेजिक घटनाक्रमों से निस्पन्न भावान्दोलन की सघनता ने इसे महाकाव्य की प्रभाव-क्षमता दी हो, किन्तु गोदान का रचना-विधान महाकाव्य से भिन्न है। गोदान अपने समय की गद्यात्मक समीक्षा करता हुआ युगीन दबावों से उत्पन्न ऊर्जा का रचनात्मक प्रतिकल्प है। हिन्दी गद्य की पठनीयता को विस्तारित करने वाले देवकी नन्दन खत्री द्वारा रचित उपन्यासों ने जो एक लोकप्रिय आधार गद्य को लेकर निर्मित किया था–उसी गद्य की आन्तरिक शक्तियों का सुमेरु 'गोदान' कहा जाता है।

हिन्दी गद्य ने अपने उपन्यासों के माध्यम से उन अचीन्हे क्षेत्रों को भी आवाज़ दी है–जो गहरे अन्धेरे में डूबे हुए थे। धुर आदिवासी क्षेत्रों के जीवन-व्यापारों में निहित संवेदना को हिन्दी गद्य की इस विधा ने संसार के सम्मुख पहली बार प्रस्तुत किया। झारखण्ड, छत्तीसगढ़, छोटा नागपुर जैसे इलाकों में आदिवासीबहुल क्षेत्रों में

धड़कते जीवन की लय को हिन्दी गद्य ने अपनी औपन्यासिक रचनाओं में तलाशा है। महिला और शोषित वंचित समाज के तल्ख़ जीवनानुभवों को इधर के उपन्यासों में एक उपलब्धि की तरह माना जाता है। स्त्री और दलित लेखन को रेखांकित करने वाली रचना-विधा उपन्यास है। स्त्री संवेदना के अन्तःकरण को स्त्री लेखकों द्वारा ही प्रस्तुत करने का एक लम्बा सिलसिला आज साहित्य के क्षितिज पर प्रमुखता से जगमगा रहा है। हिन्दी गद्य ने इस रूप में जैसे उनको जुबान दी है—जो अपना संग्राम चुपचाप अब तक लड़ती रही हैं—उनके आत्म चैतन्य का तेजस्वी हिस्सा स्त्री लेखन में नमूदार हो रहा है। ऐसा नहीं है कि कविता में इनकी उपस्थिति दर्ज नहीं थी, लेकिन गद्य ने इनकी रचनात्मकता को व्यापक रूप से विस्तारित किया है। ग्रामीण जीवन के नायाब परिपार्श्व भी उपन्यासों में उद्घाटित हुए हैं। ग्रामीण जीवन के विद्रूप से लेकर उसके भीतर से उपजती आशाओं-अकांक्षाओं का दास्तावेज़ हम उपन्यासों के माध्यम से पा सकते हैं—आधुनिक जीवन-बोध के बदलते स्वभावों के बदलते तासीर के विभिन्न उतार-चढ़ावों का अंकन उपन्यास बख़ूबी कर रहा है।

कहानियाँ अपने सीमित स्पेस में भी बड़ी भूमिका निर्मित किये हुए हैं। कहानी का पाठक-वृत्त बड़ा है। लगभग एक बैठक में पढ़ी जाने वाली यह रचना-विधा आज के आपाधापी वाले समय की लिहाज़ से मुफ़ीद विधा है। गद्य के शैल्पिक सौन्दर्य विधान के नित नूतन परिवर्तन कहानी विधा को कलात्मक परिमार्जन के अवसर प्रदान करते रहे हैं। व्यक्ति और समाज के अन्तर्विरोधों से लेकर बदलते समय के मूल्य-मानकों की स्वीकृति-अस्वीकृति की जद्दो-जहद में रत कथाकारों के मानस-बिम्ब को कहानी के आइने में अच्छी तरह से परखा जा सकता है। इस रूप में कथा-साहित्य गद्य के विकास के ऐतिहासिक अभिकल्पन में संलग्न है।

गद्य की नाटक विधा संरचना की दृष्टि से पुरा विधा है। लोक बोलियों में ना. टकों की रचनात्मकता का ज़िक्र भरत मुनि के नाट्यशास्त्र में प्राप्त होता है। लगता है, कथा रचना के युगपत ही नाटकों की रचना हुई होगी। नाटक की संरचना एक तरह से अनुभव को प्रत्यक्ष करने की प्रक्रिया से संलग्न है—इसलिए इसे शास्त्रीय शब्दावली में दृश्य काव्य की संज्ञा प्रदान की गयी है—इसके माध्यम से रस-विवेचना और काव्यगत अन्य उपकरणों की सैद्धान्तिकी निर्मित की गयी है—यही वजह है कि इसे काव्य की तरह निरूपित किया गया। यह भी है कि नाटक के संवाद काव्यमय भी रहे हैं—किन्तु यह निश्चित है कि गद्य के रूप में यह मंच पर सम्भव होने वाली कविता ही है। लम्बे अरसे तक गद्य के अनेक स्तरों का रूपायन नाटक के माध्यम से स्पष्ट होता रहा है। संस्कृत नाट्य परम्परा में स्त्री तथा टहलकार वर्ग के संवाद अपभ्रंश में ही प्राप्त होते हैं; जबकि उच्च वर्ग के संवाद संस्कृत गद्य और पद्य दोनों में उपलब्ध हैं। संवादों का यह संस्तरीकरण, वर्ग पहचान का तरीक़ा ही रहा है।

पद्य और गद्य के मिले-जुले प्रस्तुतीकरण को चम्पू काव्य भी कहा गया। नाटकों की विकास परम्परा में नाटक निरन्तर गद्य-प्रधान होते गये हैं—यह अलग तथ्य है कि नाटकों में गीत-संगीत की काव्यमय जुगलबन्दी भी रही है।

नाटक साझा रचना है। लेखक, अभिनेता, निर्देशक और अन्य सहयोगियों की प्रतिभा का यह सहकार जीवन की पुनर्प्रस्तुति करता है। इसलिए नाटक की भाषा संवादों के साथ-साथ आंगिक चेष्टाओं और अनुभवों तथा लाइट्स के शेड्स आदि में निहित होती है। नाटक अपने दृश्य की समग्रता में बोलता है। इन सबके बावजूद नाटक के केन्द्र में संवाद ही होते हैं—यह गद्य की नायाब प्रस्तुति है। लिखित गद्य नाटक में वाचिक बन जाता है—अपने ध्वन्यात्मक अनुभवों में गद्य के भीतर छिपी अन्य शक्तियों को भी वह प्रकट करने में समर्थ हो उठता है। गद्य के भीतर शब्दों की लय, शब्दों की उठान, शब्दों का अवरोह आदि तत्त्व गद्य को जीवन्त अभिव्यक्ति प्रदान करते हैं। गद्य का क्रियात्मक ध्वनि-बिम्ब नाटक की संवाद-अदायगी में प्रकट हो उठता है। नाटक में गद्य अपने मित कथन में भी प्रभावी बन जाता है। गद्य में निहित लाक्षणिकता तथा अभिव्यंजनात्मकता का अपूर्व प्रदर्शन नाटक के अभिनय में गद्य के अर्थ-विस्तार को अवसर देता है। हिन्दी नाटकों में जो काव्यात्मक और अभिजनग्राही गद्य प्रसाद जैसे नाटककारों में प्राप्त होता है, वह हिन्दी गद्य के उदात्त का साधारणीकरण जैसा है। असगर वजाहत, भीष्म साहनी जैसे नाटककारों ने गद्य की सहजता में भी नाटकीयता का विश्वसनीय विकास किया है। नाटक गद्य के कलात्मक रुझानों के साथ-साथ गद्य की जीवन्तता की भी उन्मोचक रचना-विधा है।

गद्य की सत्ता से यह अभिप्राय न लिया जाये कि यहाँ गद्य के वर्चस्व को विवेचित किया जा रहा है। सत्ता का तात्पर्य यहाँ अस्तित्व से है—उस अस्तित्व से जो गद्य को कलात्मकता के स्तर पर रचनात्मक सौन्दर्य का उद्घाटक बनाता है। यहाँ यह भी न समझा जाये कि इस विवेचन में कविता को हीन ठहराया जा रहा है। कविता का अपना महत्त्व है—उसे ख़ारिज नहीं किया जा सकता है। यह एक सहज प्रक्रिया है कि कविता कभी-कभी गद्योन्मुख हो उठती है—और कभी-कभी गद्य भी कवितोन्मुख हो जाता है। मुक्त छन्द की कविता ने कविता को गद्य बन जाने की ओर भी प्रेरित किया। ऐसी अनेक काव्य-रचनाएँ हैं जिन्हें यदि गद्य-शैली में लिख दिया जाये तो वे कविता के फार्म से वंचित-सी लगने लगती हैं। अज्ञेय ने ऐसे प्रयोग 'नया प्रतीक' में किये थे। उन्होंने सम्भवतः मदन वात्स्यायन की एक लम्बी कविता को गद्य शैली में ही छापा था। जब कुछ कविताएँ इस तरह से रची जाने लगीं कि उनका आस्वाद गद्यात्मक-सा हो उठा तब एक मुहावरा समीक्षा के गलियारों में 'सपाट बयानी' जैसा पद बनकर चक्कर काटने लगा था और तभी 'अर्थ की लय' भी चर्चा में आयी थी। गद्य जब कविता की ओर उन्मुख हुआ, तब

ऐसे गद्य को 'गद्यगीत' नाम दिया गया। हिन्दी में ऐसी अनेक रचनाएँ हैं जो गद्य में भी कविता जैसी धड़कती हैं।

अनुवाद की चर्चा करना भी यहाँ आवश्यक है। अनुवाद वैश्विक आपस दारी का साहित्यिक उपक्रम है। एक भाषा से दूसरी भाषा में आवाजाही अनुवाद के द्वारा ही सम्भव है। अनुवाद के लिए गद्य की रचनाएँ मुफ़ीद है। यही वजह है कि अनुवादित साहित्य में कथा-साहित्य का क्रम सबसे ऊपर है। फिर नाटक और निबन्ध जैसी रचनाओं के अनुवाद भी आते हैं। होने को तो काव्य के अनुवाद भी बहुत हुए हैं, किन्तु अनुवाद-कर्ताओं का अनुभव है कि गद्य-रचनाओं के अनुवाद अधिक सहज होते हैं। अनुवादों की दुनिया में गद्य-रचनाओं की प्रचुरता का परिणाम यह है कि कथा एवं नाटक रचनाओं में शैली-परिवर्तन की गुंजाइश अधिक बनने लगती है। अनुवाद, रचनात्मक प्रभावों का खुला आसमान है।

गद्य-रचना को साहित्य के क्षेत्र में निकष माना गया है। संस्कृत में कहा गया है—'गद्यः कवीनाम् निकषं वदन्ति।' गद्य कवियों की रचनात्मकता की कसौटी है। इसका सीधा-सीधा अर्थ हुआ कि गद्य की रचना करना कविता की अपेक्षा कठिन है। यह भी इससे ध्वनित होता है कि कवि यदि गद्य रचना के सौन्दर्य को अपनी अभिव्यक्ति का आधार बनाता है तो वह रचनाकार बनने का सच्चा अधिकारी है। अनेक कवियों ने अपनी गद्यपरक रचनात्मकता से अपनी अद्वितीयता को स्पष्ट किया है—हिन्दी साहित्य में महादेवी वर्मा, हरिवंशराय बच्चन, गजानन माधव मुक्तिबोध, रामधारी सिंह दिनकर के साथ गद्य की अनेक विधाओं में सक्रिय जयशंकर प्रसाद, निराला आदि को इस रूप में स्मरण किया जा सकता है। आख़िरकार गद्यकार और कवि दोनों को शब्द का बल ही ऊर्जा प्रदान करता है, कवि यदि शब्द का प्रयोग गद्य में करता है तो वह अधिक अर्थच्छटाएँ निकीर्ण करने में समर्थ हो सकता है। कवि-कर्म के साथ गद्य की रचनात्मकता जुड़ जाये तो सोने पे सुहागा हो उठता है। मैं संस्कृत के गद्य पुरुष बाणभट्ट से सम्बन्धित किंवदन्ति का उल्लेख करना चाहता हूँ। बाणभट्ट मृत्यु-शैया पर थे और कादम्बरी अधूरी थी। उन्होंने अपने दोनों पुत्रों से उस कृति को पूर्ण करने का आश्वासन लेने के पहले उनकी रचनात्मकता का परीक्षण करना चाहा। उन्होंने 'सूखा पेड़ सामने खड़ा है।' संस्कृत में बोलने को दोनों से कहा—एक पुत्र ने कहा—'शुष्कः वृक्षः तिष्ठत्यग्रे' दूसरे ने कहा, 'नीरस तरुरिह विलसति पुरतः' बाणभट्ट ने दूसरे पुत्र को दायित्व सौंपा। स्पष्ट है कि गद्य में भी 'कहन' का महत्त्व है।

हिन्दी ललित निबन्ध : शास्त्र और परम्परा

श्रीराम परिहार

हिन्दी ललित निबन्ध के शास्त्र और परम्परा पर विचार करना ज़रूरी हो गया है। लगभग सौ वर्षों पुरानी इस विधा के सिद्धान्तों और उसके क्रमिक विकास का अध्ययन आज ललित निबन्ध के व्यक्तित्व की पड़ताल और मानवीय भावों और विचारों का इस गद्य विधा में प्रतिबिम्बन दोनों ही दृष्टियों से समीचीन है। ललित निबन्ध में ललित विशेषण है या 'ललित निबन्ध' अपने आप में संज्ञा है; इस पर भी गहराई से विचार किया जाना है। यह कार्य समग्र ललित निबन्ध साहित्य के वस्तुगत, अनुभूतिगत और शिल्पगत स्वरूप को सामने रखकर ही किया जाना है।

सौन्दर्यबोध ललित निबन्ध में प्रमुख है। यह ही लालित्य तत्त्व बनकर आता है और यह ही लिखित निबन्ध जैसी गद्य विधा में 'रसनिष्पत्ति' का एक कारक भी बनता है। वैसे तो निबन्ध में रचनाकार का आत्मप्रकाशन होता है, लेकिन ललित निबन्ध में रचनाकार का मन पूर्णतः निरावृत्त हो जाता है। पूर्णतः खुल जाता है। एक सहज सर्जनाकुल मन की कल्पवल्ली लहलहाने लगती है। विचार और भाव के अनेक जीवन-सन्दर्भित ललित आयाम खुलने लगते हैं। वस्तु और व्यक्ति की पारस्परिकता प्रकट होती है। प्रकृति और मनुष्य का साहचर्य संवेदना के धरातल पर आँखें खोलने लगता है। भाषा की ललित सामर्थ्य भी विकसित होती है। भाषा की शक्ति का पता भी चलता है।

जीवन संवेदना का सुपात्र और संवाह है। उसका बिम्बन साहित्य में होता है। यह संवेदना भारतीय परम्परा में केवल मनुष्य तक सीमित नहीं है। यह चराचर जगत तक विस्तारित और विस्फारित है। इस वस्तु-जगत और मनुष्य-जगत के बीच संवेदना आपसदारी निर्मित करती हुई, जीवन-जगत के सन्दर्भों में कुछ लालित्य, कुछ सार्थक तलाशती जीवन को अनमोल बनाती है। वहाँ ललित निबन्ध, साहित्य के अन्य अनुशासनों से विशिष्ट हो जाता है। ये संवेदनाएँ वर्तमान को अर्थ देती हैं। इनकी जड़ें अतीत में होती हैं और दृष्टि भविष्य की ओर। इसलिए ललित निबन्ध

में जीवन-दर्शन बहुत गहरे और व्यापक रूप में आता है। ललित निबन्ध में मिथकों, पुराकथाओं, लोकमान्यताओं, भारतीय जीवन-दृष्टि, विश्व-मानवतावादी अवधारणा, जीवन-मूल्यों सहित ब्रह्माण्ड के कोटि-कोटि जीवों में प्रसरित (मनुष्य सहित) चेतना के दर्शन को काव्यभाषा के माध्यम से प्रस्तुति हुई है।

ललित निबन्ध ने शिल्प और भाषा के नये द्वार खोले हैं। नये द्वार इस रूप में कि कथन और बुनावट दोनों ही स्तर पर इस विधा ने मनुष्य की अभिव्यक्ति-क्षमता और शब्द की शक्ति की अपरिमित सम्भावनाओं से साहित्य को परिचित कराया है। इसने अपने में कथा, नाटक, यात्रा-वृत्तान्त, कविता, संस्मरण, रेखाचित्र आदि सर्जन शैलियों का समाहार किया है। इसका आशय यह नहीं कि यह एक 'कोलाज' विधा है। बल्कि यह उस नदी के समान है, जो अनेक नदियों के जल के आकर मिल जाने के बाद भी अपना निजी व्यक्तित्व बनाये रखती है। उन्हें अपने में मिलाकर और ताकतवर बनती है। विकसित होती है। अपनी मूल पहचान और नाम को और अधिक चमकदार बनाती है। यह कल्पना के विविध आयाम भी अपने में समेटे हुए है। यह भाषा-संस्कार की जीवन्त चेतना का परिष्कार भी करती है।

भारतीय साहित्य के आस्थापरक सन्दर्भों में जिस ललित की अन्तःसलिला का प्रवाह मिलता है, उसकी ठण्डक की छुवन हिन्दी गद्य की ललित निबन्ध विधा में पूरे मरजाद के साथ हुई है। व्यक्ति की प्रतिभा और क्षमता का संसार के हित में प्रस्फुटन ही ललिता है; बल्कि जीवमात्र या सृष्टि के तत्त्व-तत्त्व की क्षमता का प्रस्फुटन रचनात्मक स्तर पर होने से सृष्टि में उसके कर्म का जो सौन्दर्य बिखरता है, वह ही ललित है। साहित्य के क्षेत्र में वह विचार या भाव जो सत्यानुभूति को विशेष रसायन बनाकर शब्द-अर्थ के यौगिक स्वरूप में निसृत होता है, जिससे चित्त दशा सामान्य से कुछ विशेष होकर सौन्दर्य और शिव के निकट आ जाती है, वह ललित है। उस ललित के संसर्ग से चित्त जीवन की क्रियाओं को सृष्टि के व्यापक हित में मोड़ने को तत्पर हो जाता है, तब ही ललित का शब्द-रूपायन सार्थक होता है। ललित केवल चाक्षुष नहीं होता। परिवेश का मात्र बाहरी सौन्दर्य भी ललित नहीं होता। रचना के स्तर पर वाक्यगत या भाषा और शिल्पगत महीनता भी ललित नहीं है। ख़ास क़िस्म की मुलायम और आभिजात्य गुंफित शब्दावली में विषय प्रस्तुतीकरण भी ललित नहीं है। वह इन सबसे परे किन्तु इन सबसे परिचित तत्त्व है। वृन्त पर फूल का खिलना या धरती पर नदी का बहना सौन्दर्य का कारक हो सकता है, परन्तु इनके सन्दर्भ ललित तब होंगे, जब फूल की पाँखुड़ियों के रंग और परागकणों की सुगन्ध से पूरा मौसम जिजीविषा से भर जाये। नदी के जल की शीतलता जीव मात्र के अन्दर-बाहर की तपन बुझाने और धरती के सूखेपन को हरियाली देते हुए धार-धार बह जाये। कर्म का सौन्दर्य ही ललित का कारक और प्रसारक होता है।

ललित मनुष्य की हजारों वर्षों की सभ्यता और संस्कृति के मंथन से निकला नवनीत है, जो ललित कलाओं में स्निग्धता और समय के संघर्षों की आँच में तपकर घी बनता है। यह शक्ति भी देता है और घोर अँधेरे में दीपक में ढुलकर जलता भी है। प्रकाश भी देता है। ललित के इसी प्रसार से मानव अनेक युगों की यात्रा में भी अपने पल्ले में कुछ अच्छा रखे हुए है। समय के प्रवाह में गन्दगी भी मिलती है। पानी गन्दा भी होता है। ललित वह तत्त्व है, जो पानी के साथ बहते हुए पानी के गन्दलेपन को दूर करता है। ललित नकार के बजाय सामंजस्य और स्वीकार की बान लिए हुए होता है। यह शिव का नन्दी है, जो शिव के आस-पास घूमता है। शिव को अपनी पीठ पर बैठाकर यात्रा भी करता है। गतिशीलता ललित की अनिवार्य ढ्रन है। इस गतिशीलता में वह अतीत, वर्तमान और भविष्य को नापता रहता है। अतीत से बार-बार मिलता है। वर्तमान को प्रबोधता है और भविष्य के साथ यात्रा की तैयारी में जुटा रहता है।

ओस कणों में शीतलता, सूरज-किरण में ताप, पुष्प में सुगन्ध, पोपट के पंखों में हरापन, फलों में स्वाद, फ़सलो के दानों में दूध, तुलसी दल में गुणवत्ता बनकर यह ललित बैठा है। हिमालय से फूटती गंगा-जमना, अमरकंटक से प्रवाहित नर्मदा के संघर्ष, किसान के श्रम, समुद्र की बड़वाग्नि, अलाव की आँच, दूब की कभी न सूखने वाली जड़ों की जिजीविषा और किसी भी देश के अपनी आत्मरक्षा में खड़े स्वाभिमान तथा अन्याय के प्रतिकार में ललित को देखा जा सकता है। ललित छुट्टे साँड़ की तरह डकारते हुए घूड़े पर खुर्री नहीं करता है। मनोरंजन का वह केन्द्र नहीं है। वह सर्जन का उत्स है। वह गुदगुदाता नहीं, बहलाता नहीं, उपदेश भी नहीं देता, खुद उल्लसित होता है और क्रियमाणता में तत्पर होता है। बल्कि खुद की क्रियाशीलता इतनी प्रबल होती है कि वह अपनी शक्ति का रूपान्तरण अनेक रूपों में करते हुए अन्याय की सूरत और आदत बदल देता है। इसमें समय ज़रूर लगता है। ललित नर्मदा की ग्रीष्म में बहती जलधार है।

प्रकृति ललित का अक्षय स्रोत भी है। संरक्षक भी है। वह ललित की प्रेरक भी है। सारी ललित कलाओं से लेकर ज्ञान-विज्ञान का आधार प्रकृति ही है। इस ज्ञान-विज्ञान में ललित मोती में आभा की तरह, चाँदनी में शीतलता-निर्मलता की तरह, बादल में पानी की तरह और आग में ताप की तरह अवस्थित है। प्राचीन काल में एक समझदार व्यक्ति जंगल की पैदल यात्रा कर रहा था। वह एक वृक्ष की छाया में सुस्ताने बैठ गया। तभी अरण्य में उसे सुरीली ध्वनियाँ सुनाई दीं। वह चौंका और ध्वनियों का उत्स खोजने लगा। बहुत खोजने के बाद उसने देखा कि एक मरे हुए बन्दर की सूखी चमड़ी पेड़ की शाखाओं के बीच तनी है और उसकी सूखी आँतों पर हवा से दूसरी शाखा की रगड़ खाने से तानें उत्पन्न हो रही हैं। इन्हीं शाखाओं से

उतरकर भारतीय संगीत में 'सारंगी' का प्रवेश हुआ है। प्रकृति का मरण भी शिवत्व युक्त होता है। इसलिए जीव-सृष्टि, प्रकृति और इनमें निहित परा-शक्ति में सामंजस्य स्थापित करते हुए सन्तुलित विकास का अवधानक ही ललित है।

कुछ हैं जो मनुष्य होने की सार्थकता देते हैं। ऊबड़-खाबड़ के बीच कहीं से कोई सोता फूट पड़ता है। कहीं से कोई आस्था रिसती आती है और इस रिसाव में डूब जाता है—मनुष्य। उसका क्षत-विक्षत शरीर तथा लंगी मारता समय। यही आस्था है जो ललित का बोध देती है। ललित कोई कलात्मक चेतना नहीं है। ललित कोई शैली नहीं है। ललित कोई फ़ैशन नहीं है। ललित आदमी का पर्याय है। इस छीजते हुए समय में जहाँ भी आदमी शेष है, वहाँ ललित है। जहाँ भी इस शेष आदमी की सुरक्षा का प्रबन्ध है, वहाँ ललित की गति है। क्षत-विक्षत के विरुद्ध ही ललित जब अक्षत बनकर आता है, तब धरती के भीतर फैली दूर्वा पर सिहरन जागती है। उसकी कोमलता और-और निखरती है। धरती के माथे पर तब और दमक उठता है—रोली और अक्षत का टीका।

जीवन सतत विकासशील है। प्रत्येक घटना और प्रत्येक क्षण जीवन में नवीनता और आकर्षण भरते चलते हैं। मनुष्य अपनी ज्ञानात्मक क्रियाओं द्वारा नवीन प्रयोग करता चलता है। प्रयोगों से प्राप्त अनुभव और प्रयोगों की क्रियाविधि धीरे-धीरे परम्परा का हिस्सा बनती जाती है। साहित्य में इस तरह के प्रयोग रचनात्मकता को भी प्रमाणित करते हैं। ये प्रयोग चेतना को जागरूक रखते हैं और पुनरावृत्ति से बचाते हैं। परिवर्तन की प्रक्रिया में एक बात ध्यान रखनी होगी कि परम्परा की विकासमान स्थिति में उससे जुड़े आचार-व्यवहार और अनुष्ठान का बाहरी स्वरूप बदल सकता है, लेकिन उसकी धारा के अन्तःप्रवाह की ऊर्जा और क्षमता में बदलाव नहीं आयेगा, अन्यथा वह सरिता ही मर जायेगी। जिसमें बाहरी तत्त्वों का समावेश करते हुए उन्हें पूर्णतः अपने में मिलाने की क्षमतावान परम्परा है, वही जीवित रहेगी और वर्तमान को जाँचने और सँवारने में सफल होगी।

ललित निबन्ध हिन्दी निबन्ध का ही एक प्रभाग है। जो निबन्ध जीवन-जगत के लालित्य को भाषा के जरिए उस स्तर पर व्यक्त करते हैं, जिससे आज के मनुष्य को समय से जूझने के लिए आस्था का संबल प्राप्त होता है, जिसमें प्रसाद और माधुर्य का प्रसार है। इसके लिए 'ललित निबन्ध' संज्ञा ही है। ललित निबन्ध जीवन को सम्पूर्ण में देखता है। ललित निबन्ध हमारी (मनुष्य और मनुष्येतर) जड़ों के भीतर की प्राण-शक्ति को छूता है। उससे साक्षात्कार करता है। जिस प्राण-शक्ति से जीवन-वृक्ष में वर्तमान के अनुकूल कोंपले फूटती हैं, शाखा-प्रशाखाओं का विस्तार होता है, हरीतिमा गाढ़ी होती है और छाया सघन। इस नाम के पीछे हिन्दी गद्य के डेढ़ सौ वर्षों के संस्कार व्यक्त होते हैं, जो व्यक्ति के शुचितर को लालित्य के

पक्ष में खड़ाकर उसकी चेतना को ऊर्ध्वमुखी बनाते हैं। विधा धीरे-धीरे चलते-चलते अपना रास्ता और परिचय बनाती है। वर्षों के परिचय तथा व्यवहार के बाद उसका व्यक्तित्व बनता है।

हिन्दी निबन्ध का आरम्भ काल भारतेन्दु युग है। 'एक अद्‌भुत अपूर्व स्वप्न' ऐसी निबन्ध रचना है, जिसमें हिन्दी निबन्ध के डेढ़ सौ वर्षों के स्वरूप के बीज मौजूद हैं। भारतेन्दु हरिश्चन्द्र, बालकृष्ण भट्‌ट, प्रतापनारायण मिश्र, ठाकुर जगमोहन सिंह के निबन्धों में ललित के बीज अवश्य सुरक्षित हैं। इनका निबन्ध साहित्य ललित निबन्ध साहित्य की पीठिका है। एक धारा भीतर ही भीतर पक रही थी, जो माधवप्रसाद मिश्र और सरदार पूर्णसिंह के निबन्धों में अनुशासित गद्य-निर्झर बनकर फूटती हैं। हमारी दृष्टि में ललित निबन्ध के जनक हिन्दी में गाधवप्रसाद मिश्र हैं। उनकी 'सब मिट्‌टी हो गया' गद्य-रचना को ललित निबन्ध कह सकते हैं। ललित का स्पष्ट, स्वछन्द चिन्तन, उन्मुक्त भावमय स्वरूप, व्यक्तित्व की आभा और रोचकता युक्त स्वरूप सरदार पूर्णसिंह के कन्यादान, सच्ची वीरता, आचरण की सभ्यता, प्रेम और मज़दूरी निबन्धों में मिलता है। ये निबन्ध हिन्दी को अलग बना देते हैं। धरती के लालित्यपूर्ण अनुभवों की अभिव्यक्ति की नयी दिशा तलाशते हैं। पदुमलाल पुन्नालाल बख्शी के 'क्या लिखूँ' सहित चंडीप्रसाद हृदयेश, चन्द्रधर शर्मा गुलेरी, आचार्य रामचन्द्र शुक्ल, अम्बिकादत्त व्यास, पं. मदनमोहन मालवीय और रामवृक्ष बेनीपुरी के निबन्धों में भाव और विचार से संश्लिष्ट गद्य के रूप में ललित निबन्ध विकास का अवसर पाता रहा है।

द्विवेदी युग में जो ललित निर्झर बहा, उसने शुक्ल युग और शुक्लोत्तर युग में आते-आते नदी का स्वरूप ले लिया। आचार्य हजारी प्रसाद द्विवेदी की अप्रतिम प्रतिभा ललित निबन्ध के लिए वरदान सिद्ध हुई। द्विवेदीजी के समय से ही ललित निबन्ध को उसका नाम, संस्कार, व्यक्तित्व, गुण-धर्म और लुभावन मिला। निबन्ध में ललित तत्त्व के बाहुल्य से व्यापक सांस्कृतिक और मानवीय सन्दर्भ समाविष्ट हुए। द्विवेदीजी ने संस्कृति की पुनर्व्याख्या की तथा उसे लोक के साथ जोड़ते हुए वर्तमान सांस्कृतिक सन्दर्भ दिये। निबन्धों की वैचारिक कठिनता को तरलता दी। भाव के स्तर पर एक रुचिकर संघटना दी। द्विवेदीजी के निबन्धों ने नया युग रचा। संस्कृति, इतिहास, पुरातत्व, वेद-पुराण, लोक, ज्योतिष, विज्ञान आदि अनेक गवाक्ष ललित निबन्धों में खुले। यह हजारी प्रसाद द्विवेदी जैसे युग-पुरुष की ललित निबन्धों को देन है। पिछले पचास वर्षों की ललित निबन्ध यात्रा के अन्तःसूत्र द्विवेदीजी के निबन्ध साहित्य से ही निकलते हैं।

स्वतन्त्रता मिलने पर भारत के नवनिर्माण का सपना हमने देखा। उस सपने को किरच-किरच होते भी हमने देखा। एक मोहभंग हुआ। अपसंस्कृति के आक्रमण ने

अपने नाखूनों से हमारी सांस्कृतिक जड़ों को खोदना-उखाड़ना आरम्भ किया। हमारा मौलिक गायब होने लगा। सांस्कृतिक अधकचरेपन में जीने को नयी-पीढ़ी विवश होती चली गयी। एक विक्षोम घर में घुस आया। प्रकृति मनुष्य की सहचरी थी। यह साहचर्य समाप्त हुआ। औद्योगिक क्रान्ति ने प्रकृति पर पुरुष के शासन करने के अहं को और प्रबल किया। परिणाम में मनुष्य निपट अकेला होता चला गया तथा प्रदूषण, बिगड़ता पर्यावरण, ओजोन परत में छिद्र और विध्वंसक हथियार युग की झोली में आ गये। विकास बनाम विनाश सामने खड़ा होकर अट्टाहस करने लगा। विकास के मानवीय आयाम भी सामने आये। भारत की अन्न के क्षेत्र में आत्मनिर्भरता, प्रजातान्त्रिक मूल्यों का कमोवेश बचे रहना और भारतवर्ष की मूल तहज़ीब का बचे रहना आदि ने बीसवीं शताब्दी के उत्तरार्द्ध के मनुष्य को सँभाला भी है।

पिछले सत्तर वर्षों की सामयिकता को ललित निबन्धों ने पूरी ईमानदारी के साथ प्रस्तुति दी है। इधर ललित निबन्धों ने उन सन्दर्भों को भी खोजा है, जो इस देश को आन्तरिक कसाव देते आये हैं। वैश्विक स्तर पर जुड़ने की कोशिश में ललित निबन्ध स्थानीयता को भूलता नहीं है। वह अपनी ज़मीन से विश्व के साथ जुड़ता है। ललित निबन्ध अतीत की स्मृतियों को पूँजी के रूप में प्रयोग करते हुए भी वर्तमान युग के उच्छ्वास, व्यंजकता, आत्मचिन्तन, विचारशीलता, भावसंश्लेष तथा कर्मजनित सौन्दर्य को सुगठित गद्य में अभिव्यंजित करता है।

पराधीनता और स्वाधीनता दोनों की स्थिति-परिस्थितियों को समेटते हुए माखनलाल चतुर्वेदी का निबन्ध साहित्य, गद्य के नये शिखर क़ायम करता है। 'सा. हित्य देवता' के अनेक निबन्धों में ललित की गूँज सुनी जा सकती है। माखनलाल चतुर्वेदी के निबन्ध विचार-केन्द्रित होने के बाद भी भावों के निकट से होकर चलते हैं और वे अपनी अभिव्यक्ति में ललित को उभारते चलते हैं।

स्वातन्त्र्योत्तर जीवन की स्थितियों और उसके लावण्य को भारतीय दृष्टि से देखते हुए डॉ. विद्यानिवास मिश्र ने ललित निबन्ध को नयी अवधारणा दी है। वे वस्तु के सौन्दर्य से उपजे और फैले परिवेश में लालित्य तलाशते हैं। उनके ललित का विस्तार नदी के प्रवाह से आगे उस नदी से बुझती असंख्य जीवों की प्यास तक है। वे भारतीय चिन्तनधारा के मूल से निबन्ध को जोड़ते हुए भी मनुष्य की विकास-यात्रा के साथ ललित निबन्ध की चेतना को अभिव्यक्ति देते हैं। वे हमारी परम्परा को जाँचते चलते हैं। नया जोड़ते चलते हैं। प्राचीन और नवीन का अद्भुत समन्वय है उनके पास। वे अतीत से रस ग्रहण कर वर्तमान को सँवारते हैं और भविष्य को गढ़ते हैं। कुबेरनाथ राय पाश्चात्य और पौर्वात्य में सेतु बनाते हुए ललित निबन्धों में अद्भुत सम्मोहन रच देते हैं। कथा, प्रसंग और उदाहरणों को भाषा के स्तर पर इतनी मसृणता से प्रस्तुति देने वाला यह अपने ढंग का अकेला निबन्धकार

है। युगीन सन्दर्भों से न कटते हुए सम्पूर्ण भारतीय वाड्मय की खंगाल के साथ ललित की प्रस्तुति में वह सिद्धहस्त है। चिन्तन की गहराई ललित निबन्ध अपने में किस सीमा और विस्तार के साथ सहेज सकता है, यह कुबेरनाथ राय के ललित निबन्ध साहित्य को पढ़कर ही जान सकते हैं।

डॉ.धर्मवीर भारती ललित निबन्धों में विचार, भाव और शैली तीनों ही स्तर पर कुछ नया जोड़ते हैं। 'ठेले पर हिमालय' और 'पश्यन्ती' के निबन्ध जीवन के ललित को पुराख्यानों तथा लोकसंवेदना के स्तर पर अभिव्यक्ति देते हैं। अज्ञेय के कुछ निबन्ध ही ललित हैं, लेकिन उनमें मनुष्य अपनी अस्मिता और स्वाभिमान में, समाज की महत् इकाई बनकर उपस्थित है। निर्मल वर्मा ललित निबन्धों में बाहरी महीन चादर प्रकृति वर्णन की बुनते हैं। उसे ओढ़कर वे भारतीय जीवन की आत्मा तक पहुँचते हैं। ऊपर से लगता है कि उनके निबन्धों की पोशाक विदेशी है, लेकिन उन निबन्धों में रस भारतीय जीवन-चेतना का भरा हुआ है। पं. रामनारायण उपाध्याय ने लोक जीवन की मधुरतम झाँकियों के माध्यम से माटी से जुड़े ललित संस्कारों और रिश्तों को रेखांकित किया है। ये वे संस्कार हैं, जो इस देश के विकास की नींव में आज दबे जा रहे हैं। उनके ललित निबन्ध लोक-जीवन के अनूठे शब्द-चित्र हैं।

डॉ. विवेकी राय गाँव की और गुलाब की गन्ध के साथ लोक से ऊर्जा ग्रहण करते हुए ललित निबन्धों में जीवन की तरल अनुभूतियों, जीवन की करुणा तथा दर्द को भाषा के माधुर्य के साथ प्रस्तुति देते हैं। डॉ. कृष्णबिहारी मिश्र, डॉ. श्यामसुन्दर दुबे तथा इन पंक्तियों का लेखक ललित निबन्ध परम्परा को आगे बढ़ाने में पूरे समर्पण के साथ जुटे हैं। अन्य नये रचनाकार भी हो सकते हैं, जिनके निबन्धों के बारे में समय तय करेगा कि वे ललित निबन्ध हैं या निबन्ध हैं।

स्वातन्त्र्योत्तर ललित निबन्ध परिदृश्य को ध्यान से देखें, तो पायेंगे कि ललित निबन्ध की विधा अपने मूल स्थान से काफ़ी कुछ आगे बढ़ चुकी हैं। अपने उद्गम से जुड़ी होकर भी यह अपने समय के साथ चलती हुई विकसित हो रही है। ललित निबन्ध मनुष्य को उसके वर्तमान में उसके संस्कारों की पूर्णता के साथ विश्लेषित कर रहा है। आज ललित निबन्ध अपनी प्रकृति से जुड़ा होकर वर्तमान सन्दर्भों में मनुष्य के मौलिक को साबुत बचा पाने की कोशिश में है। मनुष्य की ऊर्जा को रेखांकित कर जीवन के सुन्दरतम को रखना चाहता है। यह मनुष्य के जीवन की लय को अनटूटी रखना चाहता है।

इधर ललित निबन्ध को लेकर साहित्य के अलग-अलग हल्कों में चर्चाओं के दौरान कुछ नयी-पुरानी बातें खुल रही हैं। कहीं सहज भाव से ललित को स्वीकारा जा रहा है, तो कहीं नकार के स्वर में स्वीकार की अजीब बेचैनी दिखाई देती है। आस्थाओं की रेखाओं के भीतर भी इसे देखा जा रहा है। परम्पराओं के मंच पर भी

खड़ा कर इसके कद को नापा जा रहा है। कुछ भावुकतापूर्ण गुंजलक में इसे लिपटा हुआ देखते हैं। कभी होठों पर हँसी और हाथों में मशाल लिए भी इसे चित्रित करने की कोशिश की जाती है। कुछ पढ़े-लिखे होने के दम्भी "हम सब कुछ जानते हैं" की रौ में इसे प्रकृति यथा फूल-पत्ती-पेड़ का चित्रण कहकर अपने वाक्यों को नारे बनाकर फेंकते रहते हैं।

ललित को ललित कहना एक विधा के सच को ईमानदार स्तर पर स्वीकारना है। यह अलहदा है कि 'जीवन' में और 'विश्वग्राम' में बिखरे लालित्य को हम देखते हुए न देखें या फिर हर चीज़ को उसी चश्मे से देखें, जो हमने लगा रखा है। इससे निबन्ध का कुछ बनता-बिगड़ता नहीं है। जिनमें केवल प्रसाद और माधुर्य का प्रसार है, जो जीवन-जगत के लालित्य को भाषा के जरिए उस स्तर पर व्यक्त करता है, जिससे आज के मनुष्य और समय को जूझमय और अनटूटी आस्था का सम्बल प्राप्त होता है, उसके लिए तो एक ही शब्द बचता है—ललित।

आज ललित निबन्ध की यह कोशिश है कि विश्वबाज़ारीकरण के दौर में मनुष्य के सनातन को उसकी पहचान के रूप में बचाये रखा जाये। ललित निबन्ध कठिनता से सरलता की ओर बढ़े। वह आम पाठक की रुचि की विधा बन सके। जीवन के मूल्य, मनुष्य की चेतना और साहित्य के सरोकार ललित निबन्ध में वर्तमान सन्दर्भों में स्पर्शित होते हुए कथ्य और भाषा दोनों ही स्तरों पर अत्यन्त सहज ढंग से, किन्तु ललित शैली में प्रस्तुत हो।

हिन्दी ललित निबन्ध की परम्परा

अरुणेश नीरन

आधुनिक हिन्दी का निर्माण भारतेन्दु के समय निबन्ध से शुरू हुआ और भारतीय चिन्तन इस माध्यम से ही मुखरित हुआ। कवि-कर्म की कसौटी आज भी निबन्ध ही है। कवि को संवेदन सघनता और छन्द का सहारा होता है पर, इन दोनों के प्रलोभनों को नियन्त्रित करके आन्तरिक लयबद्धता की से अपने को सम्पृक्त करते हुए भी बीच-बीच में अपने को अलग कर देने की अपेक्षा निबन्धकार से की जाती है। निबन्ध एक व्यापक विधा है जिसमें बड़ी विविधता मिलती है। अब जब विधाएँ टूट रही हैं, एक-दूसरे में आवाजाही हो रही है तब डायरी, संस्मरण, रिपोर्ताज, शब्द-चित्र भी निबन्ध के करीब पहुँच रहे हैं। निबन्ध हिन्दी आलोचना के खतियान का उत्कर्ष बन रहा है।

लेकिन जिस निबन्ध को निबन्ध की कसौटी या उत्कर्ष माना जाता है, वह है ललित या व्यक्ति व्यंजक निबन्ध। यह गद्य की एक निहायत रम्य और आत्मीय विधा है। यह व्यक्ति की स्वाधीन चिन्ता का सहज रूपान्तरण है और इसकी मुक्त और उच्छल प्रकृति में लालित्य का सहज उल्लास मिलता है। संवेदना की दीप्ति में जो लालित्य होता है या जो भाव-संवाद नैसर्गिक बतकही में मिलता है वह ज्ञान-गुमान और शास्त्र-चिन्तन के बोझ तले दब जाता है। बतरस जैसी स्वच्छन्द प्रकृति होती है ललित निबन्ध की। विधा की अर्गला से मुक्त लेकिन भाव की अर्गला से शृंखलित और अनुशासित। गपशप की ललित मुद्रा प्रज्ञा को आलोकित करने वाले कोण की रचना करती रहती है और तभी बतकही की बात-बात में निकलने वाली बात, एक स्वच्छन्द आलाप-विलाप-संलाप न होकर संवाद के विशिष्ट आस्वाद से सम्पन्न होती है।

आचार्य हजारी प्रसाद द्विवेदी की, निबन्धकार की रचना-प्रक्रिया पर टिप्पणी है कि 'व्यक्तिगत निबन्ध का लेखक किसी एक विषय को छेड़ता है, किन्तु जिस प्रकार वीणा के एक तार को छेड़ने से बाकी सभी तार स्वतः झंकृत हो उठते हैं, उसी प्रकार उस विषय को छूते ही लेखक की चित्तभूमि पर बँधे हुए सैंकड़ों विचार

बज उठते हैं।' शास्त्र, लोक, मिथक सब आते हैं ललित निबन्ध में, लेकिन शास्त्रीय मुद्रा में नहीं, सुर्तीठोंक मुद्रा में। यह लोक मुद्रा है और लोक में सब आते हैं, पशु-पक्षी जीव-जन्तु, धरती-आकाश और जन-मन। इसीलिए ललित निबन्धों में सब आते हैं। कृतिकार के सृजनात्मक आकाश में पक्षी की तरह उड़ते हुए। द्विवेदी जी इसे 'गप्प' कहते हैं। 'देवदारु' में वे लकड़ी से भूत भगाने वाले पण्डित जी कहानी सुनाने के बाद 'गप्प' की महिमा का बखान करते हैं—'आदिकाल से मनुष्य गप्प हाँकता आ रहा है, अब भी रचे जा रहा है। आजकल हम लोग ऐतिहासिक युग में जीने का दावा करते हैं। पुरखा मनुष्य 'मिथकीय' युग में रहता था, जहाँ वह भाषा के माध्यम को अपूर्ण समझता था। मिथक—गप्पें, भाषा की अपूर्णता को भरने का प्रयास है।' भाषा बुरी तरह अर्थ से बँधी होती है। मिथक स्वच्छन्द-विचरण करता है। आश्रय लेता है भाषा का, अभिव्यक्त करता है भाषातीत को। मिथक आवरणों को हटाकर उसे तथ्यानुयायी अर्थ देने वाले लोग मनोवैज्ञानिक कहलाते हैं और आवरणों की सार्वभौम रचनात्मकता को पहचानने वाले कला समीक्षक कहलाते हैं। दोनों को भाषा का सहारा लेना पड़ता है, दोनों धोखा खाते हैं। भूत तो सरसों में है। जो सत्य है, वह सर्जना शक्ति के सुनहरे पात्र में मुँह बन्द किये ढँका-ही रह जाता है। एक-पर-एक गप्पों की परतें जमती जा रही हैं। सारी चमक सीपी की चमक में चाँदी देखने की तरह मन का अभ्यास मात्र है। गप्प कहाँ नहीं है, क्या नहीं है।'

साहित्य सहित का भाव है। जो हित के साथ हो वह सहित। 'हित' की सूक्ष्म अर्थच्छटाओं में जाते हुए काशी के पण्डित पट्टाभिराम शास्त्री ने उसके अर्थ किये—सहित, रस से सहित होना। पिहित—अर्थात ढँका हुआ, हिरण्यमय पात्र से सत्य का मुँह हमेशा ढँका होता है। बड़े तीव्र सावित्र प्रकाश को पुकार लगानी पड़ती है कि सविता इसे ऐसा तपाओ कि ढक्कन खुल जाये। साहित्य में सत्य इसलिए विहित रखा गया कि जिसका चित्त अनुभव के प्रकाश से अभिशप्त न हुआ हो, वह इस ढक्कन को उखाड़ न सके और सत्य का पूरा साक्षात्कार वह न कर सके। आधा गृहीत हो, आधा न गृहीत हो, कुछ दिखे, कुछ न दिखे—जब तक यह न दिखे हो तब तक साहित्य में पुनः पुनः आवर्तित होने की क्षमता कैसे आएगी! तुलसीदास ने 'जिमि मुखु मुकुरु मुकरु निज पानी, कहि न जाइ अस अदभुत बानी' में वाणी की अपूर्वता की बात की है कि अपने हाथ में आईना हो और उसमें अपने मुख का प्रतिबिम्ब पड़ रहा हो, आप अपने मुख को पकड़ना चाहें, पकड़ नहीं सकते। आईने को उलटिए-पुलटिए बस वह दिखेगा, पकड़ में नहीं आएगा; गप्प में शब्द का पूरा अर्थ पकड़ में नहीं आता, कुछ न कुछ छूट जाता है। छूट जाता है तब भी दूसरे चेहरे उसमें आते हैं लेकिन वे भी पकड़ में नहीं आते।

बालमुकुन्द गुप्त का एक लेख है 'भँगेड़ी शिवशम्भु'। 'भँगेड़ी शिवशम्भु' का

लक्ष्य विवेक, कभी शिथिल नहीं होता, ठीक वैसे ही बाहर से कोरा वाग्-विलास प्रतीत होने वाले व्यक्तिव्यंजक निबन्ध अपना आधार नहीं छोड़ते। 'भँगेड़ी शिवशम्भु' भंग के नशे में जिस विचार-सूत्र के प्रभाव में ऊँची उड़ान भरता है, वह साम्राज्यवाद के प्रति तीव्र युयुत्सा का भाव है। नशे की गहराई और विचार-धरातल की ऊँचाई का निर्वाह बालमुकुन्द गुप्त बड़ी जागरूकता से करते हैं।

ललित या व्यक्ति-व्यंजक-निबन्धों को अलग नाम देने का मुख्य कारण क्या था? कारण यह था कि इससे उन दूसरी अपेक्षाओं की काट हो जायेगी, जो निबन्ध के नाम से जाग उठतीं। हम निबन्धों से विचार-वस्तु की अपेक्षा रखते, इतिहास और शास्त्र-चर्चा की अपेक्षा रख सकते। अज्ञेय कहते हैं, 'ललित निबन्ध को ललित इसलिए कहा गया कि उससे ऐसी कोई अपेक्षा न की जाय।' ललित निबन्धों में सर्जनात्मकता पर बल है। सर्जनात्मक गद्य अच्छा गद्य होता है। उस पर व्यक्तित्व की छाप होती है जिससे अलग करके उस पर विचार नहीं किया जा सकता।

हिन्दी गद्य के आरम्भ काल से ही व्यक्तिव्यंजक निबन्ध लिखे जाते रहे हैं। तब से अब तक के लेखन में कुछ समान चीजें मिलती हैं—निस्संग फक्कड़पन के साथ आस-पास के जीवन से गहरा लगाव, भाषा के सभी धरातलों पर उसकी सम्भावनाओं की खोज और नयी भाष रचने का उत्साह—नये शब्दों को गढ़ने, पुराने शब्दों का नया अर्थ देने, सामान्य जीवन के वाचक शब्दों और सामान्य मुहावरों को विशेष दीप्ति के साथ दमकाने का लक्ष्य, आधुनिक बोध—जो समसामयिक चेतना को कालातीत चेतना से जोड़ने का संकल्प लेकर ही उपस्थित होता है। भारतेन्दु हरिश्चन्द्र, प्रतापनारायण मिश्र, बालकृष्ण भट्ट, माधव प्रसाद मिश्र, गुलेरी जी, अध्यापक पूर्ण सिंह और परवर्ती पीढ़ी के हजारी प्रसाद द्विवेदी, सियारामशरण गुप्त, महादेवी वर्मा, रामवृक्ष बेनीपुरी, विद्यानिवास मिश्र, कुबेरनाथ राय, शिवप्रसाद सिंह, रमेशचन्द्र शाह से लेकर श्रीराम परिहार तक और उसके बाद के भी निबन्धकार, सभी उन विशेषताओं के किसी-न-किसी अनुपात के साझीदार हैं, साथ ही ये सभी जीवन के बहुरूपी अनुभव के प्रमाता होने के कारण जीवन में भी उतने ही रमे हुए हैं, जितना अपने साहित्यबोध में, इसलिए इनमें एक सतरंगीपन मिलता है और वे बहुत आत्मीय हैं। उनमें एक विशेष प्रकार की उदासी मिलती है लेकिन वह एक गहरी संवेदना की उदासी है और उसकी खुशी समष्टि की उल्लसित चेतना का ज्वार है।

ललित निबन्धों का भाषा से सरोकार कुछ ज्यादा ही होता है। इसमें बहकने, बहकाने, बात को घुमाने, उसको कहीं से कहीं पहुँचाने और द्विवेदी जी के शब्दों में बतरसने का सहारा लिया जाता है। इसलिए नहीं कि बहकाना या बतरसना अपने-आप में उद्देश्य है, बल्कि इन सबका एक ही उद्देश्य है कि पाठक इनकी आत्मीयता की डोर में बँध जाय और उसकी ऐसी अन्तरंगता हो जाय कि लेखक का

परिवेश उसका अपना परिवेश हो जाए, लेखक के साझे की कहानियाँ उसके साझे की कहानियाँ हो जाएँ। उसके सामने उसकी देखी-अधदेखी या अनदेखी घटना आ जाए और प्रत्येक दिशा में उसे ऐसा लगे कि हमको दिखाया नहीं जा रहा है बल्कि हम स्वयं देख रहे हैं। इसलिए एक ओर तो निबन्ध लेखक सामान्य दैनन्दिन जीवन की सामान्य घटना के बड़े सामान्य अनुभव से बात शुरू करेगा और उसे ऐसे बड़े सन्दर्भों से जोड़ देगा जो उसके पाठक की भी जातीय स्मृति में अंकित हो—वे सन्दर्भ उसके साहित्य के हों, कला के हों या लोकवार्ता के हों।

उदाहरण के लिए द्विवेदी जी के निबन्ध 'कुटज' को लिया जा सकता है। वे यहाँ से शुरू करते हैं, 'कुटज' का फूल अधिकांश ने देखा नहीं है। एकाध ने देखा भी होगा तो भर-आँख नहीं देखा होगा और तब वे ले जाते हैं, कुटज के फूल तक और उसके ऐसे-ऐसे गुण बखानते हैं कि पाठक को लगने लगता है कि यह तो सचमुच नायाब चीज है। हमारा परिचय इससे पहले क्यों नहीं हुआ? खूब तो खिलता है जब बरसात आती है, जहाँ ऊसर जमीन होती है, कोई रस नहीं होता, नाटा-सा पेड़ फूलता है तो कितना सुन्दर लगता है!

पण्डित जी को विश्वास हो जाता है कि अब पाठक हमारे साथ हैं, तो वे उड़ चलते हैं। कालिदास का यक्ष बादल को जिस फूल से 'अर्घ्य' चढ़ाता है वह कुटज है। इस एक सूत्र से पाठक के मन में उत्सुकता जग जाती है और तब पण्डित जी उसमें मनुष्य को लाते हैं, जो कभी हार नहीं मानता, कठिन से कठिन परिस्थितियों में कहीं भी रहता है, खड़ा रहता है, फूलता रहता है, तना रहता है, सबके उल्लास में उल्लसित रहता है। कुटज मनुष्य बन जाता है और मनुष्य कुटज। कविता में यही बात दूसरी तरह से व्यंजित की जा सकती थी, पर कविता व्यक्तित्व को विखण्डित करके ही बात को उपस्थित कर सकती है जबकि निबन्ध व्यक्तित्त्व को साथ लिए चलता है—पर खण्डित रूप में नहीं, छँटे हुए—तराशे हुए रूप में। व्यक्ति का विलय नहीं होता न उसके वैयक्तिक अनुभव का महत्व कहीं कम होता है, उसके परिवेश के शब्द, कथानक, स्मृतियाँ, गूँजें और अनुगूँजे निरन्तर आत्मीय सम्बन्ध की स्थापना में सहायक होती है।

ललित निबन्धकारों के पुरोधा हजारी प्रसाद द्विवेदी, विद्यानिवास मिश्र, कुबेरनाथ राय व्यक्तित्व को साथ लिए चलते हैं और हाथ अलग करके भी। उनके लिए व्यक्तित्व वैयक्तिक स्तर पर सम्बन्ध स्थापित करने का एक सशक्त माध्यम है। व्यक्तित्व के साथ यह संलग्नता कि वे माध्यम है, साधना से आती है। इसलिए हिन्दी की लोकप्रिय विधा होने के बावजूद हिन्दी में ललित निबन्धकार थोड़े हैं और जो हैं उनकी भी ललित निबन्ध मुख्य विधा नहीं है।

निबन्ध को 'गप्प' कहने वाले हजारी प्रसाद द्विवेदी के निबन्ध न केवल मुद्रा

लालित्य में बेजोड़ हैं, बल्कि उनके वैचारिक धरातल तक पहुँच पाना साधारण प्रतिभा के लिए सम्भव नहीं है। इसी प्रकार मान्तेन, चार्ल्स लैम्ब और गुलेरी जी का भरपूर स्वाद लेने के लिए यह जरूरी है कि पाठक विद्या-संस्कारी हो। कुट्टीचातन—अज्ञेय के निबन्धों का व्यंग्य और लालित्य बहुश्रुत और अधीत व्यक्ति के लिए आस्वाद्य है; विद्यानिवास मिश्र में माटी-महिमा का जैसा उच्छल उल्लास और गतिमान वैदुष्य का सहज लालित्य दिखाई देता है वह भारतीय भाषा-परिदृश्य में विरल है। रमेशचन्द्र शाह के निबन्धों की रम्य मुद्रा आज भी प्रसन्न है, जो प्रमाण है इस विधायक स्थिति का, कि व्यक्तित्व की खोज की प्रवृत्ति और आत्मज्ञान की उन्मुक्त चेतना क्षीण नहीं हुई है। श्रीराम परिहार भय के बीच भरोसा तो दिलाते ही हैं, उनके निबन्ध बौराए बाग की तरह लालित्य-सौभाग्य से सम्पन्न हैं।

नामवर जी ने द्विवेदी जी के दूसरे प्रिय शब्द (पहला है 'गप्प') 'छन्द' की चर्चा की है। इसका प्रयोग द्विवेदी जी विशिष्ट अर्थ में करते हैं। देवदारु का पेड़ उन्हें मूर्तिमान छन्द मालूम होता है। 'उसकी झबरीली टहनियाँ कँटीले पत्तों के ऐसे लहरदार छन्दों का वितान तानती हैं कि छाया चेरी-सा अनुगमन करती है।' फिर, 'पेड़ क्या है, किसी सुलझे हुए कवि के चित्त का मूर्तिमान छन्द है—धरती के आकर्षण को अभिभूत करके लहरदार वितान की शृंखला को सावधानी से सँभालता हुआ, विपुल व्योम की ओर एकाग्रीभूत मनोहर छन्द। उनकी दृष्टि में यह अर्थातीत छन्द है और इसीलिए अर्थातीत आनन्द भी, महादेव के ताण्डव के तुल्य।'

उनके प्राणवेगी गद्य का एक उदाहरण पुनः 'देवदारु' से—'मगर कुछ लोग ऐसे होते हैं कि उन्हें सबै धान बाइस पसेरी दिखते हैं। वे लोग सबको एक-जैसा ही देखते हैं। उनके लिए वह खूँसट वह पौधा, वह सम, वह सनकी, वह झिंझोटा, वह झबरैला, वह चपरपेंगा, वह गदरौना, वह खितखिटा, वह झखी, वह झुरमैला, वह घोकरा, वह लटखटा, वह चनमुन, वह बाँकुरा, वह चौरंगी सब समान है।' देशज और तद्भव विशेषणों की यह सूची लहालोट करने वाली है। छन्द द्विवेदी जी की मज्जा में है; 'गप्प' और छन्दमयता के कारण द्विवेदी जी के निबन्धों से एक अनुगूँज आती है जो बहुत देर तक भीतर गूँजती रहती है। पता नहीं चलता कि ये विचार की तरंगें हैं या प्रकाश की लहरें। इसीलिए लयकारी और लहरदारी इतनी मोहक है।

विद्यानिवास मिश्र में 'सद्य-सीरोत्कर्षण सुरभि' (ताजा जुते खेत की गन्ध) आती है। सर्जनात्मक गद्य से मण्डित उनके निबन्धों में उनका अनुभव-संसार इतना विस्तृत और बहुरंगी है कि आश्चर्य होता है। अपने निबन्धों के बारे में उनकी कुछ विशिष्ट मान्यताएँ हैं। उनका कहना है कि एक व्यक्तिव्यंजक निबन्ध व्यक्ति का व्यंजक नहीं है, व्यक्ति के माध्यम से व्यंजित है। जो कुछ अनुभव के दायरे में आता है—ऐन्द्रिय या अतीन्द्रय, उसे निबन्धकार लोगों तक पहुँचा पाने वाली भाषा की कड़ाही में झोंक

देता है। जो पक कर निकलता है वह व्यक्तिव्यंजक निबन्ध है। अराजक मुद्रा में मुखर होकर भी निबन्ध में रचना का बुनियादी अनुशासन होता है। व्यक्तिव्यंजक निबन्ध केवल सतह पर तर्कहीन होता है, उसमें सतह पर तर्क का उपहास होता है, कुतर्क का उपयोग होता है, उसमें अनर्गल तर्क दिये जाते हैं। पर यह सब इसलिए कि पाठक महसूस करने लगे कि इस तर्क से भिन्न संगीत की तलाश करनी चाहिए। एक उदाहरण है अज्ञेय का निबन्ध 'मार्गदर्शन'। आदमी रास्ता पूछता है लेकिन कोई सही रास्ता नहीं बताता, जो बताता भी है वह उस ओर इशारा करता है जिसा ओर नहीं जाना है। मार्गदर्शन के अलावा सारी चीजें हैं। मार्ग का अदर्शन ही सब कुछ हो जाता है। मार्गदर्शन प्रश्नचिह्न बन कर रह जाता है। पाठक को अपने आप एक अन्विति दिखती है कि इस सारी उलझन और परेशानी में एक ही प्रतीयमान है कि मार्ग का दिखना कठिन है।

हजारीप्रसाद द्विवेदी और विद्यानिवास मिश्र इसकी बुनावट का एक महत्त्वपूर्ण बिन्दु शब्द-चयन को मानते हैं। इस प्रक्रिया में वे शब्दों से खेलते हैं और एक-एक शब्द को अर्थक्रीड़ा में दूर तक रस लेते हैं। आम्र और कुटज, अशोक और देवदारु में इतिहास की परतों को खोलने में द्विवेदी जी ऐसा रस लेते हैं कि पाठक लहालोट हो जाता है। विद्यानिवास जी पर्वों और उत्सवों पर लिखते हुए उनकी गाँठें खोलते हैं। दोनों की प्राण-नाड़ी गाँव ने रची है। जन्म-गाँव और पड़ोसी गाँव के चेहरे-चरित्र, साँवली मिट्टी की शोभा-सुरभि, जातीय तीज-त्यौहार के उल्लास की उद्‌दाम लहरों का आस्वाद और अपनी धरती के जुझारू पौरुष तथा संघर्षप्रियता का विरल तेज उनके मन में हमेशा बसा रहता है। गाँव की संवेदना उनकी संवेदना है, जो मूल्यों और समिष्ट से संसिक्त होती है।

कुबेरनाथ राय के निबन्धों को तमस के धटाटोप में संवेदना की रोशनी रचती है। आज गाँव-शहर-मनुष्य ने अपना मूल धरातल छोड़ दिया है। इसलिए तमस अपने डरावने रूप में खेत-खलिहान, आँगन-बगीचे, और राह-बाट में हर क्षण चीत्कार करता रहता है। कूट मुहावरों की व्यंजना पकड़ में नहीं आती और जब खुलती है तो डर लगता है। अपनी मिट्टी ही पराई लगने लगती है। यह परायापन उदास करता है इसलिए ललित निबन्धों में एक स्थायी उदासी का भाव छाया रहता है।

ललित और व्यक्तिव्यंजक निबन्धों के सभी प्रमुख निबन्धकार पूर्वांचल के भोजपुरी क्षेत्र से आते हैं। द्विवेदी जी, विद्यानिवास मिश्र, शिवप्रसाद सिंह, कृष्णबि. हारी मिश्र सब इसी क्षेत्र के हैं। कुबेरनाथ राय की भी यही धरती है। इन सभी ने अपने अध्ययन के साथ संस्कृत से गहरा सम्बन्ध जोड़ा था तो दूसरी ओर अपनी आंचलिक बोली के माध्यम से आंचलिक जीवन के साथ अटूट सम्बन्ध जोड़े रखा। इसीलिए उनकी निबन्ध-भाषा में एक ओर संस्कृत थी तो दूसरी ओर बोली की छटा

जगमगाती रही। इनके पहले के जो निबन्धकार थे, जैसे गुलेरी जी और बाबू गुलाब राय, आरम्भ से ही खड़ी बोली में पले थे, उनकी भाषा में जिस बोली की सहजता लक्षित होती वह बोली भी वही थी, जो वह लिख रहे थे। इसलिए उनकी भाषा में किसी विशेष रंगत की खुश्बू नहीं मिलती। रमेशचन्द्र शाह के पास भी एक भाषा है जो खेलती नहीं, कहती है क्योंकि उसके पास कहने को बहुत कुछ है—ऐसा बहुत कुछ, जो स्वयं राग-रंजित है इसलिए रंजित भाषा की अपेक्षा नहीं रखता।

चूँकि यह एक सर्जनात्मक विधा है इसलिए वह निर्बन्ध चिन्तन को ही नहीं, निर्बन्ध कल्पना को खुली छूट देती है। वह कल्पना ही तो है जो चिन्तन को निर्बन्ध करती है और इसीलिए चिन्तन की निर्बन्धता व्यक्तिव्यंजक हो जाती है। कल्पना अगर मुक्त है तो उसे किसी क्षेत्र-विशेष के साथ जोड़ना कोई विशेष अर्थ नहीं रखता, लेकिन कल्पना जो बिम्ब उभारती है उसका स्रोत भले ही कहीं झाँकते हों, स्वस्थ मानसिकता वाले चरित्रों के माध्यम से वे पूरे समाज को बदलने-सुधारने का संकल्प लिए हुए हैं। शाह के निबन्धों में रूढ़ियों के सम्मोहन के प्रति प्रेम नहीं एक वितृष्णा का भाव है जो उन्हें निरन्तर मानव की विकास-यात्रा के अग्रिम चरणों से जोड़ता है। वे कहीं रूमानियत के शिकार नहीं हुए हैं इसीलिए वे कुबेरनाथ राय की तरह सम्मोहनों से अपने को तोड़ पाने में असमर्थ नहीं हैं।

साहित्य की विधा के रूप में हिन्दी ललित निबन्ध संस्कृत, प्राकृत और अपभ्रंश की कथा, विशेष रूप से 'आख्यायिका' का उत्तराधिकारी है और वह इसलिए कि प्रकृति एवं मानव जीवन में एक बिम्बानुबिम्ब-भाव देखने का अभ्यासी है। पश्चिम में प्रकृतिपरक निबन्धों में यह बात नहीं मिलती। प्रकृति का सूक्ष्म निरीक्षण उसमें जरूर मिलता है और उसमें रमने की उत्कण्ठा भी मिलती है लेकिन उसके साथ गहरा तादात्म्य नहीं मिलता। हिन्दी में प्रकृति में घटित होने वाले परिवर्तनों में मानव-जीवन-संवत्सर का जैसा आवर्तन देखने का भाव है वह भी वहाँ नहीं मिल. ता। हिन्दी ललित निबन्ध की वैचारिक पृष्ठभूमि की तीन विशेषताएँ हैं—अखण्ड विश्व-दृष्टि, मुक्त फक्कड़ भाव तथा सामान्य में निगूढ़तम वैशिष्ट्य की तलाश। इस वैचारिक पीठिका को भूल कर लोग शैली को ही निबन्ध मान लेते हैं और विचार को निबन्ध के लिए गौण। लेकिन वे भूल जाते हैं कि सर्जन के क्षण विचार या भाव -विश्लेष या विलगाव असम्भव है।

सर्जनात्मक साहित्य भाव और विचार का ऐक्य मात्र है। विचारप्रधान निबन्ध भी सर्जनात्मक हो सकते हैं जैसे आचार्य रामचन्द्र शुक्ल के निबन्ध। विचारप्रधान निबन्ध में भी भावना तिरोहित नहीं होती, उसका एक भिन्न प्रकार का बौद्धिक संस्कार होता है। वहाँ समस्त रागात्मकता बुद्धि-रूप में परिणाम हो जाती है। इस प्रकार दोनों में भाव भी हैं, विचार भी हैं। दूसरा अन्तर यह है कि ललित निबन्ध तर्क

से मनवाने की कोशिश नहीं करता, विचारप्रधान के लिए तर्क एक प्रधान साधन है। चाहे वह तर्क से यही सिद्ध करे कि बहुत कुछ शेष रह जाता है, जो तर्क से परे है।

हिन्दी के महत्त्वपूर्ण ललित निबन्धकारों में गाँव की मिट्टी का महत्त्व ज्यादा है। जैसे कुम्हार मिट्टी के बर्तन या खिलौने बना कर पकने से पहले उन्हें चिकनी मिट्टी का ओप देता है, उसी तरह द्विवेदी जी, विद्यानिवास जी, कुबेरनाथ राय, कृष्णबिहारी मिश्र, शिवप्रसाद सिंह आदि अपने ललित निबन्धों को गाँव के सीधे मुहावरे का ओप देते हैं जिससे पकने पर उनमें एक विशिष्ट चमक आ जाती है। इनमें प्रथम तीन देहाती मिट्टी के ओप के बाद फिर संस्कृत के खनिजों से भी उसे अलंकृत करते हैं। बावजूद इसके, एक अनलंकृत भोलापन भी उनमें मिलता है।

रमेशचन्द्र शाह जड़ों की तलाश करते हैं तो जड़ खोदकर नहीं, अपनी प्राणनाड़ी का संधान करते हुए करते हैं। वे समस्त जातीय चेतना के रसग्राही स्रोत में धँसी हुई जड़ की खोज करते हैं और अधूरेपन से उद्विग्न होकर समग्र का चित्र अंकित करने के लिए स्वप्नाविष्ट होते हैं। उनमें विभाजन नहीं है, संशय नहीं है, चित्त के दो पाटों के बीच जीने का, 'दारुण दुःसह दुख' को न्यौत कर समग्र होने के लिए विभक्त होने का संकल्प है। यह संवेदनशील जागरूक लेखक की नियति है। ऐसे लेखक को लीक की नहीं, परम्परा की चिन्ता होती है, क्योंकि परम्परा और आगे जाने की राह है। वह श्रेष्ठतर की, परतर की तलाश है, वह पराये से भी पराये को आत्मीय बनाने की चुनौती है। वह आत्म के जरिये अध्यात्म तक पहुँचते हैं।

ललित निबन्ध ने हिन्दी गद्य की सत्ता को एक नयी ऊँचाई, एक नया रूप दिया है। अवसाद और भय के बीच भरोसा लिए इन निबन्धकारों ने अपने सर्जनशील स्पर्श से उस बुझती हुई आग को फिर से चेताया है जो धुँधुँआती है तो धुँआ उठता है और जब जलती है तो वह सब प्रकाशित हो जाता है जो धुंध, धूल और धुएँ में खोया हुआ है। आश्वस्ति की सम्भावनापूर्ण आवाज को उठाने में गद्य बहुत आगे रहा है, ललित निबन्ध उससे भी आगे है।

कथेतर हिन्दी गद्य : व्यंग्य विधा का हस्तक्षेप

वेदप्रकाश अमिताभ

व्यंग्य 'विधा' है या नहीं, यह विवाद आज भी जब-तब सिर उठता है, हालाँकि व्यंग्य-रचनाओं पर शोध सम्पन्न हो रहे हैं, व्यंग्य की स्वतन्त्र पत्रिकाएँ प्रकाशित हो रही हैं, फिर भी हरिशंकर परसाई की यह चिन्ता या जिज्ञासा आज भी बलवती है कि कहानी, उपन्यास, नाटक, कविता आदि की तरह व्यंग्य का कोई मान्य 'स्ट्रक्चर' है क्या? प्रायः व्यंग्य-प्रधान निबन्धों को ही 'व्यंग्य' विधा के रूप में मान्यता मिली है। कुछ छिटपुट उल्लेखों के बावजूद व्यंग्यात्मक कविताओं को 'व्यंग्य' के दायरे में कम सहेजा गया है। श्यामसुन्दर घोष, शंकर पुणताम्बेकर, शेरजंग गर्ग, बालेन्दुशेखर तिवारी, प्रेम जनमेजय, गौतम सान्याल, मधुसूदन पाटिल आदि समय-समय पर इसे विधा मानकर इसके प्रतिमान-निर्धारण में सक्रिय रहे हैं। लेकिन ये प्रतिमान भी 'विजन' से अधिक सम्बद्ध हैं, 'स्ट्रक्चर' को बहुत स्पष्ट नहीं कर पाये हैं।

डॉ. शंकर पुणताम्बेर ने व्यंग्य को 'युग की विसंगतियों की वैदग्ध्यपूर्ण तीखी अभिव्यक्ति' मानते हुए व्यंग्य की बनावट में तीन तत्त्व ज़रूरी माने हैं—विदग्धता, विडम्बना और विक्षोभ। विदग्धता को उन्होंने 'कथन-चातुरी' से जोड़ा है (अभिनव प्रसंगवश, अप्रैल-सितम्बर 2015)। उनके इस विवेचन में भी स्ट्रक्चर सम्बन्धी समस्या जस की तस है। अपने एक आलेख में डॉ. पुणताम्बेकर ने व्यंग्याधारित महान कृतियों में 'डान क्विग्जोट', 'एनिमल फार्म' और 'अन्धेरनगरी' का ससम्मान उल्लेख किया है, इससे लगता है कि उनके प्रतिमान किन्हीं विशेष संरचना की कृतियों पर केन्द्रित नहीं हैं। मोटे तौर पर हिन्दी का व्यंग्यालोचन हरिशंकर परसाई, शरद जोशी, रवीन्द्रनाथ त्यागी, श्रीलाल शुक्ल आदि के व्यंग्य-निबन्धों पर आधारित और प्रेरित है। इसमें सन्देह नहीं हैं कि इन व्यंग्यकारों ने 'व्यंग्य' को स्वतन्त्र विधा न मानते हुए भी उसके संवर्द्धन में ऐतिहासिक एवं सर्जनात्मक योग दिया है।

समकालीन व्यंग्य-लेखन की पहली पीढ़ी में तीन नाम मूर्द्धन्य हैं—हरिशंकर परसाई, शरद जोशी, रवीन्द्रनाथ त्यागी। परसाई की 'भोलाराम का जीव', 'सदाचार का ताबीज़', 'इंस्पेक्टर मातादीन चाँद पर', 'विकलांग श्रद्धा का दौर', 'ठिठरता

हुआ गणतन्त्र', 'प्रेमचन्द के फटे जूते' आदि अनेक रचनाएँ स्वातन्त्र्योत्तर परिवेश में मोहभंग से उपजे जनाक्रोश को स्वर देती है और तमाम विसंगतियों पर ज़बर्दस्त प्रहार करती हैं। जनतांत्रिक व्यवस्था के जनविरोधी अन्तर्विरोध विशेषतः परसाई के निशाने पर रहे हैं। शरद जोशी ने 'चुनाव : एक मुर्गाबीती', जैसे श्वान काँच मन्दिर', 'सरकार का जादू' आदि रचनाओं में वर्तमान व्यवस्था में व्याप्त भ्रष्टाचार, अवसरवाद, अनैतिकता पर कठोर टिप्पणियाँ की हैं। 'सन्दर्भ ग़रीबी हटाओ' में उनका व्यंग्यात्मक प्रहार इस रूप में है–'ग़रीबी हटाओ आन्दोलन की नाज़ुक ख़ूबी यह है कि इसके नेताओं ने सबसे पहले अपनी-अपनी ग़रीबी हटाई और फिर पब्लिक से कहा कि ग़रीबी हटाओ।' व्यवस्था के अन्य स्तम्भ अफ़सरशाही, पुलिस, पत्रकारिता आदि भी श्री जोशी के व्यंग्य-प्रहार से कृतार्थ हुए हैं। 'जीप पर सवार इल्लियाँ, 'हम भ्रष्टन के भ्रष्ट हमारे', 'समस्या सुलझाने में बुद्धिजीवी का योगदान' आदि व्यंग्य रचनाएँ इस सन्दर्भ में पठनीय हैं। रवीन्द्रनाथ त्यागी परसाई की तरह व्यंग्य को 'विधा' न मान कर एक 'रस' के रूप में स्वीकारते हैं। 'तीर्थयात्रा', 'कुत्ता संस्कृति, 'संस्कृत साहित्य में नारी', 'भाद्रपद की साँझ', 'अपना उत्सव', 'जब में दौरे पर गया', 'गणतन्त्र की शोभायात्रा', 'जूते', 'राष्ट्रीय कीड़े का चुनाव', 'शोक सभा' आदि सैकड़ों रचनाओं में व्यंग्य-प्रहार के साथ हास्य-विनोद की मुद्राएँ भी मुखर हैं। त्यागी जी ने नर-नारी सम्बन्धों पर बहुत खुलेपन के साथ लिखा है। उन्होंने कहीं लिखा भी है कि परसाई ने 'वाम' (वामपन्थी विचारधारा) लिखकर, शरद जोशी ने 'आम' (आम आदमी) लिखकर और मैंने (त्यागी जी) 'काम' लिखकर नाम कमाया है।

समकालीन हिन्दी व्यंग्य को समृद्ध करने वाली व्यंग्यकारों की दूसरी पीढ़ी में श्रीलाल शुक्ल, शंकर पुणताम्बेकर और नरेन्द्र कोहली उल्लेखनीय हैं। अन्य समानधर्माओं में रोशनलाल सुरीरवाला, कमलगुप्त, लतीफ धोंघी, के.पी. सक्सेना, मनोहर श्याम जोशी, सुदर्शन मजीठिया, श्यामसुन्दर घोष प्रमुख हैं। श्रीनारायण चतुर्वेदी और गोपाल प्रसाद व्यास अपने तरीके से व्यंग्य-विधा को समृद्ध करते रहे हैं। श्रीलाल शुक्ल को प्रकाश मनु ने व्यंग्य स्कूल का 'बड़े शालीन मास्टरजी' उचित ही कहा है। उनके व्यंग्य-संकलनों 'अंगद का पाँव', 'यहाँ से वहाँ तक', 'कुछ ज़मीन पर कुछ हवा में' आदि में विसंगतियों पर प्रहार मारक किन्तु शालीन है और उनका उपन्यास, 'राग दरबारी' एक व्यंग्यकार के रूप में उनकी कीर्ति का अक्षय स्मारक है। नरेन्द्र कोहली की 'जगाने का अपराध', 'गणतन्त्र का गणित', 'एक और लाल तिकोन तथा आत्मा की पवित्रता' आदि व्यंग्य-रचनाओं में आधुनिकता के विकृत रूप और उसके फलस्वरूप अपसंस्कृतीकरण को निरस्त करते हुए मानवीय मूल्यों की ज़रूरत जताई गयी है। श्री कोहली के कई उपन्यास भी व्यंग्य-विधा के दायरे में आते हैं–'आश्रितों का विद्राह', 'पाँच एब्सर्ड उपन्यास', 'देश के हित में' आदि।

डॉ. शंकर पुणताम्बेकर ने परिमाण और गुणवत्ता-दोनों दृष्टियों से भरपूर व्यंग्य-लेखन किया है। 'विजिट यमराज की', 'अंगूर खट्टे नहीं हैं', 'जंगल में', 'गिद्ध मँडरा रहा है', 'पराजय की जुबली', 'तेरहवाँ डिनर' आदि दर्जनों कृतियों में उनके व्यंग्यात्मक तेवर पढ़े जा सकते हैं। उनका यह कथन इनकी व्यंग्य-रचनाओं पर सर्वथा सटीक है—'व्यंग्य में जितनी ध्वन्यात्मकता, सांकेतिकता, सूचकता, दूरान्वयी अर्थवत्ता होगी, उतना ही वह प्रभावशाली बनता है।' उनका 'व्यंग्य अमरकोश' बहुत चर्चित नहीं हुआ जबकि यह व्यंग्य-क्षेत्र में अभिनव प्रयोग है। इसमें एक-एक शब्द का जो अर्थ रचनाकार ने दिया है, वह संक्षेप में एक पूरी रचना का आस्वाद करा जाता है।

रोशनलाल सुरीरवाला ने 'धर्मयुग' में प्रकाशित 'चुल्लू भर चमचा चरित' से पहचान बनाई थी और कालान्तर में 'मंच के विक्रमादित्य', 'खाट पर हजामत', 'भिश्ती और भस्मासुर', 'शंख और मूर्ख', 'लँगड़ी भिन्न' आदि आधा दर्जन व्यंग्य-संग्रहों में बहुत सार्थक लेखन किया है। शिक्षा जगत की अराजकता, मध्यवर्गीय क्षुद्रता, दहेज प्रथा, नयी पीढ़ी की स्वार्थी वृत्ति आदि कुरूपताओं पर रचित उनका व्यंग्य सामान्य पाठक के लिए बोधगम्य है। 'मैकाले का भूत' में कमल गुप्त की व्यंग्य रचनाएँ संकलित हैं। लतीफ घोंघी ने लेखन में मुख्यतः व्यंग्य-विधा को ही आजमाया है और उनकी 'उल्लू के पंख', 'मृतक से क्षमा याचना सहित', 'बुद्धिजीवी की चप्पलें', 'सड़े हुए दाँत', 'ईमानदारी की गोलियाँ' आदि दर्जनों रचनाओं पर उनका यह कथन लागू होता है कि 'जहाँ करुणा होती है, वहीं व्यंग्य उपजता है।' सुदर्शन मजीठिया ने 'इंडिकेट बनाम सिंडिकेट', 'पब्लिक सेक्टर का साँड़', 'डिस्कोकल्चर', 'इक्कीसवीं सदी' आदि व्यंग्य कृतियों में विसंगतियों के बहाने वर्तमान व्यवस्था पर कड़े प्रहार किये हैं। के.पी. सक्सेना लोकप्रिय व्यंग्यकार थे। 'नया गिरगिट', 'मूँछ-मूँछ की बात', 'रमइया तोर दुलहिन', 'बाजूबन्द खुल-खुल जाये' आदि में सामयिक समस्याओं और विडम्बनाओं पर मीठी चुटकी लेने की क्षमता उन्हें विशिष्ट बनाती है। मनोहर श्याम जोशी की 'इस देश का यारों क्या कहना', 'नमस्कार मेरा भारत महान' सरीखी कृतियाँ लोकप्रिय और चर्चित हुई हैं।

तीसरी पीढ़ी के व्यंग्यकारों ने प्रायः देशव्यापी मोहभंग, आपातकाल, स्त्री-मुक्ति और दलित चेतना के उभार को महसूसते हुए लिखना शुरू किया। परसाई, शरद जोशी आदि की विरासत को उन्होंने जहाँ बख़ूबी सँभाला, वहीं बहुत कुछ नया जोड़ा क्योंकि यथार्थ से टकराने की हिम्मत उनमें भरपूर थी। डॉ. प्रेम जनमेजय ने युवा व्यंग्यकारों के साथ बातचीत का उल्लेख करते हुए श्री परसाई का एक कथन कई बार उद्धृत किया है कि हमने अपने पिता को नंगा नहीं देखा पर अगली पीढ़ी देख सकती है। तीसरी पीढ़ी में एक साथ अनेक प्रातिभ व्यंग्यकार सक्रिय दिखाई देते हैं और 'व्यंग्य' को विधा के रूप में स्थापित करने के लिए कृतसंकल्प भी। इस पीढ़ी के

प्रदीप पन्त ('मैं गुटनिरपेक्ष हूँ', 'प्राइवेट सेक्टर का व्यंग्यकार'), बालेन्दु शेखर तिवारी ('रिसर्च गाथा', 'किरायेदार साक्षात्कार'), प्रेमजनमेजय ('बेशर्मेविजयते', 'राजधानी में गँवार', 'मैं माखन नहीं खायो'), हरीश नवल ('बागपत के खरबूजे'), मधुसूदन पाटिल ('हम सब एक है', 'देखन में छोटे लगे'), गोपालबाबू शर्मा ('वरकथा अनन्ता', 'सौरी प्लीज', 'सब चलता है लोकतन्त्र में'), विनोद शंकर शुक्ल ('कबिरा खड़ा चुनाव में'), नरेन्द्र तिवारी ('पं. रामखड़ाऊँ के किस्से', 'कस्बे का फ़िल्मी मसीहा'), सन्तोष कुमार तिवारी ('दरवाज़े पर दस्तक', 'खिड़की के आर-पार'), गिरिराज शरण अग्रवाल ('बाबू झोला नाथ'), बलराम ('नेता जी की वापसी'), हरिजोशी ('अखाड़ों का देश', 'आशा है सानन्द हैं'), यज्ञ शर्मा ('डेमोक्रेसी के भगवान'), दामोदर दत्त दीक्षित ('सबको धन्यवाद', 'चन्द बेहूदी हरकतें', 'विकट वन के किस्से'), मनोहरपुरी, सन्तोष खरे ('सरकारी दफ़्तर में कबीर'), सूर्यकान्त नागर ('टीवी युग की महरी', 'गुदड़ी के लाल'), सतेन्द्र अरुण ('मक्खनाय नमोनमः') आदि ने सभी स्तरों पर व्यंग्य विधा को समृद्ध किया है। बहुत बड़ी संख्या में आज भी व्यंग्यकार सक्रिय हैं और विसंगतियों के प्रति अपना प्रतिवाद दर्ज करा रहे हैं। लालित्य ललित ('ज़िन्दगी तेरे नाम डार्लिंग'), सुरेश कान्त ('ब से बैंक'), सुधीर ओखदे ('गणतन्त्र सिसक रहा है'), बी.एल. आच्छा ('गुटका संस्कृति') गौतम सान्याल ('बिहार पर मत हँसो'), सुभाषचन्दर ('थोड़ा हँस ले यार'), के अतिरिक्त अनुराग वाजपेयी, अजय अनुरागी, अनुज खरे, गजेन्द्र तिवारी, टीकाराम साहू 'आज़ाद', रामनारायण मीणा 'हलधर', कृष्ण कुमार 'आशु', सन्तोष त्रिवेदी, गौरव त्रिपाठी, अरविन्द तिवारी, मृदुल कश्यप, अजय चतुर्वेदी 'कक्का', हरि सिंह पाल, पूरन सरमा, वीरेन्द्र सरल, शरद तैलंग, अक्षय जैन आदि ने समकालीन व्यंग्य-लेखन को अपना महत्त्वपूर्ण प्रदेय दिया है।

व्यंग्य में स्त्री की उपस्थिति के सन्दर्भ में सम्भवतः सूर्यबाला सबसे उल्लेखनीय है। शान्ति मेहरोत्रा के व्यंग्य-लेखन का भी यदा-कदा उल्लेख होता है लेकिन 'अजगर करे न चाकरी', 'धृतराष्ट्र टाइम्स', 'देश सेवा के अखाड़े में', 'भगवान ने कहा था' शीर्षक संग्रहों से स्पष्ट है' कि सूर्यबाला ने नियमित व्यंग्य लेखन किया है। व्यंग्य लेखिकाओं की संख्या कम होने पर स्वयं सूर्यबाला का कथन है–''महिलाओं को बोलने की मनाही जो है। वरना महिलाओं के ताने-कटाक्ष आदि निपुणता लिए होते हैं।'' फिर भी एक दर्जन से अधिक लेखिकाएँ इस विधा से गहरी जुड़ी हुई हैं। सुनीता शानू (फिर आया मौसम चुनाव का), विभा रानी (छमक छल्लो कहिस) अलका पाठक (यमराज का भैंसा) स्नेह पाठक (लोनम शरणम् गच्छामि) आदि के अतिरिक्त सुधरानी श्रीवास्तव, उर्मिकृष्ण, इन्द्रजीत कौर, अनामिका तिवारी, सुचिता श्रीवास्तव, अर्चना चतुर्वेदी, साधना उपाध्याय, अलका अग्रवाल सगतिया, मोनिका गुप्ता, सुधा आचार्य आदि के व्यंग्य निरन्तर प्रकाशित होते रहते हैं। इंद्रजीत कौर,

अर्चना त्रिपाठी आदि महिला व्यंग्यकारों में एक क़िस्म का नारी-विमर्श है, जो नारी की अस्मिता और स्वतन्त्रता पर विशेष बल देता है। लेकिन उनके व्यंग्य-लेखन की दुनिया केवल घर-परिवार या नारी-चिन्ताओं तक सीमित नहीं है। उन्होंने तमाम राजनीतिक सामाजिक-सांस्कृतिक मुद्दों पर बेबाकी से लिखा है।

समकालीन हिन्दी व्यंग्य के स्थापत्य-निर्माण में स्तम्भ-लेखन का बहुत बड़ा योगदान है। हरिशंकर परसाई ने 'नर्मदा के तट से', 'सुनो भाई साधो', 'ये माजरा क्या है', 'और अन्त में', शीर्षक से निरन्तर स्तम्भ-लेखन किया है। शरद जोशी का 'प्रतिदिन' बहुत लोकप्रिय स्तम्भ रहा है। गोपाल प्रसाद व्यास का स्तम्भ 'नारद जी ख़बर लाये' हैं सम्भवतः सबसे लम्बी अवधि तक लिखा गया है। 'धर्म युग' में 'बैठे ठाले' और 'साप्ताहिक हिन्दुस्तान' में 'तालबेताल' ने अनेक नये व्यंग्यकारों को भी मंच प्रदान किया। इधर 'साहित्य अमृत', में 'राम झरोखा बैठके' में गोपाल चतुर्वेदी लिख रहे हैं कुछ अन्य पत्र पत्रिकाओं में व्यंग्य सम्बन्धी अनेक स्तम्भ जारी हैं। दैनिक हिन्दुस्तान में 'नश्तर' के अन्तर्गत राजेन्द्र घोड़पकर, उर्मिल कुमार थपलियाल आदि की व्यंग्य रचनाएँ प्रकाशित होती रहती है। 'हिन्दुस्तान' के रविवासरीय अंक में सुधीश पचौरी 'तिरछी नज़र' और रविवासरीय अमर उजाला में यशवन्त व्यास 'नमस्कार' के अन्तर्गत कभी चिकोटी काटते हैं, कभी आलपिन चुभो देते हैं। योगेन्द्र शर्मा कृत 'जुगाड़ से चलता देश' में संकलित सभी टिप्पणियाँ 'अमर उजाला' के 'तमाशा' और नुक्कड स्तम्भ में प्रकाशित हैं। स्तम्भ-लेखन तात्कालिक समस्याओं से टकराता हुआ भी अल्पजीवी नहीं होता। परसाई के अनेक स्तम्भ-लेखों का पुनः पाठ आज भी प्रांसगिक है।

व्यंग्य विधा इस अर्थ में अन्य विधाओं से सौभाग्यशाली है कि उसे पाठकों का संकट या अभाव नहीं है। साधारण पाठक भी पत्र-पत्रिकाओं में छपी व्यंग्य रचनाओं को रुचिपूर्वक पढ़ता है। ज़ाहिर है, इन रचनाओं में सम्प्रेषण-शक्ति भरपूर है। परिवेश की प्रामाणिकता, विसंगतियों पर तीक्ष्ण प्रहार, पीड़ितों की पक्षधरता आदि से सम्पन्न और समृद्ध रचनाएँ भी सहज भाषा और सर्वग्राह्य कथन-चातुरी के अभाव में अधिक पाठकों तक नहीं पहुँच पाती हैं। फैण्टैसी, मिथक, लोककथाओं, पैरोडी, नाटकीयता आदि के सहयोग से व्यवस्था और विसंगति के विरोध के तेवर इन रचनाओं की अभिव्यंजना को वैविध्यपूर्ण और आकर्षक बना सकते हैं। दलित विमर्श, स्त्री-विमर्श आदि भी इन व्यंग्य रचनाओं में अन्तर्भुक्त और संश्लिष्ट हैं तथा इनके विजन को विचारोत्तेजक और प्रहारक बनाने में सक्षम सिद्ध हुए हैं। यही कारण है कि समकालीन हिन्दी व्यंग्य कथेतर हिन्दी गद्य में एक विशेष स्थान बना सका है। यह जहाँ लोकप्रिय है वहीं 'स्तरीय' भी।

हिन्दी यात्रा-वृत्त का विकास

रेवती रमण

यात्रा-वृत्त को अंग्रेज़ी में 'ट्रैवलॉग' कहते हैं। यह संस्मरण का ही वंश-विस्तार है। यात्रा-वृत्त के लिए यात्रा-संस्मरण का प्रयोग भी होता है। वैसे, जीवन अपने आप में एक यात्रा है जिन्हें कभी, कहीं जाने का सुयोग नहीं मिला, उनका मन भी क्या एक ही जगह स्थिर रहता है? प्राचीन काल में जब संचार-सुविधाओं का अभाव था, कबीले यहाँ-वहाँ जाते रहते थे। सैनिक प्रयाण होते थे और सर्वसाधारण तीर्थाटन करते थे। तब यात्राओं का अपना एक लोकचरित्र होता था। आधुनिक काल में 'ट्रैवेलर' जर्नी पर जाने लगे तो ट्रैवलॉग 'जनरल' भी हुआ। जीवन जन्म से मरण तक की अविराम यात्रा है तो उसका दृश्यालेख यात्रा-वृत्तान्त ही होना चाहिए। भवभूति ने एक ही रस 'करुण' माना था, शेष सब उसी के निमित्त हैं। ज़ाहिर है, यात्रा-वृत्त ही सर्वोपरि एक मात्र साहित्य-विधा है, शेष विधाएँ उसी के निमित्त भेद हैं। रचना मात्र एक मानस-यात्रा है। कल्पना के पंखों पर सवार होकर मन न जाने कहाँ-कहाँ उड़ा फिरता है। प्रदत्त स्थितियों से विद्रोह करके मनोवांछित के लिए कई बार वह यूटोपिया रचता है। पलायन और मुठभेड़ के समानान्तर यात्रा और यात्रा-वृत्त बन्धन-मुक्ति के रचनात्मक उपक्रम हैं।

'यात्रा-वृत्त' में लेखक किसी स्थान विशेष के भौगोलिक-सांस्कृतिक वैशिष्ट्य को सर्जनात्मक अभिव्यक्ति देता है। इसमें स्मृति और चैतन्य की मैत्री कारगर होती है। तन के साथ मन का निर्बन्ध संचरण निबन्ध को यात्रा-वृत्त में रूपान्तरित कर देता है। यात्रा अन्तरिक्ष की भी होती है, चन्द्रलोक और मंगल ग्रह की भी। राधाचरण गोस्वामी ने 'यमलोक की यात्रा' की रचना की थी। हम पूरे होशोहवास में यात्रा नहीं कर पाते तो सपने में करते हैं, त्रैलोक्य की। सभी लेखक यायावर नहीं होते न सारे घुमक्कड़ सर्जक। किन्तु यात्रा-वृत्त वही बेहतर लिख पाते हैं जो लेखक होने के साथ यायावर भी होते हैं। यात्रा में अपरिचय को परिचय में तब्दील करना होता है, साथ ही स्वानुभूत यथार्थ का रचना में रूपान्तरण भी। इसमें प्रयोजन निष्प्रयोजन भी हो सकता है। लेकिन सौन्दर्य-भावना यात्रा-वृत्तान्त को साहित्य का दर्जा दिलाती है।

यात्रा-वृत्तान्त प्रवाचक के मन का विस्तार होता है। उसे सम्पन्न और समृद्ध व्यक्तित्व होना ही चाहिए। यह विधा अहं और आभिजात्य से मुक्ति के साक्ष्य देती है। यात्राएँ ग्रन्थि-मुक्त करती हैं, स्वस्थ और आत्म-निर्भर बनाती हैं। नदी, वन, पर्वत, निर्झर, झील, ऋतुचक्र आदि के सौन्दर्य-चित्रों से यात्रा-वृत्त ललित और कलात्मक हो पाते हैं। यह लेखक को अपने से बाहर निकलने का उपाय बताने वाली विधा है। डॉ. रामस्वरूप चतुर्वेदी मानते हैं कि 'यात्रा-संस्मरण का एक पक्ष भूगोल के आकर्षण से जुड़ा है। देश-दर्शन यात्रा-संस्मरण की मूल-वृत्ति है जिसमें एक ओर प्रकृति की पुकार है, दूसरी ओर साहसिक जिज्ञासा। यात्रा मानो विराट मानवीय विकास का ही सीमित प्रतीक है।'

चतुर्वेदी जी के अनुसार, 'यात्रा-संस्मरण लेखक और पाठक दोनों के लिए एक आदिम प्रतीक या पुराण-कथा की भाँति बार-बार अपने को खोलता चलता है।' भौगोलिक विशेषताओं के साथ-साथ कुछ लेखक अपने यात्रा-वृत्तान्तों में समाज, इतिहास और संस्कृति की तह तक पहुँचने की चेष्टा करते हैं। हिन्दी में अज्ञेय, निर्मल वर्मा, विष्णुकान्त शास्त्री, विश्वनाथ प्रसाद तिवारी और मंगलेश डबराल के यात्रा-संस्मरणों में अनुसन्धान की प्रवृत्ति असाधारण है। यद्यपि हिन्दी के साहित्येतिहास ग्रन्थों में अब तक यात्रा-संस्मरणों पर विचार नहीं किया गया है तथापि यह विधा आज इतनी समृद्ध हो चुकी है कि लम्बे समय तक इसकी उपेक्षा नहीं की जा सकती।

सम्प्रति, साहित्य की प्रकृति का विस्तार हुआ है। अब उसे ज्ञानानुशासन की मान्यता मिलने लगी है तो अन्य ज्ञानानुशासनों से साहित्य के सम्बन्ध और संवाद की प्रवृत्ति भी बढ़ी है। अन्तर-अनुशासनिक अध्ययन की प्रवृत्ति ने साहित्य-विधाओं को गम्भीर रूप से प्रभावित किया है। अब विशुद्ध साहित्य की संकल्पना अर्थहीन जान पड़ती है। कविता में कहानी, कहानी में कविता तो सामान्य बात है। जिन्हें गद्य साहित्य की लघु विधाएँ या गौण विधाएँ हम समझते रहे हैं, वे अपनी शिल्प-समृद्धि से मुख्य विधाओं में स्थान पाने की आकांक्षा प्रदर्शित कर रही है। 'यात्रा-वृत्त' संस्मरण का ही एक भिन्न रूप है—इसलिए संस्मरण के समान ही उसकी भी संरचना सम. ावेशी है। उसमें कविता, नाटक, आख्यान, विमर्श आदि सब विधाओं का प्रतिबिम्बन सहज होता है। वैसे, यात्रा-वृत्तान्त में लेखक की कोशिश रहती है कि जिस स्थान की यात्रा उसने की है, उसके बारे में अपने पाठकों को वह अधिकाधिक जानकारी दे। इसमें वर्णन का भावात्मक होना ग़ैर-ज़रूरी नहीं है, फिर भी यह एक वर्णनात्मक गद्य-विधा ही है। लेखक कवि हो तो प्रकृति और सौन्दर्य-चित्रण में उसकी सच्ची भावुकता के दर्शन होंगे ही। स्वदेश के यात्रा-वृत्तों की अपेक्षा विदेश के यात्रा-वृत्तों में तुलनात्मक शैली अधिक प्रयुक्त होती है।

उत्कृष्ट यात्रा-वृत्तों के लेखक से अपेक्षा रहती है कि वह स्थानिक उपकरणों से

आत्मीय सम्बन्ध बनाये, उनसे तादात्म्य स्थापित करें। उसकी भाषा एक सीमा तक प्रभावाभिव्यंजक हो सकती है। लेकिन रचनाकार की स्वकीयता सर्वोपरि है। लेखक व्यक्तित्व-सम्पन्न होगा, ज्ञानवृद्ध होगा, अध्यवसायी और सुसंस्कृत होगा तभी, केवल तभी, वह उच्च कोटि के 'यात्रा-वृत्त' प्रस्तुत कर सकेगा। यात्रा के सिलसिले में वह जिस हद तक आत्म-निर्भर होगा, उस हद तक वह आगे बढ़ेगा। इसलिए यात्रा-भीरू वस्तुतः भीरू ही होते हैं डरपोक। जबकि साहस यायावर का अनिवार्य गुण है। निरुद्देश्य यात्राएँ जोख़िम पसन्द लोग ही कर पाते हैं। वह चाहे शैल-शिखरों की यात्रा हो या दुर्गम अरण्यौं की। यात्रा-वृत्त मानव की जय-यात्रा को अतीत की वस्तु नहीं रहने देते, वे भविष्य के सैलानियों के लिए पर्यटन गाइड की भूमिका निभाते हैं। वे वर्ण्य-स्थलों की लोकगाथाओं, भाषा-संस्कृति और वहाँ के निवासियों के आचार-व्यवहार से परिचय करते हैं। उस क्षेत्र में प्रचलित अन्धविश्वासों, वहाँ की दन्तकथाओं और जनश्रुतियों की जानकारी भी लेते-देते हैं। 'यात्रा-वृत्त' विवरण प्रधान गद्य-विधा है, इसमें सन्देह नहीं। पर जो श्रेष्ठ रचनाकार होते हैं वे अपनी प्रतिभा की चमक इसमें भी दिखा जाते हैं। इसके लिए वे जिन युक्तियौं का सहारा लेते हैं, उनका कोई व्यवस्थित सौन्दर्यशास्त्र नहीं होता। यात्रा-वृत्त रोचक हो तो अधिक पठनीय होगा। उसमें मिथक, अलंकार, लोकोक्ति, मुहावरे आदि के प्रयोग से विशिष्ट प्रभाव उत्पन्न किया जा सकता है। यानी एक श्रेष्ठ गद्य शैलीकार ही उच्च कोटि के साहित्यिक यात्रा-वृत्त लिख सकता है। 'यात्रा-वृत्त' की कोई शिल्प-रूढ़ि नहीं है। उसका कोई सौन्दर्यशास्त्र अभी विकसित नहीं हो सका है। फिर भी एक सामान्य समझ है कि यात्रा-वृत्त सपाटबयानी नहीं है। वह डायरी की शक्ल में हो, पत्राचार की संरचना में हो, प्रस्तुति में सहजता और संवेदनशीलता ही उसके अर्थगौरव की ख़ास वजह होती है।

हिन्दी में यात्रा-वृत्त का विकास संस्मरण साहित्य के विकास के साथ हुआ है, प्रायः अविच्छिन्न रूप में। उसके विकास की गति शीत युद्ध के अन्त के साथ तेज़ हुई है। जिन लेखकों ने परतन्त्र भारत में जन्म लिया और किरोरावस्था और यौवन में विभिन्न स्तरों पर लड़े जा रहे स्वतन्त्रता-संग्राम को अपनी आँखों से देखा, ज़ाहिर है, उनके पास अनुभवौं का जखीरा हैं। उन्हौंने पराधीन भारत में शहीदों और स्वातन्त्र्यवीरों को मूल्यौं और आदर्शों के लिए क़ुरबान होते देखा और स्वतन्त्र देश के शासकों से उनकी कुछ उम्मीदें थीं। पर कालान्तर में उम्मीद की संरचना टूट बिखर गयी। उनका मोह-भंग हो गया। वे अपने पुराने दिनों की स्मृति में संस्मरण विधा की शरण में जाने के लिए विवश हुए। समृद्ध अतीत का सिंहावलोकन और कभी-कभी विहंगावलोकन उनकी जिजीविषा को शक्ति देने में समर्थ हुआ। इसके साथ जन संचार सुविधा भी एक ख़ास वजह हो सकती है। अब यात्राएँ पहले जैसी

मुश्किल नहीं रह गयीं। आलोचना तो होती ही रहती है, पर वास्तविक स्थिति यह भी है कि यातायात की सुविधा बढ़ी है। डॉ. विश्वनाथ प्रसाद तिवारी ने सम्भवतः पहले-पहल अपने शोध-प्रबन्ध 'छायावाादोत्तर हिन्दी गद्य साहित्य' में हिन्दी गद्य की प्रमुख और गौण विधाओं का व्यवस्थित विवरण प्रस्तुत किया। उन्होंने सन् 1936 से लेकर '60 के बीच प्रकाशित 'हिन्दी यात्रा साहित्य' पर प्रकाश डाला है। उनका कहना है कि 'कलाकार स्वभावतः यायावर होता है।' 'आत्मा एक शाश्वत यात्री है, जिसके लिए कोई विराम नहीं होता है। वह सदैव कल्पना-लोक की यात्राएँ किया करता है। वास्तविक जीवन में भी भ्रमण उसके लिए प्रिय है, गति उसके लिए प्राण-संचार की पहली शर्त है।' (छायावादोत्तर हिन्दी गद्य साहित्य, पृ. 281) प्रसंगवश, तिवारी जी ने अज्ञेय को याद किया है—'देवता भी जहाँ मन्दिर में रुके कि शिला हो गये, और प्राण-संचार के लिए पहली शर्त है गति।' अज्ञेय ने अपने बाल्यकाल में चीनी कहावतों का कोई संग्रह पढ़ा था। उसका एक वाक्य गुरुमन्त्र मानकर उन्हौंने अपनी डायरी के मुखपृष्ठ पर लिख लिया—'मैं क्यौं चाहूँ कि मेरी अस्थियाँ भी मेरे पुरखों की अस्थियौं के साथ एक सुरक्षित स्तूप में दबी रहें? जहाँ-जहाँ भी कोई चला जाये, वहीं कोई हरी-भरी पहाड़ी मिल जायेगी।' (अरे यायावर रहेगा याद, पृ. 4) यही सच में गुरुमन्त्र है। चलने से चैतन्य और बहने से पानी निर्मल होता है। यात्राओं के मूल में चैतन्य लाभ की, स्थूल से सूक्ष्म की ओर जाने की सहज मानवीय प्रवृत्ति ही रही है। कल्पना करें कि कोलम्बस, वास्कोडिगामा, मेगास्थनीज आदि ने यात्राएँ न की होतीं तो अमेरिका को कौन जनता, भारत का इतिहास क्या होता? अशोक के दूत धर्म-प्रचार के लिए सिंहल न जाते, चीन में बौद्ध भिक्षु न जाते तो क्या होता? इसलिए यात्रा कोई नयी बात नहीं है पर 'आधुनिक अर्थ में हम जिसे यात्रा साहित्य कहते हैं, उसका हमारे प्राचीन साहित्य में अभाव है।' इसलिए अन्य आधुनिक गद्य विधाओं की तरह यात्रा-संस्मरण भी भारतेन्दु-युग में ही पहले पहल अस्तित्व में आया। 'कवि वचन सुधा' में हरिश्चन्द्र के कई यात्रा-वृत्त प्रकाशित हुए। यथा—'सरयू पार की यात्रा', 'मेहदावल की यात्रा' 'लखनऊ की यात्रा'आदि। उन्हौंने हरिद्वार और वैद्यनाथधाम की यात्रा भी की थी। उनके इन यात्रा-वृत्तों में हिन्दी यात्रा साहित्य का आरम्भिक रूप द्रष्टव्य है। भारतेन्दु के यात्रा-वृत्त में भूगोल से यात्री के राग-संवेदन का अनुकूलन लक्षित होता है। हरिद्वार की यात्रा में भारतेन्दु लिखते हैं,—'यह भूमि तीन ओर सुन्दर हरे-हरे पर्वतों से घिरी है। जिन पर्वतों पर अनेक प्रकार की वल्ली हरी-भरी, सज्जनों के शुभ मनोरथों की भाँति फैलकर लहलहा रही है और बड़े-बड़े वृक्ष भी ऐसे खड़े हैं मानो एक पैर से खड़े तपस्या करते हैं और साधुओं की भाँति घाम ओस और वर्षों अपने ऊपर सहते हैं।' (भारतेन्दु समग्र, पृ. 1033) इसमें भारतेन्दु की धार्मिक भावना, वैराग्य और प्रकृति-प्रेम के दर्शन होते हैं। 'हरिद्वार में बखेड़ा

कुछ नहीं है और शुद्ध निर्मल साधुओं के सेवन योग्य तीर्थ है।' हरिश्चन्द्र लिखते हैं कि 'मेरा तो चित्त वहाँ जाते ही ऐसा प्रसन्न और निर्मल हुआ कि वर्णन के बाहर है।' यही स्वरूप उनके अन्य यात्रा-वृत्तों का भी है। यानी भारतेन्दु के यात्रा-वृत्तान्त प्रयोग ही नहीं उपलब्धि भी हैं। डॉ. तिवारी ने अपने शोध-प्रबन्ध में हरिश्चन्द्र के अतिरिक्त जिन आरम्भिक लेखकों के यात्रा-वृत्तों का उल्लेख किया है, वे हैं—पं. दामोदर शास्त्री कृत मेरी पूर्वा दिग्यात्रा (1885) और मेरी दक्षिण दिग्यात्रा (1986), देवी प्रसाद खत्री कृत रामेश्वर यात्रा (1893) और बदरिकाश्रम यात्रा (1902), शिवप्रसाद कृत 'पृथिवी प्रदक्षिणा' (1914), स्वामी सत्यदेव परिव्राजक कृत मेरी कैलाश यात्रा (1915), 'अमेरिका भ्रमण' (1916) तथा मेरी जर्मन यात्रा (1926), वेणी शुक्ल कृत 'लन्दन-पेरिस की सैर' (1926), कन्हैयालाल मिश्र कृत हमारी जापान यात्रा (1931) पं. रामनारायण मिश्र कृत 'यूरोप यात्रा में छह मास' (1932) राहुल सांकृत्यायन कृत 'तिब्बत में सवा बरस' (1933) और मेरी यूरोप यात्रा (1935) तथा प्रो. मनोरंजन कृत 'उत्तराखण्ड के पथ पर' (1936)। (छायावादोतर हिन्दी गद्य साहित्य, पृ.-282)

कालान्तर में अन्य लेखकों के यात्रा-वृत्त भी प्रकाशित हुए। शिवनन्दन सहाय, श्री गोपाल नेवटिया, पं. सूर्यनारायण व्यास, देवदत्त शास्त्री 'विरक्त' और लक्ष्मीनारायण टण्डन के यात्रा-वृत्तान्तों से यह क्षेत्र पर्याप्त समृद्ध हुआ। परिव्राजक की 'यूरोप की सुखद स्मृतियाँ' 1937 में प्रकाशित हुई। पं. सूर्यनारायण व्यास कृत 'सागर प्रवास' 1941 में, इसी वर्ष गोपाल नेवटिया का यात्रा-वृत्त 'कश्मीर' भी प्रकाशित हुआ। लक्ष्मी नारायण टण्डन की 'संयुक्त प्राप्त की पहाड़ी यात्राएँ', इस दौर की विलक्षण कृति है।

हिन्दी में 'यात्रा-वृत्त' लेखन के क्षेत्र में महापण्डित राहुल सांकृत्यायन का योगदान स्वर्गाक्षरों में अंकित करने योग्य है। उन्होंने देश-विदेश की दुर्गम समझी जाने वाली यात्राएँ की और उनका वृत्तान्त लिखा। 'मेरी जीवनयात्रा' में राहुल जी के 1934 तक की यात्राओं के वृत्तान्त हैं। इसमें अयोध्या, आगरा, हिमालय, नेपाल और लाहौर की यात्राओं का वर्णन प्रभावशाली है। राहुल जी का एक प्रसिद्ध यात्रा-वृत्तान्त है—'किन्नर देश में' (1948)। किन्नर देश से उनका अभिप्राय है हिमालय की तलहटी में बसा एक अंचल। लंका, लद्दाख आदि एशिया के दुर्गम खण्डों में (1956) वह गये थे। उन्हें विदेश-यात्रा के भी पर्याप्त अवसर मिले। 'रूस में पच्चीस मास' तो मुख्यतः उनकी रूस-यात्रा का ही वृत्तान्त है लेकिन कुछ ईरान, तेहरान आदि के प्रसंग। भी इसमें रोचक हैं।

राहुल जी की महत्ता के लेखक हिन्दी में कम ही हुए हैं। उनकी बहुज्ञता और व्यक्त्वि-सम्पन्नता का मुख्य कारण उनकी संचरणशीलता थी। 'मेरी जीवन-यात्रा' के पाँच खण्डों में इसका आभास मिल जाता है कि यायावरी से एक लेखक को क्या लाभ होता है? राहुल जी ने अपने यात्रा-संस्मरणों के अतिरिक्त 'घुमक्कड़ शास्त्र'

(1949) और 'घुमक्कड़ स्वामी' (1956) जैसे ग्रन्थ लिखे। उन्होंने तीसरी कक्षा में पढ़ने के दौरान ये पंक्तियाँ पढ़ीं–

सैर कर दुनिया की गाफ़िल, जिन्दगानी फिर कहाँ
ज़िन्दगी गर भी रही, तो नौजवानी फिर कहाँ!

उन्होंने इसे ही अपने जीवन का मूल-मन्त्र बना लिया। राहुल जी जहाँ भी गये, वहाँ की भाषा सीखकर उसकी संस्कृति से संवाद किया। उनका कहना था,–'कमर बाँध लो भावी घुमक्कडों, संसार तुम्हारे स्वागत के लिए बेकरार है।' राहुल जी समदर्शिता को घुमक्कड़ का 'एकमात्र दृष्टिकोण' कहते हैं। उनके प्रत्येक व्यवहार में उन्हें आत्मीयता मिलती है। 'घुमक्कड़ स्वामी' हमें बताते हैं कि घुमक्कड़ी के क्या फ़ायदे हैं। जननी, जन्मभूमि के प्रति मनुष्य का प्रेम भी उससे दूर जाकर ही अनुभूति का विषय बनता है। लेकिन घुमक्कड़ी की राह फूलों की घाटियों से कम ही गुज़रती है। ज़्यादा तो कंटकाकीर्ण झाड़ियों और चट्टानों का ही सामना करना होता है। वस्तुतः हमारी ज़िन्दगी भी ऐसी ही होती है।

कहना न होगा कि राहुल जी के यात्रा-संस्मरणों में गद्य की प्रकृति असाधारण रूप से सर्जनात्मक है। उन्हौंने हास्य-व्यंग्य के प्रसंग भी डाले हैं। यात्रा जितनी मुश्किल है, घुमक्कड़ का साहस उतना ही बड़ा है। उनके विश्व पर्यटन से हिन्दी का आधुनिक गद्य साहित्य पर्याप्त उपकृत हुआ। उन्होंने जिस काल में यात्राएँ कीं, उसमें जनसंचार की सुविधा आज की तुलना में अत्यल्प थी। आज तो पूरी दुनिया में पर्यटन एक उद्योग बन चुका है, आजीविका का नया क्षेत्र। लेकिन राहुल जी का संघर्ष कड़ा था। उन्हें उनकी यात्राओं ने जुझारू और साहसी बनाया तो अपनी यात्राओं को उन्होंने अपने यात्रा-वृत्तों के रूप में कालजयी अभिलेख बना दिया। राहुल जी का यात्रा साहित्य हिन्दी साहित्य की अमूल्य निधि है। राहुल जी का कहना था कि 'घुमक्कड़ी एक रस है, जो काव्य के रस से किसी भी तरह से कम नहीं है। कठिन मार्गों को तय करने के बाद नये स्थानों पर पहुँचने पर हृदय में जो भावोद्रेक पैदा होता है, वह एक अनुपम चीज़ है। उसकी तुलना हम कविता के रस से कर सकते हैं।' (घुमक्कड़शास्त्र, पृ.-49)

राहुल जी के साथ नागार्जुन ने भी तिब्बत की यात्रा की थी। उनकी भी एक यायावर की छवि है। यानी विभिन्न क्षेत्रों और स्थानों की यात्राओं ने नागार्जुन की रचनाशीलता को समृद्ध किया है। 'हिमालय की बेटियाँ', 'टिहरी से नेलङ्', 'थो-लिङ् महाविहार', 'सिन्ध में सत्रह महीने' जैसे जो उनके यात्रा-संस्मरण हैं, वे अत्यन्त ज्ञानवर्धक हैं। उन दिनों टिहरी की आबादी मुश्किल से दो हजार होगी। गढ़वाल की पुरानी राजधानी ब्राह्मण, राजपूत और शूद्र सभी की आवास-भूमि रही है। दस-पाँच घर मुसलमान भी हैं। शिक्षा का अनुपात बहुत पिछड़ा हुआ है। भागीरथी गंगा के

किनारे होने के कारण गढ़वाल इस शहर को एक तीर्थ का भी महत्त्व देते हैं। स्वामी रामतीर्थ के अन्तिम दिन यहीं बीते थे।' राहुल और नागार्जुन दोनों गुरुद्वारे में टिके थे। पर 'बहुत दिनों से मछली नहीं खाई थी, सो जीभ का अच्छी तरह श्राद्ध किया। भुने हुए चने और चावल, नमक घी से बने—ऊपर यदि तली हुई मछलियाँ मिल जायें तो फिर क्या पूछना।' (नागार्जुन : चुनी हुई रचनाएँ—3, पृष्ठ-199) मैथिल मनुष्य को मछली प्रिय है, यह कहने की आवश्यकता नहीं। पर नागार्जुन केवल एक राजनीतिक कवि नहीं हैं। उन्हें उत्तराखण्ड की प्रकृति-सुषमा आकर्षित करती है, लिखा है—'उत्तर काशी की प्राकृतिक सुषमा बहुत अच्छी है। दूर, पहाड़ियों पर देवदार का जंगल अजीब छटा की सृष्टि करता है। जहाँ हम टिके थे, वहाँ से बिल्कुल क़रीब थी गंगा। उसका कल-कल, छल-छल निशा के नीरव क्षणों में भी मधुर और स्फूर्तिप्रद बनकर इन कानों में प्रवेश करता है। मैं उठकर धार के किनारे आ जाता और पत्थर पर बैठकर गुनगनाने लगता—

सित दुकूल सम फेनपुंज से प्रवृत्त तव श्यामल काया
दूर देश से मेरे मन को खींच यहाँ पर ले आया
समा रहे हैं तेरी कल-कल ध्वनि में शत-शत मनहर छन्द
बैठा हूँ मैं कृष्ण शिला पर खोल कान आँखें कर बन्द।

वहाँ नागार्जुन ने गंगा मन्दिर में जाकर गंगा देवी के दर्शन किये। मगरमच्छ पर सवार प्रतिमा। मन्दिर पुराना नहीं है, सौ-सवा साल का है। दर्शन के लिए भोटिया लोग भी आते हैं, सुविधा के लिए तिब्बती में भी मन्त्र वगैरह लिखे हुए हैं। (वहीं, पृ. 205) प्रसंगवश, नागार्जुन आस्वाद सुख की चर्चा करना नहीं भूलते। थो लिङ्, जाने की राह गें चलते हुए रात हो गयी। 'घोर निर्जन में हमारी वह रात कटी। जंगली बथुए का साग और खिचड़ी से पेट पूजा हुई।' जिस दिन थो लिङ् पहुँचे, उस रात आलू और पहाड़ी कुकुरमुत्ते का साग बनाया था। उसमें जिम्बू (तिब्बती प्याज, डालचा) भी पड़ा था। अपूर्व स्वाद या उसका।' नागार्जुन ने यात्राओं से अपने यायावर होने को चरितर्थ किया। मैथिली कविताएँ उन्होंने 'यात्री' नाम से ही लिखी थीं। उनका अधिकांश लेखन यायावर वृत्ति से व्युत्पन्न है।

उस दौर के लेखकों में रामवृक्ष 'बेनीपुरी' एक ऐसे लेखक हैं जिनकी लेखनी को 'जादू की छड़ी' कहा जाता है। उन्होंने गद्यसाहित्य की लघु विधाओं को ख़ासतौर से अपने लेखन से उपकृत किया है। उनके यात्रा संस्मरणों में देश-विदेश के दर्शनीय स्थानों को गहरी क्षमता से आलोकित किया गया है। 'पैरों में पंख बाँधकर', 'उड़ते चलो, उड़ते चलो' और 'अत्र-तत्र' बेनीपुरी की ऐसी पुस्तकें हैं जिनमें मुख्य तो है यात्रा-प्रसंग किन्तु उनकी मस्ती और सहृदयता के भी वे अद्‌भुत अभिलेख हैं। बेनीपुरी जी साहित्यकार के साथ ही अपने समय के एक समर्थ समाजवादी नेता

और चिन्तक भी थे। उन्होंने यूरोप की यात्राओं के वृत्तान्त में इंग्लैण्ड, फ्रांस और इटली आदि के प्रसिद्ध स्थलों, गिरजाघरों का वर्णन किया है। उनकी दृष्टि में वहाँ का साहित्य, संगीत, नाट्य, शिक्षा-व्यवस्था, स्थापत्य, भोजन और जनजीवन प्रमुख हैं। बेनीपुरी लेखक के साथ-साथ मन से किसान थे। एक स्थल पर इटली के खेतों की झाँकी उन्होंने चित्रित की है–

'इटली में ज्यों-ज्यों घुसते गये, यह स्पष्ट होता गया, यह देश मुख्यतः कृषि-प्रधान है। गेहूँ की फ़सल पक रही है। जहाँ देखिये, वहाँ लाल-लाल बालियों से भरे खेत। फ़सल अच्छी लगती है, बालियाँ पुष्ट लगती हैं।' (पैरों में पंख बाँधकर, पृष्ठ-179) अन्यत्र फ्रांस की देहात का चित्र आता है,–'रास्ते भर फ्रांस की देहात देखते आये। असल में हम जिसे गाँव कहते हैं, वैसे गाँव यूरोप भर में नहीं हैं,न कहीं फूस के घर, न गन्दगी का समुद्र, न फटेहाली की हद।...खेतों में हरियालियों के बीच, जहाँ-तहाँ कुछ खपरैल मकान, काफी साफ़, सुन्दर। यही गाँव है।' (पैरों में पंख बाँधकर, पृष्ठ-188) बेनीपुरी जी वहाँ की प्रकृति ही नहीं, कार्य-संस्कृति की भी प्रशंसा करते हैं।

बेनीपुरी शब्दों में चित्र बनाने की कला जानते थे। वह कवि हृदय तो थे ही। स्विट्ज़रलैण्ड की प्रकृति-सुषमा का उनका एक चित्र है–

'ये झुरमुटें, ये चकमक फूल, ये उछलते नाले, ये लम्बे-लम्बे पेड़, ये गगनचुम्बी चोटियाँ। हाँ, हाँ गगनचुम्बी चोटियाँ। अरे, वहाँ देखिये, उस चोटी पर से वह धुआँ-धुआँ क्या झड़ रहा है। धुआँ का स्वभाव है ऊपर उठना, यह नीचे क्या झड़ा जा रहा है। समझे? यह धुआँ नहीं है। वहाँ से एक झरना झड़ रहा है, उसका पानी छोटे-छोटे कणों में विभक्त हो, यहाँ से धुआँ-धुआँ दीख रहा है।' (उड़ते चलो, उड़ते चलो, पृष्ठ-165)

बेनीपुरी के यात्रा-वृत्तान्तों में गद्य-शैली अत्यन्त महत्त्वपूर्ण है। उन्होंने अधिकांश में डायरी शैली का प्रयोग किया है। उसमें लेखक का जीवन व्यक्तित्व पुलक भर देता है।

''अभी नींद टूटी है और प्लेन की शीशे की खिड़की से बाहर नज़र डालते ही यह क्या पा रहा हूँ?

यह सुन्दर प्रभात, मनोरम प्रभात, हृदयहारी प्रभात! उधर, दूर क्षितिज पर, सूर्योदय की लालिमा फूट रही है और इधर हमारे प्लेन के नीचे, बादलों के ढेर हैं। ये बादल, भूरे बादल, एक पर एक लदे बादल-रूई के समुद्र-से, गाले के समुद्र से लग रहे हैं और, यह लालिमा क्षण-क्षण, पल-पल रंग बदल रही है। क्या कोई कैमरा भी उसके इस परिवर्तनशील सौन्दर्य को पकड़ सकता है–फिर कलम क्या करे?

वह सामने बैठी लड़की अपना कैमरा सँभाल रही है। कलम, तू भी चलती चल।'' (उड़ते चलो, उड़ते चलो, पृ.-18)

बेनीपुरी की डायरी-शैली में लिखे यात्रा-संस्मरणों में विवरण संक्षिप्त है। उनकी

भाषा जहाँ अलंकृत गद्य है, वहाँ भी एक ख़ास तरह की नाटकीयता उसमें है। उन्होंने, विदेश-यात्राओं के साथ ही देश के भी विभिन्न स्थलों की यात्राएँ की थीं। कुछ के संस्मरण भी लिखे थे। भारत-यात्रा के संस्मरणों में राजगृह, महाबलीपुरम और छोटानागपुर के जंगलों पर निबन्ध शैली का प्रयोग हुआ है।

अज्ञेय की प्रतिभा बहुमुखी थी। इसका कुछ लाभ हिन्दी यात्रा-वृत्त को भी हुआ। **'एक बूँद सहसा उछली'** और **'अरे यायावर रहेगा याद'** अज्ञेय की दो ऐसी विलक्षण गद्य-कृतियाँ हैं जिनमें उनका यायावर रूप दर्शनीय है। वह यात्रा को समर्पित यात्री का है, यात्रा जो देवार्चनोत्सव भी है। अतिशय यात्रा करने का कारण है उनका यायावर होना। 'बार-बार अतिशय यात्रा करने की, पूरब-पश्चिम और उत्तर-दक्षिण के कुलाबे मिलाने की, तपस्विनी कुमारी और समाधिस्थ योगीश्वर के त्रिकालव्यापी महामिलन पथ का अनुधावन करने की जो ललक है वह सिर्फ़ देखी गयी जगहों की लम्बी सूची को और लम्बी करने की ज़िद नहीं, एक जीवन-दृष्टि के निरन्तर विस्तार की चिकीर्षा हैं। (यायावर अज्ञेय, वागीश शुक्ल)।

इनमें 'असीसी, फिरेंज़े, स्टाकहोम, पेशावर, मनाली, काँची के छोटे-छोटे शहरों में बिताये गये ख़ुशनुमा दिन हैं तो हेल्वेलिन और रोहतंग जोत के शिखरों पर मृत्यु से साक्षात्कार भी, लेकिन यायावर अज्ञेय के लिए इनमें फ़िरदौस क्या है और दोज़ख़ क्या यह बता पाना मुश्किल है' (वागीश शुक्ल का लेख 'यायावर अज्ञेय', सं. विश्वनाथ प्रसाद तिवारी, अज्ञेय, प्र.-225)। कहना न होगा कि फ़िरदौस और दोज़ख़ दोनों के अनुभवों को अज्ञेय ने अपने यात्रा-संस्मरणों में मिला दिया है।

यह स्वभावतः उनके सैलानी होने की वजह से हुआ है–

क्यों न फ़िरदौस में दोज़ख़ को मिला लें या रब
सैर के वास्ते थोड़ी-सी फिज़ा और सही

'ज्ञान-वृद्धि और अनुभव-संचय के लिए देशाटन उपयोगी है–अज्ञेय इस विश्वास के साथ निरन्तर देश-विदेश की यात्राएँ करते रहे। उन्होंने इसमें कुछ अपनी फ़ोटोग्राफी की कला भी प्रदर्शित की है। उनकी विदेश-यात्राओं के विवरणों से हिन्दी के पाठकों के लिए पश्चिम की खिड़कियाँ खुल जाती हैं। उनके सन्दर्भ में घुमक्कड़ी एक प्रवृत्ति ही नहीं, एक कला भी है। देशाटन करते हुए नये देशों में क्या देखा, क्या पाया, यह जितना देश पर निर्भर करता है, उतना ही देखने वाले पर भी। एक नज़र होती है जिसके सामने देश भूगोल की किताब के नक्शे जैसे, या रेल-जहाज के टाइमटेबिल-जैसे बिछे रहते हैं एक दूसरी होती है जिसके स्पर्श से देश एक प्राणवान प्रतिमा-सा आपके सामने आ खड़ा होता है–आप उसकी बोली ही नहीं, उसके हृदय की धडकन तक सुन सकते हैं। 'एक बूँद सहसा उछली के लेख की दृष्टि समावेशी है, संश्लिष्ट पर केन्द्रित सर्जक की है। 'वह देश में ही नहीं काल में

भी यात्रा करता है। जो प्रदेश वह अपने सामने लाता है उसका सांस्कृतिक परिपार्श्व भी आपकी आँखों के सामने रूप ले लेता है। जिस चरित्र को वह आपके सम्मुख खड़ा करता है उसके चितवन में एक पूरे समाज की झाँकी आपको मिल जाती है।' (एक बूँद सहसा उछली के ब्लर्ब से)

'एक बूँद सहसा उछली' में यूरोप के देशों के यात्रा-वृत्त हैं जिनमें स्विट्जरलैण्ड, पेरिस, बर्लिन की सामाजिक-सांस्कृतिक विशेषताओं पर गम्भीरता से विचार किया गया है। लेखक प्रकृत्या कवि है इसलिए मौलिक दृष्टि से उसने इन नगरों का सौन्दर्य-चित्रण भी किया है। 'यूरोप का स्नायु-केन्द्र : बर्लिन' में वहाँ के चौक का वर्णन है—'आधुनिक नगर का बड़ा चौक'—'बाहर मण्डल में चारो ओर काँच की बड़ी-बड़ी खिड़कियाँ, जिनके भीतर प्रकाश जगमगा रहा है। सड़क पर उनसे छनकर आयी हुई रोशनी, सड़क की बत्तियों की रोशनी, दौड़ती हुई मोटरों की रोशनी, थिर और पतली धारियों में बहती हुई नानाविध दीप्तियों के जाल। भीतरी मण्डल में अन्धकार का एक वृत्त, जिसमें हल्का-सा आभास कि कहीं पर टूटी हुई मेहराबें और शिखर हैं; फिर सहसा और भी गहरे अन्धकार के कुएँ से निकली हुई गिरिजाघर की एक टूटी मीनार।' (एक बूँद सहसा उछली, पृ.-182)

लेखक का विचार है कि 'जिस प्रकार यूरोप के संघर्ष का केन्द्र बर्लिन रहा और है, उसी तरह यूरोप का असली चेहरा मूलतः बर्लिन का चेहरा है।' अज्ञेय की सर्जक-दृष्टि भारत और यूरोप की मानवीय विशिष्टता को परखने में नहीं चूकती। उन्होंने निष्कर्ष निकाला कि भारतीय मनुष्य का चेहरा 'स्वच्छ और शान्त' लगता है। जबकि यूरोप के मनुष्य का चेहरा अनिवार्यतः 'संघर्ष-विकृत।'

अज्ञेय को कई बार विदेश जाने और लम्बे प्रवास पर रहने का अवसर मिला। 1953 में वह यूनेस्को के निमन्त्रण पर पश्चिम यूरोप की यात्रा पर गया। आस्ट्रिया, स्वीडन, लैपलैण्ड में वह भटकते रहे। **इसी यात्रा में स्वीडी लेखिका सारा लीडमैन ने बर्फ़ में कैद हो जाने की एक घटना का ज़िक्र किया जिससे प्रेरित होकर अज्ञेय ने 'अपने-अपने अजनबी' उपन्यासिका की रचना की।** 1957 में उन्हें जापान, फिलीपीन्स जाने का मौक़ा मिला। जापान वह थोड़े अन्तराल के बाद पुनः गये। जापान में उन्होंने लक्षित किया कि तकनीकी प्रगति के बावजूद वह अपनी सांस्कृतिक पहचान को लेकर अत्यन्त सजग है। पश्चिम की पोशाक धारण कर लेने से ही जातीय संवेदना निर्मूल नहीं हो जाती। अज्ञेय को ज्ञात हुआ कि आधुनिकता के लिए परम्परा-विच्छिन्नता अनिवार्य नहीं है। विदेश-प्रवास के अनुभवों का लाभ यह हुआ कि अज्ञेय भारतीय जीवन मूल्यों और उसके अध्यात्म के प्रति और भी सजग हो गये।

1952-55 के दौरान अज्ञेय ने अपने देश के कई स्थलों की यात्रा की। 'विशेष रूप से कला-तीर्थों में वे अपनी दृष्टि और फ़ोटोग्राफी एक साथ माँजते रहे। दक्षिण

भारत को इन्होंने बचपन के बाद फिर नयी समग्र दृष्टि से देखा और अपने चित्त को भारतीय संस्कार की मूर्त्त अभिव्यंजना से परिष्कृत किया।' (विद्यानिवास मिश्र, अज्ञेय, पृ.-16) 'अरे यायावर रहेगा याद' इस यात्रा की उपलब्धि है। इसमें एक स्थल पर अज्ञेय प्रकृति-चित्रण करते हैं–

'नाग केसर के फूल तब पूर्ण विकसित हो चुके थे, पंखुड़ियाँ झरने लगी थीं और केसर की मादक गन्ध छोटी-छोटी पहाड़ियों और उपत्यकाओं को लाँघती हुई शून्य में फैल रही थी।' (अरे यायावर रहेगा याद, पृ.-193)

'सागर सेवित मेघमेखलित' (कन्याकुमारी से नन्दा देवी) में वृत्तान्त गौण है, प्रमुख है कन्याकुमारी से नन्दा देवी तक का भौगोलिक क्षेत्र जो एक आख्यान में बदल गया है। 'अज्ञेय का यात्री योगेश्वर शिव और कुमारी के मिलन की कथा का एक अंग बन गया है, तन्मय होकर मिथक का एक अंग बन गया है। इसमें कुछ उनकी विनोदी वृत्ति भी झलकती है। वागीश शुक्ल मानते हैं कि 'यात्राओं में अज्ञेय की दृष्टि वहाँ की संस्कृति और जीवन पर रही है। इसमें भाषा एक उपलब्धि है, विश्व-मैत्री और करुणा की सर्जनात्मक प्रतिष्ठा में। अज्ञेय अटवी के अपने थे या कम-से-कम अपने बारे में उनकी यही राय थी। इसलिए यह कहना अतिशयोक्ति नहीं कि 'उनकी चेतना कस्बाई ग्रामीण' या महानगरीय न होकर आटविक है, अटनपरक है, घुमक्कड़ी है, यायावरीय है।

हिन्दी यात्रा-वृत्त को अज्ञेय के बाद निर्मल वर्मा ने अपने विदेश-प्रवास और भ्रमण के अनुभवों से सर्जनात्मक रूप दिया है। 'चीड़ों पर चाँदनी' (1964) गद्य-शैली की विशिष्टता के कारण भी महत्त्वपूर्ण कृति है। इसमें लेखक की पत्र-शैली नयी चमक ला देती है–

'प्रिय,

दोपहर को बकिंघम के बस अड्डे पर पहुँचकर लगभग दो बजे वहाँ से प्रस्थान किया। आठ बजे कैण्डल, साढ़े नौ बजे एम्बल साइड और साढ़े दस बजे ग्रास मेयर पहुँच गया। कैण्डल से ही झीलों का प्रदेश आरम्भ हो जाता है और एम्बलसाइड तक की यात्रा में कई स्थलों पर झीलों की सुन्दर झाँकियाँ मिल जाती हैं। लेकिन इन दोनों जगह बस बदलकर ग्रासमेयर आ सकने का कारण यह है कि यहाँ की छोटी झील, पास की दूसरी झील राइडाल और आस-पास के पहाड़ी ताल, विशेष रूप से वर्ड्स्वर्थ से सम्बद्ध हैं।' (चीड़ों पर चाँदनी, पृ.-123)

वर्डस्वर्थ निर्मल का विशेष प्रिय कवि नहीं है किन्तु इस प्रदेश का कल्पना-परिचय उसी की कविताओं से होने के कारण, वह ग्रासफेयर जाने से खुद को रोक नहीं पाते। निर्मल के इस यात्रा-संस्मरण में डायरी-शैली के उदाहरण भी हैं। ' आठ नवम्बर की छठी तारीख़ है। जहाज का हिलना-डुलना रात से ही कम हो गया है

जिससे लगता है, समुद्र शान्त है।' (चीड़ों पर चाँदनी, पृ.-147) 'चीड़ों पर चाँदनी', 'प्राग-एक स्वप्न', 'सुलगती टहनी', 'पत्थर और बहता पानी', 'उत्तरी रोशनियों की ओर' जैसे अपने यात्रा-संस्मरणों में निर्मल के चिन्तक-रूप से साक्षात्कार होता है। कई बार लगता है, निर्मल वर्मा गद्य में कविता लिख रहे हैं–

'पूर्णिमा का पूरा चाँद, इलाहाबाद के किले पर ऊँघता हुआ। पिछली रात उसे गंगा के भीतर देखा था–एक सफेद भुतैली परछाई, एक झिलमिला-सा स्वप्न। अब समूची रात की यात्रा में थका हुआ वह किले के माथे पर चिपका था–एक गोल, सफेद, मुरझाई बिन्दी, जिसे सिर्फ़ एक अँगुली से पोंछा जा सकता था।' (दूसरी दुनिया, पृ.-59)

'मैं इस मेले में खाली होकर आया था। सब कुछ पीछे छोड़ आया था–तर्कबुद्धि, ज्ञान, कला, जीवन का एस्थेटिक सौन्दर्य। मैं अपना दुख और गुस्सा और शर्म और पछतावा और लांछना, प्रेम और लगाव–और स्मृतियाँ भी छोड़ आया था। मैं बिल्कुल खाली होकर आया था–खाली और चुप–क्योंकि शब्द बहुत पहले किसी काम के नहीं रहे थे। चुप और अदृश्य। मैं अथाह भीड़ में अपने को अदृश्य पाना चाहता था।' (दूसरी दुनिया)

निर्मल अपने यात्रा-संस्मरणों में कमोबेश उन्हीं चिन्ताओं के साथ हैं–जिनसे वे कहानियाँ, उपन्यासों और निबन्धों में जूझते रहे हैं। उनका अनौपचारिक गद्य घर के अभाव को बेघर अनुभवों से भरने की लालसा है। उनका अतीत यात्रा-वृत्तों में स्मृति बनकर कल्पना को निराधार होने से बचा लेता है।

निर्मल वर्मा 'कला की स्वायत्तता' के प्रमुख प्रवक़्ता हैं तो उनका यह रूप उनके यात्रा-संस्मरणों में भी उपलब्ध है। वृत्तान्त के बीच में कई बार वे यूरोप के लेखकों-चिन्तकों के उद्धरण भी लाते हैं और वे अमूर्तन तक जाते हैं। वे पलायन नहीं करते हैं तो मुठभेड़ भी नहीं करते। वे कलाकार की विपर्यस्त नियति पर मुग्ध हैं और उसके अकेलेपन पर फ़िदा। उनका अस्तित्व-चिन्तन इतना ख़ास है कि आरोपित लगता है। उनकी भाषा हिन्दी की प्रकृति से मेल नहीं खाती। वे अंग्रेज़ी में सोचते हैं और हिन्दी में उसे ही रूपान्तरित करते हैं। भाषा की अनुवादजीविता जातीय रचना के विकास की बड़ी बाधा है।

निर्मल वर्मा की तुलना में आचार्य जानकी वल्लभ शास्त्री और विष्णुकान्त शास्त्री के यात्रा-संस्मरणों में भारतीय चित्त का प्रतिबिम्बन एक बड़ी उपलब्धि है। उन्होंने उच्चकोटि के, विशिष्ट व्यक्तियों के संस्मरण भी लिखे हैं, किन्तु यात्रा-वृत्तों में उन्हें अधिक सफलता मिली है। जानकी वल्लभ जी सुकवि हैं–नख से शिख तक, तो कुछ अन्यथा नहीं कि गद्य उनका लालित्यपूर्ण और अलंकृत भी हो। 'अजन्ता की ओर' साठ के दशक में लिखा उनका यात्रा-वृत्त 'हंस बलाका' में संकलित है।

यह आत्मकथा और संस्मरण के मध्य में अवस्थित है। मुज़फ़्फ़रपुर से हैदराबाद और वहाँ से मोटर पर सवार होकर जानकी वल्लभ जी अजन्ता की गुफाएँ देखने जाते हैं। 'अजन्ता की शृंखलित गुफाओं को देख उन्हें लगता है कि 'उनका निर्माण जब-तब के आकस्मिक स्फुरणों से नहीं, एक योजनापूर्ण और संघबद्ध कला-कलाप का परिणाम है। उसकी मूर्तियाँ, भित्तिचित्र या लेप-चित्र रस विशेष को केन्द्रित करते हैं। नवों रसों के चित्र हैं, किन्तु सब के सब एक ही अंगीरस के उपस्कारक हैं।' (हंस बलाका, पृ. 287) अजन्ता को लेखक भारतीय चित्रकला का अमर महाकाव्य कहता है। ज़ाहिर है उसकी अभिव्यंजना प्रभावोत्पादक है। उसका प्रकृति-प्रेम छलक पड़ा है—आधी रात में उमस से परेशान होकर लेखक वहाँ झरने के पास पहुँचता है और स्वगत-संलाप का आयोजन भी, 'झरने दो, झरने दो, लयमय रोर-भरे झरने को झरने दो। ये काले-काले रस्म रिवाज़ों के ढोकें, वे रूढ़ियों की चट्टानें प्राणों के आवेग को रोकते-रोकते ढहते-बजते जा रहे हैं।' यहाँ द्रष्टा की अनुभूति परिवर्तन की गति से एकाकार होती है—'झरना झर रहा है, रोड़े घिस रहे हैं, पत्थर शालिग्राम बन रहा है। प्रकृति और मानव की कलाओं में होड़ लगी है। प्राकृतिक कला में आवेग-संवेग है, मानवीय कला में संयम और शान्ति' (हंस बलाका, पृ. 292) अपने यात्रा-वृत्त में जानकी वल्लभ जी पूरे व्यक्तित्व के साथ हैं। उनके प्रकृति-चित्रण में अद्‌भुत गति है, 'विविध विहगों के कलरव के नीचे कलकल करती नदी बह रही थी। ऊपर से झर कर पतली-पतली धारें झाग-झाग हो जाती थीं और नीचे लघु-लघु लहरें नाच-नाच उठती थीं। निराली हरियाली पथरीली धरती पर लौट रही थी। वृन्तों पर झूले पड़े थे और उन पर फूले फूल हवा के झोंकों से झूल रहे थे। कभी भी न सूँघी हुई सुगन्ध उड़ रही थी और मन मतवाला हो रहा था।' (हंस बलाका, पृ.-292)।

जानकी वल्लभ जी संस्कृत के पण्डित और हिन्दी के महाकवि हैं तो उनका एक दार्शनिक स्वरूप भी है जो उनकी वाग्मिता को एक नयी धार देता है। 'अजन्ता की ओर' में एक जगह लिखा है—'मैंने समुद्र के किनारे से लहरों को टकराते देखा है—एक लहर किनारे को चूमकर चुपचाप लौट पड़ती है, दूसरी उसे झकझोर देती है, तीसरी चट्टनों पर पछाड़ ख़ाकर गिरती और समस्त वातावरण को आन्दोलित कर देती है। ये लहरें एक जैसी नहीं होतीं पर समुद्र एक-जैसा होता है। उसके अन्तस्तल को चल-विचल करने वाली लहरें बाहरी प्रभावों के कारण भी विभिन्न प्रतिक्रियाएँ उत्पन्न करती हैं। आँधी और मलयानिल के झकोरे मन को दो प्रकार के संकल्प देते हैं—दोनों अपने में पूर्ण है।' (हंस बलाका, पृ.232)

सिर्फ़ भाषा-सौष्ठव से सप्राण होने के लिए भी 'अजन्ता की ओर' पठनीय है। इसमें भाव-विचार भाषा से होड़ लेते हैं। संगीत और वनस्पतियों से लेखक की आत्मीयता सर्वविदित है। 'मेरे पथ में न विराम रहा/कुछ दूर और कुछ दूर और/

करता मैं आठो याम रहा' के गीतकार का गद्य में यह अनोखा अन्दाज़ क़ाबिलेतारीफ़ है—'मैं नज़ारों से, बहारों से, चमन से, आबशारों से किसी का पता पूछने में मशगूल था। फूलों की मुस्कान हो या शबनम की गमगीन तान, दिन की सुफेदी हो या रात की सियाही, सबमें बेरोक बही जाती ज़िन्दगी का कच्चा सूत पकड़े कहीं दूर चलता चला जा रहा था, चला जा रहा था।'

प्रसंग इसमें एक कवि-सम्मेलन का भी है। हैदराबाद के निज़ाम हॉल में रेडियो-कवि-सम्मेलन हुआ। श्रोताओं के आग्रह पर अध्यक्ष के पढ़ लेने के बाद भी जानकी वल्लभ जी ने दो-तीन गीत सुनाये। तालियाँ बजीं। उस माहौल का एक चित्र द्रष्टव्य है—'एक ओर चम्पई अंग-रंग, तरंगमय अरुणाभ मुखमण्डल, कजरारे नयनों के मद भरे डोरे, संगीत भरी जवानी की कुंकुमधुली अँगड़ाइयाँ और थिरकती मूँछें, पोपले खगोल कपोल, चेचक मेचक चेहरे, टेलकम का साइनबोर्ड लटकाये, भटकती हुई गर्दनें—क्या ही दिलकश और दिलफ़रेब नज़ारा था।' (हंस बलाका, पृ.-253)

पं. विष्णुकान्त शास्त्री के संस्मरणों की किताब हैं—'स्मरण को पाथेय बनने दो' (77) इसमें कश्मीर, वैष्णोदेवी, जम्मू, मसूरी, नैनीताल, रानीखेत, दार्जीलिंग, जगन्नाथपुरी और कामरूप कामाख्या के उत्कृष्ट यात्रा-वृत्त संकलित हैं। लेखक की भावयित्री प्रतिभा कारयित्री को पीछे छोड़ देती है। 'आँख भर देखा कहाँ, आँख भर आयी' का आरम्भ इन पंक्तियों से होता है—'कवियों के अनुसार प्रकृति कश्मीर में बैठकर अपना श्रृंगार करती है। हिम-धवल श्रृंगों से घिरी यह रणमीक उपत्यका मुझे तो रंग महल की क्रीड़ा-वाटिका-सी लगती है। बसन्त या शरद में यदि आप पीर पंजाल के उन्मुक्त शिखर को माथा नवाकर बनिहाल की जवाहर सुरंग में, कश्मीर में प्रवेश करें तो लगेगा कि आप सुषमा की जादूपुरी में आ गये हैं।' (स्मरण को पाथेय बनने दो, पृ. 145) विष्णुकान्त जी की स्मृति अच्छी है। उन्हें अपने प्रिय कवियों की पंक्तियाँ याद रहती हैं। जैसे अपनी वाग्मिता में वैसे ही अपने यात्रा-वृत्तों में वे उद्धरणों का इस्तेमाल करते हैं। वह एक धर्मप्राण भावुक व्यक्ति है तो भव्य और दिव्य और उदात्त के प्रति एक ललक उनमें लक्षित होती है। उनके यात्रा-वृत्तों में प्रकृति के विराट बिम्ब खिंचे चले आते हैं।

विष्णुकान्त जी ने नक्सलबाड़ी, बांग्लादेश और सूरीनाम की यात्राओं के संस्मरण भी लिखे हैं। बांग्लादेश जब अपने अस्तित्त्व के लिए संघर्ष कर रहा था तो विष्णुकान्त जी धर्मवीर भारती के साथ वहाँ गये थे। उन्होंने मुक्तिवाहिनी के साथ क्रान्ति का आँखों देख विवरण लिखा। प्रसंगवश, धर्मवीर भारती का 'यात्रा-चक्र' (1994) भी हिन्दी यात्रा-वृत्त की एक उपलब्धि है। 'धर्मयुग' के सम्पादक के रूप में भारती लगातार यात्राएँ करते रहे। उन्होंने अनेक विदेशी कवियों की कविताओं के काव्यानुवाद किये जो 'देशान्तर' में संकलित हैं। मारिशस, चीन की और अमेरिका

की यात्राओं से भारती का 'यात्रा-चक्र' समृद्ध हुआ। भारती कवि और पत्रकार दोनों थे। पर देश काल और परिस्थितियों के दवाब में उनका सम्पादक प्राथमिक हो जाता था। बांग्लादेश की यात्रा में एक ओर काव्य-पाठ का आकर्षण था, दूसरी ओर मीरपुर में गिरफ़्तार किये गये पाकिस्तानी फ़ौज़ियों और बिहारी मुसलमानों से मिलने की चुनौती थी। भारती ने काव्य-पाठ की उपेक्षा करके सम्पादकीय दायित्व का निर्वाह किया। विष्णुकान्त जी लिखते हैं, मैं उनके सम्पादकीय कर्त्तव्य-बोध के समक्ष नतमस्तक हो गया।' वैसे, 'धर्मयुग के सम्पादक और कवि के द्वन्द्व में सदैव सम्पादक ही जीता हो, ऐसा भी नहीं है।' उन्होंने बांग्लादेश की नयी कविता के प्रति आन्तरिक सद्भावना व्यक्त करने के लिए बेगम सूफ़िया कलाम और शम्शुर्रहमान से मिलकर जमकर काव्य-चर्चा की, उनकी कविताएँ सुनीं, अपनी कविताएँ भी सुनाई। (विष्णुकान्त शास्त्री : चुनी हुई रचनाएँ, खण्ड-2, पृ.-192) 'अन्धकार में ज्योति की तलाश : बांग्लादेश' में भारती जी के साथ साहसिक यात्रा-वृत्तान्त है तो 'ये सतत संघर्ष की घड़ियाँ अमर रहेंगी' में विस्थापितों की खोज-ख़बर ली गयी है—'विस्थापित शिविर...वितरण...केन्द्र। क़रीब-क़रीब एक ही जैसी स्थिति की बार-बार पुनरावृत्ति।' बांग्लादेश का मुक्त क्षेत्र। सामने का वह शिविर तो कुछ निराला ही लगता है। छोटे-छोटे तम्बू, पर करीने से लगे हुए। गम्भीर वातावरण। राइफल लिये तैनात सन्तरी। जीप को कुछ दूर पर ही रोककर हम लोग उतरे।' (चुनी हुई रचनाएँ/ खण्ड-2/पृ. 192)

विष्णुकान्त शास्त्री के संस्मरणात्मक गद्य की छवि-छटा निराली है। उनमें वातावरण और परिवेश के यथार्थ-चित्रण की प्रवृत्ति है। वह राष्ट्रवादी हैं, धर्मप्राण हैं, ये बातें अपनी जगह हैं। राजनीति ने उनके लेखक को कम ही प्रभावित किया है।

बीसवीं सदी के अन्तिम दशक में सोवियत संघ के विघटन और शीतयुद्ध की समाप्ति के बाद संस्मरणात्मक लेखन की गति और भी तेज़ हो गयी है। भूमण डलीकरण के विरोध ने चाहे जो तर्क दिये, वस्तुस्थिति यह है कि दुनिया सम्पन्न लोगों के लिए निश्चय ही विश्वग्राम बन गयी है। जो पहले रेल-यात्राएँ भी बहुत कम कर पाते थे, अब वायुयान से उड़ने लगे हैं। ख़ासतौर से महानगरों में प्रतिष्ठित लेखक वे हैं जिनका एक पाँव देश में दूसरा विदेश में रहता है। कहना न होगा कि यात्रा अधिक होगी तो यात्रा-वृत्त भी अधिक लिखे जायेंगे। इसलिए अन्य साहित्यिक विधाओं की तरह यात्रा-संस्मरणों का उत्पादन भी ख़ूब हो रहा है। शायद ही कोई पत्रिका होगी जिसके हर अंक में कोई न कोई यात्रा-वृत्त न प्रकाशित होता हो।

इस परिदृश्य में, विश्वनाथ प्रसाद तिवारी के यात्रा-संस्मरण अलग से ध्यानाकर्षण करते हैं। अज्ञेय, निर्मल वर्मा आदि के यात्रा-संस्मरणों से ये अधिक प्रभावाभिव्यंजक और पठनीय हैं। यह नहीं कि शब्दों में चित्र बनाना विश्वनाथ जी को नहीं आता। वे कवि हैं और अज्ञेय से कम आधुनिक कवि नहीं हैं लेकिन हिन्दी जाति के स्वभाव

और संस्कार से जितनी उनकी आत्मीयता है, उतनी न अज्ञेय की है, न निर्मल वर्मा की। निर्मल के पास जातीय अनुभवों की पूँजी अत्यल्प है। वे कम पूँजी से अधिक मुनाफ़ा कमाने वाले लेखक हैं। उनके वर्णनों की एकरसता उबाती भी बहुत है, जबकि विश्वनाथ प्रसाद तिवारी सर्जनात्मक तनाव के साथ देशज का सन्तुलन बनाये रखते हैं। उन्होंने व्यक्तित्व-सम्पन्न रचनाकारों के संस्मरण तो लिखे ही हैं, देश-विदेश की अपनी यात्राओं के भी उच्चकोटि के संस्मरण लिखे हैं। 'आत्म की धरती' (1999) और 'अन्तहीन आकाश' (2005) उनकी यात्रा-संस्मरणों की ऐसी पुस्तकें हैं जिनसे यह विधा समृद्ध हुई है।

'आत्म की धरती' का वर्ण्य-विषय स्वदेश-संगीत है। कश्मीर से लेकर कन्याकुमारी तक की सांस्कृतिक विविधता को लेखक ने अद्भुत सादगी से उजागर किया है। उनके मत में 'भारत कोई एक देश नहीं, बल्कि अनेक संस्कृतियों और विचारों का महासागर है। इसकी मिट्टी खुरचते चले जायें तो परत-दर-परत अनन्त परतों का एक सिलसिला मिलेगा।' विचित्रताओं और विरोधाभासों के स्वदेश को 'आत्म की धरती' का लेखक गहरी क्षमता से प्रकाशित करता है। आधा अन्धकार में, आधा प्रकाश में रूप-रंग, खान-पान, रहन-साहन, वेश-भूषा बोली-बानी में पर्याप्त भिन्नता के बावजूद इसकी भीतरी सोच और दिमाग़ी बनावट में अद्भुत एकरूपता है।

विश्वनाथ जी के ये संस्मरण ज़्यादा पत्र-शैली में लिखे गये हैं। ये विभिन्न स्थानों, व्यक्तियों और घटनाओं की जानकारी देते हैं साथ ही आत्मा की अतल गहराइयों में भी प्रवेश करते हैं। ये न केवल प्राचीन भारत के इतिहास, संस्कृति और दार्शनिक चिन्तन से हमें परिचित कराते हैं, बल्कि भारत के लोक मन की आन्तरिकता के उद्घाटन से भी समर्थ सिद्ध होते हैं। भारत की भौगोलिक भिन्नता और विचित्र लगने वाली विविधता के भीतर इनका लेखक एक तत्त्व की प्रधानता देख पाता है। एक-सी आग, एक-सा पानी। विश्वनाथ जी लिखते हैं,–'इन यात्राओं ने मुझे तनावमुक्त किया है, समृद्ध किया है, कहीं तोड़ा है, कहीं जोड़ा है, कहीं भरा हैं, कहीं खाली किया है, कहीं सोचने पर विवश किया है, कहीं भीतर से बदल दिया है।'

'कुछ बात है कि हस्ती मिटती नहीं हमारी' प्रकारान्तर से 'आत्म की धरती' की प्रस्तावना है। इसमें वह क्या बात है जो भारत की हस्ती मिटने नहीं देती-पर गम्भीरता से विचार किया गया है। वह है भारत की आध्यात्मिक-दृष्टि। वह बात है गहरी अभेद-दृष्टि जो सर्वभूतों में चैतन्य प्राणधारा की कल्पना करती है। विश्वनाथ जी का मत है कि 'भारत की धरती' 'आत्म की धरती' है। भारतीय दृष्टि आत्मवादी दृष्टि है। 'यहाँ के निवासी एक अजर अमर अविनाशी आत्मा में विश्वास रखते हैं। आत्मा की अमरता का यह विश्वास ही यहाँ की संस्कृति को मिटने नहीं देता। आत्मा ऐसी है कि शस्त्र उसे मार नहीं सकते, आग उसे जला नहीं सकती, पानी गला नहीं

सकता, हवा उसे सुखा नहीं सकती।' भारत आज के परिदृश्य में विपन्न हुआ है तो इसलिए कि हमने इसके स्वरूप को भुला दिया है। विवेकानन्द ने आध्यात्मिकता के पुनरुद्धार और पुनः प्रतिष्ठा को ही भारत के उद्धार का उपाय बताया था। विश्वनाथ जी अपने गहन चिन्तन मनन के आलोक में धर्म के सत् स्वरूप को पहचानने का आग्रह करते हैं।

'आत्म की धरती' का पहला संस्मरण है—'स्थावराणां हिमालयः' और अन्तिम संस्मरण 'कोथाय पाबो तारे' हैं। पहले में नेपाल-भ्रमण का वृत्तान्त है और अन्तिम में कोलकाता-भ्रमण का। 'अगर फ़िरदौस बररू-ए-ज़मींअस्त' जम्मू-कश्मीर और श्रीनगर का यात्रा-वृत्त है। 'जो बह रही है जिजीविषा की तरह' में हिमाचल का यात्रा-प्रसंग है तो 'देवतात्मा का साक्षात्कार' में बदरी-केदार का अभूतपूर्व चित्रण हुआ है। इसमें पत्र-शैली है। अपने मित्र अरुणेश जी को लिखे पत्र में बदरी-केदार-यात्रा की स्मृतियाँ की लेखक ने कलात्मक अभिव्यक्ति की है,—'हम शिव की ओर बढ़ रहे हैं। आगे केदार शिव है चमकता हुआ। नीचे मन्दाकिनी अनावृत, खिलखिलाती। सूखी चट्टानों के बीच जिजीविषा की तरह लपलपाती। निर्जीव में प्राणधारा-सी संचरित। निर्जन में तारवाद्य की तरह झंकृत। हजारों फुट नीचे मन्दाकिनी। हरित-धवल तन्वंगी। बगल में गगनचुम्बी भूधर। बीच में ऊबड़-खाबड़, सँकरा सर्पिल मार्ग।' (आत्म की धरती, पृ. 61) चित्रकूट, मसूरी, खजुराहो, मेवाड़, दिल्ली, मद्रास, कन्याकुमारी, पांडिचेरी, तिरुपति, रामेश्वरम्, पुरी, कोचिन और गोवा की यात्राओं के वृत्तान्तों को मिला दें तो सम्पूर्ण भारत-भ्रमण का वृत्तान्त लगेगा। इनमें विश्वनाथ की कला कमोवेश वैसी ही है जैसी पं. हजारी प्रसाद द्विवेदी की कला उनके ललित निबन्धों में मिलती है। तमाम जगहों और नामों के इतिहास-भूगोल और व्युत्पत्ति में विश्वनाथ जी की ज्ञानात्मक संवेदना मुखरित हुई है। कहीं वह भाषा वैज्ञानिक की भूमिका में होते हैं, कहीं पुरातत्त्वज्ञ की लेकिन प्रकृति-सौन्दर्य को उन्होंने सदैव एक स्वच्छन्दतावादी कवि की आँख से देखा है।

विश्वनाथ प्रसाद तिवारी की विदेश-यात्राओं से सम्बद्ध संस्मरणों की एक किताब 'अन्तहीन आकाश' प्रकाशित है और सम्भवतः दो और आने वाली हैं। 'अन्तहीन आकाश' में लन्दन, मॉरिशस और रूस की यात्राओं के संस्मरण हैं। अज्ञेय की तरह विश्वानाथ जी भी अपनी विदेश-यात्राओं के संस्मरणों में भारत को याद ही नहीं रखते, बल्कि मौक़ा पाते ही दोनों देशों की संस्कृतियों की तुलना भी करते जाते हैं। 'लन्दन में' सारी दुनिया के, सभी धर्मों के, जातियों और रंगों के लोग निवास करते हैं।' 'पूरा इंग्लैण्ड भारत के उत्तर प्रदेश के बराबर होगा' 'भारत में गर्मी और धूल है तो लन्दन में जाड़ा और बर्फ़। भारत में दहेज है तो वहाँ तलाक़। भारत में जातिवाद है वहाँ रंग-भेद। भारत में ग़रीबी और गन्दगी है तो वहाँ सम्पन्नता की विकृति।' (अन्तहीन आकाश, पृ. 21)

कहना अनावश्यक है कि 'अन्तहीन आकाश' के संस्मरणों का लेखक भोजपुरी भाषी है। 'भँवरवा धीरे चल' यानी मॉरिशस-यात्रा के संस्मरण में सम्भवतः इसलिए भी अधिक मार्मिकता आ गयी है क्योंकि इसकी शुरुआत एक भोजपुरी गीत से होती है–'कलकत्ता से छुटल जहाज भँवरवा धीरे चल।' इसमें मॉरिशस के इतिहास और भूगोल का अत्यन्त प्रामाणिक ज्ञानवर्द्धक विवरण है। गिरमिटिया की व्यथा-कथा इसमें मर्मस्पर्शी है। वहाँ भोजपुरी भाषी हिन्दुओं की संख्या कुल आबादी की पचास प्रतिशत है किन्तु लोकप्रिय शिष्टभाषा फ्रेंच है और जनभाषा है–क्रियोल। मॉरिशस में विश्वनाथ जी ने किसी के भी हाथ में शस्त्र नहीं देखा। यह उनकी प्रसन्नता का कारण है। अद्‌भुत है यह संस्मरण जिसे पढ़कर ही महसूस किया जा सकता है। भाषा भी सादगी में असाधारण भावावेगपूरित। एक जगह विश्वनाथ जी लिखते हैं–

'यह अर्द्धरात्रि का समय है जबकि हमारा विमान मॉरिशस से उड़ान भरने वाला है। बाहर बारिश हो रही है। हम कुछ क्षणों में ही यह धरती छोड़ देंगे और बादलों को पार कर जायेंगे जहाँ सिर्फ़ अनन्त होगा। हमारे अगल-बगल, ऊपर अनन्त आकाश और नीचे सागर-अनन्त। हे अनन्त पथ की पवन तरंगों, धीरे बहना।' लन्दन, मॉरिशस के यात्रा-वृत्तों से कम ज्ञानवर्द्धक और रोचक रूस का यात्रा-वृत्त नहीं है। 'रूस में सोलह दिन' के प्रवास में विश्वनाथ जी ने महसूस किया कि 'मेट्रो गाडियाँ मॉस्को की जीवन-रेखाएँ हैं।' उनके इस संस्मरण में मॉस्को और क्रेमलिन का विवरण है तो 'रूस के महान शहर पीतेरबुर्ग में' पीतेरबुर्ग का।

रमेशचन्द्र शाह की बहुमुखी प्रतिभा से 'यात्रा-वृत्त' भी अछूता नहीं रहा है। उन्होंने 'द्वारका की खोज में' जामनगर से द्वारका की यात्रा का अनोखा चित्रण किया है तो 'वास्को पोपा के देश में' बियोग्राद का ज्ञानवर्द्धक वृत्त है। उनका कवि-यात्रिक वास्को पोपा की भाँति यूरोप के सांस्कृतिक-भूगोल से गुज़रता हुआ अन्ततः भोपाल लौट जाता है। 'द्वारका की खोज में' का समापन वाक्य है–'आधी रात का सुनसान। मैं भोपाल पहुँच गया हूँ। हाँ, भोपाल ही तो। परन्तु इसका क्या प्रमाण है कि मैं भोपाल में ही हूँ कहीं और नहीं। (बहुवचन, पृ. 175)

रामेश पोखरियाल का 'हिमालय का महाकुंभ : नन्दा राजजा़त (2010) में 'राजजात के उन्नासी पड़ावों के रहस्यमय और रोमांचकारी स्थलों' का वृत्तान्त है। यह यात्रा नौटी गाँव से शुरू होती है, नन्दा के मायके भगोती पहुँचती है जो इसका छठा पड़ाव है। इसके अनन्तर नन्दा का ससुराल क्षेत्र आता है–कुलसारी, देवराड़ा, नन्दकेसरी, फल्दिया, मुन्दोली से गुज़रते हुए वह सुतोली पहुँचती है। पुनः वापस लौटती है। यह प्रकृति-सौन्दर्य-चित्रण की दृष्टि से पठनीय है। शाह की शैली से अलग है सोमदत्त का अन्दाज़। 'वास्को पोपा से मुलकात' शीर्षक अपने यात्रा-वृत्त के आरम्भ में ही सोमदत्त लिखते हैं, 'युगोस्लाविया कहने से जिन दो नामों की याद

मुझे आती है, वे थे टीटो और पोपा। टीटो हम लोगों के लिए चाहे जो हों अपने देशवासियों के लिए मुक्तिदाता थे—क्रान्तिकारी स्वप्नदर्शी, हिटलर की सेनाओं से जूझने वाले योद्धा। लेकिन पोपा हमारे लिए भी कवि हैं और अपने देशवासियों के लिए भी।' इसमें यात्रा-प्रसंग संक्षिप्त है, मुख्य है दो कवियों का संवाद। कुछ डायरी शैली भी है। यातायात की सुविधा पर नज़र है—'छोटे मुल्कों, छोटी आबादियों, छोटी भौगोलिक सीमाओं और तेज़ औद्योगीकरण के जो फ़ायदे होते हैं उनमें से एक है—ज़्यादातर आबादी का निजी वाहन-मोटर। यात्री अमूमन अपनी कारों या शानदार बसों में सफ़र करते हैं।'' (पूर्वग्रह-67, मार्च-अप्रैल 1985, पृ.-91)

'जूले' सतीश जायसवाल का यात्रा-वृत्त है। यह लद्दाख की यात्रा का वृत्तान्त है। इसमें हरित हिमालय है और ऊसर 'काराकोरम' भी। लेखक 'सिन्धु दर्शन यात्रा' में शामिल हो जाता है। लद्दाख के पर्वतों में असली शिलाजीत मिलती है। सोनमर्ग में असली शिलाजीत के घुमन्तू व्यापारी मिलते हैं। लेखक जोजीला दर्रे से द्रास के पहाड़ी इलाके में आगे बढ़ता है। 'द्रास को लद्दाख का प्रवेश-द्वार कहा जाता है।' 'कारगिल आज मुस्लिम बहुल है, लेकिन कभी वह बौद्ध प्रधान था, उससे भी पहले कबीलाई इलाका। लद्दाख हिम-मरुप्रदेश है, बौद्धबहुल क्षेत्र है। वहाँ के लामा मिलने पर अभिवादन 'जूले' कहकर करते हैं।' 'जूले' स्वागत भी है और विदा भी।' यह एक सूचनापरक विवरण है। (समकालीन भारतीय साहित्य, अंक-152)

'ब्रह्मपुत्र के किनारे-किनारे' (2006) महेन्द्रनाथ दुबे का यात्रा-वृत्तान्त है। इसमें ब्रह्मपुत्र के बहाने भारत के पूर्वोत्तर प्रान्तों की भौगोलिक सांस्कृतिक विशेषताओं पर प्रकाश डाला गया है।

पिछले दिनों कुमार रवीन्द्र, कर्मेन्दु शिशिर और महेश दर्पण के यात्रा-संस्मरण प्रकाशित हुए हैं। कुमार रवीन्द्र ने जैसलमेर का यात्रा-वृत्त (मधुमती, अप्रैल 2011) लिखा है। इसमें सूचनाएँ अधिक हैं। पर राजस्थानी लोक-संगीत और कालबेलियों की नर्तन-भंगिमाओं के मनोहारी वर्णनों में लेखक की कवि-प्रतिभा झलकती है।

कर्मेन्दु शिशिर की विदेश-यात्राओं के वृत्तान्त इधर पत्रिकाओं में प्रकाशित हुए हैं। 'एक दिन पेरिस' (बहुवचन-26-27) में आँखों देखा दृश्य आख्यान-रचना की प्रतिभा से जीवन्त हो गया है। महेश दर्पण का 'पुश्किन के देस में' (2010) एक ऐसा यात्रा-वृत्तान्त है जिसमें लेखक अपने स्वप्न और यथार्थ के बीच ब्यौरों को जस का तस रख देता है। इसमें मायकोवस्की, तोल्सतोय और चेखव की यादें हैं। लेखक को पत्रकारिता का अच्छा अभ्यास है। उसकी लेखनी कैमरे की आँख बनकर दृश्यों को उजागर करती है। यथा—'मॉस्को ऊँघ रहा है। तेज़ रफ़्तार है मॉस्को।' मस्त चाल भी है मास्को।' सपनों का महल टूटा तो सोवियत संघ रूस में सिमट गया। रूस और अमेरिका का फ़र्क़ अब जल्दी ही मिटने वाला है। वहाँ के युवाओं

में यौन-उन्मुक्तता बढ़ रही है। वहाँ से देह-व्यापार के लिए स्पेन ले जाई जाने वाली लड़कियों की क़ीमत सिर्फ़ पन्द्रह सौ डॉलर है। आतंकवाद वहाँ भी है। महेश दर्पण के वृत्तान्त का भीष्म साहनी की आत्मकथा (आज के अतीत-2003) में वर्णित रूस के अनुभवों से गहरा साम्य है। यह सपने के टूट-बिखर जाने का वृत्तान्त दूर तक पीछा करेगा।

संक्षेप में, हिन्दी यात्रा-वृत्त निरन्तर प्रगति-पथ पर अग्रसर है। उसकी अन्तर्वस्तु और संरचना समृद्ध है लेकिन पहचान स्थिर नहीं है। यात्राओं के अनुभव अन्य साहित्यिक विधाओं में काम आते हैं, ख़ासतौर से उपन्यासों और निबन्धों में, यात्रा-वृत्तान्त सुपाच्य है, सम्प्रति। वह आगे अपनी पाचन-शक्ति बढ़ा सकता है। इस विधा में जातियों और राष्ट्रों की विविधता में निहित एकता को आलोकित करने की अद्‌भुत क्षमता है।

यात्रा-साहित्य : विधा और सम्भावनाएँ

सुभद्रा राठौर

सामाजिक प्राणी मनुष्य प्रकृति और प्रवृत्ति से विचारशील है। निरन्तर अपनी अभिव्यक्ति चाहता है। अपने अनुभव, अपनी अनुभूतियाँ, अपनी सोच, अपनी दृष्टि—सब कुछ वह साझा करना चाहता है। उसका यही प्रयत्न होता है कि उसकी बात अन्य तक पहुँच जाये। प्रभावी तरीक़े से। ताकि उसका मन्तव्य सफल हो। साहित्य मानव-मन की चिरन्तन अभिव्यक्तियों का व्यापक ठौर है। अनुभूतियों और अभिव्यक्तियों की विधिताएँ हैं, तो उनके माध्यम भी विविध रूप के होने चाहिए। वाचिक परम्परा के पश्चात प्रारम्भिक दौर में काव्यशास्त्रियों ने साहित्य को दृश्य व श्रव्य काव्य में विभाजित किया था। यह विभाजन उस वक़्त का था, जब गद्य रचनाएँ अस्तित्व में नहीं थीं। सब काव्यमय था। आधुनिक युग तक आते-आते यह स्पष्ट होने लगा था कि साहित्य का तात्पर्य गहन अनुभूतियों की काव्यात्मक भावाभिव्यक्तियों से ही नहीं है, इसके परे गहन विमर्श की आवश्यकता और गुंजाइश भी है। फलतः काव्येतर गद्य रचना के उत्स फूटे। गद्य में भी आरम्भ आख्यानकों से हुआ, निबन्धों की बारी आयी और अब अपनी बतकही के लिए रचनाकारों के समक्ष पद्य ही नहीं, गद्य की भी तमाम विधाएँ मौजूद हैं। कथ्य के अनुसार विधा का चयन किया जाये, तब ही प्रभावी रचना तैयार होती है। आज गद्य में निबन्ध, आलेख, कथा, लघुकथा, उपन्यास, नाटक, एकांकी, प्रहसन, व्यंग्य, आलोचना, डायरी, पत्र, रिपोर्ताज, संस्मरण जैसी अनेक विधाएँ हैं। इन समस्त गद्य विधाओं के समानान्तर एक और विधा ने अपनी अलग जगह बना ली है, लोकप्रियता की दृष्टि से वह पीछे नहीं है, उसकी ललक साहित्य-जगत में ही नहीं, आम पाठक में भी दिखाई देती है। वह है यात्रा-साहित्य। हिन्दी में यात्रा-साहित्य की विपुल परम्परा है। हमारे यात्रा-वृत्त इतने उच्च कोटि के हैं, कि उन्हें मात्र पर्यटन का प्रतिफल या प्रतिवेदन बताकर ख़ारिज नहीं किया जा सकता। उसका प्रदेय 'यात्रा-वर्णन' तक सीमित नहीं, अकूत ज्ञान का भण्डार हैं वे। इस आलेख में हम अपने यात्रा-वृत्त की उपस्थिति और सम्भावनाओं पर दृष्टिपात करेंगे और स्वतः यह बात सिद्ध होगी कि मज़बूत पायों पर टिका यात्रा-साहित्य स्वर्णिम भविष्य की ओर अग्रसर है।

यात्रा साहित्य पर चर्चा के पूर्व 'यात्रा' शब्द को विवेचित कर लेना अनिवार्य है। यात्रा का शब्दकोशगत अर्थ मिलता है–विदा, जाना, अन्तिम विदा, मृत्यु, तीर्थाटन, आक्रमण आदि। यात्रा प्राणि-मात्र की नैसर्गिक क्रिया है, लालसा है। भ्रूण स्थापन से प्रारम्भ हुई यात्रा सम्पूर्ण जीवन-सोपनों को पार कर जब मृत्यु के प्रांगण में प्रवेश करती है, तभी समापन तक पहुँचती है। चलना ही जीवन है, चरैवेति, चरैवेति। अज्ञेय ने इसे यों शब्दायित किया, ''यायावर को भटकते चालीस बरस हो चले, किन्तु इस बीच न तो वह अपने पैरों तले घास जमने दे सका है, न कुछ ठाठ जमा सका है, न क्षितिज को कुछ निकट ला सका है–उसके तारे को छूने की तो बात ही क्या। कितने स्थल देखे जहाँ बैठकर ऋषियों ने देहों पर वल्मीक उगा लिए, जहाँ मुनि तपस्या करते-करते पाषाण हो गये, जहाँ देवता जमकर पर्वत-शृंग बन गये, जहाँ मानवों ने ऐहिक आकांक्षाओं-वासनाओं से मुक्ति पायी–किन्तु यायावर ने समझा है कि देवता भी जहाँ मन्दिर में रुके कि शिला हो गये और प्राण-संचार के लिये पहली शर्त है गति, गति, गति।'' अकाट्य सत्य है यह। गतिहीन देह ही तो 'शव' की संज्ञा पा लेती है। प्रकृति का प्रत्येक अंश सतत् चलायमान है। चेतन तो गतिमान है ही, जड़ भी स्थिर कहाँ? समस्त ब्रह्माण्ड में धूलि-कण-सा अस्तित्व है मनुष्य का। वह उसका शाश्वत नियम कैसे तोड़ सकता है? घुमक्कड़ी उसके रक्त में है। कन्दरा से अन्तरिक्ष तक की पहुँच यात्रा-गाथा ही है। डॉ. जानकी पाण्डेय ने घुमक्क्ड़ी के विषय में कहा है–''परमाणु से ब्रह्माण्ड तक यह प्रचलित है कि बिजली कहीं ठहरती नहीं। तरंग यदि ठहर जाये तो लहर का रूप कैसे लगी? ठीक इसी प्रकार घुमक्कड़ ठहर जाये तब वह घुमक्कड़ नहीं रह जाता। घुमक्कड़ के पैर में चक्कर होता है। वही चक्कर उसे कहीं नारद बनाकर ले जाता है तो कहीं पवनसुत हनुमान बनाकर। कभी वह ह्वेनसांग, मेगस्थनीज, कोलम्बस, वास्को-द-गामा या संघमित्रा बन कर भ्रमण करता है तो कभी बुद्ध, गुरुनानक, ईसा मसीह बनकर धर्म के प्रचार के लिए घुमक्कड़ी का सहारा लेता है। इन सभी घुमक्कड़ों की प्राथमिकता जो भी रही हो, घुमक्कड़ी ही उसके मूल में है।' स्पष्ट है, यात्रा के उद्देश्य भिन्न-भिन्न हो सकते हैं, उसके प्रस्थान-बिन्दु अलग-अलग हो सकते हैं किन्तु अन्तिम लक्ष्य सबका एक है, अपनी भावना के अनुसार प्राप्त सुख, आनन्द, तृप्ति। एक पुरानी चीनी कहावत ''हजार मील की यात्रा एक छोटे कदम से प्रारम्भ होती है'' को अपने यात्रा-वृत्त में याद करने वाले निर्मल वर्मा 'चीड़ों पर चाँदनी' की भूमिका में यात्रा-सुख को बेहद कम शब्दों में यों व्यक्त कर देते हैं–''महज़ साँस ले पाना–जीवित रहकर धरती के चेहरे को पहचान पाना–यह भी अपने में एक सुख है–इसे मैंने इन यात्राओं में सीखा है...।''

यात्राएँ मनुष्य की अतीत हैं, वर्तमान हैं, तो भविष्य भी। यात्राओं का इतिहास बहुत पुराना है। उसे लिपिबद्ध करने की परम्परा मानव-विकास के दौर में प्रारम्भ

हुई। यात्रा-साहित्य यात्री के अनुभवों की अभिव्यक्ति का माध्यम होता है। विश्वमोहन तिवारी ने यात्रा साहित्य को इस प्रकार समझाया है–"सौन्दर्य बोध की दृष्टि से उल्लास की भावना से प्रेरित होकर यात्रा करने वाले यायावर एक प्रकार से साहित्यिक मनोवृत्ति के कहे जा सकते हैं और उनकी मुक्ति अभिव्यक्ति को यात्रा-साहित्य कहा जा सकता है।"

हिन्दी साहित्य में यात्रा-साहित्य का प्रस्फुटन भी भारतेन्दु युग से होता है। भारतेन्दु ने स्वयं 'सरयू पार की यात्रा', 'लखनऊ की यात्रा', हरिद्वार की यात्रा' जैसे यात्रा-वृत्तान्त लिखे। भारतेन्दु युग से प्रारम्भ हुई यह यात्रा आजपर्यन्त जारी है। राहुल सांकृत्यायन यायावरी में दृढ़ प्रकाश-स्तम्भ हैं, उनकी ऊँचाई को कोई छू भी सकेगा, इसमें शंका है, जिन्हौंने घुमक्कड़ी को 'शास्त्र' में बदल डाला। सिखाया कि दरअसल यायावरी 'आवारगी' नहीं, उसके और भी कई कोण हो सकते हैं। एकदम सार्थक। राहुल की यात्राएँ अर्थात् साहस का दूसरा नाम, जिसकी परिणीति तिब्बत से भारी मात्रा में लाये गये ग्रन्थ के रूप में है। अथक परिश्रम और दृष्टि के साथ, सोद्‌देश्य की गयी यात्राओं और उनके वृत्तान्तो ने सिर्फ़ देश ही नहीं, दुनिया को भी नयी राह दिखाई है। 'यायावर' के नाम से जाने गये यात्री अज्ञेय, उन्हें पढ़कर कौन यात्रा के काव्यात्मक-लालित्य से भरपूर आनन्द में डूब न जाना चाहेगा! मोहन राकेश के यात्रा-वृत्तान्त, इतने रोचक कि आपको बहा ले जायेंगे अपने साथ 'आख़िरी चट्‌टान तक", उस छोर तक जहाँ तक वे स्वयं जाना चाहते हैं। वहाँ पहुँचने पर सागर-तट की रंग-बिरंगी, विविधवर्णी धूलि को हथेलियों पर लेकर जब वे अचम्भित होते हैं, पाठक को भी एकबारगी सिहरन होती है कि हथेलियाँ मोहन राकेश की नहीं, उसकी अपनी हैं। वे भय और रोमांच को क्षण-क्षण महसूस करते हुए चलते हैं, जब एक ओर अथाह समन्दर की ज्वार में मत्त लहरों और दूसरी ओर रेत की ऊँची दीवार के बीच लेखक को फँसा पाते हैं। मृत्यु का भय। उसका साधारणीकरण। "ऋणजल धनजल" को कैसे विस्मृत किया जा सकता है? आंचलिक कथाकार के रूप में ख्यात फणीश्वरनाथ रेणु का यह अनोखा यात्रा-वृत्त है, जिसमें उन्होंने मार्मिकता के साथ बाढ़ और सूखे को अपने वृत्त का आधार बना डाला। 'चीड़ों पर चाँदनी' के यात्रा-वृत्तकार निर्मल वर्मा ने उस वक़्त विदेश-यात्रा को अपनी लेखनी में बाँधा, जब साहित्यकारों के लिए तो क्या, सामान्य भारतीय के लिए भी विदेश-यात्रा दूर का स्वप्न थी। शिवप्रसाद गुप्त, यशपाल, बनारसीदास चतुर्वेदी, रामवृक्ष बेनीपुरी, भगवतशरण उपाध्याय, डॉ. नगेन्द्र, विष्णु प्रभाकर, प्रभाकर माचवे, अमृतलाल बेगड़, कृष्णा सोबती, शिवानी, धर्मवीर भारती, कृष्णदत्त पालीवाल, कमलेश्वर, काका कालेलकर, राजेन्द्र अवस्थी, देवेन्द्र सत्यार्थी, हिमांशु जोशी, रामदरश मिश्र, विद्यानिवास मिश्र, असगर वजाहत जैसे सैकड़ों अन्य नाम हैं, जिन्होंने यात्रा-साहित्य को समृद्धि दी है।

यात्रा-साहित्य की वर्तमान दशा पर दृष्टि डालें, तो एक दुखद पहलू है कि उसका मूल्य अन्य गद्य विधाओं की तुलना में कमतर करके ही आँका जाता है। ठीक वह दशा, जो कभी 'व्यंग्य' विधा की थी। प्रारम्भ में परसाई के व्यंग्य को कथा की चौखटे पर फेंक दिया, और इसे अलग विधा के रूप में मान्यता ही नहीं दी गयी। क्या समीक्षा होती भला? कहाँ व्यंग्य और कहाँ कहानी! शैली अलग, कथ्य अलग। यही दुर्व्यवहार कमोबेश यात्रा-साहित्य के साथ किया गया हैं। 'छोटे बड़े रास्ते' किताब में 'हिन्दी यात्रा-साहित्य' पर लिखते हुए डॉ. सुनील विक्रम सिंह कहते हैं कि—''यात्रा-साहित्य को अंग्रेज़ी में 'ट्रैवलॉग' के रूप में जाना जाता है। विश्व प्रसिद्ध लेखक वी.एस. नायपाल ने ट्रेवल्स विधा में महत्त्वपूर्ण योगदान दिया है। यूरोपीय लेखकों ने उच्च कोटि का साहित्य लिखा है क्योंकि वहाँ के लोग यायावर और एडवेन्चरर्स होते हैं। भारत के लोग यात्रा प्रेमी तो होते हैं, लेकिन वे जोख़िम उठाने से डरते हैं। हिन्दी के आलोचकों ने यात्रा-साहित्य की प्रायः उपेक्षा की है। फिर भी हिन्दी साहित्य में उच्च कोटि का यात्रा-साहित्य लिखा गया।'' यात्रा-साहित्य का महत्त्व नकारा नहीं जा सकता। इसे मज़े लेने वाली खिलन्दड़ी, अल्हड़ और हल्की-फुल्की विधा मान लेना भूल होगी। यात्रा-साहित्य का मूल भले ही यात्रा हो, किन्तु जब कोई यात्रा रचना का रूप लेती है एक साथ कई विषयोँ का स्पर्श कर जाती है। यात्रा-वृत्त 'कला' का मात्र एक विषय होकर भी, स्वयं में कई विषयों को समाहित कर लेता है। कलम की नोक पर क्या-क्या नहीं चलता यात्रा के साथ-साथ! भूगोल, इतिहास, समाजशास्त्र, अर्थशास्त्र, दर्शनशास्त्र, राजनीति विज्ञान, मनोविज्ञान, पुरातत्त्व, पर्यावरण, विज्ञान, वाणिज्य आदि। यह अन्तःअनुशासनिक अभिव्यक्ति है। इसलिए ज्ञान का अपरिमित भण्डार भी। यह जिज्ञासाओं के अनेक द्वार खोलकर, तृप्ति की ओर ले जाने वाली विधा है, जहाँ मनुष्य घर बैठे दुनिया की सैर कर सकता है। मनुष्य दुनिया घूमना भी चाहे, तो उसकी सीमाएँ हैं। वह दरअसल वामन है, उसके डग इतने विशाल भी नहीं हैं कि अपने जीते-जी दुनिया माप सके। एक व्यक्ति ने जितना भी मापा, यदि उसे शब्दों में बाँध दिया, तो परस्पर यात्रा-वृत्तान्तों के पठन-पाठन से इसी धरती का काफ़ी कुछ देखा-समझा-जाना-बूझा जा सकता है। बटोही की आँखों से देखा गया विवरण-वर्णन का भी कम महत्त्व नहीं है। इसलिए यात्रा-साहित्य का अंकन हमें नयी दृष्टि से करना होगा।

क्या दिया है हमें हमारे यात्रा-साहित्य ने? हमें यदि सम्भावनाएँ तलाशनी हैं, तो पहले उसके प्रदेय पर दृष्टि टिकानी होगी। जैसा कि पूर्व में कहा जा चुका है, हमारा यात्रा-साहित्य गणना और गुणवत्ता-दोनों ही दृष्टि से उच्च कोटि का है। यहाँ सामान्य स्तर के यात्रा-वृत्त भी दिखते हैं, किन्तु ऐसे यात्रा-वृत्तान्त भी, जो पाठक को स्वयं में बाँध कर रख लें, कम नहीं। यात्रा-साहित्य से जितनी भी अपेक्षाएँ होती

हैं, उनकी उपस्थिति वृत्तान्तों में है। इनमें कौतूहलता, रोमांच, जिज्ञासा, भय, सौन्दर्य, ज्ञान, हास्य, करुणा, शोक, दर्शन, शान्ति, घृणा, अनुराग, सुख-दुख क्या नहीं प्रकट हुआ है। आइए जीवनचर्या, समस्त जीवन, सारा भूगोल, खगोल, अतीत, वर्तमान, भविष्य के संकेत हेतु कुछ बानगी देखें।

यात्रा के उद्देश्य कई हो सकते हैं, जीविका की खोज, शिक्षा के अर्जन से लेकर तीर्थाटन, भिक्षाटन, पर्यटन आदि। सामान्यतः यात्रा के प्राथमिक उद्देश्यों में शामिल होता है–सौन्दर्यपान। मनुष्य सौन्दर्य पिपासु होता है। उसे इन्द्रधनुषी वर्ण लुभाते हैं, चाहे जल हो, थल हो या अनन्त नभ हो। धरती तो है ही असीमित सौन्दर्य की मंजूषा। आज भी उसका अनछुआ-अनकहा-अनदेखा सौन्दर्य यत्र-तत्र-सर्वत्र पसरा है। मोहन राकेश ने कनानौर (कण्णूर) के मायावी-मोहक सौन्दर्य का इस प्रकार बखान किया–"पानी में सूर्यास्त के कई-कई हल्के-गहरे रंग झिलमिला रहे थे, जैसे–ताम्बई, बैगनी, कत्थई। किनारे की तरफ़ आती हर लहर के आगे झाग की सफेद जाली बन जाती थी जो लहर के लौट आने पर कुछ देर बनी रहती थी। बढ़ता पानी सूखी रेत को भिगो जाता, परन्तु पानी के लौटते ही रेत फिर सूखने लगती। पानी उसे फिर भिगो जाता और कितने ही केकड़े उछलते हुए आकर रेत में सुराख करके उसमें दुबक जाते। टिर-री, टिर-री-यह स्वर सारे वातावरण में फैल रहा था। मुझे लगा कि वास्तव में ऐसे ही समय और वातावरण को साँझ कहा जा सकता है। दिल्ली जैसे शहर में कभी साँझ नहीं होती। वहाँ समय के केवल दो ही चेहरे होते हैं–दिन-रात। या एक ही चेहरा–आधा स्याह, आधा सफेद। यह है यात्रा का आनन्द और उसकी अभिव्यक्ति। यात्रा ने कृत्रिम महानगर और प्रकृति के सौन्दर्य के अन्तर को समझाया, मोहन राकेश के साथ पाठक को भी आज बढ़ती हुई पर्यटन संस्कृति के पीछे अगर एक बड़ी वजह खोजनी हो, तो बेशक, वह है भागदौड़-आपाधापी से भरी ज़िन्दगी, जिससे ऊबकर व्यवित चन्द साँसे हरितिमा के मध्य लेना चाहता है, जीना चाहता है, एक निश्छल, अकृत्रिम आँचल की छाँह पकड़कर, कुछ पल ही सही।

यात्रा-साहित्य का बड़ा प्रदेय धरती का नक्शा सामने रख देना है। यात्रा-वृत्त विश्व-भूगोल का साक्षी होता है। मनुष्य सम्पूर्ण धरती को देखने की लालसा रखता है। भूगोल में उसकी रुचि होती है। क्या उसे धरती के कोण, द्वीप, महाद्वीप, अन्तरीप, रेगिस्तान, समुद्र, पर्वत-शिखर, नदी, जंगल, बीहड़ देखने की जिज्ञासा नहीं होती है! सब कुछ देख पाना सम्भव नहीं, किन्तु यात्रा-साहित्य आपके सभी पन्नों को उलट देता है, जहाँ आप जा नहीं सकते। धरती के रहस्य खोजी यात्री ही तो खोलते हैं। अज्ञेय अपने यात्रा-वृत्तों में भौगोलिक विवरण देने से नहीं चूकते। असम में ब्रह्मपुत्र की चर्चा करते हुए वे वहाँ अनोखे माझुली द्वीप का ब्यौरा देते हैं–तो ब्रह्मपुत्र के समतल मार्ग के बीच में माझुली नाम का एक द्वीप है। नदियों में छोटे-मोटे टापू

होना मामूली बात है। लेकिन माझुली स्वयं में एक अनूठा टापू है—संसार की किसी और नदी में 70 मील लम्बा और 10 मील चौडा, लगभग 25 हजार की जनसंख्या वाला द्वीप मैंने तो नहीं सुना। जैसे ही वर्षाकाल में नदी का पानी चढ़ता है तो द्वीप की लम्बाई बीस-एक मील कम हो जाती है और जगह-जगह पानी भर जाता है, लेकिन तो भी क्या?'' वे आगे यह भी बताते हैं कि किस प्रकार द्वीप की बाढ़ से सिमट जाने पर एक ही स्थल पर भेड़, बकरी, लोमड़ी-सियार, बाघ-बघेल, बिलार, साँप-बिच्छू और मचान पर क़रीब ही बैठे मानव—''धैर्यपूर्वक मेला देखते हैं।'' इसे वे 'विश्वमैत्री' और 'जीवदया' का रहस्य कहते हैं। सहजीवन-सहअस्तित्त्व की पराकाष्ठा। भूगोल में दर्शन की यह घुसपैठ यात्रा-वृत्त की ही देन है। धरती को जानना हमेशा से ही रोचक होता है। वह कहीं भी एकरूपा नहीं है। पल-पल परिवर्तित रूप। शिवानी साइबेरिया की सम्पदाधारी भूमि का चित्रण इस प्रकार करती है—''19वीं शताब्दी के एक पर्यटक ने साइबेरिया के विषय में लिखा है, ''यदि कोई पर्यटक साइबेरिया में किसी से कहे, ''मुझे कोई गड़ा ख़ज़ाना दिखाओ, यहाँ तो सुना है ऐसे असंख्य ख़ज़ाने गड़े हैं'' तो वह उसी स्थल पर पैर धरकर कहेगा, ''यहीं पर है वह ख़ज़ाना।'' सचमुच ही आप उसी स्थान को खोदिएगा तो अद्भुत ख़ज़ाना गड़ा मिलेगा। यही साइबेरिया की समृद्धि है, जहाँ पैर पड़े वहीं खोदिए और अटूट समृद्धि। देश को 85 प्रतिशत बहुमूल्य ऊर्जा के ख़ज़ाने यहीं से प्राप्त हैं। पूरे संसार के उपयोग में आने वाले कोयले का अर्द्धभाग, साइबेरिया ही देता है। इसके अतिरिक्त हीरे, सोने, लोहे एवं ताँबे की यह रत्नगर्भा धरती स्वयं अपने में मिसाल है।'' अब बताइए, यह ज्ञान आपको साहित्य दे रहा है अथवा भूगोल! निःसन्देह लेखिका भूगोलवेत्ता नहीं है किन्तु अपनी यात्रा से उन्होंने जो ज्ञान अर्जित किया वह साहित्य से उतना तो वास्ता नहीं ही रखता, जितना कि भूगोल अथवा अर्थशास्त्र से। यही यात्रा-वृत्तों का 'मल्टीडायमेंशनल', बहुआयामी दाय है।

यात्री की निगाहें वर्तमान दृश्य-जगत पर होती हैं, किन्तु वह यदि सच्चा पथिक है, तो हो ही नहीं सकता कि वह देखे जा रहे आज के अतीत की ओर मुड़ना न चाहे। दर्शनीय स्थल चाहे प्राकृतिक हो अथवा मानव निर्मित, ऐतिहासिक हो अथवा प्रागैतिहासिक, खोजी दृष्टि पूरी जिज्ञासा के साथ उसे टटोलती अवश्य है। शैल चित्र, भित्ति चित्र, अजन्ता-एलोरा, ताज़महल, लालकिला, द्वारिका के जलमग्न भग्नावशेष जैसे पर्यटन स्थल आपको वर्तमान से खींचकर हजारों बरस पीछे ले जाते हैं, खड़ा कर देते हैं उस काल में, जहाँ से मनुष्य की जीवन-यात्रा, उसकी सभ्यता-संस्कृति की यात्रा शुरू हुई थी। प्रत्येक देश का अपना इतिहास होता है, अच्छा भी बुरा भी। विदेश यात्रा पर निकले निर्मल वर्मा जब बर्लिन पहुँचते हैं, तो सौन्दर्य दर्शन से परे उतर कर उनका संवेदनशील मन देश के अशान्त इतिहास पर जा अटकता है—''मैं

मध्य यूरोप में हूँ' जर्मनी में–और यह 1961 की गर्मियाँ हैं–दूर-दूर फैले हुए खेतों पर जून की उजली, उनींदी-सी धूप और भूरी मिट्टी की गन्ध। एक बोझिल गन्ध, जिसमें पूरी एक मृत पीढ़ी का अतीत भरा है। मैं दो बार लन्दन और पेरिस जाते हुए जर्मनी के बीच से गुज़रा हूँ–किन्तु कभी यहाँ उतरने का मन नहीं हुआ। कोई अदृश्य-सा भय, एक अजीब-सी झिझक सामने खड़ी हो जाती है। युद्ध को ख़त्म हुए एक लम्बा अरसा बीत गया। कोई भी आज उसे याद नहीं करता। घिसी-पिटी कहावत है–गड़े मुरदों को उखाड़ना ठीक नहीं, यह एक बुरी बात है। किन्तु मैं, जो एक सुदूर देश से यूरोप आया हूँ–मुझे कई-बार ऐसा लगता है कि जो समय सबके लिए, यहाँ के निवासियों के लिए, बीत गया है, वह मेरे लिए अभी तक जीवित है, प्रतीक्षारत है, और जब तक मैं उसे अन्य प्राणियों की तरह भोग नहीं लूँगा, वह मुझसे छूटेगा नहीं। गड़े मुरदे? वे हर आदमी के भीतर हैं–जब कभी मध्य-यूरोप से गुज़रता हूँ, मुझे उनका ठण्डा स्पर्श महसूस होने लगता है।'' युद्ध की विभीषिका का दूरगामी परिणाम है कि वह समाप्ति के बाद भी जीवित रहता है। देश काल की सीमा से परे, सर्वदा अपने पंजे गड़ाकर लहुलुहान करता हुआ। हिरोशिमा-नागासाकी कभी भुलाये जा सकेंगे भला?

यात्रा और यात्रा–साहित्य की एक महत्त्वपूर्ण देन है भिन्न मानव समाज को देख पाना। उसकी संस्कृति अर्थात् रहन-सहन, बोली-भाषा, खान-पान, वेशभूषा, विश्वास, मान्यता से रूबरू होना। भौगोलिक भिन्नताएँ समाज को भिन्न-भिन्न जामा पहनाती हैं। किसी भी समाज को भीतर से जानना कम रोचक नहीं। महापण्डित राहुल सांकृत्यायन तिब्बत के ज़बरदस्त जानकार हैं। उन्होंने तिब्बती रहन-सहन को तथ्यात्मक और रोचक पद्धति से अपने यात्रा-वृत्तों में उतारा है–तिब्बत में लोग तो नहाते साल-दो-साल बाद ही हैं, लेकिन मरदों और औरतों के लम्बे-लम्बे बालों में तेल डालने और झाड़कर बाँधने की ज़रूरत हर महीने दो-महीने पर पड़ती है। गृहणी का आज शृंगार का दिन था। यहाँ की औरतों का शृंगार और भी मुश्किल है। बालों को फाँककर दो चोटियाँ बनाना और फिर बाँस की कमानी पर लाल कपड़ा और क्षमता के अनुसार मोती-मूंगा-फिरोज़ा लपेटकर धनुष को शिर पर दोनों चोटियों के सहारे खड़ा करना पड़ता है। (गृहणी का शृंगार जवान कर रहा था। माँ का शृंगार कर रहा हो, इसमें कोई अचरज नहीं) और इसलिए मैंने सुमति से पूछा कि ये दोनों माँ-बेटे हैं? मेरी आवाज़ शायद कुछ ऊँची थी, सुमति ने मेरे हाथ को दबाया और कान में कहा–"चुप दोनों पति-पत्नी हैं।" मैंने पढ़ा तो था कि तिब्बत में बड़े भाई की शादी होती है और वही सभी की पत्नी होती है–कितने ही छोटे पति तो ब्याह के बाद भी पैदा होते हैं, क्योंकि सगे भाइयों की एक ही पत्नी हो सकती है। लेकिन किताब पढ़ने से काम थोड़े ही चलता है, आँखों से देखने से विश्वास होता है।" यह

पढ़कर आप अपने मैदानी निवासियों से तिब्बतियों की तुलना कर सकते हैं। बिना स्नान-ध्यान के जल की दो बूँदे हलक के नीचे न उतारने वाला भी कल्पना कर सकता है कि उसकी ही बिरादरी का मानुष दो-दो साल बिना नहाये कैसे गुज़ार देता होगा। यह पढ़कर हिमाचली संस्कृति और द्रौपदी भी तो याद आयी होगी, बेशक। साम्य भी, वैषम्य भी। यायावर अज्ञेय असमिया जन पर चुटकी लेते हुए कहते हैं—"असमिया लोग ख़ूब हँसते हैं। बाधाओं पर और भी अधिक हँसते हें। इसलिए कि वे बाधा को बाधा मानते ही नहीं, वह तो केवल काम न करने की एक युक्ति है, और काम न करना पड़े तो क्यों न हँसा जाये?... जिस तरह कश्मीरियों की प्रिय उक्ति है "कुछ फिकिर नइ" उसी तरह असमियों की जीवनालोचना का निचोड़ जिस एक वाक्य में आ जाता है, वह है—"बड़ दिकदारी"। मैंने हवा की ओर मुँह उठाकर कहा, 'बड़ डिकडारी।' असमिया लोग 'द' का प्रायः 'ड' ही उच्चारण करते हैं।" कहने को तो यह मीठी चुटकी है, किन्तु असम और कश्मीर पर किया गया यह सहज 'कमेंट' यात्रा के दौरान किये गये सूक्ष्म निरीक्षण का परिणाम है। अज्ञेय ने 'अरे यायावर रहेगा याद?' में ही भारतीय संस्कृति के विषय में जो कहा, बेहद मार्के का है। वे कहते हैं—"...संस्कृति की पहचान में अपनी अस्मिता की पहचान होती है। आस्था या तो होती है या नहीं होती, पर अस्मिता का बोध कराया जा सकता है—और आज उसकी भी कम आवश्यकता नहीं है...'भारतीय मूल के व्यक्ति' तो विदेशों में भी बहुत मिलेंगे, 'भारतीय व्यक्तित्व के मूल' की आज भारत में भी खोज करनी पड़ सकती है। नये आविष्कृत अमेरिका में प्रतिष्ठा के खोजियों को पश्चिम जाने की सलाह दी जाती थी—"गो वेस्ट, यंग मैन', और आज भी अमेरिकी अस्मिता में उसके वेस्ट का काफ़ी योग है। आज दक्षिण से अनेक भारतीय नौकरी की खोज में उत्तर भारत आते हैं। पर अगर अस्मिता की खोज का प्रश्न हो तो आज का नारा होगा, 'गो साउथ, यंग मैन,'—दक्षिणापथ पकड़ो।" क्या गहन अवलोकन था यायावर का। शत-प्रतिशत सत्य। आप ज्यों-ज्यों उत्तर भारत की ओर बढ़ते हैं, पाश्चात्य संस्कृति का अन्धाधुंध अनुकरण दिखेगा। किन्तु ज्यों-ज्यों आप दक्षिण की ओर उतरेंगे, भारतीय संस्कृति की पताका उत्तरोत्तर ऊर्ध्व की ओर फहराती दृष्टिगत होती है। सचमुच, भारतीयता को अगर आज भी किसी ने सहेजा है, तो उसका श्रेय हमारे दक्षिण भारत को ही जाता है। सुबह-सवेरे वहाँ किसी भी गली-कूचे में निकल जाइए, अल्पना रची देहरी, साफ़-सुथरा आंगन, सद्यःस्नाता स्त्रियाँ, नम केशराशि में बल खाता गजरा, माथे पर टीका और मन्दिरों से घंटियों की आती सुमधुर-मोहक ध्वनियाँ। मोहन राकेश ने समुद्र की संध्या को ही 'साँझ' कहा था, 'सुबह' को महसूस करना हो तो दक्षिण जाइए।

भारतीय-संस्कृति मर्यादा-सीमा, नैतिकता की पुरज़ोर हिमायती है। हम अपनी

सीमाओं के अतिक्रमण में विश्वास नहीं करते। विधि-निषेधों के मध्य ही समाज का अस्तित्व है। दूसरी ओर विश्व है, जिसके अपने मापदण्ड हैं। निर्मल वर्मा आइसलैण्ड को रेखांकित करते हैं, एक विशिष्ट नज़रिये से–"...आइसलैण्डी स्त्रियों की बात बिल्कुल अलहदा है। क्या आपने कभी सचमुच, सही मायने में स्वाधीन स्त्री को देखा है? स्वाधीन, बराबरी के वोट या आर्थिक स्वतन्त्रता के स्तम्भों के सहारे नहीं, बल्कि सहज और अनायास रूप से। यह अनुभव अपने में नितान्त अद्भुत है, एक चमत्कार से कम नहीं–मैं आपको विश्वास दिलाता हूँ। उन्हें शायद बहुत सुन्दर न कहा जा सके, लेकिन उनमें एक अजीब उच्छलता है और वे परम्परागत 'नैतिकता' से बिल्कुल अदूषित हैं–निपट ग्रन्थिहीन और कुण्ठा रहित। पुरुष और स्त्री के बीच इतना सहज और ग्रन्थिहीन सम्बन्ध शायद दूसरे देशों में 'अनैतिकता' की पराकाष्ठा माने जाएँगे, किन्तु आइसलैण्ड में वे बहते पानी की तरह नैसर्गिक हैं–न कोई कृत्रिम अवरोध है और न मैलापन। नैतिकता जीवन पर थोपी नहीं गयी, वह जीवन-क्रिया का अदृश्य अंग है। हर व्यक्ति–स्त्री और पुरुष-स्वयं अपने लिए जवाबदेह है, और अन्ततोगत्वा यही जवाबदेही नैतिकता को अर्थ देती है। शायद आपको आश्चर्य हो कि आइसलैण्ड में अवैध बच्चों की संख्या दुनिया में सबसे अधिक है। किन्तु इससे अधिक आश्चर्य मुझे इसमें होता है कि 'अवैध की कुण्ठा या अपराध भावना न ऐसे बच्चों में, न उनकी माताओं में दिखाई देती है। जब एक आइसलैण्डी स्त्री माँ बनती है, तो उसके मित्र और पड़ोसी उसे बधाई देने आते हैं–वह विवाहित है या नहीं–यह प्रश्न उन्हें कभी परेशान नहीं करता। अहम चीज़ यह है कि पड़ोस में अमुक स्त्री माँ बनी है, अन्य प्रश्न निरे अप्रासंगिक हैं।" स्वयं की जवाबदेही के रास्ते आती नैतिकता और सामाजिक प्रस्थिति का यह भी एक रूप सम्भाव्य है, निर्मल वर्मा का अवलोकन इस नयी बात को सप्रमाण प्रस्तुत करता है।

मानव समाज में जन्म से लेकर मृत्यु तक नाना प्रकार के संस्कार होते हैं। यह पूरी दुनिया की रवायत है। मृत्यु के पश्चात किए जाने वाले रस्म-रिवाज़ कई स्थलों पर एकदम अनोखे होते हैं। भारत में प्रायः जलाना-दफनाना ही मुख्य क्रिया होती है। मुंबई के पारसियों द्वारा सम्पन्न की जाने वाली अन्तिम क्रिया भी है, जिसमें शान्ति-मीनार में शव को लटकाने की पद्धति अपनायी जाती है। कुछ ऐसी ही पद्धति तिब्बत की है। राहुल सांकृत्यायन बताते हैं–"4 सितम्बर को कोई मर गया था। उसकी लाश को लोग शमशान ले जा रहे थे। मैं वहाँ नहीं जा सका, किन्तु पता लगा कि तब्ची के पीछे एक पहाड़ी है, वहीं पर मुर्दों को ले जाया जाता है। ढोने वाले राकोवा, एक ख़ास जाति के लोग हैं। वहाँ ले जाकर वह मुर्दों को पत्थर पर औंधे मुँह नंगा लिटा देते हैं। फिर चार राकोवा भिड़ जाते हैं। उनके हाथ में गड़ासी की तरह की तेज़ छुरी होती है। पहले पैर के तलवे के मांस की छोटी-छोटी बोटी

को काटकर पत्थर के गड्ढे में रखते हैं, इसी तरह सारे शरीर के मांस को निकाल कर जमा कर देते हैं। उधर धूप के धुएँ को देखकर सैकड़ों गिद्ध आसपास जमा हो जाते हैं। सारे मांस को काटकर गड्ढे में ढँककर रख दिया जाता है, फिर पत्थर से हड्डियों को चूर-चूर करके सत्तू के साथ सान लिया जाता है—गिद्धों को हटाने के लिए एक आदमी लाठी लिये खड़ा रहता है। हड्डी मिले सत्तू की गोलियाँ पहले फेंकी जाती हैं, फिर माँस की बोटियाँ, डेढ़ घंटे के भीतर ही सारा मुर्दा गिद्धों के पेट में चला जाता है, इस विधि को थेक्छेन् (महायान) कहते हैं।" न जलावन की लकड़ी, न कब्रगाह की ज़रूरत। मनुष्य देह की अद्भुत परमार्थी क्रिया। जीते जी कुछ न भी किया दूसरों के लिए, मरणोपरान्त देहदान सही। अद्वितीय। अनोखा। अनुकरणीय।

समाज की बात हो और यात्री दर्शन तक न पहुँचे, यह तो असम्भव है। यात्री वस्तुतः दर्शन ही तो करता है! यात्रा करते-करते उसके भीतर का दार्शनिक जन्म न ले, यह मुमकिन नहीं। एलोरा स्थित कैलाश को भारतवर्ष की भास्कर्य-कला की किरीटमणि और अद्वितीय शिल्प बताते हुए अज्ञेय जब उसका चित्रण करते हैं, तब उनके शब्द दर्शन की ओर मुड़ जाते हैं—" जीवात्मा का परमात्मा में लीन हो जाने की उत्कंठा ही मुमुक्षा है, मन्दिर और देवालय उसके मूर्त प्रतीक हैं और उनकी प्रतीकमयता तब तक पूरी कैसे हो सकती है जब तक कि वे असंख्यों की एकोन्मुखता को भी सूचित न करें? कैलाश भी ऐसा प्रतीक है, वह गुफाओं से घिरा है जो उसी पत्थर से कोर कर निकाली गयी है जिससे कि कैलाश, और उतनी ही ऊँची है, पर गुफाओं की एक-एक मंजिल चढ़कर उनके चिकने अन्धेरे में से कैलाश का आलोक-मण्डित उभार देखते जाइये, उसका ऊर्ध्व इंगित वैसा ही प्रेरणा भरा है, एक से एक सुन्दर असंख्य कलाकृतियों के बीच से भी पुराने कलाकारों की श्रद्धा-विनत साधना कहती है : "यह नहीं, इससे जो सूचित होता है, वह हम नहीं, हममें जो प्राण फूँकता है, वह।"

यात्रा-वृत्तान्तकार वस्तुतः रचनाकार होता है। उसकी दृष्टि यात्रा के दौरान जब भिन्न विषयों की तरफ़ जाती है, साहित्य-जगत की दशा-दिशा पर क्यों न जाएगी? भारत एक संस्कृति प्रेमी देश है, बावजूद इसके साहित्यकारों का उतना मान-समान यहाँ नहीं होता, जितना कि होना चाहिए। विश्वमोहन तिवारी शेक्सपियर को विश्व का सर्वाधिक लोकप्रिय साहित्यकार बताते हैं, जिसका उचित सम्मान भी ब्रिटेन करता है। इसके लिए वे राजेन्द्र अवस्थी के यात्रा-वृत्त का अंश उद्धृत करते हैं— "किसी भी देश की अमरता वहाँ के साहित्य, संस्कृति और कला में निहित होती है, राजनीति में नहीं...इन सारे स्मारकों को देखने के बाद एक दर्द मुझे अवश्य महसूस हुआ—रह-रहकर मुझे वाल्मीकि से लेकर तुलसीदास...की यादें कचोटती रहीं।" यह हमारी कृतघनता नहीं तो क्या है? समाज-हित साधने वाले साहित्यकार को समुचित

सम्मान भी नहीं दे सकते हम। एक प्रसंग निर्मल वर्मा भी लिखते हैं, प्रशंसा की मुद्रा में, जब वे आइसलैण्डी को स्नेह व मुक्त भाव से अपने महान लेखक के विषय में बतियाते देखते हैं—''ओह लैक्सनेस! दिल्ली में उनसे मुलाकात हुई थी...इंडिपेंडेंट पीपल' पर मैंने हस्ताक्षर लिए थे। आज भी वह किताब दिल्ली में मेरे कमरे की बुक शेल्फ में पड़ी होगी। उसे पढ़ते हुए कभी कल्पना भी नहीं की थी कि मैं कभी, किसी दिन, अपनी आँखों से उस सुदूर द्वीप को देखने जाऊँगा...। पहली बार मुझे पता चला कि आइसलैण्ड में सब उन्हें कीलियन के नाम से पुकारते हैं—लैक्सनेस उन्हें बहुत औपचारिक-सा जान पड़ता है। थोर्गियर नकल उतारने में एक ही है। कीलियन का नाम सुनते ही उनके माथे पर बल पड़ गये, होंठ अजीब ढंग से मुड़ गये, जैसे वह सीटी बजा रहे हों, और शब्दों को चबाते हुए उन्होंने आइसलैण्डी में कुछ कहा। इस बार देर तक वे हँसते रहे। बाद में उन्होंने मुझे बताया कि लैक्सेनस हुबहू इसी ढंग से बोलते हैं। (बहुत दिनों बाद जब रिक्याविक में लैक्सनेस से भेंट हुई, तो मुझे बराबर थोर्गियर की याद आती रही) आइसलैण्ड के अलावा कोई दूसरा देश नहीं देखा, जहाँ लोग इतने खुले, मुक्त और आत्मीय ढंग से अपने सबसे महान लेखक के सम्बन्ध में बातचीत करते हों—आदर और स्नेह का प्रदर्शन भी एक मुक्त व्यंग्य भाव द्वारा किया जा सकता है—बिना बार-बार 'श्री' और 'जी' का इस्तेमाल किये—यह कोई उनसे सीखे।'' वैसे साहित्य, ग्रन्थों की दुर्दशा भी बाहर कम देखने को नहीं मिलती। ग्रन्थ वापसी के खोजी अभियान में रत महापण्डित राहुल सांस्कृत्यायन ने तिब्बत में कहाँ-कहाँ की ख़ाक नहीं छानी। जिस भी विधि से काम सधे; कभी फ़ोटो उतारे, कभी खुद अपने हाथों से पाण्डुलिपियों की नकल उतारी। तिब्बत में तालपत्रियों में अकूत लेखन कार्य हुआ था, किन्तु ढेरों तालपत्रियों के नष्ट होने की ख़बर महापण्डित को लगी। कैसे? पढ़िए उन्हीं के शब्दों में—''लोगों से मालूम हुआ कि तालपोथियों को धोकर पिलाने से बीमारी भी छूट जाती है, और पाप भी। धनी भक्तों को इन तालपत्रों से काट-काट कर प्रसाद भी दिया जाता है। यह सुनकर मेरा हृदय विचलित हो गया। सैकड़ों वर्षों से भोट के दर्जनों मठों में न जाने कितने अनमोल ग्रन्थ इस तरह काट कर बाँट दिये होंगे। उस वक़्त मुझे लगा कि बाहर रखकर प्रसाद बाँटने से लाख गुना अच्छा यही था, कि पुस्तकें स्तूप या मूर्ति के पेट में रहें। वे हमें देखने को नहीं मिल सकतीं, लेकिन हमारे भविष्य के विद्वान किसी न किसी समय उन्हें सुरक्षित पायेंगे। अब मैं पुस्तक उतारने में लग गया।...पता चला कि गयाधर की मूर्ति के पासवाली कोठरी में धम्मकीर्ति की मूर्ति है, जिसके पेट में 'प्रमाणवार्तिक' रखा हुआ है।'' दुखद आश्चर्य, किन्तु सत्य। इस एक प्रसंग से समझ में आता है कि सिर्फ़ तिब्बत ही नहीं, हमारे देश-विदेश में भी न जाने कितने सत्साहित्यों का यह हाल हुआ होगा। ज्ञान को अन्धविश्वास की भेंट चढ़ते देखना अजीब ही अनुभव है।

यात्रा में 'भाषा' चर्चा का बिन्दु न बने, यह भी सम्भव नहीं। नयी जगह की भाषा अनजान होती है, विस्मय का केन्द्र, तो कभी-कभी उसके माध्यम से अपनी भाषा को नये नज़रिये से देखने का रास्ता भी खुलता है। हमारे यात्री यात्रा के दौरान जब कई देशों में अपनी भाषा के प्रति गर्व भाव देखते हैं, तो निःसन्देह उनका जी कचोटता है कि हममें निज भाषा के प्रति वैसा ही अभिमान भाव क्यों नहीं है? निर्मल वर्मा आइसलैण्ड में अपनी भाषा के प्रति लगाव देख गदगद होते हैं—''आइसलैण्ड का दो चीज़ों के प्रति गहरा लगाव अद्भुत है—बीयर और अपनी भाषा। अपनी भाषा के प्रति ललक और प्यार मैंने अपने देश में बंगालियों में और यूरोप में आइसलैण्ड निवासियों से अधिक और कहीं नहीं देखा...।'' भाषा की यात्रा करते-करते वे शब्द की भी सुखद यात्रा कर डालते हैं, यह जानकर कि आइसलैण्ड में भी 'सम्बन्ध' शब्द प्रचलित है; वही वर्तनी, वही अर्थ, वे कहते हैं कि ''आशा करता हूँ, हिन्दी भाषा-विज्ञान के शास्त्री मेरी इस खोज पर मुझे बधाई देना नहीं भूलेंगे।''

यात्रा-वृत्त ज्ञान-कोष होते हैं, इसलिए उनकी ओर पाठक आकर्षित होता है, किन्तु कुछ वजहें और भी हैं जिनकी वजह से यात्रा-वृत्तान्त पराग बन जाया करते हैं। इनमें यात्रा का सुख तो है ही, संस्मरण और किस्सागोई का आनन्द भी कम नहीं। एक जीवित-जीवन्त कथा। सच्ची। विश्वसनीय। यह कपोल-कल्पित नहीं। जीवन का हर पहलू इसमें उद्घाटित होता है। यात्रा-वृत्तकार के पास यदि कथन की रोचक शैली का हथियार है, तो रसिक घायल न हो, ऐसा सम्भव नहीं। वह तो रचनाकार के शब्द बाण में बिंधा जाने कहाँ-कहाँ चला जाता है। शिवानी की किताब 'यात्रिक' पढ़िए, उनके रोचक प्रसंग आपको लोट-पोट न कर दें, तो कहिएगा—''हमारे दुर्भाग्य से हमारे युवा दुभाषिया का विवाह भी हफ्ते भर पहले ही हुआ था, इसी से 'अली कली' से बिंधा बेचारा आर्काडी प्रायः ही विलम्ब से आता, निर्धारित समय पर किसी भी आयोजन में पहुँच नहीं पाते या विलम्ब से पहुँचते। अकेले कहीं जाने का प्रश्न ही नहीं उठता था, क्योंकि रूसी अक्षरों की दुरूह बारहखड़ी हमारी समझ से बाहर थी। जीवन में पहली बार, आश्रम के अपने नृत्यगुरु केलू नायर की सिखायी कथकली हस्तमुद्राएँ काम आयीं, किन्तु फिर भी अपनी प्रदर्शन पटुता पर कभी-कभी भय होता, कहीं कुछ-का-कुछ समझ बैठे। बहुत पूर्व एक चुटकुला पढ़ा था। जापान में किसी सेमीनार में भाग लेने आये एक वयोवृद्ध वैज्ञानिक को एक प्रख्यात होटल में ठहराया गया। होटल के महा उत्साही युवा मैनेजर ने उनकी अभ्यर्थना में कोई कसर नहीं छोड़ी। आलाप केवल मुद्राओं में ही चलता था। रात को उसने कुछ खिसियानी-सी हँसी हँसकर एक विचित्र प्रश्न पूछा। पहले तो बुजुर्ग अतिथि समझ नहीं पाये, जब समझे तो चेहरा लाल पड़ गया। हाथ के ही इशारों से उन्होंने उसे अपनी भग्नदन्त पंक्ति, मोटे लैंस का चश्मा, झुकी कमर दिखाकर स्पष्ट करने की

चेष्टा की कि उनकी ढलती उम्र में शय्यासंगिनी जुटाने का प्रयास कितना हास्यास्पद है। वह विनम्रता से दोहरा होकर, फिर वही खिसियानी हँसी हँसकर चला गया। थोड़ी देर में जब उक्त बुजुर्ग अपने हमाम के उष्ण जल में निमग्न, आनन्ददायक स्नान की मुद्रा में लेटे, तो द्वार खटका। सोचा, होटल का ही कोई बैरा होगा, 'आ जाइये।'' उन्होंने वही से कहा। वही उत्साही मैनेजर द्वारा पर खींसे निपोरे खड़ा था, पर अकेला नहीं, उनके साथ एक वयःभार नमिता वृद्धा थी। झुकी कमर, भग्नदन्त पंक्ति और आँखों पर मोटे लैंस का चश्मा।'' रूस में हो रही भाषिक कठिनाई को खीझ के साथ भी व्यक्त किया जा सकता था, पर उस वर्णन में ऐसी सरसता कहाँ से टपकती? अनिल यादव का यात्रा-वृत्त 'वह भी कोई देश है महराज' पूर्वोत्तर भारत की गजब पड़ताल है, पर मजाल कि लेखक ने कहीं भी रोचकता का साथ छोड़ा हो। दीमापुर की एक घटना का ब्यौरा है, जिसमें असमिया चावल-व्यवसायी के हाथी का पैर रेल की पटरी के जोड़ में फँस जाता है। महावत अर्थात् वह व्यवसायी हाथी के पैर छुड़वाने की जुगत में गुवाहाटी चला जाता है—''महावत गया और इधर सेमा बस्ती के लोग दाव (गंडासा), चाकू लेकर हाथी पर टूट पड़े। हाथी की चिंघाड़ सुनकर हजारों लोग तमाशा देखने जमा हो गये। उनके सामने देखते-देखते उन्होंने हाथी की बोटी-बोटी कर काट डाला। कुल तीन घंटे पैंतीस मिनट सत्रह सेकेण्ड के बाद वहाँ हाथी का नामोनिशान तक नहीं था। सारा गोश्त सेमा लोगों ने बाँट लिया और बड़ी-बड़ी टोकरियों में भर कर घर ले गये। शाम को महावत लौट कर आया तो स्टेशन के प्लेटफॉर्म पर भूले हुए रूमाल की तरह अपने हाथी का एक कान पड़ा देखकर सदमे से पागल हो गया।''

एक आलेख में विशद यात्रा-साहित्य भण्डार के प्रदेय को समेट पाना सम्भव नहीं और बात जब यात्रा-साहित्य की सम्भावनाओं की हो, मुझे नहीं लगता कि इसका भविष्य सशंक होगा, रंच मात्र भी। भले ही पठनीयता का दौर समाप्तप्राय है, किन्तु पूर्ण विराम लगने में सन्देह है। हम चिन्ताएँ लाख ज़ाहिर करें कि पढ़ा नहीं जा रहा, फिर भी, पुस्तकें तो अनवरत प्रकाश में आ ही रही हैं। पठनीय सामग्रियाँ सदैव केन्द्र में रहेंगी। यह बात अवश्य है कि गहन-गम्भीर विमर्श वाले ग्रन्थों के पाठक अत्यल्प हैं, किन्तु ऐसी रचनाएँ जिनमें जीवन-सत्य रोचकता के साथ पिरोया गया हो, हठात् ही आमजन को आकर्षित कर लेती हैं। सायबरनेटिक युग में, जहाँ सूचनाओं की भरमार है, दूसरी ओर मनोरंजन का बड़ा उद्योग सिनेमा, टी.वी., फ़ैशन, क्रिकेट के रूप में मुँह बाए खड़ा हो, साहित्य को संघर्ष करना पड़ रहा है, इससे इन्कार नहीं किया जा सकता। किन्तु बात यदि यात्रा-साहित्य की है तो उसके साथ 'प्लस-पाइण्ट' यह है कि उसमें मनोरंजन का माद्दा भी कम नहीं। यात्रा का आनन्द, जितना सर चढ़ कर बोलता है, उसका पठन भी कम आनन्ददायक नहीं। निरन्तर हो रही यात्राओं

का अपना अलग दर्शन भी है। यात्री 'कुछ' की खोज करता है, अनवरत। यात्राएँ सिर्फ़ भौतिक संसार को देखने के चक्षु नहीं, ये तो अन्तर्चक्षु है, जिनके माध्यम से यात्री 'स्व' तक की यात्रा करता है–मेरे लिए कैलाश में परमतत्त्व की खोज वस्तुतः 'आत्म' का सन्धान है। परमात्म कितना विशद है, विस्तीर्ण है, अगोचर, इन्द्रियातीत है, भव्य है और मेरा 'मैं' कितना तुच्छ, मैं क्या हूँ? इस ब्रह्माण्ड में मेरा अस्तित्त्व कितना लघु है, बस दूर-दूर तक दृष्टिगोचर होती मरूभूमि में अवस्थित धूलि कण की भाँति। आत्मपरिचय का यह क्षण, सन्धान का यह स्थल मुझे प्रिय है।'' यात्रा के फलस्वरूप मिली यह दृष्टि वस्तुतः दिव्य है। यात्राएँ हमें 'स्व' से मिलवाती हैं और यात्रा गाथाएँ उसकी ही अद्‍भुत-रोचक अभिव्यक्तियाँ हैं।

इस आलेख का समापन डॉ. जानकी पाण्डेय की पंक्तियों से–''...घुमक्कड़ी ज्ञान का स्रोत है, जिसके प्रवाह से पुरस्सर होगा घुमक्कड़ी पर आधारित यात्रा साहित्य। भविष्य में अनेक लोग घुमक्कड़ी की ओर आकर्षित होंगे। मागदर्शन प्राप्त करेंगे और तब फिर होगा विपुल यात्रा साहित्य का सृजन और यह सिलसिला तो चलते ही रहना है, क्योंकि मनुष्य ही नहीं सारी सृष्टि की सत्ता तथा सार्थकता में यह शर्त शामिल है कि उसे जीवित और इसी तरह गतिशील रहना है।'' सत्य है। जीवन का गति से, गति का यात्रा से और यात्रा का यात्रा-साहित्य से शृंखलाबद्ध सम्बन्ध है। यह कड़ी टूटेगी, इसकी आशंका कतई नहीं है। विधा के रूप में यात्रा-साहित्य प्रचुरता के साथ अस्तित्त्व में है, सम्भावनाएँ भी अपार हैं। आवश्यकता है कि उसके बहुआयामी दाय को गम्भीर दृष्टि से आँका जाये, उसका सही मूल्यांकन किया जाये। सम्भव है, कोई यात्री 'राहुल' बन जाये और एक बार फिर शून्य को तोड़ते हुए वैश्विक महत्त्व का वाङ्मय हमारे सम्मुख उपस्थित हो जाये।

अमृतलाल बेगड़ और सौन्दर्य की नदी नर्मदा

आनन्दवर्द्धन शर्मा

अमृतलाल बेगड़ एक ऐसे यायावर हैं जिन्हें नर्मदा जैसी नदी ने आकर्षित किया और उन्होंने लगातार एक के बाद एक नर्मदा परिक्रमा करते हुए अनेक यात्राएँ कर डालीं। अमृतलाल बेगड़ के साथ अनेक विशेषताएँ जुड़ी हुई हैं। वे मूलतः गुज़राती हैं, उनकी शिक्षा-दीक्षा शान्ति निकेतन में हुई और बंगाल के संस्कार उनमें बीज रूप में पल्लवित हुए। उन्होंने अपनी आजीविका के लिए मध्य प्रदेश को चुना। वे चित्रकार हैं और तूलिका के पुजारी होने के साथ-साथ यात्राओं ने उन्हें कलम का पुजारी भी बना दिया। उन्होंने नर्मदा की यात्राएँ करते-करते तीन पुस्तकों की रचना की। सौन्दर्य की नदी नर्मदा, अमृतस्य नर्मदा और तीरे-तीरे नर्मदा। हम यहाँ उनकी इस श्रृंखला की पहली पुस्तक 'सौन्दर्य की नदी नर्मदा' की चर्चा करेंगे।

सौन्दर्य की नदी नर्मदा के आरम्भ में स्वयं अमृतलाल बेगड़ लिखते हैं–

"कभी-कभी मैं अपने-आप से पूछता हूँ, 'यह जोख़िम भरी यात्रा मैंने क्यों की? और हर बार मेरा उत्तर होता है, अगर मैं यात्रा न करता, तो मेरा जीवन व्यर्थ जाता।' जो जिस काम के लिए बना हो, उसे वह काम करना ही चाहिए, और मैं नर्मदा की पद यात्रा के लिए बना हूँ।"

अमृतलाल बेगड़ ने पचास की उम्र होने के बाद यह परिक्रमा शुरू की। एक फ़क़ीर की तरह, एक जिज्ञासु विधार्थी की तरह, एक रसिक की तरह और एक ऐसे कलाकार की तरह जो अपनी आँखों के रास्ते पवित्र नदी का सारा सौन्दर्य अपने चित्त में समाहित कर लेना चाहता है। जिसके नयन उसके सौन्दर्य से कभी तृप्त नहीं होते। मतिराम की पंक्तियों में कहें तो "ज्यों ज्यों निहारिए नेरे स्वै नैननि त्यों-त्यों खरी निकरे सो निकाई" जितना देखो उतनी ही बढ़ती जाती है उसकी सुन्दरता। एक अतृप्ति। एक अधूरापन। यही अतृप्ति उन्हें बार-बार खींचती है अपनी ओर। यही अधूरापन उन्हें पास बुलाता है नर्मदा, नदी नर्मदा, माँ नर्मदा।

रमेश चन्द्र शाह ने अमृतलाल बेगड़ की इस पुस्तक में 'नर्मदा की बात' में लिखा–"श्री अमृतलाल बेगड़ की 'यात्रा' को अपनी मानसिक यात्रा बनाना लाखों

हिन्दी भाषियों और साहित्य-प्रेमियों के लिए एक सर्वथा नया और अनूठा अनुभव होगा। वह सच्चे अर्थों में एक सांस्कृतिक यात्रा है; एक कलाकार, तपस्वी और भारतीय श्रद्धा-बुद्धि के साथ अद्भुत ढंग से समरस व्यक्ति की यात्रा, जिसका हर अध्याय एक अक्षय ताज़गी और संवेदनात्मक समृद्धि से परिपूर्ण है। कई-कई बरसों के आर-पार सम्पन्न की गयी यह यात्रा एक अत्यन्त रोचक शृंखलाबद्ध कथा बन गयी है, जिसमें औपन्यासिकता भी है और कवित्व भी। एक ऐसी गाथा जिसका केन्द्रीय चरित्र स्वयं सौन्दर्य की नदी नर्मदा है।"

बेगड़ जी ने नर्मदा की पहली यात्रा सन् 1977 में की और तब से सन् 1987 के बीच उन्होंने दस यात्राएँ कीं। सौन्दर्य की नदी नर्मदा में उनकी दस यात्राओं का वर्णन है। इन दस यात्राओं में वे कभी उत्तर तट के किनारे-किनारे चले कभी दक्षिण तट के किनारे-किनारे, कभी पश्चिम से पूरब की ओर चले तो कभी पूरब से पश्चिम की ओर। इस पुस्तक में कुल बाईस अध्यायों में अपनी इन दस यात्राओं के वर्णन को समेटा है बेगड़ जी ने। बेगड़ जी नर्मदा की लहरों के साथ कदम-से-कदम मिलाकर चलते हैं। उसके ऊपर तैरती हवा के साथ बातें करते चलते हैं और उसके किनारे बसे गाँववासियों के साथ सख्य भाव दर्शाते चलते हैं। रागात्मकता का ऐसा संसार रचते हैं वे कि पाठक खुद गठरी उठाये उनके साथ-साथ चलने लगता है।

रमेश चन्द्र शाह फिर लिखते हैं–"सचमुच यह नर्मदा लेखक की तरह हमारी भी स्मृति का अविच्छेद्य अंग बन जाती है : स्मृति, जो केवल व्यक्तिगत नहीं, हम सब भारतवासियों की जातीय स्मृति है। लेखक और उसके सहयात्री तो इस अद्भुत उपन्यास के सदा जाग्रत, सदा सजीव पात्र हैं ही, साथ में जनजीवन के जो अविस्मरणीय चलचित्र इस वृत्तान्त में यहाँ से वहाँ तक गुँथे पड़े हैं, उनमें बीसियों ऐसे 'चरित्र' हैं जो भले थोड़ी देर के लिए आये हों, किन्तु ऐसी जीवन्त नाटकीयता में वे प्रस्तुत होते हैं कि ओझल होकर भी नहीं होते–सदा-सदा के लिए हमारी स्मृति में बस जाते हैं।"

अमृतलाल बेगड़ की अनेक पंक्तियाँ इतनी अर्थपूर्ण और रोचक हैं कि वे सूक्ति की तरह व्यवहार में लायी जा सकती हैं। उनकी कथन शैली स्वाभाविक तो है ही उसमें एक कथा-प्रवाह भी है। एक उदाहरण देखिए–"लिंगा से एक संन्यासी का साथ हो गया। एक चादर और मिट्टी के एक पात्र के अलावा और कुछ नहीं रखते थे। रास्ते में बातें होने लगीं तो कहने लगे, 'अच्छा, यह बताइए, स्वाद किस में है, जीभ में या गुलाब जामुन में?"

मेरे अनुरोध पर जवाब भी उन्होंने ही दिया, 'यदि गुलाब जामुन में स्वाद है, तो वह तश्तरी में रखे-रखे ही स्वाद देगा और यदि जीभ में स्वाद है, तो फिर गुलाब जामुन खाने की क्या ज़रूरत? दरअसल स्वाद न केवल जीभ में है और न केवल

गुलाब जामुन में। दोनों के योग में है। इसी प्रकार जीवन को केवल आत्मा या केवल शरीर मानना गलत है। सार्थकता दोनों के मिलन में है।"

अमृतलाल बेगड़ जितने बेहतर चित्रकार हैं उतने ही उत्तम यात्रा-वृत्तान्त लेखक भी। उनका यात्रा-वर्णन एक चित्रकृति की भाँति मन के कैनवस पर उभरता चला जाता है। इतना ही नहीं, उनके रेखांकन भी बिल्कुल यही भाव रखते हैं। नर्मदा की यात्रा के दौरान बेगड़ जी ने ढेर सारे चित्र बनाये। ये चित्र किसी कहानी की शृंखला की तरह हैं जिन्हें देखकर नर्मदा के किनारे रहने वाले मनुष्यों की जीवन-शैली उनकी तात्कालिक स्थितियाँ और रहन-सहन इन सबका ज्ञान अनायास हो जाता है।

मोहन लाल वाजपेयी लिखते हैं—"अमृतलाल के शब्दचित्र और रेखाचित्र बहुत घनिष्ठ सजातीय हैं। रेखाचित्र पुस्तक की सज्जा नहीं, सम्पद है; वे अनुभव और अनुभूति के क्षणों को जीती-जागती धरोहर के रूप में संरक्षित किये हुए हैं। समय जैसे उनमें रुक गया है, पर अपने हृदय की धड़कन के साथ। नर्मदा के घाटों के चित्र देखें, उनमें चढ़ने-उतरने वालों की पद-ध्वनि-सी सुनाई देती है। कूटने वाली के हाथ का मूसल ऊपर उठकर बस अब अगले क्षण ही नीचे उतर आने वाला है। यही बात ढोलक पर पड़ने वाली थापों की है। नृत्य के दृश्यों का तो कहना ही क्या उनमें देह का बाँकपन, हाथों की मुद्रा और पाँवों की थिरकन एक-दूसरे में घुल-मिल गये हैं। और तनिक बोझ सिर पर सँभाले हुए चलने वाली उन दो नारियों को देखें कि किस भाँति वे अपनी देह को, सिर के बोझ को और लपककर चलने की गति को सन्तुलित किये हुए हैं।"

यात्रा-वृत्तान्त की ख़ूबी यही होती है कि हम उसे भले ही तटस्थ पाठक की तरह पढ़ें लेकिन वह एक यायावर की भाँति पाठक को उस यात्रा के आनन्द में सराबोर कर दे। यही उस यात्रा-वर्णन की विशेषता होती है और सफलता भी। बेगड़ जी का यह यात्रा-वृत्तान्त इस दृष्टि से अत्यन्त सफल रहा है। अत्यन्त छोटे-छोटे जीवन चित्र इसमें अंकित हैं। सरल वाक्यों में अभिव्यक्त उनकी संवेदनाएँ हमें गहराई तक संस्पर्श करती है और पाठक उनके साथ एकमेक हो जाता है। भारतीय ग्राम्य और आदिवासी जीवन की झलक को दिखाने वाला यह वृत्तान्त महागाथा की तरह है जिसमें आदिवासी जीवन के अभाव, पीड़ा, दुख और उछाह सब कुछ सम्मिलित हैं।

"दोपहर को झलोनघाट में विश्राम के लिए रुके। पास ही नर्मदा की रेत में बीस-बाईस ग्रामीणों का दल था। साथ में बाजे-गाजे भी थे। पता चला कि एक वृद्ध यहाँ से परकम्मा उठा रहे हैं, ये उन्हें विदा करने आये हैं। रात को ही आ गये थे, यहीं खुले में सोये थे। सुबह वृद्ध का मुण्डन हुआ, कढ़ाई हुई, प्रसाद बँटा और अब जाने की घड़ी आ गयी है। बाजे बजने लगे। एक-एक कर सभी स्त्रियाँ नाचीं, अन्त में वृद्ध भी नाचे। फिर बारी-बारी से सभी उनके पाँव पड़ने और रोने लगे। लेकिन वृद्ध सभी से कहते, 'नहीं, रोओ नहीं, मुझे हँसी-खुशी से विदा करो।"

बेगड़ जी ने प्रकृति का बड़ा ही मनोरम चित्रांकन किया है। उनके लिए चाँद केवल सामान्य चाँद नहीं है और तारों भरा आकाश एक सामान्य दर्शक का आकाश नहीं है, वह एक विशाल हृदय वाले व्यक्ति का आकाश है जो उसकी विशालता और स्वच्छता से अभिभूत है। उसके उडुगण अपनी ओर लेखक और उसके साथ-साथ पाठक को बुलाते हुए महसूस होते हैं।

''यहाँ से चलते समय अचानक मेरा ध्यान आकाश की ओर गया और मैं ठिठक गया। देखा, भरी दुपहरिया में चाँद! धुँधला और क्षितिज के पास लेकिन मैदान में डटा हुआ। सूरज में यह दम-खम कहाँ कि आधी रात को दिखाई दे। चाँद रमता जोगी है, उसका कोई ठौर-ठिकाना नहीं। रात को गायब और दिन में हाज़िर। कभी पूर्ण कुम्भ-सा भरा-पूरा, कभी रेखा-सा महीन। उसका बाँकपन कभी सीधा तो कभी उल्टा। कभी सबेरे डूबता और शाम को निकलता, तो कभी शाम को डूबता और सबेरे निकलता। दिक्-काल के बन्धन से परे जान पड़ता है यह चाँद!

हमारे जीवन में सूरज का अनुशासन भी हो और चाँद का स्वैरविहार भी हो। नियम का कठोर पालन भी हो और मौज-मस्ती की गुंजाइश भी हो।"

कथात्मकता बेगड़ जी के यात्रा-वृत्तान्त की एक विशेषता है। वे यात्रा के दौरान घटी घटनाओं को इस तरह लिखते हैं मानो वह अभी-अभी घटित हुई हो और पाठक उनका साक्षी बनता चलता है। ऐसी ही एक घटना है जब उनके पास पैसे समाप्त हो चले हैं और वे सोचते हैं कि काश कहीं से रुपए मिल जाते। बड़ी ही रोचक शैली में उन्होंने इस घटना का वर्णन किया है—

"सुबह यादवेन्द्र ने नोटिस दिया, 'राशन ख़त्म होने को है।"

पैसे सूर्यकान्त के पास रहते थे। उसने कहा, 'पैसे भी ख़त्म होने को है। अधिक-से-अधिक दो दिन का राशन ख़रीद सकेंगे।'

रसद नहीं रहेगी तो फ़ौज़ आगे कैसे बढ़ेगी। अभी तक दोनों बार दूध पीते थे। बीच-बीच में खीर बन जाया करती थी। खोवा भी आ जाता था। आज से यह सब बन्द, फिर भी समस्या का यह कोई हल नहीं हुआ। चिन्ता बनी रही।

सुबह नर्मदा में नहाते समय पाण्डे जी कहने लगे, 'आज नर्मदा मैया कुछ ऐसा चमत्कार दिखाये कि सौ रूपये का नोट बहता हुआ आये।' आर्थिक चिन्ता सभी को सता रही थी। कहीं सचमुच भिक्षापात्र लेने की नौबत न आ जाये।

चरैवेति। दोपहर के भोजन के बाद पीठ पर बोझा लादे सड़क पर आये ही थे कि एक बस आकर रुकी और उसमें से उतरे मेरे बहनोई हरिभाई! हमारी यात्रा में वे शुरू से ही दिलचस्पी ले रहे थे। उन्हें देखकर बड़ी ख़ुशी हुई। उन्होंने हम लोगों का हालचाल पूछा। मैंने धीरे से कहा, 'पैसे कम पड़ गये हैं, कुछ पैसे चाहिए।' उन्होंने तुरन्त रूपये दिये, पूरे सौ रूपये।

पाण्डे जी उछल पड़े। कहने लगे 'देखिये नर्मदा जी ने हमारी गुहार सुन ली। चिन्ता दूर हो गयी।'

इस यात्रा-वर्णन में संवादों का भरपूर उपयोग किया है बेगड़ जी ने। मुझे तो लगता है कि इसका अच्छा ख़ासा शृंखलाबद्ध नाट्य रूपान्तर किया जा सकता है। यह कथन कि जीवन एक रंगमंच है, यहाँ पर चरितार्थ होता दिखता है। कौन है पात्र और कौन है दर्शक, कौन है पाठक और कौन है श्रोता, भेद है नहीं किसी में। झीनी-झीनी चादर में से सब दिखता है आर-पार। कबीर की तरह अनहद नाद सुनते हैं वे, नर्मदा की कल-कल छल-छल में। एक अंश देखिए–

"बाढ़ का पानी व्यर्थ बह जाता है, नहर के पानी की हर बूँद खेत में जाती है।"

अमृतलाल बेगड़ खुद मानते हैं कि वे तो मूलतः चित्रकार हैं और चित्र बनाने के लिए ही उन्होंने नर्मदा जी की यात्रा की। वे लेखक तो अनायास बन गये। सब कुछ छोड़ छाड़ कर। वे नर्मदा से बातें करते चलते हैं। वे मानते हैं कि यायावरी का काम पागलपन से कम नहीं। वे लिखते हैं–

"पागलपन का कुछ छौंक हमारे अन्दर भी ज़रूर होगा, नहीं तो घर की सुख-निंदिया छोड़कर पहाड़-जंगल की ख़ाक क्यों छानते फिरते। रात को नर्मदा की मर्मर ध्वनि बराबर सुनाई देती। प्रायः हर रात कल-कल बहती नर्मदा का रव सुनाई देता। दिन में वह भले ही नर्मदा हो, रात में रेवा है। दिन में वह दृश्य है तो रात में श्राव्य।"

अनायास बने लेखक की पंक्तियों की शक्ति देखिए–

"प्रत्येक मनुष्य में शक्ति का एक ऐसा गुप्त भण्डार होता है, जो ख़ास-ख़ास मौक़े लिए सुरक्षित रहता है। ऐन मौक़े पर हाज़िर होता है और हमारी भरपूर मदद करता है। शक्ति का यही संचित कोष आज मेरे काम आया था।"

बेगड़ जी यायावर तो हैं पर असम्पृक्त नहीं। वे यात्रा के दौरान भी निस्संग नहीं रह पाते। एक दृश्य देखिए–"आख़िर मुझसे रहा न गया। एक स्त्री से एक दीया माँग लिया और अपने हाथ से जलाकर कुण्ड में छोड़ा। फिर मैं नहीं मन बोला, 'माँ नर्मदे, तेरी पूजा में एक दीप जलाया है। बदले में तू भी एक दीप जलाना–मेरे हृदय में। बड़ा अँधेरा है वहाँ, किसी तरह जाता नहीं। तू दीप जला दे, तो दूर हो जाये। इतनी भिक्षा माँगता हूँ, माँ। तो दीप जलाना भला।"

उनका कलाकार मन उनके लेखन में भी अभिव्यक्त हुआ है। एक उदाहरण देखिए–

नर्मदा का जन्म मानो गौरैया की तरह हुआ है। ऊपर कुण्ड के घोंसले में अण्डे की तरह अवतरित हुई है। अण्डे में से बाहर वह यहाँ नीचे निकली है।

हिन्दी का संस्मरण साहित्य : विकास एवं सम्भावनाएँ

देवेन्द्र कुमार गुप्ता

गद्य के विकास के साथ साहित्य की कई विधाएँ अस्तित्व में आयीं। कहानी और उपन्यास विधाओं में प्रचुर मात्रा में साहित्य का सृजन हुआ। इन विधाओं के अतिरिक्त कई कथेतर विधाएँ लोकप्रिय हुईं। इनमें संस्मरण, रिपोर्ताज, जीवनी, आत्मकथा, डायरी, यात्रा-वृत्त आदि प्रमुख हैं। इनमें से अधिकांश विधाओं का श्री गणेश भारतेन्दु युग में ही हो जाता है। इन विधाओं ने न केवल नये सत्यों का उद्‌घाटन किया बल्कि अपने समय की चुनौतियों के समाधान का रास्ता भी दिखाया। इन विधाओं की सामाजिक ताकत ने इन्हें जनसामान्य के बीच में लोकप्रिय बनाया। अगर हम संस्मरण विधा पर दृष्टि डालें तो पाते हैं कि यह साहित्य की तेज़ी से विकसित होने वाली विधा है। संस्मरण का सामान्य अर्थ है–'स्मरण करना', 'याद करना'। संस्मरण लेखक बीते समय को वर्तमान में स्मृति के सहारे प्रस्तुत करता है। हिन्दी साहित्य कोश में लिखा है कि "संस्मरण–लेखक जो स्वयं देखता है, जिसका वह स्वयं अनुभव करता है, उसी का वर्णन करता है। उसके वर्णन में उसकी अनुभूतियाँ, संवेदनाएँ रहती हैं। स्मृति ही संस्मरण का रूप है।" संस्मरण अतीत की घटनाओं पर आधारित होता है। इसमें लेखक के निजी अनुभव होते हैं। वर्ण्य विषय के साथ लेखक का सीधा सम्बन्ध रहा होता है। यह विधा आत्मकथा, यात्रा-वृत्त रिपोर्ताज विधाओं के बेहद निकट है। संस्मरण और रेखाचित्र तो इतने निकट हैं कि कभी-कभी यह भ्रम उत्पन्न हो जाता है कि यह संस्मरण है अथवा रेखाचित्र। लेकिन संस्मरण की यह विशेषता है कि इसका लेखक के साथ सीधा सम्बन्ध होता है।

संस्मरण समाज के विभिन्न क्षेत्रों–राजनीति, साहित्य, खेल, सिनेमा, उद्योग, धर्म आदि से जुड़े लोगों पर लिखे गये हैं और लिखे जा रहे हैं। हिन्दी के संस्मरण साहित्य पर दृष्टि डालते हैं तो पाते हैं कि संस्मरण-लेखन की एक समृद्ध परम्परा रही है। प्रतिष्ठित लेखकों ने इस विधा में अपनी लेखनी चलायी है और अनेक अनछुए पहलुओं से साक्षात्कार कराया है। हिन्दी में संस्मरण साहित्य का प्रारम्भ बीसवीं शताब्दी में ही हुआ। महावीर प्रसाद द्विवेदी और बालमुकुन्द गुप्त ने इस

विधा के उद्भव में उल्लेखनीय योगदान किया। बालमुकुन्द गुप्त ने प्रतापनारायण मिश्र सम्बन्धी प्रसिद्ध संस्मरण लिखा। इसमें उन्होंने मिश्र जी के जीवन और स्वभाव को बड़े रोचक ढंग से प्रस्तुत किया है। महावीर प्रसाद द्विवेदी ने 'अनुमोदन का अन्त', 'सभा की सभ्यता' तथा 'विज्ञानाचार्य बसु का विज्ञान मन्दिर' का लेखन कर संस्मरण साहित्य में योगदान किया। यहाँ यह उल्लेखनीय है कि 'सरस्वती' पत्रिका ने संस्मरण साहित्य के प्रकाशन में महत्त्वपूर्ण भूमिका निभाई। इस पत्रिका में द्विवेदीजी के अतिरिक्त प्यारेलाल मिश्र, रामकुमार खेमका, जगन्नाथ खन्ना, भेलादत्त पाण्डेय आदि के संस्मरण प्रकाशित हुए। संस्मरणों के पुस्तकाकार रूप में पुस्तक 'हरिऔध जी के संस्मरण' मिलती है। इस पुस्तक पर लेखक के रूप में वेणी माधव शर्मा का नाम है लेकिन इसके निवेदन से लगता है कि इसके लेखक बालमुकुन्द गुप्त हैं। इस पुस्तक में हरिऔध जी से सम्बन्धित 15 छोटे-छोटे संस्मरण हैं। ये संस्मरण उनके व्यक्तित्व और जीवन से सम्बन्धित हैं। इन संस्मरणों को रोचक एवं प्रभावशाली ढंग से लिखा गया है। एक स्थान पर लिखा है कि "बड़ी रंगीन तबीयत के आदमी थे। ठिगना कद था, ठुमक-ठुमक कर चलते थे। यदि कोई आदाब अर्ज कर देता तो पचासों बार घूम-घूम कर देखने लगते और मन में फूले न समाते। उनकी आँखों पर सुनहरी कमानी का चश्मा हमेशा चढ़ा रहता।"

बालमुकुन्द गुप्त के पश्चात् संस्मरण लेखकों में श्यामसुन्दरदास का नाम आता है। उन्होंने 'लाला भगवानदीन' विषयक संस्मरण लिखा। इसमें उनके व्यक्तित्व को सहजता के साथ प्रस्तुत किया गया है। उन्होंने संस्मरण में लिखा है कि "कविवर दीन का स्वभाव बड़ा ही सरल और आकर्षक था। वह जब अपने शिष्यों से वार्तालाप करते थे तो जान पड़ता था मानो वे उनके मित्र तथा बराबरी के हों। सदैव हँसना–हँसाना उनके स्वभाव का सबसे बड़ा गुण था।" संस्मरण लेखक के रूप में रामदास गौड़ का नाम उल्लेखनीय है। उन्होंने 'पं. श्रीधर पाठक', 'रायदेवी प्रसाद पूर्ण' शीर्षक संस्मरण लिखे जो 1928 ई. में 'विशाल भारत' में प्रकाशित हुए। पाठक जी से सम्बन्धित संस्मरण उनके व्यक्तित्व का सटीक उद्घाटन करता है। इस संस्मरण में एक जगह लिखा है कि "पाठक जी को जहाँ नैसर्गिक सौन्दर्य मनमोहक लगता था, वहाँ सजावट की कला को भी वह बहुत पसन्द करते थे। उनकी यह पसन्द मन, कर्म, वचन–तीनों में व्यापक थी। उनके विचारों में सजावट थी। उनकी रचना में चुन-चुन कर मधुर कोमल शब्द नग की तरह जड़ित हैं। उनकी कविता जड़ाऊ गहने के सदृश होती थी, और उनके घर की सजावट, बाग और मकान–उनकी रुचि को क्रिया के रूप में परिणत करके दिखाते हैं।" संस्मरण साहित्य के प्रकाशन में 'विशाल भारत', 'सुधा' तथा 'माधुरी' की भी महत्त्वपूर्ण भूमिका रही। 'सुधा' में इलाचन्द्र जोशी के संस्मरण 'मेरे प्राथमिक जीवन की स्मृतियाँ' प्रकाशित हुए। इनमें जोशी जी

ने बाल्यावस्था की घटनाओं को रोचक ढंग से प्रस्तुत किया है। प्रसिद्ध ऐतिहासिक उपन्यासकार वृन्दावनलाल वर्मा द्वारा लिखित 'कुछ संस्मरण', मन्मथनाथ गुप्त द्वारा लिखित 'क्रान्ति युग के संस्मरण', 'शिवराम पाण्डेय द्वारा लिखित 'मदनमोहन के सम्बन्ध की कुछ पुरानी स्मृतियाँ' संस्मरण साहित्य की उल्लेखनीय रचनाएँ हैं। संस्मरण साहित्य की दृष्टि से ज्योति लाल भार्गव द्वारा सम्पादित 'साहित्यकारों के संस्मरण' तथा 'हंस' का प्रेमचन्द स्मृति अंक भी महत्त्वपूर्ण है। संस्मरण लेखन के क्षेत्र में बनारसीदास चतुर्वेदी का नाम विशेष उल्लेखनीय है। उन्होंने श्रीधर पाठक, द्विजेन्द्रनाथ ठाकुर, गणेश शंकर विधार्थी, किशोरी लाल गोस्वामी आदि पर संस्मरण लिखे। इन संस्मरणों में व्यक्तित्व का समुचित उद्घाटन हुआ है। प्रसिद्ध वैयाकरण कामताप्रसाद गुरु तथा सूर्यनारायण दीक्षित ने महावीर प्रसाद द्विवेदी पर संस्मरण लिखे। ये संस्मरण 'सरस्वती' में प्रकाशित हुए। इनमें द्विवेदीजी से सम्बन्धित घटनाओं तथा उनके साहित्यिक जीवन का पता चलता है। संस्मरण-लेखक के रूप में प्रकाश चन्द्र गुप्त का नाम उल्लेखनीय है। उनके द्वारा लिखित 'पुरानी स्मृतियाँ' प्रसिद्ध संस्मरण पुस्तक है। राजा राधिका रमण प्रसाद सिंह ने भी संस्मरण साहित्य में योगदान किया। उनके द्वारा लिखित 'सावनीसमाँ', 'टूटा तारा' तथा 'सूरदास' पुस्तकें संस्मरणात्मक हैं। इन रचनाओं में अतीत की गम्भीर अभिव्यक्ति है। इन पुस्तकों में जनसामान्य और परिवेश की कलात्मक अभिव्यक्ति देखने को मिलती है। उनकी रचनाओं में उनके विचार भी व्यक्त हुए हैं। 'टूटा तारा' में वे लिखते हैं कि "आख़िर शरीर माल और मुजतंन के रस से तो आप प्रतिदिन परिचित होते ही हैं पर हाँ कभी-कभी रुचि में ताज़गी लाने के लिए एकाध सूखी बाजरे की रोटी भी बुरी नहीं।" संस्मरण लेखन के क्षेत्र में प्रसिद्ध साहित्यकार महादेवी वर्मा की विशेष भूमिका रही। उनकी रचनाओं में संस्मरण और रेखाचित्र एक-दूसरे से प्रभावित होते हैं। यह कह पाना मुश्किल होता है कि उन्हें संस्मरण की श्रेणी में रखा जाये या रेखाचित्र की। लेकिन उनकी रचना 'पथ के साथी' संस्मरण के निकट अधिक दिखाई पड़ती है। इसमें रवीन्द्रनाथ ठाकुर, मैथिलीशरण गुप्त, सुभद्रा कुमारी चौहान तथा छायावाद के तीन प्रसिद्ध कवियों जयशंकर प्रसाद, सूर्यकान्त त्रिपाठी 'निराला' तथा सुमित्रानन्दन पन्त पर प्रभावशाली संस्मरण प्रस्तुत किये गये हैं। प्रसिद्ध कथाकार जैनेन्द्र ने भी संस्मरण साहित्य के विकास में योगदान किया। 'ये और वे' पुस्तक उनके द्वारा लिखी गयी। इसमें 12 संस्मरण हैं। इन संस्मरणों में प्रेमचन्द पर संस्मरण हैं। इसमें एक स्थान पर वे लिखते हैं कि "उनका जीवन एक आदर्श गृहस्थ का जीवन था। बुद्धि द्वारा उन्होंने स्वतन्त्र और निर्बाध चिन्तन के जीवन व्यवसाय को अपनाया सही पर कर्म में वह अत्यन्त मर्यादाशील रहे। आर्टिस्ट के संकुचित पश्चिमी अर्थों में उन्होंने आर्टिस्ट बनने की स्पर्द्धा नहीं की। यही मर्यादाशील प्रामाणिकता उनके साहित्य की

धुरी है। उनके साहित्य में जीवन की आलोचना तीव्र है, चहुँमुखी है, किन्तु एक सर्वसम्मत आधारशिला है जिसको उन्होंने मज़बूती से पकड़े रखा और जिस पर उन्होंने एक भी चोट नहीं लगने दी।" संस्मरण साहित्य में राहुल सांकृत्यायन ने भी महत्त्वपूर्ण योगदान किया है। 'बचपन की स्मृतियाँ', 'जिनका मैं कृतज्ञ हूँ' तथा 'मेरे असहयोग के साथी' उनकी संस्मरणात्मक कृतियाँ हैं। उनके यात्रा साहित्य में भी संस्मरण का प्रभाव साफ़ परिलक्षित होता है। किशोरीदास वाजपेयी ने 'साहित्यिक जीवन के अनुभव और संस्मरण' पुस्तक लिखी। इसमें उनके जीवनानुभवों का अंकन है। घनश्यामदास बिड़ला ने गांधी जी से सम्बन्धित संस्मरणों की पुस्तक 'गांधी जी की छत्रछाया में' लिखी। इस पुस्तक में गांधी और उनके सम्बन्ध तथा तत्कालीन सामाजिक एवं राजनैतिक परिवेश का उद्घाटन हुआ है। इस पुस्तक में एक स्थान पर लिखा है कि "इन पृष्ठों में यह भी देखने को मिलेगा कि किस प्रकार भाँति-भाँति के कामों से घिरे रहने पर भी गांधी जी बिड़लों से सम्बन्ध रखने वाली जरा-जरा-सी बात में व्यक्तिगत रूप से दिलचस्पी रखते थे—ठीक वैसे ही जैसे कोई पिता अपनी सन्तान के कार्यकलाप में रस लेता है।" कन्हैयालाल मिश्र 'प्रभाकर' के संस्मरणों का संग्रह 'दीप जले शंख बजे' शीर्षक से प्रकाशित हुआ। इस संग्रह में कुल 25 संस्मरण हैं। इनमें व्यक्ति के मानवीय पक्ष पर विशेष बल दिया गया है। संस्मरण लेखन में इन्द्र विद्यावाचस्पति ने भी योगदान किया है। 'मैं इनका ऋणी हूँ' शीर्षक से इनके संस्मरणों का संग्रह प्रकाशित हुआ। इसमें 15 संस्मरण हैं। इनमें तिलक, लाजपतराय, मदनमोहन मालवीय, पटेल, सुभाषचन्द्र बोस आदि महत्त्वपूर्ण लोगों पर संस्मरण हैं। इन संस्मरणों में लेखक ने इन प्रसिद्ध लोगों का स्वाभाविक ढंग से चित्रण किया है। काका कालेलकर की पुस्तक 'स्मरण यात्रा' 1953 में प्रकाशित हुई। यह पुस्तक मूलतः गुज़राती में लिखी गयी। इसमें उन्होंने अपने बचपन के बिताये समय को याद किया। उन्होंने पुस्तक के प्रयोजन और परिचय में लिखा है कि "बचपन में हमने जो जीवन बिताया, उसे संस्मरणों के रूप में फिर से जीने में एक तरह का आनन्द मिलता है। जीवन-यात्रा की मंजिल बहुत कुछ तय हो जाने के बाद इस तरह स्मरण द्वारा उसे फिर से दोहराने को ही मैं स्मरण-यात्रा कहता हूँ।" प्रसिद्ध कवि हरिवंशराय बच्चन की पुस्तक 'नये पुराने झरोखे' में उनके द्वारा लिखे गये संस्मरण हैं। इन संस्मरणों में चतुरसेन शास्त्री और प्रेमचन्द पर लिखे संस्मरण सम्मिलित हैं। इन संस्मरणों में उनके कवि हृदय की झलक दिखाई पड़ती है। उपेन्द्रनाथ 'अश्क' ने एक प्रसिद्ध पुस्तक लिखी—'मंटो मेरा दुश्मन'। इस पुस्तक में मंटो के व्यक्तित्व का दिलचस्प वर्णन है। इस पुस्तक में बड़ी कुशलता के साथ मंटो के चरित्र को उकेरा है। एक स्थान पर लिखा है कि "मंटो जिस तरह पीटना जानता था—लेकिन पिटना नहीं, पढ़ाना जानता था लेकिन पढ़ना नहीं, उसी तरह

मज़ाक़ करता था पर मज़ाक़ बर्दाश्त करने की शक्ति उसमें नहीं थी, उसे बड़ी जल्दी गुस्सा आता था।" प्रसिद्ध कथाकार यशपाल के संस्मरण 'सिंहावलोकन' में प्रकाशित हुए। इन संस्मरणों में राष्ट्रीय आन्दोलन के दौरान हुई सशस्त्र क्रान्ति की तस्वीरें हैं। राजगुरु, भगतसिंह और सुखदेव सम्बन्धी संस्मरण विशेष उल्लेखनीय हैं। इन संस्मरणों से तत्कालीन सामाजिक एवं राजनीतिक परिस्थितियों का भी पता चलता है। हिन्दी के प्रसिद्ध आलोचक डॉ. नगेन्द्र ने भी अपनी स्मृतियों को शब्दों में व्यक्त किया है। उनके संस्मरणों का संग्रह 'चेतना के बिम्ब' शीर्षक से प्रकाशित हुआ। इन संस्मरणों में उनकी आलोचना दृष्टि का प्रभाव स्पष्ट दिखाई पड़ता है। प्रसिद्ध लेखक विष्णु प्रभाकर ने भी संस्मरण साहित्य के विकास में उल्लेखनीय योगदान किया। इस दृष्टि से उनकी पुस्तकें 'जाने-अनजाने', 'कुछ शब्द कुछ रेखाएँ', 'भावों की तीर्थ यात्रा' महत्त्वपूर्ण हैं। संस्मरण साहित्य के विकास में पदुमलाल पुन्नालाल बक्शी, जगदीश चन्द्र माथुर, रामधारी सिंह 'दिनकर', शिवपूजन सहाय, भारतभूषण अग्रवाल, रामकुमार वर्मा, विष्णु कान्त शास्त्री, राम दरश मिश्र आदि प्रसिद्ध लेखकों की उल्लेखनीय भूमिका रही है। कमलेश्वर की पुस्तक 'यादों के चिराग' में नितान्त आत्मीय और अन्तरंग संस्मरण हैं। इनमें कमलेश्वर ने स्वष्टवादिता का परिचय दिया है। प्रसिद्ध लेखिका मृदुला गर्ग की पुस्तक 'कुछ अटके कुछ भटके' शीर्षक से प्रकाशित हुई है। इस पुस्तक में लेखिका ने रोचक अन्दाज़ में अपने अनुभवों को व्यक्त किया है। उषा प्रियंवदा की पुस्तक 'शून्य तथा अन्य रचनाएँ' में उनके संस्मरण संकलित हैं। इन संस्मरणों में एक प्रवासी के भीतर झाँकता हुआ एक भारतीय मन है। संस्मरण के विकास में पुस्तकों के अतिरिक्त पत्र-पत्रिकाओं, स्मृति ग्रन्थों और अभिनन्दन ग्रन्थों की भी महत्त्वपूर्ण भूमिका रही है।

संस्मरण साहित्य के विकास की सम्भावनाएँ आज के दौर में बहुत अधिक हैं। समकालीन परिदृश्य में सूचनाओं का बोलबाला है। इसलिए इस दौर को 'सूचना क्रान्ति' का युग भी कहा जाता है। संस्मरण साहित्य अतीत की अनेक सूचनाओं से अवगत कराता है। यह वह विधा है जिसके माध्यम से एक पीढ़ी अपनी समकालीन पीढ़ी और आने वाली पीढ़ियों तक अपने अनुभवों से परिचित कराती है। संस्मरण में लेखक द्वारा महसूस की हुई बात को अपने लेखन में अभिव्यक्त करता है, इसलिए उसके द्वारा लिखी गयी बातें वास्तविकता के धरातल से सम्बद्ध होती हैं। संस्मरण साहित्य इतिहास, समाज, राजनीतिक विज्ञान आदि अनुशासनों के लिए भी उपयोगी है।

संस्मरण व्यक्तियों के वास्तविक चरित्र के उद्घाटन में सहायक होता है। आज के समय में जबकि व्यक्ति दोहरा जीवन जीता है, ऐसे में उससे सम्बद्ध संस्मरण उसके चरित्र से पर्दा उठाते हैं। इसके अतिरिक्त अन्तर्मुखी व्यक्तित्व वाले व्यक्ति

का चरित्र बहुत कम लोगों के सामने उभर कर आ पाता है। वह अपने बेहद निकट के व्यक्ति के सम्मुख ही अपने को प्रकट करता है। ऐसे में वह निकटतम व्यक्ति से सम्बन्धित संस्मरण लिखता है तो उसका चरित्र सार्वजनिक हो पाता है। इसके परिणामस्वरूप बहुत-सी गलतफ़हमियाँ भी दूर होती हैं।

संस्मरण के द्वारा हमारी दुनिया विस्तृत होती है। भूमण्डलीकरण के इस दौर में व्यक्ति, व्यक्ति के निकट आना चाहता है। पूरी दुनिया को समझना चाहता है। वह अन्य प्रदेशों और देशों के व्यक्तियों की जीवन शैली, वहाँ की संस्कृति, वहाँ के भूगोल आदि से परिचित होना चाहता है। इस कार्य में उन प्रदेशों और देशों के व्यक्तियों, घटनाओं से सम्बद्ध संस्मरण उपयोगी होते हैं। ये उन देशों और प्रदेशों के व्यक्तियों और वहाँ की स्थितियों के सम्बन्ध में सूचना प्रदान करते हैं।

संस्मरण साहित्य एवं साहित्यकार को समझने में बहुत सहायक होते हैं। संस्मरण के द्वारा लेखक की जीवन दृष्टि का पता चलता है, उसके संघर्ष से भी अवगत होते हैं। इसके अतिरिक्त उसके साहित्य को भी समझने में सहायता मिलती है। यही नहीं, उससे सम्बन्धित जीवनी-लेखन में भी संस्मरण सहायक सिद्ध होते हैं। अमृतराय ने प्रेमचन्द की जीवनी 'कलम का सिपाही' में संस्मरणों का अच्छा उपयोग किया है। इसके परिणामस्वरूप प्रेमचन्द की यह प्रसिद्ध जीवनी न केवल प्रेमचन्द के प्रामाणिक जीवन से साक्षात्कार कराती है बल्कि अनकहे, अनलिखे पहलुओं का उद्‌घाटन भी करती है।

संस्मरण विधा पाठक को अपनी संस्कृति, अपनी परम्पराओं और अपने इतिहास से भी परिचित कराती है। आज के समय में जब हम एकल परिवार व्यवस्था को स्वीकार कर रहे हैं। बढ़ते हुए भौतिकतावाद ने ज़िन्दगी को यान्त्रिक बना दिया है, व्यक्ति से उसका स्वाभाविक जीवन छीन लिया है। ऐसे में संस्मरण कम समय में ही उसे उसकी संस्कृति से सम्बद्ध करता है। संस्मरण साहित्य से हमें सामाजिक, राजनीतिक एवं आर्थिक परिवेश का भी ज्ञान होता है। संस्मरणों में परिवेश अपने स्वाभाविक रूप में स्वतः ही उभर कर पाठक के सम्मुख आ जाता है। संस्मरण साहित्य हमें इतिहास की भाँति अतीत की घटनाओं के माध्यम से वर्तमान एवं भविष्य के प्रति सचेत करता है। अतीत में की गयी गलतियों को दोहराने से रोकता है।

संस्मरण साहित्य की उन विधाओं में से है जो तेज़ी से विकसित हो रही हैं। लोग संस्मरणों में रुचि ले रहे हैं। इसके परिणामस्वरूप विभिन्न पत्र-पत्रिकाएँ और प्रकाशक संस्मरणों को प्राथमिकता के साथ छाप रहे हैं। प्रतिष्ठित लेखक एवं साहित्यकार ही नहीं जीवन के विविध क्षेत्रों से सम्बद्ध लोग संस्मरण लिख रहे हैं और पढ़ रहे हैं।

आत्मकथा की संस्कृति में नया मोड़

कृपाशंकर चौबे

हिन्दी में आत्मकथा लेखन की समृद्ध परम्परा नहीं है। इसकी शुरुआत भारतेन्दु हरिश्चन्द्र की 'कुछ आप बीती, कुछ जग बीती' से हुई थी। भारतेन्दु मण्डल के लेखक सुधाकर द्विवेदी ने 'रामकहानी' और अम्बिका दत्त व्यास ने 'निज वृत्तान्त' शीर्षक से आत्मकथा लिखी थी। 1932 में प्रेमचन्द ने 'हंस' का आत्मकथा विशेषांक निकाला। उसके बाद हिन्दी में जो आत्मकथाएँ आयीं, उनमें प्रमुख हैं—बाबू श्याम सुन्दरदास की 'मेरी आत्म कहानी', गुलाबराय की 'मेरी असफलताएँ', राहुल सांकृत्यायन की 'मेरी जीवन यात्रा' (पाँच खण्डों में), शान्ति प्रिय द्विवेदी की 'परिव्राजक की प्रजा', देवेन्द्र सत्यार्थी की 'चाँद सूरज के बीरन', सेठ गोविन्ददास की 'आत्म निरीक्षण', पाण्डेय बेचन शर्मा 'उग्र' की 'अपनी ख़बर', सुमित्रानन्दन पन्त की 'साठ वर्ष : एक रेखांकन', यशपाल का 'सिंहावलोकन', पदुमलाल पुन्नालाल बख्शी की 'मेरी अपनी कथा', शिवपूजन सहाय की 'मेरा जीवन', उपेन्द्रनाथ अश्क की 'परतों के आर-पार', हरिवंशराय बच्चन की आत्मकथा चार खण्डों में—'क्या भूलूँ क्या याद करूँ', 'नीड़ का निर्माण फिर', 'बसेरे से दूर' और 'दशद्वार से सोपान तक'। इधर के वर्षों में 'तद्भव' पत्रिका ने नामवर सिंह से लेकर अरुण कमल तक के आत्मकथ्य प्रकाशित किये।

इक्कीसवीं सदी के आरम्भ में जिस आत्मकथा की यथेष्ट चर्चा हुई, वह राजेन्द्र यादव की 'मुड़-मुड़ के देखता हूँ' है। 'मुड़ मुड़ के देखता हूँ' से पता चलता है कि राजेन्द्र यादव ने हिन्दी कहानी की रूपात्मकता के रूढ़ ढाँचे को कैसे तोड़ा, कैसे वर्जनाओं का प्रतिरोध किया, कैसे वैविध्यपूर्ण व नये-नये कथा-प्रयोग किये और कैसे युगीन यथार्थ व नये मानव मूल्यों की अभिव्यक्ति की। 'मुड़ मुड़ के देखता हूँ' से यह भी पता चलता है कि राजेन्द्र यादव की सिर्फ़ लेखक बनने की यात्रा बाकायदा 1952-53 में शुरू हुई थी। उपन्यास 'प्रेत बोलते हैं' (सारा आकाश) उसी समय आया था। वैसे 1950 के भी पहले कहानी संग्रह 'रेखाएँ, लहरें और परछाइयाँ' आ गया था। उसका कवर रांगेय राघव ने बनाया था। 'देवताओं की मूर्तियाँ' भी आ गया था। कहानियों के इन दोनों संग्रहों से लेकर 'वहाँ तक पहुँचने की होड़ तक'

की कहानियाँ अपनी ही पूँछ पकड़ कर चक्करघिन्नी खाते कुत्ते का उन्मादभर नहीं हैं। इन कहानियों के लेखक से एक बार यशपाल ने कहा था, 'तुम एक कहानी में चार-चार कहानियों का मसाला बर्बाद करते हो। इस तरह तो जल्दी चुक जाओगे।' साहित्य के पाठक जानते हैं कि राजेन्द्र यादव नहीं चुके। इसलिए नहीं चुके क्योंकि उनके यहाँ कहानी कहानी की तरह नहीं आती थी। पहले जीवन का कोई प्रभाव, प्रसंग या टुकड़ा आता और जब उसे कहानी के गमले में लगाने के लिए उसकी धरती से कथाकार नोचता तो जड़ों के साथ छोटी-छोटी डोरियों और रेशों का उलझा-गुँथा सिलसिला चला आता। फिर कथाकार का मन नहीं करता कि जड़ का सारा हिस्सा तेज़ चाकू से वह तराश दे और बाकी पौधे को धो-पोछकर प्लेट में सजाए हुए काउण्टर पर ले जाये... या किसी भी गुलदान में रख दे और वहाँ हरा-भरा हो जाये...अपनी ज़िन्दगी की अनेक देखी-भोगी कहानियों को राजेन्द्र यादव ने अलग इकाई की तरह देखने की अनहद कोशिश की, मगर हर कहानी के साथ कुछ-न-कुछ और सूत्र भी उलझे-गुँथे चले जाते, जो पहले नहीं दिखते थे। कहानी सबसे पहले राजेन्द्र यादव के लिए याद थी, जुड़े हुए सूत्रों के स्रोत की खोज और पुनरावलोकन थी, फिर सम्बोधन होने लगी, फिर क्रमशः संवाद। आरम्भिक दिनों में लिखी गयी उनकी कहानियों में स्मृतियों के साथ-साथ अपने परिवेश को समझने, आस-पास ही सन्दर्भ तलाशने की कोशिश है ('प्रतीक्षा' और 'लौटते हुए')। निठल्ला अतीतजीवी नहीं, वर्तमान से टकराने का अदम्य साहस भी इन कहानियों की एक विशेषता है। 'सम्बन्ध' जैसी कहानियों में आतंकप्रद यथार्थ को स्वीकार किया गया है तो 'मरने वाले के नाम' में इसकी ही पुष्टि है। 'टूटना' बाहरी उपलब्धियों के भीतर व्यर्थताओं, भीतर की वितृष्णा को रचनात्मक स्तर पर लाने की कवायद है। इसी के साथ उनकी आरम्भिक कहानियाँ छायावादी प्रभावों से निकलने की कोशिश करती दिखती हैं। मनुष्य और कलाकार के अन्तर्सम्बन्ध को समझना राजेन्द्र यादव की थीम रही। उसी से प्रेरणा ग्रहरण कर उन्होंने यथार्थवादी कहानी 'लेखक', 'कला और विसर्जन' और जब 'कला मर गयी' लिखी। 'अभिमन्यु की आत्महत्या' में भी व्यक्ति व कला के द्वन्द्व को समझने की कोशिश की गयी है। अन्य कहानियाँ आस-पास के जीवन में घर करते पाखण्ड, आडम्बर, दोमुँहपन, कट्टरता और अन्याय के विरुद्ध प्रतिवाद दर्ज कराती हैं। सामाजिक अथवा कला सरोकारों की ये कहानियाँ समय को अपने भीतर पकड़ती हैं। 'सारा आकाश' तक की रचनाओं को देखने पर लगता है कि लेखक भीतर और बाहर सामन्तवादी संस्कारों, घिसे-पिटे आदर्शों, मूल्यों, मान्यताओं व आचार संहिताओं से लड़ रहा था और इस क्रम में बिना अपनी ज़मीन छोड़े ज़्यादा यथार्थवदी व प्रामाणिक होने की कोशिश कर रहा था। वहीं दूसरी ओर लेखक की स्वीकारोक्ति है कि 'सारा आकाश' (प्रेत बोलते हैं) के जरिए हुई मित्रता

उन पर इतनी छा गयी थी कि सारे दिन ख़ुशबूदार क़ीमती लिफ़ाफ़ों की बाट जोहते रहते। वैसे लेखक ने अपनी आत्मकथा 'मुड़-मुड़के देखता हूँ', में दीदी, मीता, स्नेह सबसे अपने भावनात्मक मैत्री के विवरण में कुछ छिपाया नहीं। इससे भी इनकार नहीं किया है कि उनके लेखकीय जीवन का स्वर्णकाल सिर्फ़ मीता, स्नेह जी, दीदी, मन्नू और ऐसे ही दो-एक सम्बन्धों के इर्द-गिर्द ही नहीं घूमता है। 'प्रेत बोलते हैं' के सारा आकाश' के रूप में रिवीजन और 'उखड़े हुए लोग' के अधिकांश हिस्से के रिवीजन का ब्यौरा भी लेखक ने दिया है। चर्चा में 'कुल्टा', 'शह और मात', 'अनदेखे अनजान पुल,' 'एक इंच मुस्कान' भी आये हैं। इन उपन्यासों के बाद आया था—'मन्त्रविद्ध'। राजेन्द्र यादव के उपन्यास पूँजी व सत्ता के बीच अनैतिक गठजोड़, पुरातन संस्कारों व नवजागरण के द्वन्द्व के बीच अपनी राह बनाते हुए मध्यवर्ग के संघर्ष का इतिहास रचते हैं। राजेन्द्र यादव अपनी तरह की कविताएँ भी लिखते थे। कहानी समीक्षा का नया मुहावरा उन्होंने विकसित किया। 'हंस' को देश के ज्वलन्त प्रश्नों पर जनतान्त्रिक बहस के लिए खुला मंच बनाया। कहानियों से छूटकर लेखों में उनके आने के पीछे स्थितियों का सीधे सामना करने का दबाव ही शायद रहा था। तात्कालिकता का दबाव। इस तरह राजेन्द्र यादव का सर्जक व्यक्तित्व कई दिशाओं में फैलता गया था। जीवन के आख़िरी समय तक उनकी रचनात्मक बेचैनी जस की तस बनी हुई थी। राजेन्द्र यादव अविराम यात्रा पर रहे। नयी कहानी आन्दोलन से लेकर अन्तिम दम तक स्वयं को अतिक्रमित करते हुए स्त्री-विमर्श, दलित-विमर्श और सामाजिक न्याय के प्रवक्ता की यात्रा उन्होंने तय की। वे ऐसे विचारक थे जो मात्र समर्थक ही नहीं पैदा करता, दूसरों को भी अपनी मान्यताओं को परखने का न्यौता देता था। राजेन्द्र यादव में अपने भिन्न विचारों को उकसाने, जगाने और झकझोरने की अद्भुत सामर्थ्य थी। कहना न होगा, यह काम वही कर सकता है जिसे अपने सिद्धान्तों के प्रति गहरी आस्था हो और उसकी जड़ें अपनी ही रचनात्मक ऊर्जा के भीतर हो। यह रचनात्मक ऊर्जा ही राजेन्द्र यादव की सबसे बड़ी पूँजी थी। कभी-कभी उनका एक कथन ही विवाद को जन्म दे देता था। हर विरोध के बावजूद ऊर्जा की जो उनकी ताकत थी, वही उन्हें टूटने से बचाती थी, बल्कि और पुख़्ता बनाती थी—सृजन और मनन के लिए उत्सुक और बेचैन बनाती थी। राजेन्द्र यादव का बचपन उत्तर प्रदेश के एक सुदूर गाँव में बीता था। शिशु राजेन्द्र यादव अपने सखाओं के साथ सारे दिन खेतों में घूमते, बम्बे के आस-पास भटकते, मरीजों, कंजरों, जमादार, कम्पाउण्डरों के बच्चों के साथ ऊधम मचाते। पेड़ों पर चढ़ते और जाने कहाँ-कहाँ से पकड़कर लाये जाते। घर वालों को पता चल जाता था कि कहाँ मिट्टी में खेले, किसके खेत की नाली को बदल दिया, किसके हरे चने उखाड़े। बाई दिन में दो-चार बार डाँट-डपटकर पिटाई करती, पकड़-पकड़कर

नहलाती, दोपहर में अँधेरे कमरे में बन्द करके सुलातीं। राजेन्द्र किताबें पढ़ते और आधा शीशी से देशी इलाज करते। किसी भी काम का कोई समय या कायदा नहीं रहा। सारा दिन भागने-छिपने, पेड़ों-खपरैलों पर चढ़ने या पतंग, लट्टू, गेंद, गिल्ली-डण्डा, बढ़ईगिरी या किले बनाने में भी जा सकता था। पढ़ाई का माहौल अच्छा नहीं होने के कारण पिता ने दो पुत्रों (राजेन्द्र व उनके भाई) को मेरठ के मवाना भेज दिया। वहाँ राजेन्द्र के चाचा रहते थे। चाचा रोज़ देखते कितनी पढ़ाई की। उन्हीं दिनों स्कूल में एक हादसा गुज़र गया और राजेन्द्र यादव पैर से अपंग हो गये। स्कूल के मैदान में झड़प हो गयी थी। बलवीर ने टखने में हॉकी मार दी। सिकाई, मालिश और आधी डॉक्टरी के बीच पाँव फूलता चला गया। महीने भर में कोई सुधार नहीं हुआ तो पिता आये और मथुरा ले गये। सिविल सर्जन ने व्यक्तिगत रुचि ली। एक्स-रे, दवाएँ, क्लोरोफॉर्म, ऑपरेशन। घुटने से टखने तक की पूरी हड्डी गल गयी थी। फिर एक और ऑपरेशन। कड़वी-मीठी दवाओं, इंजेक्शनों और पट्टी बदलने के बीच यों बँधे-बँधे साल डेढ़ साल लेटे रहने को विवश रहे। फिर पढ़ाई प्रारम्भ हुई। पं. रामस्वरूप शर्मा नये शिक्षक के रूप में मिले। अगली पढ़ाई के लिए झाँसी गये और उसके बाद कॉलेज में पढ़ने के लिए आगरा कॉलेज। तरह-तरह की किताबों में दिलचस्पी बढ़ी। पढ़ने व लिखने और लिखने व पढ़ने की शुरुआत। फिर कलकत्ता। कलकत्ता में रहते समय उनकी बहुत ज़्यादा सक्रियता थी। उपन्यास-कहानी लिखना, 'ज्ञानोदय' में काम करना या हिन्दी टीचिंग स्कीम में पढ़ाना, मित्रों के साथ जगह-जगह भटकना, लम्बे-लम्बे पत्र लिखना, घनघोर पढ़ाकू। कलकत्ता ने उन्हें बहुत कुछ दिया। मीता, दीदी और मन्नू (भण्डारी) से एक बार राजेन्द्र यादव ने पूछा था, 'तुम्हें इस बात में शर्म तो महसूस होती होगी कि मैं लँगड़ा हूँ।' तीनों ने उन्हें इस कुण्ठा से निकालने में बहुत मदद की। मन्नू का असाधारण साहस था कि उन्होंने कलकत्ता के बन्द समाज में खुलेआम उनसे विवाह किया। अपने भीतर चलते द्वन्द्व, संघर्ष और नाटकीयताओं ने ही राजेन्द्र यादव को इतना बाँधे रखा कि वे स्वयं अपने लिए एक केन्द्र बने रहे। जीवन उन्होंने मुगालतों में नहीं जिया। आत्मकथा के जरिए उन्होंने सामाजिक परिवेश की पुनर्रचना की और समय के सामने खड़े होकर उसे पूरी तटस्थता से देखा। वे ख़ुद अपने सामने भी खड़े हुए।

हिन्दी में आत्मकथा लेखन को 'अपने-अपने पिंजरे' ने एक नया मोड़ दिया जो मोहनदास नैमिशराय की आत्मकथा है। 1995 में आयी वह किताब हिन्दी की पहली दलित आत्मकथा है। उसके दो साल बाद ओमप्रकाश वाल्मीकि की 'जूठन' आयी। 'जूठन' सिर्फ़ ओमप्रकाश वाल्मीकि की आत्मकथा नहीं, अपितु दलित समाज का भोगा हुआ यथार्थ है। 'जूठन' में वर्णित घटनाएँ और प्रसंग वर्णव्यवस्था की निमर्मता के प्रमाण हैं। उसके उपरान्त श्योराज सिंह बेचैन की 'मेरा बचपन मेरे कन्धों पर',

तुलसीराम की 'मुर्दहिया' और 'मणिकर्णिका' आयी। इन आत्मकथाओं को कौशल्या वैसन्त्री की आत्मकथा दोहरा अभिशाप' और सुशीला टाकभौरे की 'शिकंजे का दर्द' ने पूर्णता प्रदान की क्योंकि इनसे यह पता चलता है कि एक दलित स्त्री को किस तरह दोहरे अभिशाप से गुज़रना पड़ता है। एक अभिशाप है उसका स्त्री होना और दूसरा उसका दलित होना। दलित लेखिकाएँ इन दोनों अभिशापों को एक साथ जीती हैं। दलित आत्मकथाओं में दलित स्त्री के प्रश्न पर सम्यक ढंग से अभी विचार नहीं हो सका है। हाँ, इसमें 'मुर्दहिया' ज़रूर अपवाद है। तुलसीराम की आत्मकथा 'मुर्दहिया' में दलित स्त्री का जो यथार्थ वर्णन है, वह अपनी मार्मिकता में बेजोड़ है। पहली दलित स्त्री हैं तुलसीराम की दादी, दूसरी दलित स्त्री हैं, उनकी माँ और तीसरी दलित स्त्री है नटिनिया। तुलसीराम के अंग्रेज़ी ज्ञान से नटिनिया उनकी तरफ़ आकृष्ट हुई थी। नटिनिया उनसे अंग्रेज़ी में कुछ-कुछ बोलना सीख भी जाती है। जब तुलसीराम इण्टर करने के लिए गाँव छोड़कर आजमगढ़ जाने लगते हैं तो उनसे नटिनिया पूछती है अब लौटिके ना अइबे का रे बाबू? इस सवाल में वह जो कहती है, उससे ज़्यादा अनकहा रखती है। नहीं कहकर भी वह बहुत कुछ कह जाती है। दूसरी दलित चरित्र तुलसीराम की माँ हैं। तुलसी जब नौंवी में पढ़ते तो उनके भोजन के लिए उनकी माँ अधपेटवा खातीं और आधा खाना बेटे के लिए रखतीं। उस ममतामयी माँ को कितनी तकलीफ़ें सहनी पड़ती थीं, इसका विवरण भी तुलसीराम ने इस तरह दिया है—मेरी माँ बस्ती के किसी भी व्यक्ति से बात करती तो पिताजी तुरन्त उसके चरित्र पर उँगली उठाना शुरू कर देते। पिताजी अक्सर माँ को फरुही से मारने दौड़ पड़ते। एक बार उन्होंने माँ को मारने के लिए फरुही उठायी कि मैंने पिता को एक तमाचा मारा। उस घटना के बाद पिताजी माँ को मारने से बचने लगे। इस घटना से यह पता चलता है कि दलित परिवारों में भी स्त्री के प्रति वही सलूक होता है जो सवर्ण परिवारों में। दलित स्त्रियाँ हाड़तोड़ मेहनत करती हैं, खेतों में मज़दूरी करती हैं, घर के सारे काम करती हैं और मर्दों की मार भी उन्हें खानी पड़ती है। इस आत्मकथा में सबसे महत्त्वपूर्ण स्त्री पात्र तुलसीराम की दादी हैं। इस आत्मकथा से पता चलता है कि विभिन्न रोगों के इलाज का उन्हें कितना गहरा ज्ञान था। ख़ासतौर पर वनस्पतियों से किये जाने वाले इलाज का। लेकिन वही दादी अन्धविश्वासी भी थीं। उस अन्धविश्वास को जस का तस तुलसीराम ने लिपिबद्ध किया है। मुर्दे पशुओं का मांस निकालने के लिए दलित स्त्रियाँ ही आगे आतीं। मुर्दहिया यानी गाँव की मुर्दे जलाये जाने वाली जगह। मुर्दहिया मानव तथा पशु में कोई फर्क नहीं करती थी। मुर्दहिया दलित बस्ती की ज़िन्दगी थी। किसी की गाय, भैंस या बैल मर जाता तो दलित ही उसका चमड़ा निकालते और उसके बाद गंड़ासे और कुल्हाड़ियों से काट-काटकर उसका मांस सारे दलित बांस से बनी हुई टोकरियों में भरकर घर लाते।

माँस काटने का काम प्रायः दलित स्त्रियाँ करती थीं। तुलसीराम की दादी मांस के कुछ हिस्से को आवश्यकतानुसार तुरन्त पकातीं किन्तु अधिकांश बचे हुए कच्चे मांस को कई दिनों तक तेज़ धूप में सुखाती। ख़ूब सूख जाने पर कच्ची मिट्टी से बनी कोठिली में रखकर बन्द कर देती। जब खाने का टोटा बन जाता तो उस सूखे मांस को नये तरीक़े से पकाकर परिवार के लोग अपना पेट भरते। अकाल के समय दलित घरों में चूल्हा नहीं जलने का मार्मिक चित्रण पुस्तक में किया गया है। अकाल के समय धोबियों पर तो जैसे कहर ही टूट पड़ता क्योंकि उन्हें काम के बदले सिर्फ़ अनाज मिलता और अकाल के कारण वह मिलना भी बन्द हो जाता। इस आत्मकथा में लेखक बताता है कि दलित स्त्री को कितना सहना पड़ता है। इस किताब की विशेषता यह भी है कि दलित स्त्रियों के प्रति लेखक जितना संवेदनशील है, उतना ही सवर्ण स्त्रियों के प्रति भी। तभी तो ब्राह्मण घर की लड़की आशा को नाला पार कराने के कारण तरह-तरह की अफ़वाहें उड़ीं और अन्ततः आशा की पढ़ाई छूट गयी और वह ब्याह दी गयी तो इस सन्दर्भ का वर्णन करते हुए तुलसीराम लिखते हैं—मेरे जैसा गुलाम पुत्र यदि शिक्षा से इतना कुछ हासिल कर सकता था तो फिर मालिक पुत्री न जाने कितना आगे जाती? यह पंक्ति एक चीख बन जाती है। 'मुर्दहिया' के पहले खण्ड में तुलसीराम के सात आत्मकथ्य संकलित हैं। ये हैं—भुतही पारिवारिक पृष्ठभूमि, मुर्दहिया तथा स्कूली जीवन, अकाल में अन्धविश्वास, मुर्दहिया के गिद्ध तथा लोक जीवन, भुतनिया नागिन, चले बुद्ध की राह और आजमगढ़ में फाकाकशी। यह आत्मकथा अब तक प्रकाशित दलित आत्मकथाओं से सर्वथा अलग और आगे की कृति है। यह सिर्फ तुलसीराम की, उनके परिवार की तथा जातिगत समाज की कथा नहीं है, बल्कि समूचे समाज की धड़कन इसमें सुनी जा सकती है। इसमें एक कालखण्ड का पूरा लोक जीवन अभिव्यक्त हुआ है। 'मुर्दहिया' जितनी तुलसीराम की कथा है, उतनी ही तुकबन्दी बनाकर गाने वाले जगी बाबा, लक्कड़ ध्वनि पर नृत्य करने वाली नटिनिया, गिद्ध प्रेमी पग्गल बाबा और सिंघा बजाते बंकिया डोम की भी। पूरी किताब में कहीं भी व्यक्तिगत अथवा सामाजिक प्रसंग एकतरफ़ा ढंग से अभिव्यक्त नहीं हुए हैं। तीन साल की उम्र में चेचक के गहरे प्रकोप के कारण तुलसीराम के पूरे शरीर में गहरे-गहरे घाव के दाग पड़ने और विशेष रूप से उनके चेहरे के इन दागों का भण्डारण क्षेत्र बनने का वृत्तान्त शुरू में ही दिया गया है। परिवार में अन्धविश्वास का विवरण भी है जिसका आलम यह था कि दादी हमेशा बालक तुलसीराम के चेहरे पर हाथ फेरकर चमरिया माई की विनती करतीं। जैसे-जैसे तुलसीराम बड़े होते गये, उनका अपमान बृहद होता गया। घर में सबसे छोटा होने के कारण उन्हें गोद में लेकर खिलाने की पहले होड़ लगी रहती थी किन्तु चेचक के बाद सब कुछ बदल गया। उसी दौरान यानी बचपन में ही तुलसीराम की

एक आँख की रोशनी चली गयी थी। जिस आँख से वे देख सकते थे, उसे बन्द कर सामने उँगलिया फैलाकर उसे गिनती करने के लिए चचेरे भाई व चाचा तुलसीराम से कहते और गिनती बताने पर कहते—कनवा बड़ा तेज़ हौ। इस तरह तुलसी का उपहास घर के सदस्य ही उड़ाते। इससे बालक तुलसी को बड़ी मानसिक पीड़ा होती। इन पीड़ाओं में उनका सारा बचपन विलुप्त हो गया। दलित बस्ती में कोई पढ़ा-लिखा नहीं था। गाँव में ब्राह्मण ही पढ़े-लिखे थे। वे दलितों की चिट्ठियाँ पढ़ने में आनाकानी करते। बालक तुलसीराम को चिट्ठी पढ़ने लायक बनाने के उद्देश्य से प्राइमरी स्कूल भेजा गया। 1954 में, तब तुलसी की उम्र पाँच साल की थी। स्कूल में जातिगत भेदभाव से बालक का सामना हुआ। कक्षा के सभी दलित बच्चों को एक पाँत पर बिठाया जाता। कोई सवर्ण बच्चा इन दलित बच्चों को छूता तक नहीं था। मुंशी मास्टरजी दलित बच्चों को चमरकिट कहकर अपना गुस्सा प्रकट करते। सवर्ण सहपाठियों में एकमात्र संकठा सिंह थे जो तुलसीराम से आत्मीयता रखते थे। पाँचवीं तक पढ़ते हुए तुलसीराम सबसे तेज गणित में थे। किन्तु छठवीं से अंग्रेज़ी में उनकी दिलचस्पी बढ़ गयी। राहुल सांकृत्यायन के बारे में पारसनाथ पाण्डे नामक शिक्षक ने दिलचस्पी पैदा की। बचपन में राहुल जी का घर से भागना, कम्युनिस्ट के रूप में रूस में रहना, गोमांस खाना, हिन्दू धर्म का विरोधी होना और वोल्गा से गंगा जैसी रचना लिखना आदि ऐसी जानकारियाँ थीं कि उनके प्रति तुलसीराम बेतरह आकृष्ट हो गये। नौवीं कक्षा में ही गौतम बुद्ध पर एक अध्याय था। बुद्ध के चरित्र ने भी तुलसीराम को बहुत प्रभावित किया जिनके ज्ञान का मुख्य निचोड़ था—दुनिया में दुःख है, दुःख का कारण है, दुःख का निवारण है तथा दुःख निवारण का मार्ग है। यही चार आर्य सत्य कहलाये। दुःख निवारण के मार्ग के रूप उन्होंने प्रज्ञा, शील, समाधि से जुड़े आष्टांगिक मार्ग—सम्यक् दृष्टि, सम्यक् संकल्प, सम्यक् वचन, सम्यक् कर्म, सम्यक्जीविका, सम्यक्प्रयत्न, सम्यक्स्मृति, सम्यक्समाधि का प्रचार किया। लालबहादुर सिंह के साथ शराब पीने, चिन्तामणि सिंह द्वारा पढ़ाने के बदले भोजन का प्रबन्ध करने और शिक्षक सुग्रीव सिंह द्वारा हाई स्कूल के फार्म भरने के लिए तीस रूपए देने को बहुत कृतज्ञता से तुलसीराम ने याद किया है। आज समूची की समूची हिन्दी पट्टी जातियों में बँटी हुई है। दलित के साथ भेदभाव और उत्पीड़न जितना बड़ा यथार्थ है, उसी के समानान्तर सुग्रीव सिंह जैसे सवर्णों का दलित के प्रति सद्व्यवहार और सहयोग को जिस ढंग से तुलसीराम ने लिपिबद्ध किया है, उसी के कारण उनकी आत्मकथा कहीं भी एकांगी नहीं बनती। एक तरफ़ हीरा लाल हैं जो हमेशा तुलसी को चमरा-चमरा कहते हैं। इसी तुलसी ने कई सवर्ण सहपाठियों को पढ़ाया और हाईस्कूल में खुद टॉप किया। फिर आजमगढ़ के डीएवी कालेज से इण्टर किया। तुलसीराम अपनी सीढ़ी खुद बने और उस पर ऊपर चढ़े। तुलसीराम

के पिता के भाई बारह गाँवों के चौधरी थे। बारह गाँवों के दलित अपनी किसी समस्या के समाधान के लिए चौधरी की पंचायत में ही आते। उस पंचायत में ही कुजाति भी छाँटा जाता या कुजाति से मुक्त भी किया जाता था। यौन सम्बन्ध या डांगर खाने के मामलों में दलित में भी कुजाति घोषित करने की परम्परा का बेधक विवरण तुलसीराम ने दिया है। यानी जिस आवेग के साथ लेखक समाज में दलितों की स्थिति और उस स्थिति की वजहों और समूचे सामाजिक परिवेश का जीवन्त चित्रण करता है, उसी आवेग के साथ वह दलितों के जीवन में कुजाति छाँटने से लेकर तमाम अन्धविश्वासों जैसी घर कर गयीं विकृतियों का बेबाक वर्णन भी करता है। कदाचित इसीलिए समूचे सामाजिक परिवेश की धड़कन इस आत्मकथा में हम सुन पाते हैं। इस आत्मकथा की एक विशेषता इसकी चुस्त भाषा है। पूरी आत्मकथा का प्रवाह रवानी भरा है। यही बात आत्मकथा के दूसरे खण्ड 'मणिकर्णिका' के लिए भी सही है। 'मुर्दहिया' और 'मणिकर्णिका' के नामकरण में गहरे सामाजिक आशय छिपे हैं। जब तक देश में जातिगत भेदभाव है तब तक यह देश मुर्दा ही है। 'मणिकर्णिका' बनारस का वह घाट है, जहाँ के बारे में मान्यता है कि वहाँ लाये जाने वाले मुर्दे को सीधे स्वर्ग में जगह मिलेगी। कहते हैं कि बनारस में कोई भूखा नहीं रहता किन्तु तुलसीराम को तो वहाँ लगातार नौ दिनों तक भूखे रहना पड़ा। गंगा के घाट पर भूखों की लम्बी कतार देखकर उनके मन से अचानक आवाज़ आयी कि 'गंगा पापी का पाप तो धो सकती है पर भूख को नहीं।' बनारस में तुलसीराम जैसे दलित के लिए किराए का कमरा मिलने में आने वाली मुश्किल का भी 'मणिकर्णिका' में मार्मिक वर्णन है। वे बताते हैं कि कैसे वे मार्क्सवाद से जुड़े। वे जल्द ही बनारस हिन्दू विश्वविधालय में मार्क्सवादी छात्र नेता के रूप में प्रसिद्ध हो गये। मार्क्सवादी आन्दोलन से जुड़े होने के कारण उन्हें एक महीने के लिए जेल भी हुई। इस आत्मकथा में कलकत्ता भी है। लेखक ने बनारस से कलकत्ता की कष्टप्रद रेल यात्रा का वृत्तान्त देते हुए बताया है कि यहाँ मन्दिरों का इतना बोलबाला है कि दिन भर कमरतोड़ श्रम करने वाले मज़दूर भी अन्धविश्वास का शिकार होकर मन्दिरों में अपनी कमाई का हिस्सा दान करते हैं। यह कलकत्ता ही नहीं, हर शहर का वर्तमान यथार्थ नहीं है? दबे-कुचले-शोषित-शासित वर्ग के ऐसे भी लेखक हैं जिनकी आत्मकथाओं पर हिन्दी आलोचना ने रहस्यमय चुप्पी ओढ़ ली। सुशीला राय की आत्मकथा 'एक अनपढ़ कहानी' आज से बारह साल पहले 2005 में प्रकाशित हुई थी किन्तु उसका हिन्दी आलोचना में विवेचन हुआ ही नहीं। 'एक अनपढ़ कहानी' एक निरक्षर ग्रामीण की स्त्री के साक्षर और सक्षम होने की दास्तान है। यह वैसे तो बिहार के मधुबनी जनपद की पिछड़ी जाति से आने वाली सुशीला राय की आत्मकथा है, पर उन्होंने इसे कहानी के रूप में लिखा है और इस बोलती कहानी

में लेखिका ने अपना नाम उर्मिला कर लिया है। सुशीला ने कभी स्कूल का मुँह नहीं देखा। चौबीस वर्ष की उम्र तक वे निरक्षर रहीं। उसी समय परिवार द्वारा उपेक्षित होने पर उन्हें अपनी निरक्षरता का एहसास हुआ और वह इतना तीव्र था कि गाँव के एक लड़के से उन्होंने ककरहा सीखना शुरू किया। पढ़ने की ललक इतनी थी कि खेती, घर-परिवार और रसोई के कामों से छुट्टी पाने पर रात-रात कैरोसीन तेल जलाकर दीये की रोशनी में उन्होंने पढ़ाई जारी रखी। रात में कैरोसीन जलाने के लिए उन्हें सास की डाँट भी सुननी पड़ती। पढ़ना सीख लेने और पति बालेश्वर राय द्वारा कोलकाता बुलाये जाने पर सुशीला ने अपने जीवन की पहली किताब 'आलो आंधारि' पढ़ी। उसे पढ़ने के बाद उन्हें लगा कि बेबी हालदार की तरह वे भी अपनी कहानी लिख सकती हैं। फिर क्या था? उन्होंने रोज़ कुछ पृष्ठ लिखने शुरू किये और 'एक अनपढ़ कहानी' की पाण्डुलिपि बन गयी जिसे रोशनाई प्रकाशन के प्रकाशक संजय भारती ने सहर्ष छाप भी दिया। अपने प्रकाशकीय वक्तव्य में संजय ने लिखा है कि सुशीला के लेखक होने का सूत्र कहीं तसलीमा नसरीन और बेबी हालदार से जुड़ता है। इसे एक यात्रा भी कह सकते हैं जो तसलीमा, बेबी से होती हुई सुशीला राय तक चलती है। बेबी हालदार तसलीमा की 'आमार मेयेबेला' (मेरे बचपन के दिन) पढ़ने के बाद 'आलो आंधारी' लिखने की ओर प्रेरित हुई थीं। इस तरह तसलीमा, बेबी और सुशीला की यात्रा में एक धारावाहिकता भी है। लेकिन यह भी सही है कि बेबी को लिखने के लिए 'तातुश' (प्रबोध कुमार) ने उत्साहित किया तो सुशीला को रमेश बाबू (अशोक सेकसरिया) ने। थोड़ी-सी अनुकूलता पाने पर बेबी-सुशीला की न जाने कितनी कहानियाँ सामने आ सकती हैं। हाँ, निष्ठा ज़रूर होनी चाहिए। इसी निष्ठा, लगन और धीरज का ही प्रतिफल है 'एक अनपढ़ कहानी'। इस शीर्षक में ही ध्वन्यात्मक निवेदन है कि इसे पढ़ा जाये और इसे पढ़ते हुए हम पाते हैं कि सुशीला ने कितनी-कितनी यातनाएँ-प्रताड़नाएँ सही हैं। कहना न होगा कि जो यातनाएँ सुशीला ने सही हैं, वे प्रायः भारतीय ग्रामीण स्त्रियाँ सहती हैं। प्रकारान्तर से सुशीला की मार्मिक कहानी इस उपमहाद्वीप की अनेक निरक्षर ग्रामीण स्त्रियों के संघर्ष की गाथा भी है। 'एक अनपढ़ कहानी' में लेखिका ने बताया है कि काली होने और विवाह के दस वर्षों बाद तक बच्चा न होने (बाँझ होने) के कारण उसका जीवन किस कदर अभिशप्त हो गया था। सुशीला के यातना-भरे दिन की बानगी देखें, 'विवाह से लेकर अभी तक ससुराल वालों ने मुझे इतना बदनाम कर दिया गया है कि सुन्दर नहीं है, ख़राब है और मुझे बच्चा नहीं हो रहा।' पति ने सुशीला को भी अन्यत्र शादी करने का प्रस्ताव दिया पर सुशीला ने साफ़ कर दिया, 'मरूँगी यहीं, जीऊँगी यहीं।' लेखिका ने पति से, ससुराल वालों से बार-बार प्रार्थना की कि उसे डॉक्टर को दिखाया जाये कि वह गर्भ धारण क्यों नहीं कर पा

रही है? उसकी प्रार्थना पर किसी ने ध्यान नहीं दिया। बाद में रमेश बाबू की पहल पर सुसराल वालों (देवर) ने सुशीला को डॉक्टर को जब दिखाया तो पता चला कि वह बाँझ नहीं है, हाँ, एक छोटा-सा ऑपरेशन कराना होगा। इलाज के बाद सुशीला माँ बनीं। दोबारा माँ बनी। अभी उनका बड़ा बेटा रवीन्द्र कुमार कोलकाता में अंग्रेज़ी से बी.ए. ऑनर्स लेकर पढ़ रहा है और छोटा अवनीन्द्र दसवीं का विद्यार्थी है। सुशीला कोलकाता में पिछले चौदह वर्षों से पति व बच्चों के साथ रह रही हैं। सुशीला ने आत्मकथा में लिखा है, 'मैंने भारी से भारी दुख और कष्ट के बीच भी हिम्मत नहीं हारी। ससुराल में दिन-रात खटती। सास-ससुर की सेवा करती पर जब कभी बीमार या कमज़ोर पड़ती, कोई भी मदद नहीं करता।' कष्टमय जीवन से हार मानने की बजाय सुशीला ने उससे लड़ने का फ़ैसला किया और उस लड़ाई के लिए पढ़ाई को हथियार बनाया। जल्द ही उन्हें बोध हो गया कि पढ़ना लड़ना है। पढ़ना आगे बढ़ना है। उन्हें यह बोध होते भी वक़्त नहीं लगा कि एक स्त्री जब साक्षर-शिक्षित होने लगती है तो सक्षम-समर्थ भी होने लगती है। 'एक अनपढ़ कहानी' में सुशीला के जीवन में आये लोगों का भी वर्णन है। गाँव और पात्रों के नाम ज़रूर बदल दिये गये हैं पर घटनाएँ जस की तस दर्ज हैं। पुस्तक में मार्मिक प्रसंग कई हैं; जैसे—बैडमिंटन टूट जाने पर पति के बेतरह नाराज़ होने का प्रसंग, कोलकाता के एक स्कूल में गार्जियन मीटिंग में अंग्रेज़ी में दस्तख़त न कर पाने की लेखिका की लाचारी का प्रसंग, निरक्षर रहने के समय रमेश बाबू की चिट्ठी को बार-बार सुनने की इच्छा का जागना जिसमें सब कुछ ठीक होने की दुआ की गयी थी। पुस्तक में बिहार के गाँव का जीवन है तो कोलकाता महानगर का जीवन भी। इसमें यह भी पता चलता है कि एक गँवई स्त्री महानगर को किस दृष्टि से देखती है। गाँव की सरलता और सादगी पुस्तक में भी है। सुशीला राय ने अपनी अब तक की पूरी कथा सिलसिलेवार ढंग से सरल-सुबोध भाषा में कही है। ऐसी भाषा में कथा कह पाना बड़े और उच्च शिक्षित लोगों के लिए भी कठिन चुनौती है।

आत्मकथाएँ, आत्महत्याएँ और 'अपनी ख़बर'

प्रकाश उदय

आत्मकथा की, उसके आत्मकथा होने के चलते, दो बुनियादी क़िस्म की शर्तें हैं। एक, कि वह अपनी हो; दूसरी, कि कथा हो। इन दोनों शर्तों के साथ-साथ होने के चलते इन दोनों के अपने-अपने मतलब पर एक-दूसरे के मतलब का काफ़ी कुछ असर है। जैसे, कथा के साथ होने के चलते अपनी का मतलब 'अपनों की' भी है क्योंकि कथा एक की नहीं होती, एक की व्यथा होती है, जिसके बारे में हिदायत है कि 'मन ही राखो गोय'। व्यथा भी, कथा अगर होती है तो अनेक की होकर ही, आत्मकथा के मामले में 'अनेक अपनों' की होकर। अपनी कथा, आत्मकथा, के इन अनेक अपनों में कम 'अपने' दोस्तों की तुलना में, अधिक 'अपने' दुश्मन, ज़ाहिर है कि ज़्यादा जगह पायेंगे क्योंकि यहाँ मतलब किसी के दोस्त या दुश्मन होने से उतना नहीं जितना उसके 'अपना' होने से है। इसी तरह, जो कथा है, अपने आप में जो एक प्रकार का 'झूठा सच' हुआ करती है, वह अपनी कथा होकर अक्सर एक प्रकार के 'सच्चे झूठ' में पलट जाती है। यह अगर सच है तो निर्भ्रान्त रूप से इसका एक मतलब यह भी है कि कथा अगर झूठ के रास्ते सच तक तो आत्मकथा सच के रास्ते झूठ तक पहुँचाती है, या कम-से-कम, पहुँचा सकती है। इस मत या मतलब के इस-उस दोनों तरफ़ चलने की पर्याप्त जगह है, लेकिन यहाँ कहना केवल यह है कि अपने देश में अर्से तक आत्मकथा के प्रति एक अरुचि-सी जो रही है, सम्भव है कि उसकी एक वजह यह भी हो—इस विधा में निहित 'सच के सहारे झूठ के निष्पादन' की अथोर ताकत। वैसे, झूठ तो किसी भी विधा, किसी भी कला—माध्यम से परोसा जा सकता है, लेकिन उसके सच होने के दावे के साथ तो शायद आत्मकथा में ही। हालाँकि, आत्मकथाएँ यही करती हैं, यह कहना मुनासिब नहीं है, वे यही नहीं भी करती हैं और, और-और बहुत कुछ तो करती-ही-करती हैं। ठीक है कि झूठ कथा—विधाओं की एक ज़रूरी ज़रूरत है, लेकिन आत्मकथा को वह बिना किसी अतिरिक्त कोशिश के भी हासिल हो सकता है। उस झूठ को वे वजहें भी हासिल करा सकती हैं जो आत्मकथा लिखने को प्रेरित करती हैं, वह

देर और दूरी भी, जो आत्मकथा के घटनकाल और कहनकाल के बीच हुआ करती है। इस ज़िम्मेदारी को कुछ-न-कुछ तो आत्मकथा के अधूरे होने की विधागत नियति भी निभाती है। यह जो आत्मकथा में कथा का 'अर्द्ध कथानक' या 'अर्द्ध कथा' हो जाना है, सो, कहने की ज़रूरत नहीं शायद कि कथा के 'अपनी कथा' होने के चलते। बहुत सम्भव है कि अपने आधे-अधूरेपन की वजह से भी सम्पूर्णता और समग्रता के आग्रही संस्कृति वाले इस देश में यह विधा उपेक्षित रह गयी हो। वैसे, इसकी असली वजह यह बताई जाती है कि धर्म या जाति या समाज की तुलना में अपने यहाँ व्यक्ति का महत्त्व नहीं या बहुत कम रहा है। कि व्यक्ति के दबे होने ने ही यहाँ आत्मकथा को उभरने नहीं दिया। चाहें तो थोड़े गौरव भरे अन्दाज़ में यह भी कह सकते हैं कि हम अपने मुँह अपनी करनी के बखान में विश्वास रखने वालों में नहीं रहे हैं, हमारी कोशिश अपने को जानने की रही है, जताने की नहीं, और सबसे बड़ी बात है कि हम अपने से अलग किसी को मानते, कुछ परायों की पहचान कर पाते तब तो अपनी और अपनों की कथा कह पाते! जिन्हें दुनिया को व्यक्ति और समाज में बाँटने आता है उन्हें यह भी नहीं भूलना चाहिए कि हमारी आदत तो आत्मकथा ही नहीं, इतिहास लिखने की भी नहीं रही है। ज़ाहिर है कि जहाँ इन्हें लिखने की लत लगी रही है वहाँ व्यक्ति और समाज का जैसा बँटवारा है, जैसे रिश्ते हैं उनके, वैसा हमारे यहाँ नहीं रहा है। हो सकता है कि आत्मकथा या इतिहास-लेखन के हमारे तरीक़े ही कुछ और हों। हमारी रचनाओं में आत्माभिव्यक्ति हो ही नहीं या हमारे रचनाकारों ने अपने बारे में कुछ कहा ही न हो ऐसा तो नहीं है, आख्यान और आख्यायिका की अवधारणा भी रही है, लेकिन इसे छोड़ भी दें तो अपने तई एक अद्‌भुत आत्मकथा हमने रच रखी है, जिसे आमतौर पर 'रामकथा' के नाम से जाना जाता है। अनायास नहीं है शायद कि आत्मकथा का एक नाम 'रामकहानी' भी है और हमन-अपन का एक सर्वनाम जैसा नाम 'अपने राम' भी है। बहरहाल, आत्मकथा बनाम रामकथा का यह पूरा मामला विद्‌वज्जन के सामने, विचारार्थ प्रस्तावित मात्र करते हुए अपनी तरफ़ से यहाँ इतना भर कहना है कि ऐसा भी नहीं है कि रामकथा के रूप में एक देश-काल-निरपेक्ष-सी आत्मकथा रचकर हम निश्चिन्त हो गये हों। ज़रूरी फेर-बदल के साथ उसे हम बार-बार और बराबर रचते रहे हैं—साहित्य की अपनी लिखित और वाचिक परम्परा में भी। ज़रूरी नहीं की हमारी ये रामकथाएँ ठीक उसी तरह की आत्मकथाएँ हो जिस तरह की पश्चिम वाली या पश्चिम की देखा-देखी वाली हुआ करती हैं और यह भी ज़रूरी नहीं कि वह हमेशा किसी 'रामचरितमानस' या 'राम चन्द्रिका' या 'राम की शक्तिपूजा' या 'अपने-अपने राम' जैसे रामधारी नामों के साथ ही सामने आयी हो, वह 'अपनी ख़बर' जैसे निहायत रामरहित नाम से भी अपनी पहचान बनाती रही है।

बेशक, यह एक संयोग ही है कि 'अपनी ख़बर' का लेखक रामलीलाओं में काम करता रहा है, रामकथा उसकी रोज़ी, रोज़मर्रे से जुड़ी रही है और इस नाते रामचर्चा इस किताब में कई तरफ़ से, कई तरह से है, लेकिन इस किताब के पहले खण्ड, 'दिग्दर्शन' को लेखक ने तुलसीदास से जो लिखवाया है या उनके साथ मिलकर जो लिखा है, सो संयोगवश नहीं, बहुत सोच-समझकर, ज़रूरी जानकर। तुलसी के विनय के एक पद के इस प्रसन्न गद्यान्तर को प्रारम्भ में ही प्रस्तुत कर उग्र ने एक तरह से रामकहानी लिखने की अपनी योग्यता को, उसके अधिकारी होने को प्रमाणित कर दिया है। दरअसल अपने को, अपनों को भी, जानने का, जताने भर जानने का दुर्दम्य दम्भ किसी भी आत्मकथाकार में सहज सम्भव है। खुद उग्र जी ने, संस्मरण लिखने के आग्रह पर, न लिखने के कारण के रूप में अपने इस दावे को सामने कर दिया कि उनके लिख देने से कइयों के बारे में वह सत्य प्रकट हो जायेगा जिससे उनके यश और जीवन का चिराग लुप्-लुप् करने लगे। ऐसे में, अपने न लिखने के निर्णय को पलटने के लिए ज़रूरी था शायद कि पहले वे पूरी विनम्रता के साथ, सत्य को जानने के अपने दावे को बाकायदा ख़ारिज करें और उन्होंने यही किया भी, बजरिए तुलसीदास वे कहते हैं—"मैंने क्या नहीं किया? किस-किस दर की ठोकरें नहीं खायीं? किस-किसके आगे मस्तक नहीं झुकाया? मेरे राम! आपको न पहचानने के सबब जब 'जनमि-जनमि जग दुख दसहू दिसि पायो'।" इस तरह तुलसी के सुर में शब्द मिलाकर उग्र जी ने सम्भवतः साहित्य की उस भारतीय समझ को भी प्रकट किया है जिसके तहत कुछ भी नया नहीं है, जो कहा जा रहा है वह कहा जा चुका है, और जो कहा जा चुका है वही कहा जा रहा है, यानी पुराना भी कुछ नहीं है। जो उग्र-बीती है, तुलसी-बीती भी वही थी, जो तुलसी-बीती थी उग्र-बीती भी उससे अलग नहीं। वही, अपने राम को न पहचान पाने और उसके चलते लालच में ललचाने के सिवाय 'नाथ हाथ कछु नहीं लग्यो' का किस्सा उधर भी था, इधर भी है। उस किस्से को उधर तुलसी ने गा दिया तो इधर उग्र के भी गा देने में हरज नहीं कोई। वैसे अपनी ख़बर लेने या देने के पहले, शुरुआत में ही, ख़ुद को ही ख़ूब-ख़ूब खरी-खोटी सुनाकर, आगे औरों को भी पर्याप्त सुना सकने की छूट लहा लेने की चालाकी तो ख़ैर, इसमें है ही है।

'अपनी ख़बर', हम सबको ख़बर है कि हिन्दी में विधा के रूप में आत्मकथा की एक अपनी पहचान रचने वाली रचनाओं में से है। वह पहचान क्या है, कैसी है और कैसे है, अपनी कोशिश, थोड़ी-बहुत उसी को समझने की ही। इसलिए भी कि इधर बीच आत्मकथाएँ और उन्हें लेकर चिन्ताएँ और चर्चाएँ प्रायः उफान पर हैं। 'प्रति' आत्मकथाएँ और 'पूरक' आत्मकथाएँ भी सुगबुगाने लगी हैं। हो सकता है कि यहाँ यह याद दिलाना अनुचित हो, लेकिन यह भी हो सकता है कि यहीं यह

याद दिलाना अधिक उचित हो, कि अपने यहाँ, सम्प्रति, आत्महत्याएँ भी उफान पर हैं। पता नहीं, आत्मकथा और आत्महत्या के बीच कुछ है भी या नहीं, लेकिन अगर है, लाग या लगाव जैसा कुछ भी, अगर अपने को 'कथने' में अपने को 'वधने' की जगह ले सकने-जैसी कोई कुव्वत है, आत्मकथाओं में अगर आतंकवादी क़िस्म की प्रवृत्तियों की भी थोड़ी-बहुत खपत सम्भव है, या उन्हें खर्च कर हल्के हो लेने जैसी कोई जुगत मौजूद है तो इस पर, बेशक अलग से, एक विस्तृत वार्ता छिड़नी चाहिए। यहाँ कहना केवल यही है कि ऐसी किसी वार्ता को छेड़ने में 'अपनी ख़बर' की भी एक भूमिका बनती है। अनायास नहीं है कि इसके लेखक ने 'ख़बर लेने' जैसे एक हिंस्रप्राय मुहावरे को अपनी तरफ़ मुख़ातिब किया है। खुद की ख़बर देना, खुद को खुद की ख़बर लेने के धमकी-भरे अन्दाज़ में, और यह जाने रखना कि इस सिलसिले में मरने-मारने पर आमादा हो जाने वाले भी पर्याप्त होंगे और ऐसे आमादा लोगों का हो भी जाना, तब भी, अब भी, साहित्य के भीतर भी, बाहर भी—ये और ऐसी तमाम बातें इस विधा की कुछ साहित्येतर पाठ-प्रविधियों, चर्चा-परिचर्चाओं की भी ज़रूरत की तरफ़ संकेत करती हैं। मुश्किल यह है कि साहित्य मात्र पर बतियाने के इतने साहित्येतर तरीक़े हमने आजकल अख्तियार कर रखे हैं कि आत्मकथा के लिए अलग से उनके इस्तेमाल की बात करते हुए ज़रूरी लगने लगता है यह भी कह रखना कि जैसे यह सच है कि उग्र या उनके भाई या उनकी माई या बच्चा महाराज जैसे लोग सिर्फ़ 'अपनी ख़बर' नामक किसी किताब के पन्नों में पसरे हुए लोग नहीं हैं, उसके बाहर भी इस देश-काल के वे हिस्से हैं, उसी तरह यह भी सच है कि वे इस कृति के पात्र भी पर्याप्त हैं।

जिस बेबाकी, साफ़गोई, खुलेपन को आत्मकथा के लिए तय-रा कर लिया गया है, अच्छी बात यह है कि वह 'अपनी ख़बर' की अपनी नहीं, उसमें उग्र से होकर आयी हुई चीज़ है। ऐसे न आए तो आत्मकथाओं में तो कम-से-कम, वह नहीं ही आये तो बेहतर। एक सच यह भी है कि जिसे हम उग्र की आत्मकथा कहते हैं वह उनके कुछ संस्मरणों के गुँथने से बनी हुई कृति है। इस तरह वह कथा, जीवन की तरह अप्रतिहत नहीं होने के चलते भी है। इसका एक महत्त्वपूर्णा मतलब यह भी है कि इस आत्मकथा को आत्मकथा लिखते हुए नहीं लिखा गया है। इसमें शामिल संस्मरणों का नायकत्व चुनार, बनारस और कलकत्ता जैसी अलग-अलग जगहों, फिर कुछ अलग-अलग लोगों ने सँभाल रखा है और कुल मिलाकर उग्र की आत्मकथा यह इसलिए है कि एक तो उग्र उन तमाम जगहों और लोगों से जुड़े हैं, और जो तुड़े-मुड़े हैं वे भी उन्हीं के तोड़े-मोड़े, और दूसरे कि जैसी जगहें और जैसे लोग वे हैं वैसी जगहें और वैसे लोग वे उग्र के ही बताये-मुताबिक़ हैं वरना तो पता नहीं कि कैसी जगहें और कैसे लोग वे हैं! वैसे, इस आत्मकथा की जान जो लोग हैं—उनके

बड़े भाई या उनकी आई या मँझले भाई या भाभी या पिता या टुटवा साहब या महन्त भागवतदास या शृंगारी जी या कुठारी जी या भण्डारी जी या राममनोहरदास या भानुप्रताप तिवारी या बच्चा महाराज या निराली ब्यूटी वाली वह कमल-लोचना सतरह वर्षीया जिसे बारह वर्षीया उग्र दिल दे बैठे और उसकी हत्याकोटिक दारुण मृत्यु के बाद भी ताउम्र उसी को दिये रहे—वे सभी वे लोग हैं जिनके बारे में उग्र जी के बिना बताये हमें कतई कुछ पता लगना नहीं था। उग्र उन्हें उनके तमाम धूल-धब्बों के साथ ले आये हैं और नहीं कह सकते कि उन धूल-धब्बों को उन्होंने हटाया-धोया नहीं है, उनकी चमक-दमक से हमें नावाक़िफ़ नहीं रखा है या उन्हें उनके आस-पास से काट-छाँटकर नहीं पेश किया है। ये वे लोग हैं जिनकी निठुराई और निरीहता, जिनके समर्पण और संघर्ष, जिनके पाखण्ड और पाण्डित्य, जिनकी दुष्टता और दयालुता, जिनकी पस्ती और मस्ती में प्रबल प्रतापी पाण्डेय बेचन शर्मा उग्र कहीं अलोप-से रह जाते हैं। लेखक की सफलता भी शायद उनके सामने खुद को अलोप रहने देने में ही है। उग्र उनके भीतर से बाहर झाँकते दिखते हैं, वे नहीं उग्र के भीतर से झाँकते। लेकिन जिन्हें हम और-और जरियों से भी कुछ-न-कुछ जानते हैं, जैसे—लाला भगवान दीन या पं. बाबूराव विष्णु पराड़कर या बाबू शिवप्रसाद गुप्त या पं. कमलापति त्रिपाठी—उनके बारे में उग्र जी बताते हैं तो अक्सर , जिनके बारे में वे बताते हैं, उनके बारे में जितना हम जान पाते हैं, खुद उग्र जी के बारे में उससे ज़्यादा जान लेते हैं। वे जैसे उग्र के भीतर से प्रकट होते हैं। उग्र अपने बताने से उनके बारे में हमारे जाने हुए को पूरा नहीं करते, हाँ, हम अगर अपने जाने हुए को पूरा समझते हैं तो उसे अधूरा ज़रूर कर देते हैं। हमें अपने ज्ञान या ज्ञात को मुकम्मल नहीं समझने देने में ही शायद उनकी सफलता है। वे मानकर चलते हैं कि कुछ भी को ज्यों-का-त्यों दिखाने वाला अन्धा दर्पण वे नहीं हैं, देखते हुए दिखा सकने वाले दर्पण वे हैं। जिस पं. कमलापति त्रिपाठी से सम्बन्धित संस्मरण को लेकर उग्र की तीखी आलोचना हुई, उसमें भी वे जाने किस कौशल से यह ख़ूबी पैदा करते हैं कि कमलापति जी के बारे में उनकी बातचीत का अच्छा-बुरा कुछ भी, कमलापति जी के खाते में उतना नहीं जाता जितना उनके खुद के खाते में आ जाता है। निशाना चाहे जिस पर साधा जाये, निशाने पर वस्तुतः खुद बने रहना, हो सकता है कि इस इस आत्मकथा के निजी रचना-कौशल का हिस्सा हो। इसी कौशल के नाते यह इन-उन जाने किन-किन की होने के बावजूद मूलतः 'अपनी' ख़बर है।

हालाँकि मूलतः तो यह एक प्रेमकथा है। सतरह वर्षीया एक विवाहिता से, जो दर्शकों की कतार में थी, मंच पर सीता बने बैठे एक बारह वर्षीय बालक की प्रेमक. था। जब तक विवाहिता को इस प्रेम की ख़बर लगती तब तक उसकी जीवनलीला, रामलीला करने वालों की कामलीला की बलि चढ़ चुकी थी। यह उसी प्रेम के सहारे

अविवाहित रह गये उस बालक के साठवें वर्ष में रची गयी, प्रेम की स्मृति-गाथा है। इस तरह यह सीता के विरह में ही बीत गये राम की कथा है। इस तरह यह पुरुष-पराक्रम की सदा शिकार होती आयी सीता की कथा है। वैसे, कोई चाहे तो साहित्य में दलित-विमर्श की सर्वाधिक सशक्त आधार बनी आत्मकथाओं में अपनी ख़बर को भी शामिल कर ले। उग्र ने ब्राह्मण जाति मात्र की जैसी सनसनीखेज ख़बर लेते हुए इसमें ख़ुद को दलित मान लिए जाने की वकालत की है उसे देखते हुए यह असम्भव नहीं है, लेकिन जिस ब्राह्मण-दर्प के साथ वे यह घोषित करते हैं कि "मैं निस्संकोच शूद्र हूँ और ब्राह्मणों के घर में पैदा होने के सबब साधारण नहीं, असाधारण शूद्र हूँ" उसे देखते हुए यह सम्भव भी नहीं। इस तरह यह न इस, न उस, किसी घाट नहीं लगते हुए ही सम्भवतः सर्वाधिक सशक्त आत्मकथाओं में से एक है। इसलिए कि असल में यह कोई आत्मकथा नहीं है, हिन्दुस्तान की जंगे-आज़ादी की एक क्रान्तिकथा है। एक ऐसी क्रान्तिकथा जिसके नायक ने अपनी तूफ़ानी रचनाओं से तहलका मचा दिया, जेल गया, तरह-तरह के दुख झेले लेकिन जो किसी डायरेक्ट ऐक्शन के लिए बनारस से इलाहाबाद के लिए चला और मारे डर के, जाने कितने बेशर्म बहाने बनाते हुए साथियों को छोड़कर बीच ही से भाग आया। इस हिम्मत छोड़कर भाग आने की कथा कहने के लिए जितनी हिम्मत चाहिए उतनी हिम्मत के साथ होकर यह आत्मकथा के ढंग-ढर्रे को तय करने वाली आत्मकथाओं में से एक है—'अपनी ख़बर'।

दुखद यह है कि हमारे अख़बारी और तमाम ख़बरिया चैनल वाले ख़बरदारों में 'अपनी ख़बर' की कोई क़द्र नहीं है, उसकी ख़बर भी पता नहीं उन्हें है कि नहीं।

जीवनी-लेखन : परम्परा एवं चुनौतियाँ

भारती गोरे

जब भी किसी विशिष्ट व्यक्ति की जीवन-कहानी कोई अन्य व्यक्ति लिखता है, तब वही जिन्दा कहानी 'जीवनी' कहलाती है। स्पष्ट है, लिखनेवाला वर्ण्य व्यक्तित्व से अत्यधिक प्रभावित होता है तथा उसकी योग्यता को कालातीत जानकर उसे अधिक-से-अधिक लोगों तक प्रचारित करना चाहता है। इस लेखन के मूल में 'स्वांतःसुखाय' एवं लोकहिताय दोनों ही उद्‌देश्य विद्यमान होते हैं। किसी से प्रभावित होना तथा उस प्रभाव को उद्‌घाटित करना, मानव की सहज स्वाभाविक प्रवृत्ति है। जीवनी लेखन के मूल में यह प्रवृत्ति कार्यरत रहती है वहीं दूसरी ओर विशिष्ट व्यक्ति के विषय में जानने की इच्छा जीवनी-पाठक के हृदय में विद्यमान होती है। इस इच्छा की पूर्ति जीवनी करती है अर्थात् जीवनी के लेखन तथा पठन दोनों ही के मूल में सहज मानवीय प्रवृत्ति ही कार्यान्वित होती है।

जीवनी विधा का आरम्भ-बिन्दु सामान्यतः आधुनिक युग में तलाशा जाता है। इसे गद्य विधा मानते हुए भारतेन्दु युग में जीवनी-लेखन का आरम्भिक रूप ढूँढ़ा जाता है किन्तु जिस विधा की सर्जना तथा स्वीकार के मूल में मानव की सहजवृत्तियाँ विद्यमान हों, वह विधा मात्र सौ-सवा सौ साल पुरानी नहीं हो सकती। निःसन्देह अपने नामकरण से भी पहले जीवनी विधा साहित्य में न केवल प्रचलित थी बल्कि जनसामान्य में अत्यन्त प्रिय तथा मार्गदर्शक भी थी। यह बात दीगर है कि उस समय जीवनी-लेखन आधुनिक युग में निर्धारित तत्त्वों का अनुसरण नहीं करता था ना हीं प्रामाणिकता की कसौटी पर शत-प्रतिशत खरा उतरता था। इसके कई कारण हैं। हर युग में ऐसे प्रभावशाली व्यक्तियों का आविर्भाव हुआ है जिनके बारे में लिखना, जिनके विषय में जानना रुचि तथा उत्सुकता का विषय रहा है। बात चाहे आदिकाल की हो या भक्तिकाल की या फिर रीतिकाल या आधुनिक काल की, हर युग में उन व्यक्तियों का चरित लिखा, बताया गया है जो सत्तासीन या लोक-हृदयासीन रहे हैं। किसी न किसी राजा, सन्त या साहित्यिक के जीवन चरित्र की महिमा का गान हर युग में गाया गया है। किन्तु समय के हर पड़ाव पर

जीवन-चरित लिखने में बहुत-सी चुनौतियों का सामना करना पड़ा है। परिणामतः इनकी विशुद्धता पर समय-समय पर कई सारे प्रश्नचिन्ह लगाये गये। आदिकाल में लिखे गये जीवन-चरित्र मुख्यतः भाटों द्वारा रचे गये थे। स्तुतिगान करने के मूल में धनाकांक्षा का निहित होना, अतिशयोक्ति का अतिमात्रा में प्रयोग करना आदि के कारण चरित्र-लेखन ऐतिहासिकता एवं काल्पनिकता के बीच झूलता नज़र आता है। लगभग सारा रासो साहित्य इसके उदाहरणस्वरूप देखा जा सकता है। तत्कालीन युग में राजदरबार में नियुक्त भाटों द्वारा आश्रयदाता राजा की वंशावली का लेखन सम्बन्धित कुल के सम्पूर्ण वंश की जानकारी प्रदान करता था किन्तु अतिरंजनापूर्ण पद्धति से चमत्कृत कर देना ऐसे लेखन का स्वभाव बन चुका था। ऐसे लेखन ने स्तुति-पाठक को तो मालामाल किया था लेकिन साहित्य के क्षेत्र में जीवन-चरित लेखन के साथ न्याय नहीं हो पाया था।

भक्तिकाल में जीवन-चरित्र लेखन के साथ एक और अवरोध उभर आया। भक्तिकालीन राजा, सन्त या साहित्यिक जनसामान्य के हृदय पर राज अवश्य करते थे लेकिन उनमें, विशेषतः सन्तों और साहित्यिकारों में, लोकोन्मुखता नहीं के बराबर रही। अतः अन्तःसाक्ष्य से उनके जीवन के विषय में प्रामाणिक जानकारी मिलना बड़ा दुष्कर था। इससे भी अधिक विचित्र बात यह कि आत्मग्लानि के कारण कई बार इन लोगों ने अपने विषय में कुछ ऐसी बातें कहीं, जो जीवन-चरित लेखन को दिग्भ्रमित करती थीं, जैसे—तुलसी का स्वयं को मंगल कुल का कहना। इस अतिशय विनम्रता, हीनताबोध तथा आत्मग्लानि के परिणामस्वरूप चरित्र लेखन सटीक नहीं हो पाया। भगवानशरण भारद्वाज इस सन्दर्भ में अपनी पुस्तक 'हिन्दी जीवनी साहित्य: सिद्धान्त और अध्ययन' में कहते हैं—"अपने-आप को कम-से-कम उजागर करने, अपने विषय में काफ़ी कृपणता बरतने और लोकदृष्टि से हमेशा ओझल रहने की हमारी मानसिकता ने हमारे जीवनी साहित्य के प्राण तत्त्व को सोख लिया।"

नाभादास की 'भक्तिमाल' जैसी रचना ने जीवनी के अधिकतर उद्देश्य साधते हुए सन्तों-भक्तों का ऐसा चरित-लेखन किया जिससे जनसामान्य को न केवल प्रेरणा मिली बल्कि लोक मंगल भी साध्य हुआ किन्तु इसमें भी वन्दनीय चरित्रों के प्रति नतमस्तक होने का भाव ही अधिक मात्रा में झाँकता है। परिणामतः नाभादास 'भक्तमाल' में सौ फ़ीसदी तटस्थ नहीं दिखाई देते। सन्तों के प्रति अपने मन में स्थित श्रद्धा भाव को वे छुपा नहीं पाये। नाभादास के 'भक्तमाल' पर प्रियादास की लिखी हुई टीका भी इसी दोष का शिकार रही। जीवन-चरित लेखन के क्रम में प्रकाशित कई ग्रन्थ कमोबेश मात्रा में इसी प्रकार के रहे हैं। परचई-लेखन परम्परा का उल्लेख यहाँ अनिवार्यतः करना होगा। कबीर, रैदास, मलूकदास, नामदेव जैसे सन्तों, कवियों की परछाइयाँ उनमें स्थित अत्यधिक आदर भाव के कारण प्रामाणिकता की कसौटी

पर खरी नहीं उतर पातीं। हिन्दी में लिखित वार्ता-साहित्य के साथ भी यही बात लागू होती है। लेखकों की श्रद्धा भावना एवं महापुरुषों की विनय भावना ने चरित्र-लेखन को तटस्थता एवं वास्तविक से दूर रखा। चरित्र-लेखन की विडम्बना मात्र यहीं तक सीमित नहीं बल्कि लेखकों के श्रद्धा भाव ने कई कपोलकल्पित किंवदन्तियाँ रचकर ईमानदार चरित-लेखन की आगामी सम्भावनाओं को भी धूमिल कर दिया।

रीतिकाल में चरित-लेखन पुनः आदिकालीन चरित-लेखन की तर्ज पर सामने आता है। अपने आश्रयदाता राजा का अलंकार प्रधान और अतिशयोक्तियुक्त वर्णन चरित-लेखन को पुनः दोषपूर्ण बना गया। केशव के 'वीरसिंह देव चरित' से लेकर भूषण के 'छत्रसाल दशक' तक कवियों एवं लेखकों में चाटुकारिता की दस्तक सुनाई देती है। अतः जीवनी के मानक पर उपरोक्त कृतियाँ पूरी तरह खरी नहीं उतर पायीं।

आधुनिक युग में गद्य का आविर्भाव हुआ। लेखन में पद्यात्मकता के साथ-साथ गद्यात्मकता का समावेश होने लगा। नये-नये यन्त्रों—उपकरणों की खोजों के कारण जीवन सुलभ होने लगा। पश्चिम के लोगों के साथ-साथ वहाँ के साहित्य-रूप भी हमारी जीवन कक्षाओं में प्रवेश पा गये। 'जीवनी' का एक विधा के रूप में बाक़ायदा परिचय इसी दौर में हुआ। सामान्य जन से भिन्न विशिष्ट लोगों को लेकर लिखने, बोलने, जानने की स्वाभाविक वृत्ति से परिचालित यह आदिम साहित्य-रूप नये कलेवर के साथ अवतरित हुआ। अब अतिरंजना, अतिश्रद्धा, अतिविनय के बीच ऐतिहासिकता के खो जाने की सम्भावना को भाँपकर उसे बनाये रखने हेतु विशेष प्रयास किये जाने लगे। जीवन-चरित लिखने का अर्थ केवल गुणगान करने तक सीमित नहीं इस बात का एहसास दिलाया जाने लगा बल्कि गुणगान के सोपान को उल्लांघकर गुण-दोषों का तटस्थ विवेचन जीवन-चरित लेखन में महत्त्वपूर्ण माना जाने लगा। (वस्तुतः ऐसा जीवनी-लेखन कठिन कार्य है। अतः कितनी जीवनियों में तटस्थता का निर्वाह किया गया और वह कितनी हद तक सार्थक रहा, यह प्रश्न विचार के केन्द्र में आने लगा। इस सन्दर्भ में अलग-अलग उदाहरणों की चर्चा आलेख के आगामी भाग में यत्र-तत्र की जायेगी।) बावजूद इसके, इसमें कोई दो राय नहीं कि इसी समय से हिन्दी साहित्य में जीवनी विधा के तत्त्व गठित होने लगे।

भारतेन्दु युग में स्वयं भारतेन्दु ने शंकराचार्य, वल्लभाचार्य, सूरदास, कालिदास, रामानुजाचार्य समेत कई मुगल बादशाहों तथा अंग्रेज़ शासकों पर जीवनियाँ लिखीं। भारतेन्दु की लिखी जीवनियाँ भले ही विस्तार की दृष्टि से लघु हों, जानकारी की दृष्टि से महत्त्वपूर्ण अवश्य हैं। निबन्धनुमा जीवनियों में उन्होंने जीवनी-लेखन में त्रिभुज का महत्त्व अधोरेखित किया। उन्होंने वर्ण्य-व्यक्तित्व की प्रामाणिक विवेचना, कलात्मक विन्यास और साहित्यिकता का समावेश इन तीन बातों को एकत्रित कर इन्हें जीवनी के त्रिभुज के रूप में देखा। भारतेन्दु युग में जो जीवनी-लेखन राजभक्ति

और समाजहित को केन्द्र में रखकर किया गया वहीं द्विवेदी युग में आदर्श, मर्यादा और स्वाधीनता संग्राम का समर्थन करते लोकनायकों को जीवनी-लेखन के केन्द्र में रखा गया। 1929 में आचार्य महावीर प्रसाद द्विवेदी की लिखी 'चरित चर्चा' तथा अन्य जीवनियाँ ख़ूब सराही गयीं। रामकृष्ण परमहंस, बाबू शिशिरकुमार घोष, मौला बक्श जैसे जन नायकों का जीवन-परिचय द्विवेदीजी ने इतनी सफलता के साथ दिया कि इसमें निहित उपदेशात्मकता, जीवन-दर्शन और विचार प्रधानता ने लोकमानस को जीत लिया। इतिहास, विज्ञान, समाज, संस्कृति, राजनीति आदि क्षेत्रों के देश-विदेश में बसने वाले उन्नायकों का जीवन इस काल में लिखी जीवनियों में अंकित किया गया। स्वाधीनता संग्राम से जुड़े राष्ट्रीय आन्दोलन में आत्मविसर्जन करने वाले नायक छायावादी युग में लिखी हुई जीवनियों में छाये रहे। सम्भवतः इसी कारण इस काल में महात्मा गांधी पर सर्वाधिक जीवनियाँ लिखी गयीं। रामनरेश त्रिपाठी द्वारा लिखित 'गांधी जी कौन हैं', नरोत्तमदास लिखित 'गांधी गौरव', राम प्रसाद तिवारी द्वारा लिखित 'गांधी मीमांसा', राजेन्द्र प्रसाद द्वारा लिखित 'चम्पारण्य में महात्मा गांधी' जैसी जीवनियाँ उदाहरण स्वरूप गिनायी जा सकती हैं। इस काल में भक्त प्रह्लाद से लेकर दयानन्द सरस्वती तक कइयों पर जीवनियाँ लिखी गयीं। कार्ल मार्क्स, लेनिन, मुसोलिनी को जीवनियों के विषय बनाया गया। तुकाराम और शिवाजी छत्रपति के साथ-साथ मुस्लिम सन्तों का चरित-लेखन भी किया गया। कोई चरित छायावादी जीवनीकारों के लिए वर्जित नहीं था बशर्ते उस चरित्र में लोकनायक होने के गुण विद्यमान हो। इसके पश्चात तो जीवनी-लेखन की परम्परा चल पड़ी। समाज के सामने एक उच्चकोटि का आदर्श प्रस्थापित करने की इच्छा से प्रेरित होकर रचनाकार, लोकनायक का चरित्र खोजने लगे। निराला ने 'कुल्ली भाट' के आरम्भ में इसके संकेत दिये हैं–"बहुत दिनों की इच्छा–एक जीवन चरित लिखूँ, अभी तक पूरी नहीं हुई। चरित-नायक नहीं मिल रहा था, ठीक जिसके चरित में नायकत्व प्रधान हो" इसी आकांक्षा ने इस कालखण्ड में कई सार्थक जीवनियों को जन्म दिया। छायावादोत्तर युग हो या साठोत्तर या फिर बीसवीं सदी के अन्तिम दशक से लेकर इक्कीसवीं सदी के आरम्भिक दो दशकों तक जीवनी-लेखन अनवरत रूप से जारी है।

जीवनी-लेखन के इस विशाल फलक को देखने के बाद एक प्रश्न स्वाभाविक रूप से मन में उठता है कि इतनी अधिक मात्रा में जीवनियाँ लिखीं और पढ़ी गयीं हैं, फिर भी जीवनी विधा आज तक एक उपेक्षित कथेतर गद्य विधा क्यों बनी हुई है? क्यों जीवनी-लेखन कहानी, उपन्यास की भाँति सर्व प्रशंसित साहित्यिक कर्म नहीं माना जाता? क्यों जीवनीकार का साहित्यिक कद किसी कहानीकार, उपन्यासकार, नाटककार या निबन्धकार की भाँति ऊँचा नहीं माना जाता? कुल जीवनी-लेखन की ओर देखने का दृष्टिकोण इतना उदासीन-सा क्यों है?

उपरोक्त प्रश्नों के उत्तर में कुछेक बातों का उल्लेख अनिवार्य है। सबसे पहली बात तो यह कि, जीवनी विधा की ओर देखने का दृष्टिकोण कुछ भिन्न या दोयम है। चाहे सारस्वत समाज हो या स्वयं जीवनी-लेखक, जीवनी विधा को लेकर दोयम दर्जे का कर्म करने का भाव चेतन-अचेतन में दबा रहता है। डॉ. भगवान शरण भारद्वाज इस उदासीनता का मनोवैज्ञानिक विश्लेषण करते हुए कहते हैं—"हिन्दी के साहित्यकार के मन में कहीं-न-कहीं यह धारणा अवश्य बद्धमूल रही है कि जीवनी साहित्य का सृजन द्वितीय श्रेणी का कार्य है। इस मनोवैज्ञानिक आशंका ने हमारे साहित्य को दूर तक प्रभावित किया है। ऐसा समझा जाता है कि दूसरे को महत्त्व देना और उसके जीवन की चर्चा में डूबना साहित्यकार के 'अहं' के लिए अनुकूल, सुपाच्य और सुग्राह्य नहीं।...इस ग्रन्थि से पीड़ित होने के कारण ही कदाचित लेखनी बेझिझक होकर जीवनी साहित्य की दिशा में आगे नहीं बढ़ी।"

जीवनी-लेखन में केवल मनोवैज्ञानिक बातें ही अवरोध निर्माण नहीं कर रही हैं बल्कि जीवनी स्वतः अपने भीतर कुछ ऐसे तत्त्व सँजोये हुए है, जिनका सुव्यवस्थित अवतरण जीवनी-लेखक के लिए भी कठिन काज हो जाता है। जीवनी का गठन मुख्यतः पाँच तत्त्वों को ध्यान में रखकर किया जाता है जिनमें क्रमशः वर्ण्य-विषय चरित्र-चित्रण, वातावरण, उद्देश्य एवं भाषा-शैली का समावेश है। एक जीवनी-लेखक को इन सभी तत्त्वों पर विचार करना पड़ता है।

पहला ही मुद्दा वर्ण्य-विषय है। जीवनीकार अपना वर्ण्य-विषय अर्थात् जीवनी-नायक का चुनाव किन बातों से प्रेरित होकर करता है, इस बात पर जीवनी का भविष्य निर्धारित होता है। अधिकतर जीवनियाँ वर्ण्य-विषय के प्रति श्रद्धावनत होकर लिखी जाती हैं। सम्भवतः जीवनी लिखकर लेखक अपने समर्पण भाव को व्यक्त करना चाहता है। पत्नी द्वारा पति पर लिखी गयीं जीवनियाँ (प्रेमचन्द घर में—शिवरानी देवी, महामानव महापण्डित-कमला सांकृत्यायन, रांगेय राघव : एक अन्तरंग परिचय-सलोचना रांगेय राघव, स्मृति के झरोखे से—बिन्दु अग्रवाल, उत्सव पुरुष : श्री नरेश मेहता—महिमा मेहता, कमलेश्वर मेरे हमसफ़र—गायत्री कमलेश्वर आदि) सन्तान द्वारा पिता पर लिखी गयी जीवनियाँ (कलम का सिपाही—अमृतराय, शोभाकान्त मिश्र द्वारा लिखी नागार्जुन की जीवनी, कुमुद नागर द्वारा लिखी अमृतलाल नागर की जीवनी, रितु नन्दा द्वारा लिखित राज कपूर की जीवनी आदि), बहन या भाई द्वारा लिखी जीवनी (शान्ति जोशी कृत सुमित्रानन्दन पन्त, तेजबहादुर चौधरी कृत बड़े भाई यमशेर आदि), मित्र द्वारा मित्र पर, शिष्य द्वारा गुरु पर रची जीवनियाँ उनमें निहित श्रद्धा एवं समर्पण के लिए प्रसिद्ध हैं। जीवनी में जिस तटस्थता की उम्मीद की जाती है, उसका निर्वाह स्वभाविक रूप से बड़ा कठिन हो जाता है। 'प्रेमचन्द घर में' में शिवरानी देवी लिखती हैं—"मेरी भी इच्छा होती है कि मैं कहानी

लिखूँ हालाँकि मेरा ज्ञान नाममात्र को भी नहीं था...उनकी तरह तो क्या लिखती, मैं लिख-लिखकर फाड़ देती' इस अतिलघुता की भावना के कारण वर्ण्य-विषय के साथ न्याय करना चुनौती बन जाता है।

एक विचित्र किन्तु सत्य बात यह कि वर्ण्य-विषय को कई बार इसलिए चुना जाता है कि उसकी आड़ में अपनी भावनाओं का विरेचन किया जा सके। अंग्रेज़ी के नामी जीवनी-लेखक ऑन्डेमारिश स्पष्ट करते हैं कि महाकवि शेली को उन्होंने जीवनी के वर्ण्य-विषय के रूप में मात्र इसलिए चुना ताकि शेली के माध्यम से अपनी बात कहकर वे हल्केपन का अनुभव कर सकें।

कई बार वर्ण्य-विषय मात्र इसलिए चुना जाता है कि दिवंगत आत्मीय व्यक्ति की स्मृति को सुरक्षित रखा जा सके, तो कई बार जीवनी-नायक ऐसा भी चुना जाने की सम्भावना है जिसके माध्यम से नाम, यश, धन को कमाया-बढ़ाया जा सके। जीवनी का वर्ण्य-विषय चुनते समय श्रद्धा-समर्पण भाव, आत्माभिव्यक्ति की ललक, यशाकांक्षा, धनाकांक्षा जैसे कई पक्ष प्रत्यक्ष-अप्रत्यक्ष अवरोध बनकर उभर आते हैं। इनकी धुंध को हटाकर योग्य वर्ण्य-विषय का चयन जीवनी-लेखन के अति आरम्भिक पड़ाव पर उभर आयी पहली चुनौती है।

जीवनी-नायक के जीवन का चित्रण सम्पूर्ण तटस्थता, वैज्ञानिकता, रोचकता एवं संक्षिप्तता के साथ करना जीवनी के वर्ण्य-विषय को वास्तव तथा मुखर बनाने की दृष्टि से अत्यावश्यक है। वैसे यह बात अपने आप में टेढ़ी खीर है क्योंकि जीवनी-नायक के जीवन की वास्तविकता पर बल दिया जाये तो जीवनी कोरा इतिहास बनकर रह जायेगी और यदि रोचकता जैसे तत्त्व के समावेश के लिए कल्पना का थोड़ा बहुत भी सहारा लिया जाये तो उसे उपन्यास बनते देर नहीं लगेगी। ठीक इसी प्रकार वास्तविकता का तटस्थ और वैज्ञानिक विश्लेषण करने से जीवनी, आलोचना में परिवर्तित होने की आशंका बनी रहेगी अर्थात् जीवनी का वर्ण्य-विषय काग़ज़ पर उतारने के लिए जीवनी-लेखक को कई संकटों का सामना करना पड़ता है और इसमें जरा-सी चूक भी बड़ी भारी पड़ सकती है।

जीवनी का दूसरा तत्त्व जीवनी-लेखक के सामने एक-दूसरे ही प्रकार की चुनौती उपस्थित करता है। चरित्र-चित्रण में जीवनी-नायक का ज्यों-का-त्यों अंकन करने पर बल दिया गया है। पण्डित बनारसीदास चतुर्वेदी ने यहाँ तक कहा है कि "वही जीवन-चरित सफलतापूर्वक लिखा हुआ कहा जा सकता है जो चरित-नायक को ज्यों-का-त्यों—उसकी सजीव मूर्ति पाठकों के सम्मुख उपस्थित कर दे।" यदि इस निकष की बात करें तो अधिकांश जीवनियाँ, जो विविध कालों में विविध लोगों द्वारा रची गयी हैं, प्रश्नों के कोहरे में फँस जायेंगी। 'ज्यों-का-त्यों' चित्रण प्रत्येक बार सम्भव नहीं हो पाता। 'निराला की साहित्य-साधना' लिखने वाले रामविलास शर्मा

निराला के साथ सालों तक रहे, बावजूद इसके जब निराला के व्यक्तित्व-कृतित्व पर लेखनी चलाने लगे तो निराला के घर-परिवार, साहित्य-संसार के अनगिनत परिचितों से सहायता ले लेकर लिखते रहे, लिखे हुए का पुनर्लेखन करते रहे। पिता प्रेमचन्द पर 'कलम का सिपाही' के रूप में रचना-कर्म करने के लिए अमृतराय को बहुतेरे प्रयास करने पड़े। यह और ऐसे कई प्रयासों को यहाँ गिनाया जा सकता है किन्तु एक बात आँख-ओट नहीं कर करते कि स्वयं जीवनीकार के जीवन का अभिन्न अंग रह चुके चरित्र भी यथावत चित्रण की दृष्टि से जीवनीकार के सामने चुनौती उपस्थित करते हैं। ऐसी स्थिति में जिन लोगों से जीवनीकार कभी व्यक्तिगत रूप से परिचित नहीं रहे, उनका ज्यों-का-त्यों चित्रण कैसे उपस्थित किया जा सकता है? (सम्भवतः इसी कारण स्वामी विवेकानन्द की ज़िन्दगी का अत्यन्त मार्मिक चित्रण करती कृति 'तोड़ो' के छह खण्ड लिखने के बाद भी नरेन्द्र कोहली को उसे उपन्यास कहना पड़ता है, जीवनी नहीं।)

प्राचीन भक्तों, सन्तों, समाज-सुधारकों या शासकों पर लिखी गयीं जीवनियों में सत्य और कल्पना का अनुपात जरा भी कम अधिक हो जाये तो जीवनी इतिहास या उपन्यास विधा में गोते लगाती नज़र आती है। फिर चरित्र-चित्रण चाहे पास के या परिवार के व्यक्ति का हो या दूर देश के अपरिचित व्यक्तित्व का हो, यथावत चित्रण कभी पूर्णतः सम्भव नहीं हो पाता। जहाँ स्वयं को पहचानने में सारा जीवन बीत जाता है, वहाँ दूसरे का हूबहू चित्रण तीसरे तक पहुँचाना कैसे सम्भव है?

मूलतः जीवनी विधा के प्रिय लगने का कारण ही यह है कि वह 'दूसरों के जीवन का सत्य' उद्घाटित करती है। जैसा कि सर्वेपल्ली राधाकृष्णन कहते हैं—"किसी भी आदमी की रामकहानी, अगर वह सच्चाई से लिखी गयी हो, तो उसमें दूसरों को अवश्य दिलचस्पी होती है' यह 'सच्चाई' यदि जीवनी विधा की ताकत है तो यही जीवनी विधा की सबसे बड़ी कमज़ोरी भी है। मधुप शर्मा द्वारा लिखी गयी अभिनेत्री मीना कुमारी की जीवनी 'आख़िरी अढ़ाई दिन' में वे स्पष्ट करते हैं—'आज इस रचना को अपना कहते हुए भी मुझे संकोच हो रहा है। शब्द भले ही मैंने इकट्ठे किये हैं पर भाव और विचार मीना जी के ही हैं और काग़ज़ पर उन्हें लाते वक़्त मैंने पूरी ईमानदारी और सच्चाई से काम किया है।' बावजूद इसके विश्वनाथ सचदेव 'आख़िरी अढ़ाई दिन' को एक उम्दा उपन्यास कहते हैं—"इस उपन्यास में कितना सच है और कितनी कल्पना, यह बात उतनी मायने नहीं रखती, जितनी यह बात कि इस उपन्यास में एक विशिष्ट नारी का जीवन खुली किताब के रूप में हमारे सामने आता है।...इस उपन्यास की नब्बे प्रतिशत बातें सच हैं..." स्पष्ट है कि विश्वनाथ सचदेव की बातों से उभरा एक दुर्लक्षित तथ्य यह है कि 'नब्बे प्रतिशत सच' में केवल दस प्रतिशत भी कल्पना मिल जाये तो जीवन चरित्र उपन्यास कहलायेगा।

जीवनीकार के लिए यह अनिवार्य माना जाता है कि वह अपने चरित्र नायक को आत्मसात करे, उसके अनुभव को जी ले। यदि कल्पना का कोरापन जीवनी-नायक के व्यवस्थित सम्प्रेषण में बाधक बन रहा है तो जीवनी-लेखक अपनी छठी इन्द्री से काम ले। यह बड़ा ही कौशलपूर्ण काम है कि जीवनी-लेखक अपने सहज ज्ञान तथा अन्तःप्रेरणा के बल पर जीवनी-नायक की भूमिका में दाख़िल हो जाये तथा उसके जीवनानुभवों को पुनः जीने का प्रयास करे। स्टीफन ज्वेग, जीवनी-लेखक में इस परकाया प्रवेश की योग्यता का होना आवश्यक मानते हैं क्योंकि–"जहाँ लिखित प्रमाणों की सत्ता समाप्त हो जाती है, वहीं आन्तरिक प्रेरणा या सहज ज्ञान की सत्ता प्रारम्भ होती है और जीवनी-लेखक के लिए इसका सहारा अनहोनी बात नहीं है।"

तात्विक दृष्टि से जो सच्चाई चरित्र-चित्रण में महत्त्वपूर्ण मानी जाती है, उस सच्चाई का एक पक्ष और भी है जो जीवनी-लेखन को चुनौतीपूर्ण बना देता है। जीवनी के नायक का वास्तविक वर्णन, जो लोकहित की दृष्टि से महत्त्वपूर्ण हो, जीवनी-लेखन का अनिवार्य अंग है अर्थात् तथ्यात्मकता व लोकहित इन दोनों निकषों पर जीवनी-नायक को खरा उतरवाने का ज़िम्मा जीवनीकार को निभाना पड़ता है। एक स्वभाविक प्रश्न यह उभरता है कि जीवनीकार अपनी श्रद्धा या अन्य कारणों के चलते जीवनी-नायक की हर अच्छी बुरी बात का महिमा मण्डन करने लगे क्या? जीवनी-नायक महान अवश्य होगा पर अन्ततः है तो मनुष्य ही और मनुष्य होने के नाते कई दुर्गुणों का शिकार भी है। ऐसी स्थिति में या तो तटस्थता निभायी जा सकती है या फिर लोकहित साधा जा सकता है। यदि तटस्थ होकर सच्चाई की रक्षा करे तो जीवनी-नायक के उन काले पक्षों को भी सामने लाना होगा जो लोकहित की दृष्टि से कदापि उचित नहीं। यदि लोकाहित को सर्वोपरि मानें तो जीवनी-नायक के जीवन के दूषित पक्षों को ढँकना होगा। इनका सन्तुलन साधना अपने आप में एक कठिन काम है।

दूसरी बात जीवनी-नायक यदि समकालीन नहीं, तो उसके गुण-अवगुण वर्णित करने के लिए ऐतिहासिक सामग्री पर निर्भर रहना पड़ेगा और भारतीय समाज की ऐतिहासिक सामग्री के प्रति उदासीनता उस सामग्री की विश्वसनीयता को प्रश्न चिह्नांकित करती है।

तीसरी बात, भारतीय लोग व्यक्ति-पूजन की हद तक अन्धश्रद्धा पाले हुए होते हैं। अतः तटस्थ प्रयोग, जिसे ऐतिहासिक तथ्यों ने बल प्रदान किया है, की नींव ही हिलने लगती है।

जीवनी-लेखन के तत्त्वों में वातावरण और देशकाल का चित्रण भी एक महत्त्वपूर्ण और मुश्किल काम है। कई जीवनियों में वातावरण, देश या काल 'हीरो' होते हैं। फ़िल्म, खेल, राजनीति, साहित्य आदि किसी भी क्षेत्र के जीवनी-नायक का चित्रण वातावरण के वर्णन से ही खिल पाता है।

जीवनी का अगला तत्त्व जीवनी का उद्देश्य है। कोई कार्य निरुद्देश्य नहीं होता। रचना कर्म तो विशिष्ट उद्देश्य के साथ ही किया जाता है। जीवनी का उद्देश्य जीवनी-नायक को अमरत्व प्रदान करना तथा लोक को उसके चरित्र से प्रेरणा प्रदान करना होता है।

जीवनी साहित्य का निर्माण सामान्यतः अच्छे चरित्र के सम्प्रेषण हेतु माना जाता है। इस स्थिति में जीवनी-लेखक की कलम वास्तविक जगत में मुक्त विचरण नहीं कर सकती। लेखन-कर्म से उकताये प्रेमचन्द, बेफ़िक्र निराला, शाहखर्च गुरुदत्त, मद्याधीन मीना कुमारी, घुमक्कड़ राहुल सांकृत्यायन, ग़ैर-ज़िम्मेदार शरत् बाबू आदि कई सारे जीवनी-नायकों की कमियों को विशेषता के रूप में ढालते-ढालते जीवनी-लेखक को न केवल कल्पना का सहारा लेना पड़ता है बल्कि उसका समर्थन भी करना पड़ता है। उपरोक्त हस्तियों के दुर्गुणों को नज़रअन्दाज़ करना एकबारगी सम्भव भी है किन्तु हिटलर, मुसोलिनी, सद्दाम की तानाशाही का समर्थन किस तरह से किया जा सकता है? इनके कई क्रूर निर्णयों को लोकहित का जामा कैसे पहनाया जा सकता है? उद्देश्य की चौहद्दी में बन्द जीवनी-लेखक ऐसा करने के लिए बाध्य होता है। जैसा कि लुई ममफोर्ड लिखते हैं–"यदि किसी मूर्ति की नाक का कोई भाग टूट गया है, तो उसे बना लेना अच्छा है, चाहे वह संगमरमर का न हो, प्लास्टर का ही हो।" जीवनी-नायक के दुर्गुण मानो किसी ख़ूबसूरत मूर्ति की टूटी नाक हो जिसकी (संगमरमर से ना सही, प्लास्टर से सही) मरम्मत उसे अमरत्व प्रदान करने तथा लोक-प्रेरणा हेतु अनिवार्य है। ऐसे अलिखित किन्तु बाध्यता पूर्ण बन्धनों को काटकर रामविलास शर्मा की भाँति स्थितप्रज्ञ विवेचन की कला अर्जित करना, तटस्थता, उद्देश्य पूर्ति और रोचकता के बीच सन्तुलन क़ायम करना एक बहुत बड़ी चुनौती है। पश्चात् इन सारी बातों को उचित व मार्मिक भाषा में ढालकर जीवनी को समाज के सुपुर्द करने तक जीवनीकार के कर्त्तव्य ख़त्म नहीं होते।

कुल मिलाकर, जीवनी-लेखन की एक लम्बी परम्परा के बावजूद कुछ तो दोयम विधा होने के भ्रम से व्युत्पन्न हीनताबोध के कारण और कुछ दूसरों के जीवन पर साधिकार लिखने में स्वयं को असमर्थ पाने के कारण जीवनी-लेखन वह प्रतिष्ठा अर्जित नहीं कर पाया है जिसका वह वास्तव में अधिकारी है। दूसरी बात यह भी कि जीवनी-लेखन में लगने वाला श्रम अन्य विधा-लेखन की तुलना में अंगुल भर अधिक हैं, तिस पर मिलने वाली प्रतिष्ठा भी सन्तोषजनक नहीं। लेखन-प्रक्रिया में आने वाली ढेर सारी चुनौतियों ने भी जीवनी-लेखन को अत्यन्त जटिल बना दिया है। बावजूद इन चुनौतियों के, जीवनी-लेखन की परम्परा न केवल जीवित है बल्कि बिना व्यवधान के जारी भी है। इस परिश्रम के योग्य पुरस्कार की जीवनी विधा को प्रतीक्षा है।

रिपोर्ताज़ : ऋणजल-धनजल

राजीव कुमार झा

आधुनिक युग को शुक्ल जी ने 'गद्य काल' कहा था। पुराने युग में जो गद्य था, चाहे वह ब्रजभाषा का रहा हो, राजस्थानी भाषा का रहा हो या किसी अन्य भाषा का रहा हो या फिर मैथिली में ज्योतिरीश्वर ठाकुर का 'वर्णरत्नाकर' का गद्य रहा हो वह कमज़ोर गद्य का नमूना था। ऐसी स्थिति में जब हम गद्य में नवीन प्रयोगों की बात करते हैं तो एक नवीन गद्य विधा 'निबन्ध' सामने आती है जो हिन्दी पत्रकारिता से जुड़कर आयी थी। बालकृष्ण भट्ट ने 'हिन्दी प्रदीप' के माध्यम से, प्रतापनारायण मिश्र ने 'ब्राह्मण' के माध्यम से आत्म-परक निबन्ध लिखे। निबन्ध की विधा पत्रकारिता के कारण आयी।

'सरस्वती' के प्रकाशन के साथ कहानी की विधा आयी। 'इन्दुमती', 'उसने कहा था', प्रेमचन्द की कहानी 'सौत' आदि कहानी के कई प्रयोग 'सरस्वती' के माध्यम से सामने आये। चाँद में, आज में, हंस के द्वारा प्रेमचन्द ने जैसे हिन्दी एकांकी की शुरुआत की। उसी प्रकार गद्य की कई नवीन विधाओं की शुरुआत हुई। उसी क्रम में यूरोप के साहित्य से प्रेरित होकर डायरी, रिपोर्ताज आदि की नवीन गद्य विधा सामने आयी। 'गद्य काल' को सर्वतोभावेन प्रतिष्ठा आधुनिक काल में मिली। गद्य के बहुआयामी कर्तृत्व का जो विकास हुआ वह विकास कई विधाओं को लेकर हुआ। वे विधाएँ आयीं तो यूरोप से लेकिन उसका भारतीयकरण हुआ। न्यूज़ को रिपोर्ट बनाया गया जिसमें आधा लिटरेचर है और आधा पत्रकारिता न्यूज़ में व्यूज भी है और संवेदना भी। दोनों को मिलाने से रिपोर्ताज का फॉर्म पैदा होता है।

''रिपोर्ताज'' मूलतः फ्रांसीसी भाषा से गृहीत शब्द है। इसे अंग्रेजी के ''रिपोर्ट'' से भी जोड़ा जाता है। ''रिपोर्ट'' से सम्बद्ध होकर भी यह शुष्क दफ़्तरी या सरकारी प्रतिवेदन या अख़बार के संवाददाता के द्वारा लिखित इतिवृत्तात्मक समाचार-मात्र नहीं है। इसमें 'रिपोर्ट' की घटनात्मकता एवं वर्णनात्मकता के साथ-साथ लेखकीय भावनाओं की आर्द्रता भी मिलती है। लिखने वाले की यह आत्मनिष्ठता वर्णित वस्तु, विषय या घटना की यथार्थता को बिना विकृत किये 'रिपोर्ट' को प्रभावी बना

देती है। 'ख़बर' में व्यक्तित्व की यह खनक ही 'रिपोर्ताज' को केवल 'रिपोर्ट' नहीं, साहित्य रूप देने में समर्थ होती है। वर्तमानकालिक यथार्थ से सम्बद्ध यह गद्य-विधा कल्पना के आकाश में उड़ने से बचती है। चूँकि इसका लेखक स्वयं घटनाओं का द्रष्टा-भोक्ता होता है, अतः वह वस्तु वर्णन की यथार्थता को सुरक्षित रखते हुए अपने ऊपर पड़े प्रभावों को भी व्यक्त करता है। चन्दबरदाई की तरह वह समरभूमि में जाकर युद्ध का केवल आँखों देखा वर्णन ही नहीं करता, बल्कि लड़ाई में अपनी भागीदारी के कारण निजी अनुभूतियों को भी प्रकाशित करता है।

हिन्दी में 'रिपोर्ताज' विधा का श्रीगणेश 1936 के आसपास माना जाता है। 1938 में 'रूपाभ' नामक पत्रिका में शिवदान सिंह चौहान का रिपोर्ताज 'लक्ष्मीपुरा' शीर्षक से प्रकाशित हुआ था। 'मौत के ख़िलाफ़ ज़िन्दगी की लड़ाई' नाम से शिवदान सिंह चौहान का दूसरा रिपोर्ताज हंस में प्रकाशित हुआ था, लेकिन कन्हैयालाल मिश्र प्रभाकर मानते हैं कि सन् 1926 में गुरुकुल कांगड़ी के रजत-जयन्ती-महोत्सव के लिए उन्होंने जो सजीव 'रिपोर्ताज' प्रस्तुत किया था वही हिन्दी का पहला 'रिपोर्ताज' है। रांगेय राघव को रिपोर्ताज लेखन में विशेष प्रसिद्धि प्राप्त हुई है। 'तूफ़ानों के बीच' जो 1946 ई. में प्रकाशित हुआ था उनका महत्त्वपूर्ण रिपोर्ताज संग्रह है। इस रिपोर्ताज में बंगाल के अकाल का मार्मिक चित्रण हुआ है। बंगाल का अकाल लेखक के लिए मात्र घटना नहीं है। लेखक उसका भोक्ता और द्रष्टा भी है। रामनारायण उपाध्याय के रिपोर्ताज 'ग़रीब और अमीर पुस्तकों में' लेख और जर्नल के तत्त्व मिले हुए हैं। उपेन्द्रनाथ अश्क के रिपोर्ताज 'रेखाएँ और चित्र' में संकलित है। धर्मवीर भारती ने 'युद्धयात्रा'' नामक रिपोर्ताज में पाकिस्तान के युद्ध का वर्णन किया है। 'प्लाट का मोर्चा' शमशेर बहादुर सिंह का उल्लेखनीय रिपोर्ताज है।

चूँकि 'रिपोर्ट' के कलानिष्ठ एवं साहित्यमुखी रूप को ही 'रिपोर्ताज' की संज्ञा दी गयी है, अतः इसमें पत्रकार की वस्तुनिष्ठता, रेखाचित्रकार के निरूपण, कौशल तथा कथाकार की वर्णन-शक्ति का समाहार मिलता है। पत्रकार एवं कलाकार की विशेषताओं से युक्त लेखक ही इस विधा का सही प्रयोक्ता हो सकता है। जनजीवन की जानकारियों को साहित्यक शैली में उपस्थित करने वाला जब केवल 'रिपोर्टर' नहीं, रचनाकार बनकर साम्प्रतिक इतिहास को पत्रकारिता के माध्यम से ललित साहित्य का रूप प्रदान करता है तब यह विधा आकार ग्रहण करती है।

यथार्थ की प्रभावशाली प्रस्तुति 'रिपोर्ताज' को 'रिपोर्ट' से विशिष्ट बनाती है। यह कार्य कल्पनाशीलता का पूर्णतः तिरस्कार कर सम्पन्न नहीं हो सकता है; पत्रकार-कला, कहानी-कला, निबन्ध-कला, रेखाचित्रकला और संस्मरणलेखन-कला की विशेषताओं से अन्वित होकर ही यह विधा अपने लक्ष्य की प्राप्ति करती है। देखा-भोगा यथार्थ 'रिपोर्ताज' का मूल बीज है जिसे भावुकता एवं कल्पनाशीलता के साथ पल्लवित कर लेखक अपनी अनुभूतिप्रवणता और साहित्यिकता की छाप छोड़ता है।

रेणु 'विश्वमित्र', 'जनता', 'धर्मयुग', 'अणिमा', दिनमान' आदि अनेक पत्रों से सम्बद्ध थे। उनकी यह सम्बद्धता पत्रकार-धर्म एवं युगधर्म ही नहीं, आंचलिक जीवन-मर्म की भी साहित्यिक गवाही देती है। वे सन् 1965 से 1967 ई. तक 'दिनमान' के रिपोर्टर' थे। उन्होंने 'बिदापत नाच' (साप्ताहिक 'विश्वमित्र', कलकत्ता, सन् 1945 ई.) से 'रिपोर्ताज' लिखने का जो सिलसिला शुरू किया था वह 'पटना-जलप्रलय' के लेखन अर्थात् 1975 ई. तक जारी रहा। इस बीच उन्होंने कई विषयों पर कई शैलियों के 'रिपोर्ताज' प्रस्तुत किये थे जो देश-काल एवं लोकजीवन के विविध स्तरों का उद्घाटन करते हैं। रेणु का पहला 'रिपोर्ताज' 1945 में प्रकाशित हुआ था एवं अन्तिम 1975 में सामने आया था। रेणु के कई 'रिपोर्ताज' पत्र-पत्रिकाओं के अंबार में गुम हो गये हैं, किन्तु जो उपलब्ध हैं वे परिमाण ही नहीं, महत्त्व में भी कम नहीं है। 'रिपोर्ताज' को रेणु ने प्रायः तीस वर्षों के अपने साहित्यिक जीवन में आरम्भ से अन्त तक महत्त्व दिया था।

स्वातन्त्र्योत्तर युग में इस विधा की ओर भी लेखकों का रुझान हुआ। रामकुमार वर्मा कृत 'यूरोप के स्केच' में संस्मरण, रेखाचित्र और रिपोर्ताज के मिले-जुले तत्त्व दिखाई पड़ते हैं। लक्ष्मीचन्द्र जैन के रिपोर्ताज संग्रहों—'काग़ज़ की किश्तियाँ' तथा 'नये रंग नये ढंग' में दृष्टि की सूक्ष्मता तथा गहरे अध्ययन की पृष्ठभूमि दिखाई पड़ती है। स्वातन्त्र्योत्तर भारत की स्थितियों पर अमृतराय ने 'हंस' में जो रिपोर्ताज लिखे वे सब 'लाल धरती' शीर्षक से संकलित हुए।

युद्ध की पृष्ठभूमि पर बहुत से रिपोर्ताज लिखे गये। 1966 में भारत-पाकिस्तान युद्ध की आधारभूमि पर शिवसागर मिश्र ने 'लड़ेंगे हजार साल' शीर्षक से रिपोर्ताज लिखे। 'धर्मयुग' पत्रिका में 1972 में धर्मवीर भारती के रिपोर्ताज 'ब्रह्मपुत्र की मोर्चाबन्दी' और 'युद्ध क्षेत्रे मुक्त क्षेत्रे' शीर्षक से प्रकाशित हुए।

स्वातन्त्र्योत्तर भारत के गाँवों के दुःख दर्द की अभिव्यक्ति विवेकीराय के रिपोर्ताज 'जुलूस रुका है' में हुई है। मणि मधुकर का 'रिपोर्ताज'-संग्रह 'पिछला पहाड़ा' तथा 'सूखे सरावेर का भूगोल' में रेगिस्तान का जीवन वर्णित हुआ है। इनमें मरुभूमि के जीवन-संघर्षों को लेखक ने मानवीय सहानुभूति के साथ उभारा है। अज्ञेय के संग्रह 'देश की मिट्टी बुलाती है' में भी कुछ श्रेष्ठ रिपोर्ताज संकलित हैं जिनमें 'जापानी युद्धबंदियों के साथ' का स्थायी महत्त्व है।

इस प्रकार 'रिपोर्ताज' विधा को विकसित करने में विभिन्न पत्र-पत्रिकाओं तथा साहित्यकारों का अत्यन्त महत्त्वपूर्ण योगदान है। इन्हीं के सतत प्रयासों से 'रिपोर्ताज' अपने वैशिष्ट्य को स्थापित करते हुए, एक साहित्य-विधा के रूप में अलग पहचान बना सका है।

श्री सुरेन्द्र चौधरी ने रेणु के इस साहित्य को तीन वर्गों में बाँटा है—

1. विद्यापति-शृंखला के 'रिपोर्ताज'
2. 'सोनो आर्मो'-शृंखला के 'रिपोर्ताज' और
3. 'ऋणजल-धनजल'-शृंखला के रिपोर्ताज'।

विद्यापति शृंखला के 'रिपोर्ताज' मिथिलांचलिक लोक जीवन और लोक संस्कृति से सम्बद्ध हैं। 'बिदापत नाच' इसी श्रेणी में आता है। 'सोनो आर्मो' का अर्थ 'छोटी माँ' है। यह नेपाली भाषा का शब्द है। रेणु के लिए बंगाल और नेपाल 'छोटी माँ' की तरह हैं। इन दोनों से जुड़े 'रिपोर्ताज' दूसरी कोटि में आते हैं। 'नेपाली क्रान्ति-कथा' इस श्रेणी का प्रतिनिधित्व करती है। 'ऋणजल-धनजल'-शृंखला के रिपोर्ताज' अकाल और बाढ़ के वर्णनों की प्रस्तुति करते हैं। 'हड्डियों का पुल', 'भूमिदर्शन की भूमिका', 'पटना-जलप्रलय' आदि इसके अन्तर्गत हैं।

विषयवस्तु की दृष्टि से रेणु के अनेक 'रिपोर्ताज' बाढ़, भूख और अकाल पर अवलम्बित है।

उनके 'जै गंगा', 'डायन कोसी', 'एक टू आस्ते-आस्ते', 'समाज', 'विराटनगर की ख़ूनी दास्तान', और 'डी.एस.पी की बड़ी-बड़ी मूँछ' नामक अप्राप्य 'रिपोर्ताज' बहुत दूर तक शीर्षकों के सहारे अपने कथ्य को प्रकट करते हैं। 'जै गंगा' और 'डायन कोसी' शीर्षक रचनाएँ दो प्रसिद्ध नदियों की बाढ़ों से सम्बद्ध है। 'हड्डियों का पुल', 'पुरानी कहानी : नया पाठ' और 'पटना जलप्रलय' जैसे उपलब्ध 'रिपोर्ताज' भूख तथा बाढ़ की विभीषिकाओं का वर्णन करते हैं।

''पटना-जलप्रलय'' में गंगा की बाढ़ से पीड़ित जनजीवन का चित्रण हुआ है तथा 'हड्डियों का पुल' और 'पुरानी कहानी : नया पाठ' में कोसी नदी की बाढ़ों से प्रभावित अंचल का दिग्दर्शन करया गया है।

बाढ़ की तरह अकाल भी मानवीय त्रासदी है। दुर्भिक्ष कभी-कभी बाढ़ के कारण भी आता है। 'हड्डियों का पुल' एवं 'पुरानी कहानी : नया पाठ' में बाढ़ के कारण उत्पन्न अन्न-संकट और भुखमरी का हृदयद्रावक निरूपण हुआ है। 'पटना-जलप्रलय' में भी कहीं-कहीं खाद्य पदार्थों के अभाव के जो वर्णन मिलते हैं उनसे बाढ़ और अकाल एवं भूख के रिश्ते पर रोशनी पड़ती है। वैसे इस प्रसंग में 'भूमिदर्शन की भूमिका' अधिक उल्लेख्य है जो मुख्यतः अकाल पर ही केन्द्रित है। 'दिनमान' में धारावाहिक रूप से प्रकाशित यह 'रिपोर्ताज' दक्षिण बिहार के सूखे या अकाल को विस्तार से रूपायित करता है।

इस तरह स्पष्ट है कि रेणु के 'रिपोर्ताज' अनेक विषयों का स्पर्श करते हैं। ये अपने वैविध्य और विस्तार में लेखक के विभिन्न 'सरोकारों' को प्रकट करते हैं, किन्तु इनका आधारभूत कथ्य बहुरंगी जीवन है। ये देखे-सुने जीवनाभुवों के हर्ष-विषाद के अभिलेख की प्रामाणिकता रखते हैं। कहने की आवश्यकता नहीं है कि लेखक की भावुकता से कहीं भी यह प्रामाणिकता म्लान नहीं हुई है।

'ऋणजल-धनजल' के रिपोर्ताज लेखक की पर्यवेक्षण शक्ति के उत्तम उदाहरण हैं। इनमें प्रायः वह श्रव्य-दृश्यात्मक (Audio Visual) पद्धति दृष्टिगत होती है जो रेणु के कथा-साहित्य में उपलब्ध होती है। वर्णनों की यह ऐन्द्रियता लेखक के कर्तृत्व को बिम्बधर्मी बनाने वाली है।

'रिपोर्ताज' फ्रांसीसी भाषा के आसंगों को व्यक्त करता है। इसकी गणना नवीन साहित्य रूपों के अन्तर्गत की जाती है। जिस रचना में वर्ण्य विषय का आँखों देखा तथा कानों सुना ऐसा अविस्मरणीय विवरण प्रस्तुत किया जाये कि पाठक की हृत्तन्त्री के तार झंकृत हो उठें उसे 'रिपोर्ताज' की संज्ञा दी जाती है। 'रिपोर्ट' से यह इस अर्थ में भिन्न है कि उसमें जहाँ कलात्मक अभिव्यक्ति का अभाव होता है तथा तथ्यों का लेखा-जोखा मात्र रहता है वहाँ 'रिपोर्ताज' में तथ्यों को कलात्मक एवं प्रभावोत्पादक ढंग से व्यक्त किया जाता है।

'रिपोर्ट' में किसी घटना या परिस्थिति का तथ्यात्मक वर्णन होता है, किन्तु 'रिपोर्ताज' में किसी घटना का साहित्यक भाषा में कलात्मक वर्णन किया जाता है। 'रिपोर्ट' में बौद्धिकता और शुष्कता मिलती है, पर 'रिपोर्ताज' सहृदयता की उपज है। निष्कर्षतः यह कहा जा सकता है कि किसी घटना का साहित्यिक भाषा में ऐसा प्रमाणिक वर्णन जो भावकों को स्पन्दित कर दे 'रिपोर्ताज' की कोटि में आता है। 'ऋणजल-धनजल' के दोनों अंश इस कसौटी पर खरे उतरते हैं।

रेणु के विवेच्य 'रिपोर्ताज' स्थायी साहित्य की निधि हैं। इनमें दुर्भिक्ष और जलप्लावन के बीच पीड़ित, किन्तु संघर्षशील जनता के कार्यकलापों और मनोभावों की संवेदनशील प्रस्तुति हुई है। रेणु ने मानवीय कष्टों को करुणा की आखों से देखा है। ये रिपोर्ताज कहीं-कहीं आंचलिक जीवन के वैशिष्टयों को भी व्यक्त करते हैं। पत्रकार रेणु को साहित्यिक शैली में जनजीवन के यथार्थ को चित्रित करने में अपूर्व सफलता मिली है। इस संकलन के 'रिपोर्ताज' लेखक की जीवन्त गद्य-शैली को भी उदाहृत करते हैं।

आलोचना का विशिष्ट संस्करण है साक्षात्कार

हरीश अरोड़ा

सामान्य रूप से साक्षात्कार को पत्रकारिता की एक विधा कहकर साहित्य की सृजनात्मक विधाओं से ख़ारिज किया जाता रहा है। लेकिन आधुनिक विधाओं में पत्रकारिता में जिस साक्षात्कार की चर्चा की जाती है वह विभिन्न सूचनाओं के सम्प्रेषण के माध्यम के रूप में स्वीकार्य है किन्तु गद्य के आरम्भ से ही हिन्दी साहित्य की विभिन्न पत्र-पत्रिकाओं में साहित्यकारों और विषय के विशेषज्ञ विद्वानों के साक्षात्कारों की ओर दृष्टि डालें तो यह विधा केवल सूचनात्मक साहित्य का आधार नहीं वरन् आलोचना का एक प्रमुख स्तम्भ भी है।

वास्तव में सृजनात्मक साहित्य की विधाओं में कथात्मक विधाओं के अतिरिक्त जिन कथेतर विधाओं पर चर्चा की जाती है उन्हीं में साक्षात्कार को रखा गया है। इस विधा का परिप्रेक्ष्य किसी विशिष्ट व्यक्ति के विचारों, भावनाओं, दृष्टिकोण और जीवन-दर्शन को गहराई से जानना है। राजेन्द्र यादव की दृष्टि में तो यह 'दो प्रबुद्ध दिमाग़ों की मुठभेड़' है। इसमें साक्षात्कार लेने और देने वाले दोनों ही व्यक्तियों का प्रबुद्ध होना आवश्यक है। इसीलिए यह कथात्मक या कथेतर अन्य गद्य विधाओं की अपेक्षा अधिक कठिन विधा है क्योंकि इसमें साक्षात्कार देने वाले साहित्यकार या विषय के विशेषज्ञ विद्वान से एक सजग प्रश्नकर्ता ऐसे प्रश्न करता है जिसमें साक्षात्कार देने वाले व्यक्ति के जीवन के अनछुए पहलुओं को जानने के साथ-साथ साहित्य के सम्बन्ध में उसकी विभिन्न लेखकीय अवधारणाओं का भी ज्ञान प्राप्त होता है।

वास्तव में सृजन के क्षण में कवेल लेखक ही चिन्तन नहीं करता बल्कि पाठक भी चिन्तन करता है। रचना के क्षणों में लेखक की रचना-प्रक्रिया का क्षण सबसे अधिक महत्त्वपूर्ण होता है। उस क्षण में वह अपने भीतर की समूची चेतना का मंथन करता है। वह बाह्य जीवन की चेतनात्मकता के साथ अपना तादात्म्य बनाते हुए भी अपनी आन्तरिकता में उस बाह्य जीवन के वर्चस्ववाद से निरपेक्ष होकर ही रचना कर पाता है। रचना-प्रक्रिया के सम्बन्ध में रघुवीर सहाय से पूछे गये प्रश्न के उत्तर में उन्होंने कहा कि—'रचना एक अनबूझी प्रक्रिया है। अपनी रचना प्रक्रिया

को हूबहू अभिव्यक्त करना कठिन है। लिखने से पहले विषय वस्तु के साथ भीतरी तादात्म्य बनाते हुए कथ्य की गहराई तक भीगना पड़ता है। एक कविता जब बार-बार लिखता हूँ तो उसके अनेक ड्राफ्ट बनते हैं। काँट-छाँट होती है और कुछ नयी बातें भी जुड़ती हैं। 'सार सार को गहि लिए थोथा देहि उड़ाय' के अनुरूप अनावश्यक पंक्तियाँ और अनावश्यक शब्द हटते जाते हैं। एक मुकम्मल कविता बनने लगती है। कहानी या कविता का अंकुर भीतरी मन में कब अंकुरित हो जाता है, हमें ज्ञात ही नहीं होता। कविता का तत्त्व अस्पष्ट रहता है। जब तक वह शब्दों में आकार नहीं लेता कुछ कहना कठिन रहता है। सर्जनात्मक क्षण का विस्फोट अचानक होता है, लेकिन इसके पीछे समूचे जीवन की अनुभव-सम्पदा और उसकी सोच होती है। कवि वातावरण और अनुभव-संसार को अनेक सूत्रों से सम्पृक्त और सम्बद्ध करता है, उसके बाद ही कलम उठाता है।" **(रघुवीर सहाय से महावीर अग्रवाल की बातचीत, उद्भावना का कवितांक', पृष्ठ 293)** लेकिन लेखक की रचना-प्रक्रिया में जिस तरह सर्जनात्मक क्षण का विस्फोट अचानक होता है उसी तरह पाठक भी रचना को पढ़ते हुए भीतर तक स्वयं को मथता है। उसके भीतर जो पहले से ही विद्यमान होता है वह उसे बाहर नहीं निकालना चाहता है और उस रचना के माध्यम से है वह जब उसके भीतर उतरता है तो एक मंथन आरम्भ होता है। उस मंथन से अचानक ही एक पाठक को एक नया अर्थबोध मिलता है। लेकिन इस नये अर्थबोध तक पाठक सहजता से नहीं पहुँच पाता। कई बार तो पाठक को वर्षों तक अपने आपको मथना पड़ता है तब जाकर वह उस रचनाकार की अर्थवत्ता को ग्रहण कर पाता है।

कई बार पाठक जब किसी कृति का अध्ययन करता है और वह उसके मूल मन्तव्य तक पहुँचने का प्रयास करता है तब उसके सामने अनेक प्रश्न उठते चले जाते हैं। ऐसे में जब उसका उस रचना के रचनाकार के साथ साक्षात्कार होता है तब वह उसकी रचना के सृजन के पलों के विषय में जानने के लिए आतुर हो उठता है। लेकिन प्रत्येक पाठक के लिए प्रत्येक रचनाकार के साथ मिल पाना सम्भव नहीं होता। ऐसे में साक्षात्कार की विधा साहित्यकार और पाठक के बीच मूल-अर्थ के द्वन्द्व को पाटने का कार्य करती है। इससे पाठक को साहित्यकार की रचनाओं के गहन अर्थों तक पहुँचने में भी सहायता मिलती है।

साक्षात्कार की सबसे प्रमुख बात यह है कि जिस व्यक्ति विशेष का साक्षात्कार लिया जाता है उस व्यक्ति की प्रतिष्ठा समाज में महत्त्वपूर्ण होती है। उसके विचारों से समाज अवगत होना चाहता है। इसलिए साक्षात्कार देने वाला व्यक्ति हमेशा इस विधा में विशिष्ट होता है। कई बार साक्षात्कार लेने और साक्षात्कार देने वाले दोनों ही व्यक्ति समाज में अपनी प्रतिष्ठा के लिए जाने जाते हैं ऐसे में दोनों की विशिष्टता के कारण लिया जाने वाला साक्षात्कार अत्यन्त उत्कृष्ट और महत्त्वपूर्ण बन जाता है।

अक्सर समाज में विभिन्न घटनाओं, विषयों या विचारों से किसी व्यक्ति विशेष

का अत्यधिक गहरा सम्बन्ध होता है। ऐसे में उस वस्तु के विषय में अधिक जानकारी प्राप्त करने के लिए साक्षात्कारकर्ता उस सम्बन्धित व्यक्ति-विशेष से बातचीत करके अनेक महत्त्वपूर्ण जानकारियों को प्राप्त करता है। इसलिए पत्रकारिता में समाचारों के विभिन्न स्रोतों में से साक्षात्कार एक अत्यन्त ही विशिष्ट स्रोत है। समाचार-पत्रों में साहित्यकारों, राजनेताओं, मन्त्रियों, अभिनेताओं, कलाकारों आदि के साक्षात्कार नियमित रूप से प्रकाशित होते रहते हैं। किसी अभिनेता का साक्षात्कार उसकी कोई फ़िल्म हिट हो जाने या उसे कोई बड़ा पुरस्कार मिलने पर; साहित्यकार का साक्षात्कार उसकी किसी नयी पुस्तक की चर्चा में आने अथवा विवादित होने या उसे कोई विशिष्ट सम्मान मिलने पर लिए जाते हैं। बजट के दिनों में वित्त क्षेत्र से जुड़े विशेषज्ञों तथा वित्त मन्त्री के साथ-साथ उससे प्रभावित होने वाली सामान्य जनता से भी साक्षात्कार लिए जाते हैं। इसी प्रकार विभिन्न खेलों के आयोजनों के दौरान उस खेल से सम्बन्धित प्रसिद्ध खिलाड़ियों के साक्षात्कार भी पत्र-पत्रिकाओं में प्रकाशित होते रहते हैं। वास्तव में साक्षात्कार विधा साहित्य के क्षेत्र में आज विशिष्ट स्थान बना चुकी है। इसका सबसे बड़ा लाभ यह है कि इसके माध्यम से जहाँ विभिन्न प्रतिक्रियाओं और दृष्टिकोणों द्वारा विषय से सम्बन्धित सामाजिकों के हितों की सुरक्षा की जाती है वहीं साहित्य की विभिन्न रचनाओं के भीतर शब्दों के गहरे और अव्यक्त अर्थों की भी जानकारी मिल पाती है। यह साक्षात्कार देने वाले और पाठक तथा समाज के बीच की एक सशक्त कड़ी है जिसके द्वारा समाज की दिशा तय हो पाती है। साक्षात्कार देने वाले व्यक्ति के विषय से सम्बन्धित होने के कारण उसके विचारों और दृष्टिकोण की विश्वसनीयता अधिक होती है जिससे समाज उससे प्रभावित होता है।

सैद्धान्तिकता की दृष्टि से देखें तो साक्षात्कार में संवाद, पात्र का बाह्यान्तर व्यक्तित्व तथा उसका दृष्टिकोण स्पष्ट रूप से होना चाहिए। लेकिन ये सिद्धान्त किसी भी साक्षात्कार के ढाँचे का निर्माण तो कर सकते हैं लेकिन उसकी रचनाधर्मिता के लिए तो साक्षात्कारकर्ता और साक्षात्कारदाता दोनों की सशक्त रचनादृष्टि का होना आवश्यक है। विगत वर्षों में अनेक ऐसे साहित्यकारों से विभिन्न विषयों पर चर्चा के दौरान अनेक ऐसे अनसुलझे प्रश्नों के उत्तर या फिर ऐसी जानकारियाँ जिनकी कल्पना भी नहीं की जा सकती थी, प्राप्त हुईं जो साहित्य के पाठकों के लिए भी महत्त्वपूर्ण रहीं। इसी सन्दर्भ में श्री विजयानन्द द्वारा महादेवी वर्मा के लिए साक्षात्कार में जब उनसे उनके पारिवारिक जीवन के महत्त्व को केन्द्र में रखते हुए पूछा गया कि 'लोग कहते हैं कि एक स्त्री के लिए सन्तान प्राप्ति आवश्यक है...।' तब इस प्रश्न के पूर्ण होने से पूर्व ही महादेवी वर्मा ने उत्तर दिया—"मैं समझ गयी। तुम जो पूछना चाहते हो। मेरी सोच कुछ दूसरी तरह की आरम्भ से ही रही है। प्रकृति ने स्त्रियों में वात्सल्य रस पुरुष की अपेक्षा ज़्यादा भरा है। हमारे प्राचीन ग्रन्थों में इस तरह

के कई उदाहरण हैं। जैसे दुष्यन्त ने शकुन्तला को पुत्र प्रदान कर उसे पहचानने से इन्कार कर दिया। उसके पालने का सारा दारोमदार शकुन्तला पर ही आया। वहीं दूसरी ओर मेनका ने विश्वामित्र से पुत्र प्राप्त कर उन्हें ही पालने को सौंप दिया। मैं तो आरम्भ से ही अध्यात्म में रुचि रखती रही। सत्संग में जाती रहीं, बुद्ध से काफ़ी प्रभावित रही। फलतः अध्यात्म के बूते मैंने इस तरह की तमाम इच्छाओं को दबा दिया।...वैसे आज भी चरित्र का संकट चारों तरफ़ छाया है। चरित्र सचमुच एक ऐसी जीवन-पद्धति है, जिसका अवतरण जीवन-मूल्यों में आस्था रखकर अन्तर्जगत तथा समाज आदि के सामंजस्य से होता है।..." (साहित्यकारों से साक्षात्कार, पृष्ठ 24) महादेवी जैसी कवयित्री के जीवन की निजता से जुड़ी यह अभिव्यक्ति उनके साहित्य के भीतर के रहस्य को और अधिक अर्थवत्ता प्रदान करती है।

सामान्यतः साक्षात्कार के अन्तर्गत जिस व्यक्ति का साक्षात्कार लिया जाता है उसके दृष्टिकोण को ही सामने लाना इस विधा का उद्देश्य होता है लेकिन बीच-बीच में साक्षात्कारकर्ता को भी अपने दृष्टिकोण को आंशिक रूप में सामने लाना चाहिए, जिससे साक्षात्कार देने वाले व्यक्ति को यह मालूम हो जाता है कि प्रश्नकर्ता उससे किस सन्दर्भ में यह प्रश्न कर रहा है। लेकिन यह दृष्टिकोण केवल आंशिक रूप में ही होना चाहिए। ऐसा न हो कि साक्षात्कारकर्ता अपने विचारों को ही प्रधानता दे और अपनी दृष्टि को अधिक बल देने का प्रयास करे। उसका दृष्टिकोण केवल साक्षात्कारदाता के विचारों और दृष्टि को जानने के लिए ही सहायक हो। कई बार साक्षात्कारकर्ता और साक्षात्कारदाता के दृष्टिकोणों के बीच मतभेद के कारण अनेक ऐसे अनुत्तरित प्रश्नों के उत्तर सामने आ जाते हैं जिन्हें साक्षात्कारदाता कभी बताना नहीं चाहता। इसलिए प्रश्नकर्ता का दृष्टिकोण केवल सहायक रूप में ही सामने आये तो एक बेहतर साक्षात्कार सामने आ सकता है।

हजारी प्रसाद द्विवेदी का पहला उपन्यास 'बाणभट्ट की आत्मकथा' हिन्दी साहित्य में श्रेष्ठतम रचनाओं में परिगणित होता है। इस उपन्यास की कथा में द्वि वेदीजी ने बाणभट्ट की आत्मकथा को मध्य में ही छोड़कर उपन्यास का अन्त कर दिया। पाठक के भीतर निश्चित रूप से यह द्वन्द्व उठना स्वाभाविक है कि आख़िर लेखक ने बाणभट्ट के जीवन की पूर्णता को उद्धृत क्यों नहीं किया? इस सम्बन्ध में रणवीर रांग्रा ने जब उनसे आत्मकथा के बीच में ही समाप्त होने के सम्बन्ध में यह प्रश्न किया कि—"इस रसभंग के लिए 'बाणभट्ट की आत्मकथा' के लेखक को कोसें अथवा बाणभट्ट को, जिसकी आत्मकथा के रूप में इस कृति को प्रस्तुत किया गया है। उपन्यास-कला की दृष्टि से क्या इसमें पाठक के साथ कुछ ज्यादती नहीं हो गयी।" तब द्विवेदी ने ही कहा, "ज्यादती बिल्कुल नहीं हुई है। अव्वल तो मैं यह नहीं मानता कि उसमें रसभंग हुआ है। रसभंग तब होता है जब कोई विजातीय वस्तु बीच में पड़ जाती है, प्रसंग के बीच कोई विजातीय तत्त्व आ जाता है। इसमें

रसभंग हुआ है, मैं नहीं मानता। यह ज़रूर है कि यह 'इम्प्रेशन' अन्त तक दिया गया है कि यह कथा अधूरी ही मिली है। आरम्भ में ही कहा गया है कि बाणभट्ट कुछ ऐसा ही फक्कड़ लेखक था। हाँ, आप यह कह सकते हैं कि जैसे 'कादम्बरी' पढ़ते हुए लगता है कि बीच में कुछ रह गया है, कुछ और होना चाहिए था, सो तो है। मैं तो बाणभट्ट का प्रतिनिधित्व करता था। जब मैं लिखता था तो यह समझता था कि बाणभट्ट ही लिख रहा है। कुछ थोड़ी देर के लिए शायद बाणभट्ट की आत्मा मुझमें घुस आती हो। अगर मैं इसको पूरा कर देता तो बाणभट्ट के साथ अन्याय होता, क्योंकि उनकी जो सबसे बढ़िया रचना 'कादम्बरी' है, उसे उसके लड़के ने पूरा किया। कौन कह सकता है बाद में कोई आये और जैसे 'कादम्बरी' के बाद 'उत्तर कादम्बरी' लिखी गयी, 'उत्तर बाणभट्ट' भी लिख दे। मैं न तो उसको अधूरा मानता हूँ और न ही मानता हूँ कि उसमें रसभंग हुआ है।" **(हिन्दी साहित्यकारों से साक्षात्कार, पृष्ठ 113)** इस उत्तर से आलोचकों के समक्ष 'बाणभट्ट की आत्मकथा' की आलोचना के लिए अनेक नये तथ्य उभर कर आ सकते हैं। रचनाकार की दृष्टि और आलोचक की दृष्टि की भिन्नता कई बार रचना के वास्तविक अर्थ को समाज के समक्ष नहीं ला पाती। ऐसे में उस रचना के साथ अन्याय की सम्भावनाएँ अधिक बढ़ जाती हैं। ऐसे में साक्षात्कार के माध्यम से रचनाकार की निजी विचारणा आलोचक के लिए सहायक की भूमिका निभाती है।

वास्तव में साक्षात्कार केवल किसी साहित्यकार या व्यक्ति विशेष के जीवन या उसकी रचना प्रक्रिया को जानने का माध्यम भर नहीं है बल्कि इसके द्वारा लेखक के विचारों, मन्तव्यों, मान्यताओं, दृष्टिकोणों और तात्कालिक जीवन की विसंगतियों को भी समझने का अवसर मिलता है। साहित्यकार का जीवन अपने तात्कालिक परिवेश से निश्चित रूप से प्रभावित होता है। उसकी रचना भी उस प्रभाव से अछूती नहीं रहती। ऐसे में साक्षात्कार के द्वारा साहित्यकार की जीवन-धारा के विभिन्न पहलुओं को समझकर किसी भी रचना का आलोचनात्मक विश्लेषण सहजता से किया जा सकता है। वैसे भी साक्षात्कार लेने वाला भी उतना ही प्रबुद्ध होता है जितना कि साक्षात्कार देने वाला। इस तरह साक्षात्कार लेने वाला केवल एक प्रश्नकर्ता के रूप में नहीं होता बल्कि उन प्रश्नों के पीछे उसकी आलोचक-दृष्टि भी निरन्तर सक्रिय रहती है। दो प्रबुद्ध व्यक्तियों के मस्तिष्क आपस में एक तरह से उस विषय पर विचार-विमर्श की स्थिति में आते हैं। लेकिन यह विचार-विमर्श नहीं है। इसमें साक्षात्कारकर्ता अपने विचारों के प्रति आग्रही नहीं होता। वह तो साक्षात्कारदाता के विचारों और भावनाओं को जानने के लिए ही उससे संवाद करता है। उसकी यही आलोचना-दृष्टि उसके साक्षात्कार को आलोचना का एक नया संस्करण बना देती है, वह भी एक ऐसा संस्करण जो साहित्य में पहले से ही विद्यमान प्रस्थान-बिन्दुओं से अलग नयी संरचनाओं द्वारा गढ़ा जाता है।

कथेतर गद्य की सर्जनात्मकता और आलोचना की वर्ण-व्यवस्था

जयप्रकाश

(एक)

आधुनिक हिन्दी-साहित्य के सौ वर्ष से अधिक के इतिहास की सर्वाधिक उल्लेखनीय विशेषता सम्भवतः यह है कि इस दौरान विभिन्न गद्य-विधाओं का प्रवर्त्तन और तदनन्तर उनका क्रमिक विकास हुआ है। उन्नीसवीं शताब्दी के उत्तरार्द्ध में संचार और सम्प्रेषण की आधुनिक तकनीक के आगमन, विशेष रूप से प्रिंटिंग प्रेस के प्रचलन के चलते गद्य के विकास की स्वतः सम्भावना निर्मित हुई। इससे साहित्य में काव्य-रचना का एकाधिपत्य समाप्त हुआ तथा काव्येतर आधुनिक विधाएँ प्रस्फुटित और विकसित हुईं। इनमें कहानी, उपन्यास, नाटक, निबन्ध, संस्मरण, यात्रा-वृत्तान्त, डायरी, आत्मकथा, जीवनी और आलोचना इत्यादि सम्मिलित हैं। बीसवीं शताब्दी में इन सभी विधाओं ने निरन्तर विकास करते हुए क्रमशः अपना स्वरूप और स्वतन्त्र व्यक्तित्व अर्जित किया।

उन्नीसवीं शताब्दी में विकसित गद्य-विधाओं में निबन्ध अग्रणी है। 'हिन्दी नये चाल में ढली' कहकर भारतेन्दु हरिश्चन्द्र हिन्दी में गद्य के आविर्भाव की जिस घटना को लक्ष्य कर रहे थे—और उसके निमित्त से जिस युग-प्रवर्त्तन का संकेत कर रहे थे—उसका मुख्य लक्षण उस दौर में साहित्यिक सृजन की दृष्टि से भाषा की पुरानी संरचनाओं को तोड़-फोड़ कर एक आधुनिक भाषा की नींव रखने के लिए नयी भाषिक संरचनाओं का प्रयोग तो था ही, एक नये विचार-जगत और चेतना के नितान्त अछूते धरातल की खोज भी उसका एक महत्त्वपूर्ण लक्षण था। भाषा और सम्वेदना की यह आधुनिकता गद्य के रूप-कल्प में, और उसमें भी कथात्मक गद्य की बजाय कथेतर गद्य की काया में, प्रकट हो रही थी। हिन्दी के इस आरम्भिक गद्य में वैचारिकता और आख्यानपरकता यानी निबन्ध और कहानी की सम्मिश्र उपस्थिति थी। उसमें निबन्ध की उन्मुक्त आत्माभिव्यंजना और सजग समाज-दृष्टि तो थी, लेकिन उसकी आत्मवृत्ति और समाज-वृत्ति के सहमेल में किंचित कथात्मकता का स्पर्श भी था।

लेकिन यह तो स्पष्ट था कि इस दौर के ज़्यादातर गद्य में भाव-संवदेन का सौष्ठवपूर्ण निबन्धन अधिक और आख्यानात्मकता अपेक्षया न्यून थी। सच कहा जाये तो यह दोनों विधाओं के बीजवपन का दौर था। मगर एक आधुनिक गद्य-विधा के तौर पर कहानी को अपना परिपक्व और सुगठित स्वरूप हासिल करने के लिए बीसवीं शताब्दी के दूसरे दशक तक प्रतीक्षा करनी पड़ी, जबकि निबन्ध ने भारतेन्दु-युग में ही अपना मुकम्मल विधागत ढाँचा अर्जित कर लिया था। ज़ाहिर है, उन्नीसवीं शताब्दी में हिन्दी-आधुनिकता वस्तुतः कथेतर गद्य, अर्थात् निबन्ध और अख़बारी टिप्पणी, के निर्माणाधीन ढाँचे में मूर्त्त हो रही थी। उपन्यास या अन्य कथात्मक गद्य-रूपों का आविर्भाव तो बाद में हुआ। इसलिए यह कहना उचित होगा कि निबन्ध, अपने पुष्ट शिल्प के साथ निस्सन्देह हिन्दी का पहला आधुनिक गद्य-रूप है।

भारतेन्दु-युग के निबन्धों की अन्तर्वस्तु पर ग़ौर करें तो उसके केन्द्र में परिवेश-सजग मूल्य-दृष्टि और उपनिवेशवाद-विरोधी चेतना की मौजूदगी को लक्ष्य करना कठिन नहीं है। इस गद्य में निर्भयता, मस्ती और फक्कड़पन के साथ गहरी वैचारिकता का विलक्षण संयोजन था। इसमें विनोदप्रियता धीरे-धीरे व्यंग्य के रूप में विकसित हुई और भाषा की निर्मम-तीखी व्यंजना में रूपान्तरित हो गयी। तीक्ष्णता इस गद्य का असन्दिग्ध लक्षण बन गयी। इसे अगर 'हँसमुख गद्य' कहा गया है तो यह अनुचित नहीं है। अपने समय की वर्चस्वशाली शक्तियों की अचूक पहचान और उनकी दमनकारी प्रवृत्ति के विरुद्ध प्रतिकार के साहस के बग़ैर यह मुमकिन न था कि इस निर्भीक गद्य का उभार हो पाता। दरअसल इस गद्य में यूरोप के उदारवादी चिन्तन और स्वच्छन्दतावादी चेतना की रोशनी में विकसित हो रहे एक नये भाव क्षेत्र का पसारा हिन्दी के बौद्धिक क्षेत्र में स्थानान्तरित होकर उपनिवेश-विरोधी मनोभूमि तक फैलता गया था। यह भारतीय पुनर्जागरण के दौर में निर्मित हो रही आधुनिकता का भाव क्षेत्र था, जिसमें स्वच्छन्दता, वैचारिक उदारता और तर्क चेतना एक-दूसरे को पोसती हुई साथ-साथ विकसित हो रही थी।

विधागत विकास की दृष्टि से देखें तो कविता की मार्मिकता, पत्रकारिता की सूचनात्मकता या विवरणपरकता और बौद्धिक ज्ञान की तर्कशीलता से अलग एक नये रास्ते की तलाश की कशमकश इस दौर के गद्य में परिलक्षित होती है। इस अलग रास्ते में, ऐसी साहित्यिक कृतियाँ थीं, जिनमें समाजबोध और आत्मभिव्यक्ति के बीच की कशमकश का अनुभव किया जा सकता है। बालकृष्ण भट्ट और बालमुकुन्द गुप्त के निबन्धों में इसके समुचित साक्ष्य मिलते हैं। इनके यहाँ आत्माभिव्यक्ति की बेचैनी तीव्र प्रतिवाद के मुहावरे में सक्रिय हुई थी और अपने खलबलाते प्रवाह में समष्टि-बोध को अपने साथ खींच ले जाने में समर्थ थी। आज भारतेन्दु-युग के गद्य को इसलिए याद किया जा सकता है कि उसने उन्नीसवीं शताब्दी के उत्तरार्द्ध

के शैलीबद्ध गद्य की सरहदें तोड़कर—संस्कृतनिष्ठ अथवा अरबी-फ़ारसी शब्दावली में ढली भाषा से अलग—लोक-व्यवहार की भाषा के समीप जा खड़े होने का साहस किया था। यही उसका अपना रास्ता था। उसमें एक ओर परिवेश को आयत्त करने की ललक थी, तो दूसरी ओर उसे नवजागरण के एजेंडा में ढालने की सुसंगत विवेक-दृष्टि भी थी। इसके फलस्वरूप सामाजिक चेतना के स्तर पर बदलाव की जो आकांक्षा उत्पन्न हुई, उसके भीतर असन्तोष और प्रतिरोध के तीव्र स्वर मुखर हो उठे थे और तीक्ष्ण व्यंग्यात्मक अभिव्यक्तियों के रूप में प्रकट हुए थे। कहने की ज़रूरत नहीं कि स्वतन्त्रता-प्राप्ति के बाद हिन्दी में 'व्यंग्य' के रूप में जो नयी गद्य-विधा प्रकट हुई है, उसके पुष्ट बीज भारतेन्दु-युग के गद्य में मौजूद थे। प्रतापनारायण मिश्र, बालमुकुन्द गुप्त या बालकृष्ण भट्ट के गद्य इसके साक्ष्य हैं।

बीसवीं शताब्दी के आरम्भिक दशकों के निबन्धों में विधागत परिपक्वता और विषय-वस्तु की विविधता क्रमिक रूप से विकसित हुई। कुछ लेखक निबन्ध की मूलतः आत्माभिव्यंजक प्रकृति की तरफ़ भी आकृष्ट हुए। पदुमलाल पुन्नालाल बख्शी उन्हीं लेखकों में से एक हैं। व्यंग्य की धार पर चल कर भारतेन्दु युग का गद्य जिन ऊँचाइयों तक पहुँचा था, द्विवेदी युग में गाम्भीर्य और लालित्य का प्रयोग करते हुए बख्शी जी ने उसे नयी ऊँचाइयाँ दीं। भारतेन्दु युग के समाजोन्मुख यथार्थ-बोध से बने उबड़-खाबड़ रास्ते से भिन्न उन्होंने परिवेश को स्वायत्त करने के लिए आत्मतत्त्व के शीतल प्रकाश से आलोकित एक नया मार्ग चुना। बीसवीं शताब्दी के दूसरे दशक में जब कविता में छायावाद के आगमन की आहट सुनाई दे रही थी, बख्शी जी उसी दौर में उसकी रोमांटिक भावभूमि पर ही गद्य लिख रहे थे। अनायास नहीं है कि उनके गद्य में आत्मतत्त्व की गहरी उपस्थिति है, और उसकी संरचना सुनिश्चित करने में आत्मानुभव की उतनी ही निर्णयक भूमिका है। इस गद्य की 'सबसे बड़ी' विशेषता यह है कि वे मन की स्वच्छन्द रचनाएँ हैं, जैसा कि बख्शी जी निबन्ध विधा की प्रकृति की ओर इंगित करते हुए स्वयं कहते हैं। उनकी दृष्टि में इन रचनाओं में कवि की न उदात्त कल्पना रहती है, न आख्यायिका-लेखक की सूक्ष्म दृष्टि; और न विज्ञों की गम्भीर तर्कपूर्ण विवेचना। उनमें लेखक की सच्ची अनुभूति रहती है। अपने प्रख्यात निबन्ध 'क्या लिखूँ' में द्विवेदी युग की निबन्ध शैली के चारित्रिक लक्षणों की ओर संकेत करते हुए बख्शी जी रोमांटिक सर्जनात्मकता के सर्वाधिक महत्त्वपूर्ण गुणधर्म अर्थात् आत्मपरकता पर विशेष ज़ोर देते हैं। उन्होंने निबन्ध को ऐसा गद्य रूप निरूपित किया है, जिसमें जीवन का गौरव भूल कर हम अपने में ही लीन हो जाते हैं, जिसमें हम संसार को अपनी ही दृष्टि से देखते हैं और अपने ही भाव से ग्रहण करते हैं। आत्मतत्त्व के प्रबल हस्तक्षेप से निर्मित रोमांटिकता का उत्कर्ष स्वयं बख्शी जी के गद्य में देखा जा सकता है। द्विवेदी युग में वे अपने पथ के अकेले यात्री हैं।

मगर रोमांटिक काव्य की आत्मनिमग्नता को भारतेन्दु युग में निबन्ध ने सहज ही आत्मसात नहीं कर लिया था। 'सच्ची अनुभूति' पर आधारित रोमांटिक संवेदना को अपनाने में निबन्ध को आरम्भ में ख़ासी हिचक हो रही थी, यद्यपि भारतेन्दु के समकालीन गद्यकार ठाकुर जगमोहन सिंह अपनी विलक्षण कृति 'श्यामा स्वप्नन' में इसका अत्यन्त कुशलतापूर्वक प्रयोग कर चुके थे। (ग़ौर करें कि 'श्यामा स्वप्न' को इतिहासकारों ने उपन्यास की श्रेणी में परिगणित किया है; यद्यपि इसकी वृत्तात्मक संरचना अत्यन्त विशृंखलित है, और उसकी अत्यन्त मुखर रोमांटिक संवेदना पर रीतिकालीन भावबोध भी हावी है। इसलिए वह ठीक-ठीक उपन्यास तो नहीं बन पाया, मगर एक ऐसी रोमांटिकता उसमें विकसित हुई है, जिसकी अकुण्ठ वैयक्तिकता, अनुभूति की तीव्रता और प्रकृति वर्णन की कुशाग्रता सहज ही ध्यान आकृष्ट करती है। उपन्यास के रूप में लगभग मान्य होने के बावजूद, सच कहा जाये तो 'श्यामास्वप्न' का विधागत ढाँचा कथेतर गद्य के ज़्यादा क़रीब है।) किन्तु कथेतर गद्य में आत्म-तत्त्व का निवेश अनायास नहीं था। उसके पीछे निस्सन्देह पश्चिमी साहित्य की प्रेरणा सक्रिय थी। भारतेन्दु के समवर्ती लेखकों ने उसमें अपने ही ढंग के लालित्य का सर्जनात्मक निवेश किया था। बख़्शी जी के निबन्धों की रोमांटिक संवेदना और स्वच्छन्दता वृत्ति, सच कहा जाये तो, भारतेन्दु-युग के लालित्य, उस दौर की उदारवादी बौद्धिकता और स्वच्छन्दता की चेतना का प्रवृत्तिगत विकास है। इन प्रवृत्तियों के प्रभाव-स्वरूप जो गद्य बीसवीं शताब्दी के आरम्भिक दशकों में विकसित हुआ उसमें समुचित विविधता और शिल्पगत प्रौढ़ता थी। शिवपूजन सहाय का परिहास बोध, महादेवी वर्मा की भाषागत प्रांजलता और भावात्मक सौष्ठव रघुवीरसिंह की मर्मस्पर्शी काव्यात्मकता, सियारामशरण गुप्त की तरलता और आत्मीयता, माखनलाल चतुर्वेदी की भाषागत आलंकारिकता और बाबू गुलाबराय की सहजता और विनोद-वृति ने हिन्दी गद्य को बहुरूपात्मक और विविधवर्णी समृद्धि दी। इन गद्यकारों और निबन्ध की देहयष्टि के भीतर जो सर्जनात्मक प्रयोग किये गये, उनके फलस्वरूप संस्मरण, रेखाचित्र, डायरी, यात्रा-वृत्तान्त आदि कथेतर गद्य-विधाओं के नैन-नक्श उभरने लगे।

यूँ तो भारतेन्दु युग के गद्य में इन विधाओं के आरम्भिक लक्षण दिखाई दे रहे थे, लेकिन विवरण और सूचना पर अधिक बल होने के कारण ये लक्षण ठीक तरह से विकसित नहीं हो पाये थे। दूसरे सामाजिकता और परिवेश का दबाव इतना गहरा था कि वैयक्तिकता का आवकाश निर्मित करने के लिए गद्य को छायावादी काव्य-आन्दोलन के आगमन तक प्रतीक्षा करनी पड़ी, ताकि उसके द्वारा तैयार की गयी ज़मीन पर नयी तरह के गद्य रूपों का सर्जनात्मक ढाँचा खड़ा किया जा सके। यूरोपीय समाज में व्यक्ति के बढ़ते महत्त्व और साधारण मनुष्य के 'व्यक्तित्व की समृद्धि' पर साहित्य में उत्तरोत्तर बल दिये जाने के प्रभाव स्वरूप हिन्दी-साहित्य में

भी व्यक्ति चेतना उभर रही थी, जिसका दबाव रचनात्मकता पर भी पड़ने लगा था। स्वाभाविक तौर पर इस वातावरण में जीवनी, आत्मकथा, संस्मरण, रेखाचित्र-जैसे गद्य-रूप सहज ही विकसित हुए।

साहित्य में साधारण मनुष्य के नायक बनने का यह अभूतपूर्व अवसर था। प्रेमचन्द के कथा-साहित्य में ही नहीं, महादेवी वर्मा के संस्मरणों और रेखाचित्रों में अर्थात् उस समय के उभरते हुए कथेतर गद्य में भी साधारण मनुष्य नायक की तरह उपस्थित था। आत्मकथा, यात्रा-वृत्तान्त या डायरी जैसी नयी विधाओं में लोकप्रसिद्ध या महान व्यक्ति नहीं, साधारण लोग ही प्रतिष्ठित हुए थे और अपने साधारण अनुभवों को कलात्मक सृजन में ढाल रहे थे। यह एक नयी तरह की कलात्मकता थी जो सूचनात्मक विवरणों को छाँट कर सृजन की सर्वथा नये आयाम का उद्‌घाटन कर रही थी।

जीवनी और आत्मकथा में किसी हद तक सूचनात्मक विवरण मौजूद अवश्य थे, लेकिन वे इन विधाओं की सृजनात्मकता का लक्ष्य या मूलाधार नहीं बने। जीवनी के सूचनात्मक विवरण सृजन की चरम स्थितियों में कलात्मकता की ऊँचाइयों का भी स्पर्श कर सकते हैं; इसके कुछ विरल उदाहरणों में निराला की अद्‌भुत रचना 'कुल्लीभाट' है जो अपनी अपूर्व सर्जनात्मकता की वजह से कथेतर गद्य की सीमाएँ लाँघकर कथा–कृति में रूपान्तरित हो जाती है। दूसरी ओर महादेवी वर्मा का गद्य है, जिसमें उनकी सर्जनात्मक ऊर्जा किसी गद्य-विधा की परिभाषित सीमाओं में आबद्ध होने की बजाय संस्मरण, रेखाचित्र और निबन्ध जैसी कथेतर विधाओं को एक धरातल पर समेट कर उन्हें अन्तर्मिश्रण के लिए प्रेरित करती है। बनारसीदास चतुर्वेदी के गद्य में इसका अन्तर्मिश्रण कहीं अधिक प्रत्यक्ष है।

भारतेन्दु-युग के लालित्य और छायावाद के दौर के सौष्ठवपूर्ण गद्य-विन्यास को निबन्ध की सुगठित काया में पुनर्संयोजित करने से लालित्य निबन्ध के रूप में हिन्दी की एक नयी गद्य-भंगिमा प्रकट हुई। प्रकृति, मनुष्य और समष्टि के त्रिकोणात्मक सम्बन्धों को गहरे संस्कृति-बोध के भीतर आयत्त करने के प्रयत्न में रचे गये इन निबन्धों में एक नयी तरह का देशज सौन्दर्य दिखाई देता है। यहाँ लोकदृष्टि और शास्त्र-बोध का विलक्षण समन्वय हुआ है। ललित निबन्ध दरअसल पश्चिम से आयी निबन्ध विधा का सर्वथा भारतीय रूपान्तरण और उसका शैलीगत विस्तार है।

इसका एक भिन्न शैली में रूपान्तरण व्यंग्य है, जिसे एक विधा के रूप में मान्यता दिये जाने का भी आग्रह रहा है; यद्यपि स्वयं हरिशंकर परसाई जैसे प्रमुख व्यंग्यकार ने इसे विधा न मान कर स्पिरिट कहा है। मुख्यतः दैनिक पत्रकारिता का अंग होने के नाते व्यंग्य में तात्कालिकता और समसामयिकता उसके अनिवार्य गुण-धर्म के रूप में मौजूद रही है, लेकिन उसकी सृजनात्मकता परिवेश से प्रत्यक्ष

रूप से रूबरू होकर उसे आयत्त करने की विशिष्ट पद्धति में निहित है, जो मानवीय स्थितियों की विडम्बना को रेखांकित करते हुए मानवद्रोही शक्तियों के प्रति कटाक्षपूर्ण प्रतिक्रिया में व्यक्त होती है।

(दो)

कथेतर गद्य-विधाओं में आलोचना की विधा इस दृष्टि से महत्त्वपूर्ण है कि वह कविता सहित सभी साहित्य-रूपों से न सिर्फ़ सीधे सरोकार रखती है, बल्कि अपने अस्तित्व और उत्तरजीविता के लिए स्वयं उन पर निर्भर भी है। आलोचना की यह सर्वनिष्ठता उसे अधिकाधिक समावेशी और ज़िम्मेदार होने के लिए प्रेरित करती है। कृति यदि पाठक और लेखक के बीच सेतुबन्ध की तरह कार्य करती है, तो यह भी ध्यान रखा जाना चाहिए कि आलोचना पाठक के अन्तःकरण को न सिर्फ़ कृति या लेखक से, बल्कि समाज के अन्तःकरण से भी जोड़ती है। आलोचना का यह तिहरा सम्बन्ध उसे कई मायनों में विशिष्ट बनाता है।

इस तिहरे सम्बन्ध को ध्यान में रखते हुए आलोचना अपने स्वधर्म का निर्धारण और निर्वाह करती है। वह एक साथ परिवेश का प्रत्यक्षीकरण, कृति में उसके रचनात्मक रूपान्तरण की व्याख्या और कृति का मूल्यांकन करती है। इस प्रक्रिया में वह सौन्दर्यबोध और मूल्यबोध के बीच सन्तुलन साधते हुए कृति के साथ तार्किक और संवेदनात्मक सम्बन्ध स्थापित करने का यत्न करती है। यही उसकी वास्तविक भूमिका है।

हिन्दी में गद्य के अवतरण के साथ आलोचना का आविर्भाव और दोनों का समानान्तर विकास नहीं हुआ। आलोचना कुछ अन्तराल से, बीसवीं शताब्दी में विकसित हुई है। हिन्दी का साहित्य-बोध सामान्यतः कविता को सन्दर्भित करते हुए निर्मित हुआ है, इसलिए अपने जन्म-काल से ही हिन्दी आलोचना मुख्यतः कविता-केन्द्रित रही है। विभिन्न विचार-सरणियों और एकाधिक दिशाओं में अग्रसर हुई इस आलोचना में वाद-विवाद और संवाद के उपक्रम अक्सर कविता पर आश्रित रहे हैं। गद्य की आलोचना, जैसे भी विकसित हो सकी, प्रायः कथा—केन्द्रित है। कहानी और उपन्यास की आलोचना अधिकतर समाजशास्त्रीय दृष्टिकोण से तथा रचना की विषयवस्तु पर एकाग्र रहकर की गयी है। उसके विन्यास और सौन्दर्यबोध की पद्धति पर अपेक्षित ढंग से विचार नहीं किया गया है। आलोचना में यथार्थ के स्थूल और प्रत्यक्ष रूप तथा उसकी सामाजिक मूल्यवत्ता पर इतना ज़ोर है कि कृति का सौन्दर्य-मूल्य अलक्षित और उपेक्षित रह गया है।

ज़ाहिर है, कथात्मक गद्य की आलोचना-पद्धति अगर भली-भाँति विकसित नहीं हो पाई है तो कथेतर गद्य की आलोचना की दशा के विषय में सहज ही अनुमान

किया जा सकता है। कथेतर गद्य विधाओं की आलोचना प्रायः पुस्तक-समीक्षा या संक्षिप्त टिप्पणी तक ही सीमित है। न उसके मूल्यांकन के प्रतिमान निर्धारित किये जा सके हैं, और न ही उसकी सृजन-प्रक्रिया और सौन्दर्यबोध के विवेचन का पद्धतिशास्त्र निर्मित हो पाया है।

कविता और कुछ हद तक कथा-साहित्य पर केन्द्रित हिन्दी-आलोचना का यह एकांगीपन आधुनिक साहित्य के इतिहास के स्वाभाविक विकास और उसकी सहज गति का परिणाम है। यह सायास और सुनियोजित मालूम नहीं पड़ता। दरअसल भारतेंदु-युग में जब समस्त गद्य-विधाएँ अपने विकास के आरम्भिक चरण में थीं, स्वयं आलोचना विधा के भी अँखुए फूट रहे थे, तब नवजागरण और आधुनिकता के सन्दर्भ में निर्मित मूल्यबोध के अनुरूप स्वयं को ढालना उसके लिए कितना कठिन था, यह अनुमान लगाना मुश्किल नहीं है। आलोचना की पहली चुनौती तो अन्यान्य गद्य-विधाओं के बीच आधुनिक चेतना की ज़मीन पर अपने को खड़ा करने की थी। उस दौर में विकसित हो रही नयी गद्य-विधाओं की पहचान कर पाना तो उसके लिए लगभग असम्भव था। जब उसने आँखें खोलीं तो अपने सामने कविता को खड़ा पाया, जिसकी एक सुदीर्घ साहित्यिक परम्परा थी। कथेतर गद्य-विधाएँ तो नवजात शिशुवत थीं : उनकी तरफ़ तो उसकी नज़र गयी ही नहीं।

यह भी सच है कि हिन्दी में कथेतर गद्य विधाओं को आरम्भ से ही कमतर समझा गया। पत्रकारिता की छाया में विकसित होने के कारण उन्हें रचनात्मक साहित्य के दायरे में दाख़िला देने में थोड़ी हिचक भी रही। आचार्य रामचन्द्र शुक्ल ने अपने इतिहास-ग्रन्थ में निबन्ध का ज़िक्र तो किया है, लेकिन अन्य कथेतर विधाओं का उल्लख उनके यहाँ नहीं मिलता। ज़ाहिर है, बीसवीं शताब्दी के शुरुआती दशकों में निबन्ध के अलावा संस्मरण, जीवनी, आत्मकथा, यात्रा-वृत्त इत्यादि लिखे तो गये लेकिन उनकी स्वतन्त्र विधागत पहचान को मान्यता नहीं मिल पायी थी। यह तथ्य भी उल्लेखनीय है कि गद्य-युग के आरम्भ में इन विधाओं की प्रकृति सूचनात्मक और विवरणपरक होने के कारण इन्हें ठीक-ठीक सृजनात्मक साहित्य नहीं माना गया। बाद में धीरे-धीरे उनके भीतर संवेदना के गठन की सृजनात्मक प्रक्रिया के चलते भाषा की पुनर्रचना का दबाव निर्मित हुआ और इन विधाओं का रूप-रंग निखरने लगा। वैयक्तिकता और अनौपचारिकता के स्पर्श ने इन विधाओं को आत्मीय तथा सहज पठनीय तथा लोकप्रिय बनाया।

ठीक यही समय था जब कथेतर गद्य-विधाओं को सहानुभूतिपूर्ण आशंसा की आवश्यकता थी, लेकिन-हिन्दी आलोचना इनके प्रति प्रायः उदासीन बनी रही। हिन्दी के साहित्य बोध का विस्तार तो हुआ, लेकिन आलोचनात्मक बोध का परिसर कविता

तक ही सीमित रहा। आलोचना की वर्ण-व्यवस्था में कविता सवर्ण श्रेणी की विधा थी, जबकि कथेतर गद्य की स्थिति शूद्रवत बना दी गयी। उसके मूल्यांकन के निकष का निर्धारण और उसकी स्वतन्त्र समीक्षा-पद्धति का विकास करना तो दूर की बात थी।

इन विधाओं की आलोचना-पद्धति पर विचार करने के पूर्व इनकी आशंसा-पद्धति को समझना आवश्यक है। अपनी पृथक् पहचान के बावजूद कथेतर गद्य-विधाएँ परस्पर सम्बद्ध और अन्तर-मिश्रित हैं। उनकी आशंसा-पद्धति में बहुत हद तक एकरूपता सम्भव है। संस्मरण, डायरी, रेखाचित्र और यात्रा-वृत्त में व्यक्तित्व की निजता और विशिष्टता निर्णायक महत्त्व रखती है। इन विधाओं में आत्मतत्त्व के निवेश का पर्याप्त अवसर होता है, जो उन्हें निबन्ध से भी जोड़ता है। कृति की रचना के दौरान कृतिकार आत्मानुभव के सामाजिक सन्दर्भों की तलाश और उनकी पुनर्रचना का प्रयत्न करता है। ये विधाएँ आत्मपरकता को परिप्रेक्ष्य के रूप में अंगीकार करती हैं। वे आत्मसीमित नहीं रहतीं, बल्कि आत्मविस्तार की युक्ति के रूप में रचना को सम्भव करती हैं। पाठक यहाँ रचना के अनुभव को लगभग उसी तरह से ग्रहण करता है, जिस तरह से कविता और कथा-जैसी केन्द्रीय विधाओं में। अनुभव ग्रहण करने की पद्धति में समानता के बावजूद कथेतर गद्य-विधाएँ कथात्मक गद्य से भिन्न इसलिए हैं कि मूल अनुभव को वे कल्पनाजन्य अथवा आख्यानात्मक संरचना में तब्दील नहीं करतीं। उसकी यथार्थता अन्ततः अक्षुण्ण और अक्षत बनी रहती है। पाठक भली तरह जानता है कि वह रचना के आस्वादन की प्रक्रिया में लेखक के वास्तविक अनुभव का साक्षात्कार करता है। अनुभवजन्य यथार्थ पर पूर्ण एकाग्रता और सृजनात्मक कल्पना से नियन्त्रित दूरी बनाये रखने की वजह से ही सम्भवतः रामस्वरूप चतुर्वेदी ने कथेतर गद्य को अकाल्पनिक गद्य कहा है।

दिलचस्प है कि साहित्य में यथार्थवाद के प्रतिमान मुख्यतः कथा-साहित्य के परिप्रेक्ष्य में निश्चित किये गये हैं, जहाँ यथार्थ की रचना में कल्पना के रसायन का प्रयोग किया जाता है। लेकिन यथार्थवाद के रूप में यथार्थ के प्रतिमानीकरण की प्रक्रिया में कथेतर गद्य का योगदान स्वीकार नहीं किया जाता, जो यथार्थ के साक्ष्य पर ही यथार्थता का सृजन करता है। इसके बावजूद कथेतर गद्य में सौन्दर्य-संचार की मात्रा और उसकी तीव्रता, कविता या उपन्यास जैसी केन्द्रीय विधाओं की तुलना में कम नहीं है। वे पाठक को उतना ही आनन्द प्रदान करती हैं, जितना कि कविता, कहानी या उपन्यास, बल्कि आज के तनाव भरे समय में वे पाठक को भरसक राहत भी देती हैं।

हिन्दी का डायरी-साहित्य

अर्पणा

डायरी हिन्दी साहित्य की नवीनतम विधाओं में से एक है। आधुनिक सन्दर्भ और रूप में इण्टरव्यू विधा की भाँति डायरी विधा का उत्स भी पाश्चात्य साहित्य ही है। डॉ. हरिवंशराय बच्चन ने अपनी डायरी 'प्रवास की डायरी' की भूमिका में लिखा है कि अंग्रेज़ी में सबसे प्रसिद्ध और पुरानी डायरी सेमुएल पीप्स की मानी जाती है जो 17वीं शताब्दी के मध्य में लिखी गयी थी। निश्चय ही यह विश्व के डायरी साहित्य में अद्वितीय है...वे दुनिया के प्रथम और सर्वश्रेष्ठ डायरी लेखक माने जाते हैं। अंग्रेज़ी का डायरी शब्द लैटिन के 'डायस' शब्द से बना है और हिन्दी में इसे अंग्रेज़ी से ज्यों-का-त्यों ले लिया गया है। पाश्चात्य विद्वानों ने डायरी के दो स्वरूप स्वीकार किये हैं—'डायरी' और 'जर्नल'। डायरी में लेखक की निजी अनुभूतियाँ होती हैं किन्तु जब इन अनुभूतियों के अतिरिक्त अन्य सामाजिक, राजनीतिक, साहित्यिक एवं सांस्कृतिक मुद्दों पर भी उसके विचार, उसकी भावनाएँ एवं टिप्पणियाँ होती हैं तो वह 'जर्नल' का रूप ले लेती है। डॉ. रामस्वरूप चतर्वेदी के अनुसार, "यह डायरी का अधिक बौद्धिक और चिन्तन प्रधान रूप है।"

पाश्चात्य विधा होते हुए भी 'डायरी' विधा स्वतन्त्र और मौलिक रूप में हिन्दी में विकसित हुई। भारत में इसका विकास अपने संस्कारों और वातावरण में हुआ। डायरी की मौलिक धारणा को महात्मा गांधी ने एक नया अर्थ प्रदान किया। पश्चिम से आयी डायरी के मूल ढाँचे को भी हिन्दी साहित्य ने अपनी प्रकृति के अनुकूल बनाकर ग्रहण किया। हिन्दी साहित्य के बृहद इतिहास के अनुसार, पश्चिम में गद्य साहित्य की एक विधा के रूप में प्रतिष्ठित डायरी विधा का आगमन हिन्दी में 19वीं शताब्दी में हुआ। अन्य भारतीय भाषाओं के साथ हिन्दी में भी उसी समय डायरी लेखन का श्रीगणेश हुआ और हिन्दी लेखकों ने अपनी व्यक्तिगत डायरी लिखना आरम्भ किया।

आधुनिक काल के आरम्भिक लेखकों में अप्रतिम गद्यकार बालमुकुन्द गुप्त की डायरी के कुछ अंश 'बालमुकुन्द गुप्त स्मारक ग्रन्थ' (1950 ई.) में प्रकाशित हुए हैं। डायरी की प्रविष्टियाँ एकदम संक्षिप्त और वस्तुपरक हैं। सन् 1885 की मुद्रित

डायरी पुस्तिका के पृष्ठों पर श्री राधाचरण गोस्वामी की स्वहस्तलिखित दिनचर्या और कुछ प्रतिमाएँ प्राप्त होना, इस बात के प्रमाण हैं कि हिन्दी साहित्यकारों में बहुत पहले से डायरी लेखन की रुचि और सजगता विद्यमान थी। यह असम्भव नहीं है कि हिन्दी साहित्य में नवीनता का सूत्रपात करने वाले भारतेन्दु हरिश्चन्द्र, आचार्य महावीर प्रसाद द्विवेदी और उनके अनेक सहधर्मी डायरी लिखते हों किन्तु हमारा ध्यान अपनी साहित्यिक विभूतियों की विविधवर्णी, अज्ञात, इतस्ततः बिखरी हुई अमूल्य डायरियों की ओर नहीं गया है। जिस समय हमारे पूर्वज साहित्य महारथियों की व्यक्तिगत डायरियाँ प्रकाश में आयेंगी, उस समय हमारे साहित्यिक इतिहास को एक नया आलोक मिलेगा। अभी तो पत्र-पत्रिकाओं में जब-तब किसी पुराने साहित्यकार की डायरी के कुछ अंश दिखाई पड़ जाते हैं। एक साहित्यिक अभियान के उत्साह उल्लास से अपने पूर्ववर्ती साहित्यिकारों की डायरी की खोज और उनका प्रकाशन हमारा आवश्यक कर्त्तव्य है।

हिन्दी डायरी-साहित्य के सम्बन्ध में एक महत्त्वपूर्ण बात यह है कि हिन्दी के साहित्यकारों के साथ-साथ अन्य क्षेत्र के लोगों ने भी इस विधा को समृद्ध किया। हिन्दी में डायरी-लेखन के एक बहुत बड़े प्रेरणा-स्रोत महात्मा गांधी थे। इनकी प्रेरणा से महादेव भाई देसाई, जमुना लाल बजाज, राजेन्द्र बाबू, घनश्यामदास बिड़ला नरदेवशास्त्री वेदतीर्थ आदि ने महत्त्वपूर्ण डायरियाँ लिखीं।

गद्य की अन्य विधाओं की तरह डायरी विधा का प्रारम्भ उन्नीसवीं शताब्दी के उत्तरार्द्ध में हुआ। हिन्दी लेखकों की व्यक्तिगत डायरियों के प्रमाण हमें भारतेन्दु युग (1850-1885 ई.) में मिलते हैं। 1885 ई. की श्री राधाचरण गोस्वामी की वैष्णवोचित प्रतिज्ञाओं की पूर्वोदिष्ट हस्तलिखित डायरी 'दैनंदिनी' के अतिरिक्त गोस्वामी की 1872 अथवा 1876 की हस्तलिखित डायरियाँ चैतन्य पुस्तकालय पटना में सुरक्षित हैं। किन्तु ये तथ्य निरूपक व्यक्तिगत डायरियाँ हैं। डायरी में साहित्यिक कलात्मकता का उन्मेष एक लम्बे अन्तराल के बाद हुआ। हिन्दी में कलात्मकता, जीवन्त व्यक्तित्व की छाप और भावुकता से पुलकित मौलिक डायरी लेखन के शिलान्यास का श्रेय श्री नरदेव शास्त्री वेदतीर्थ को है। 1930 ई. के आस-पास उनकी डायरी 'नरदेव शास्त्री वेदतीर्थ की जेल डायरी' नाम से प्रकाशित हुई। 1940 ई. में उद्योगपति घनश्यामदास बिड़ला की डायरी 'डायरी के पन्ने' का प्रकाशन हुआ। 1948-51 के बीच महादेव भाई देसाई की डायरी का प्रकाशन हुआ। किन्तु 1945 ई. में प्रकाशित पं. सुन्दरलाल त्रिपाठी की डायरी 'दैनन्दिनी' शुद्ध साहित्यिक डायरी विधा का उत्कृष्ट उदाहरण है। इसमें तिथि, मास, वर्ष आदि का उल्लेख तो है ही, साथ ही व्यक्तिगत घनिष्ठता, भावुकता, आत्मीयता और एकालाप भी है। दैनिकता का पालन कठोरता से न करते हुए लिखी गयी और एक साहित्यकार की यथार्थ डायरी के रूप में डॉ. धीरेन्द्र वर्मा

की 'मेरी कॉलिज डायरी' 1958 ई. में प्रकाशित हुई। डायरी के समस्त गुण इस कृति में समाहित हैं—स्पष्टवादिता, संकोच रहित आत्मसमीक्षा, मार्मिकता, ऊहापोह की मनोवैज्ञानिकता आदि। 1966 ई. में जमनालाल बजाज की डायरी का प्रकाशन हुआ जिसमें 1912 से 1915 तक के जीवन की झाँकी है।

इसी क्रम में कालान्तर में हिन्दी साहित्यकारों द्वारा कुछ उल्लेखनीय डायरियाँ लिखी गयीं। मुक्तिबोध द्वारा लिखित 'एक साहित्यिक की डायरी' इन्हीं डायरियों में से एक है, जो 1964 ई. में भारतीय ज्ञानपीठ से प्रकाशित हुई थी। आलोचक शरद रंजन शरद ने 'एक साहित्यिक की डायरी' पर विचार करते हुए लिखा है कि "इस डायरी में जितना जीवन है, उसी विस्तार के साथ जगत, जितना आत्मपक्ष है, उतना ही उससे तादात्म्य स्थापित करता वस्तुपक्ष है, जैसा अनुभव है, वैसा ही संवेदन, जितना ज्ञान उतना ही विचार और जैसे शब्द वैसी ही प्रखर साधना। दरअसल यह डायरी दिनचर्या का तिथिवार विवरण नहीं, वरन हर दिन स्वयं तथा सबसे किया जाने वाला ऐसा विमर्श है जो जितना ज़रूरी साहित्य के लिए है, उतना ही समाज के लिए भी। इस डायरी में कुल तेरह लेख हैं। पूरी डायरी में स्वगत, एकालाप और वार्तालाप के जरिए वे व्यक्ति, परिवार, समाज, कला, संस्कृति, सृजन तथा संघर्ष के ऐसे तमाम बुनियादी सवालों से जूझते हैं, उनका हल ढूँढ़ने की कोशिश करते हैं जो मनुष्य और मनुष्यता के लिए ज़रूरी हैं।

'प्रवास की डायरी' हिन्दी के लोकप्रिय कवि हरिवंशराय बच्चन द्वारा लिखित डायरी है जो उनके द्वारा 1952 ई. में उनके इंग्लैण्ड प्रवास के दौरान लिखी गयी थी। 1952 ई. में लिखी जाने के बावजूद यह प्रकाशित हुई 1971 ई. में। 'प्रवास की डायरी' ने डायरी को एक साहित्यिक विधा के रूप में स्थापित किया। यह डायरी केवल लेखक के निजी-जीवन की झाँकी ही नहीं प्रस्तुत करती बल्कि इंग्लैण्ड और कैम्ब्रिज का भी दीदार करा देती है। इस डायरी में बच्चन का जीवन-संघर्ष तो है ही साथ ही विभिन्न मुद्दों पर उनके मन्तव्य भी हैं।

'दिनकर की डायरी' का प्रकाशन 1973 ई. में हुआ। इसकी भूमिका में दिनकर ने लिखा है कि उन्होंने 1961 ई. से डायरी लिखना शुरू किया और 1972 ई. तक विधिवत डायरी लिखी। इस डायरी का सम्पादन स्वयं दिनकर ने किया है। दिनकर नियमित रूप से डायरी लिखते थे और अगर किसी कारणवश किसी दिन वे डायरी नहीं लिख पाते थे तो स्मृति से उसे अगले दिन लिख डालते थे। अपनी डायरी में उन्होंने लगभग एक दशक के पूरे राजनीतिक, साहित्यिक परिदृश्य को समेटने का प्रयास किया है। डायरी क्या है, लगभग एक दशक का प्रामाणिक दस्तावेज़ ही है। इस डायरी में लेखक के व्यक्तित्व की झाँकी, उनके विचार, बारह वर्षों की साहित्यिक गतिविधियों के बारे में जानकारी मिलती है।

रघुवीर सहाय की डायरी 'दिल्ली मेरा परदेश' शीर्षक से प्रकाशित है जिसमें मई, 1960 से जुलाई, 1963 के बीच 'दिल्ली की डायरी' स्तम्भ के रूप में लिखित और 'धर्मयुग' में प्रकाशित डायरियाँ संकलित हैं। 'दिल्ली की डायरी' को 1976 ई. में 'दिल्ली मेरा परदेश' शीर्षक से मैकमिलन ने छापा था। ये डायरियाँ तत्कालीन दिल्ली की राजनीतिक, सामाजिक और सांस्कृतिक धड़कनों को बयाँ करती हैं।

प्रसिद्ध आलोचक रामविलास शर्मा ने अपनी डायरी के कुछ अंश 'पंचरत्न' 1980 ई. में प्रकाशित किया। 'पंचरत्न' में डॉ. शर्मा का कवित्वपूर्ण, संवेदनशील, भाव दीप्त, हास्य-वयंग्य गर्भित एवं कलात्मक रूप उभरकर सामने आया है। इन डायरियों में अनेक साहित्यकारों की कृतियों के सम्बन्ध में डॉ. शर्मा के विचार व्यक्त हुए हैं।

शिवपूजन सहाय की डायरी के कुछ अंश आलोचना '67 में प्रकाशित हुए थे किन्तु उनकी सम्पूर्ण डायरियों का प्रकाशन बहुत बाद में हुआ। उनके पुत्र मंगलमूर्ति के सम्पादन में तीन खण्डों में डायरी का प्रकाशन हुआ। शिवपूजन जी नियमित डायरी लिखते थे। डायरी-लेखन उनकी पूजा प्रार्थना की तरह था और उनके दैनिक जीवन का अभिन्न अंग था। शिवपूजन जी की कई साल की डायरियाँ आग में भस्म हो गयीं। बावजूद इसके 1916-17 से लेकर 1962 ई. तक की जो डायरियाँ मिलती हैं वे हिन्दी साहित्य की अमूल्य निधि हैं। इतने लम्बे अरसे तक डायरी लिखने वाले शिवपूजन जी हिन्दी साहित्य के पहले साहित्यकार हैं। इन डायरियों के माध्यम से शिवपूजन जी के जीवन, उनके विचार, राजनीति और साहित्य के प्रति उनकी सोच, उनके कर्तृत्व आदि के बारे में प्रामाणिक जानकारी मिल जाती है। शिवजी को समझने के लिए, उस दौर की रचनाधर्मिता को जानने के लिए यह एक बेहद भरोसेमन्द साक्ष्य है।

बेनीपुरी की डायरी 'डायरी के पन्ने' नाम से प्रकाशित है। बेनीपुरी ने 1950 ई. से डायरी लिखना शुरू किया था और जब तक कलम में ताकत रही—1963 ई. तक नियमित रूप से डायरी लिखते रहे। उनके पुत्र महेन्द्र कुमार बेनीपुरी ने लिखा है कि **सम्भवतः बाबूजी डायरी विधा को साहित्यिक गरिमा प्रदान करने वाले प्रथम भारतीय** लेखक थे। किन्तु उनकी 'डायरी के पन्ने' का प्रकाशन भी बहुत बाद में 2006 ई. में हुआ। बेनीपुरी की डायरी प्राकृतिक अर्थों में डायरी नहीं है जिसमें दिन-रात की घटनाओं या कार्यों का ब्यौरेवार ज़िक्र किया जाता है। यह सही अर्थों में एक साहित्यिक कृति है जिसमें उनके जीवन और चिन्तन की, परिकल्पना और संकल्पना की अवधारणा और विचारणा की कलात्मक अभिव्यक्ति हुई है। मात्र साहित्य बेनीपुरी का कर्मक्षेत्र नहीं था। वे स्वाधीनता आन्दोलन, साहित्य, राजनीति तथा पत्रिकारिता के क्षेत्रों में दीर्घकाल तक सक्रिय रहे थे। अतः उनकी डायरी में घटनाओं, प्रसंगों, प्रतिक्रियाओं, विचारों का वैविध्य भी है और विस्तार भी। यह

वैविध्य और विस्तार पाठकों की जिज्ञासाओं की पूर्ति की दिशा में अत्यन्त उपयोगी है। बेनीपुरी की डायरी में उनका जीवन-संघर्ष और उनकी उपलब्धियों का वर्णन है। इस डायरी में हिन्दी साहित्य ही नहीं बल्कि विश्व साहित्य से सम्बन्धित विविध गतिविधियों की सूचना मिलती है।

'**मोहन राकेश** की डायरी' का हिन्दी के डायरी साहित्य में अन्यतम स्थान है। 1948 से 1968 ई. तक के कालखण्ड को अपने में भीतर समेटे यह डायरी आधुनिक हिन्दी साहित्य का दस्तावेज़ है। मोहन राकेश ने अपने साहित्यिक जीवन की शुरुआत से ही डायरी लिखना शुरू कर दिया था और इसमें वे रोज़मर्रा की घटनाओं के अलावा अपने आस-पास की ज़िन्दगी, अपने मित्रों जिनमें अनेक महिलाएँ भी थीं—की चर्चा, अपने लेखन की प्रगति और योजनाएँ, साहित्य की गतिविधि इत्यादि प्रायः सभी तरह की बातें नोट किया करते थे। स्वयं कहानीकार होने के कारण उनके ये विवरण बड़े रोचक एवं मार्मिक हैं। मोहन राकेश ने बड़ी बेबाकी से बिना किसी लाग-लपेट के अपनी भावनाओं को अभिव्यक्त कर दिया है। कमलेश्वर, जिनके साथ मोहन राकेश का एक लम्बे अरसे तक सम्बन्ध रहा था, ने इस डायरी के बारे में कहा है कि राकेश की डायरी एक खुली किताब की तरह है।...अपनी साँसों की कहानी उसने डायरी में दर्ज की है। मोहन राकेश अपनी डायरी में अपनी निजी बातों और प्रसंगों की तो खुलकर चर्चा करते ही हैं साथ-ही-साथ अपने मित्रों के साथ अपने सम्बन्ध, साहित्यिक आन्दोलनों, गोष्ठियों-हलचलों की भी ख़ूब बेबाकी से चर्चा करते हैं।

श्रीकान्त वर्मा की डायरी को हिन्दी डायरी साहित्य में महत्त्वपूर्ण स्थान प्राप्त है। रचनावली के खण्ड-2 के अन्त में उनकी डायरियाँ प्रकाशित हैं। ये 11 जनवरी 1972 से 11 मार्च 1986 (निधन के डेढ़ माह पूर्व) तक के कालखण्ड में लिखी गयी हैं। रचनावली के सम्पादक अरविन्द त्रिपाठी ने बतलाया है कि डायरी का अधिकांश हिस्सा उनके निधन के बाद पत्र-पित्रकाओं में छपा और चर्चित हुआ था। डायरी लिखना श्रीकान्त वर्मा की हॉबी थी जिसे वे दिनचर्या बनाना चाहते थे। उन्होंने सन् 1972 से डायरी लिखना शुरू किया था पर जीवन की आपा-धापी में वे इसे नियमित नहीं कर पाये।

श्रीकान्त वर्मा का जीवन सदा संकटग्रस्त एवं कष्टमय रहा है जिसका पता डायरी में लिखित मार्मिक वर्णन से चलता है। निजी जीवन के दुख-दर्द, कष्ट, बीमारी आदि के बारे में लेखक ने ज़िक्र करके डायरी को और प्रभावी बना दिया है। किन्तु श्रीकान्त वर्मा जैसा कवि और बहुमुखी प्रतिभा सम्पन्न साहित्यकार केवल अपना रोज़नामचा लिखकर सन्तोष नहीं कर सकता था। इसीलिए इस डायरी को निजीपन से अलग हटकर सामाजिक सन्दर्भ में प्रस्तुत करने की चेष्टा करता है। वे एक सजग साहित्यकार हैं और उनकी पैनी दृष्टि सब चीज़ों पर आश्रित रहती है।

देश-विदेश में घटित विभिन्न घटनाओं को वह अपनी डायरी में अंकित करते चलते हैं। इस तरह डायरी का दायरा बढ़ता जाता है।

मलयज की डायरी सन् 2000 में वाणी प्रकाशन नयी दिल्ली से तीन खण्डों में प्रकाशित है जिसका सम्पादन डॉ. नामवर सिंह ने किया है। डायरी का पहला खण्ड 1951 से 1960 ई. के बीच लिखी गयी डायरी का है। दूसरा खण्ड 1961 से 1970 ई. तक और तीसरा खण्ड 1971 से 1981 ई. तक का है।

इधर **डॉ. सियाराम तिवारी** की दो डायरियाँ 'रोमानिया यात्रा की डायरी' और 'पाटिलपुत्र से शान्तिनिकेतन' प्रकाशित हुई हैं। रोमानिया यात्रा की डायरी' में लेखक ने अधुनातन रोमानिया का दर्शन कराया है जबकि 'पाटलिपुत्र से शान्तिनिकेतन' में अपने जीवन के लगभग पचास वर्षों के संघर्ष को अभिव्यक्त किया है। इस प्रकार हिन्दी में डायरियाँ लगातार प्रकाशित हो रही हैं।

हिन्दी डायरी साहित्य पर विचार करते हुए यह बात स्पष्ट हो जाती है कि ये डायरियाँ मुख्य रूप से दो रूपों में प्रकाशित होकर सामने आयी हैं। एक रूप वह है जो पत्रिकाओं या लेखकों की विभिन्न विधाओं के संग्रहों, अभिनन्दन या स्मारक ग्रन्थों, ग्रन्थावलियों आदि के अंशों के रूप में प्रकाशित हुआ है। दूसरा रूप वह है, जो स्वतन्त्र पुस्तकों के रूप में प्रकाशित हुआ है। एक और महत्त्वपूर्ण बात यह है कि कुछ रचनाएँ ऐसी प्रकाशित हुई हैं जिनमें केवल डायरी की प्रविधि या शिल्प को अपनाया गया है। वस्तुतः ये डायरियाँ नहीं हैं। जैसे-डॉ. देवराज की डायरी, अजय की डायरी, मुक्तिबोध की 'एक साहित्यिक की डायरी' हरिशंकर परसाई की 'निठल्ले की डायरी' आदि।

हिन्दी में डायरी विधा को आगे बढ़ाने में पत्र-पत्रिकाओं का काफ़ी योगदान रहा है। डायरी ने हिन्दी की प्रमुख विधाओं में अपना स्थान बना लिया है और यह निरन्तर समृद्ध होती जा रही है।

रेखाचित्र : आधुनिक हिन्दी गद्य साहित्य की एक महत्त्वपूर्ण विधा

अखिलेश दुबे

'रेखाचित्र' आधुनिक हिन्दी गद्य साहित्य की एक महत्त्वपूर्ण विधा के रूप में समादृत है। इसके उदय का इतिहास बहुत पुराना नहीं है। यह आधुनिक सामाजिक-रा. जनीतिक परिस्थितियों के प्रभाव-स्वरूप अस्तित्व में आयी। ठीक उसी तरह जैसे कि अन्य गद्य विधाएँ, उदाहरण के लिए संस्मरण, जीवनी, आत्मकथा, डायरी, पत्र आदि। 'रेखाचित्र' शब्द अंग्रेज़ी के शब्द 'स्केच' (sketch) के पर्याय के रूप में ग्रहण किया गया है। यह चित्रकला के अनुशासन से सम्बन्धित शब्द है। वहीं से यह शब्द लिया गया है और धीरे-धीरे साहित्य के क्षेत्र में स्वीकृत हो गया। रेखाचित्रकार जब चित्र तैयार करता है तो वह सीधी और तिरछी रेखाओं के उपयोग से चित्र तैयार करता है। वह इन चित्रों में रंगों का प्रयोग नहीं करता है, फिर भी ये चित्र अपनी अभिव्यक्ति में बेजोड़ होते हैं। ठीक इसी तरह साहित्यकार जब शब्दों के माध्यम से किसी चरित्र या वस्तु का चित्र अपने पाठकों के सामने रखता है, तब उसका यह चित्र 'रेखाचित्र' कहलाता है।

आज 'रेखाचित्र' नाम इस गद्य विधा के लिए प्रचलित हो गया है, किन्तु आरम्भ में रेखाचित्रकारों के सामने इस मामले में द्वन्द्व की स्थितियाँ थीं। अभिव्यक्ति के इस विशेष रूप को कौन-सा नाम दिया जाये, जो सर्वथा उपयुक्त और सटीक हो। यह प्रश्न सम्मुख था। इसके लिए कई नाम चलन में थे, जैसे स्केच, रेखाचित्र और शब्दचित्र आदि। हिन्दी के यशस्वी रेखाचित्रकार रामवृक्ष बेनीपुरी ने इसके लिए प्रायः शब्दचित्र शब्द इस्तेमाल किया है। 'शब्दचित्र' शब्द प्रयोग करने वालों में डॉ. माखनलाल शर्मा का भी नाम लिया जाता है। इसी तरह रेखाचित्र के लिए 'स्केच' शब्द का भी प्रयोग किया जाता था। प्रो. प्रकाशचन्द्र गुप्त ने अपने एक संकलन का नामकरण ही 'पुरानी स्मृतियाँ और नये स्केच' किया था। किन्तु 'स्केच' शब्द अंग्रेज़ी का होने के कारण इसे अधिक समर्थन नहीं मिला और यह चलन में नहीं रह पाया। 'रेखाचित्र' संज्ञा प्रयोग करने वाले साहित्यकारों की सूची विस्तृत है। यहाँ

तक कि प्रो. प्रकाशचन्द्र गुप्त ने भी यह मान लिया कि रेखाचित्र शब्द ही सर्वाधिक उपयुक्त है। उन्होंने स्वीकार किया कि कुछ स्केच लिख लेने के बाद उसके लिए 'रेखाचित्र' शब्द मेरे मस्तिष्क में बार-बार प्रतिध्वनित होने लगा था। पं. श्रीराम शर्मा, हिन्दी के प्रसिद्ध संस्मरण व रेखाचित्र लेखक ने अपनी पुस्तक 'वे जीते कैसे हैं' में 'हृदयस्पर्शी रेखाचित्र, संस्मरण तथा अन्य रचनाएँ' पद प्रयोग किया है। इसी प्रकार प्रसिद्ध गांधीवादी हिन्दी साहित्यकार विष्णु प्रभाकर, जिनको आधुनिक हिन्दी की जीवनी, संस्मरण और रेखाचित्र आदि विधाओं को समृद्ध करने का यश प्राप्त है, ने भी इस विधा के लिए 'रेखाचित्र' को ही उचित माना है। अपने संकलन 'कुछ शब्द कुछ रेखाएँ' में स्पष्टतः 'विभिन्न व्यक्तियों के संस्मरण और रेखाचित्र' को उद्धृत किया है। संकलन के शीर्षक से भी रेखाचित्र की ध्वनि सुनाई पड़ रही है, लेकिन शीर्षक के नीचे लिखे वाक्य (ऊपर उद्धृत) से साफ़-साफ़ पता चल जाता है कि वे 'रेखाचित्र' शब्द को ही एकमात्र सम्यक नाम स्वीकार कर रहे हैं। बाबू गुलाबराय ने भी 'स्केच' के साथ-ही-साथ 'रेखाचित्र' शब्द का प्रयोग किया है।

'रेखाचित्र' विधा हिन्दी में स्वीकृत गद्य की आधुनिक विधा है। इसका सम्बन्ध या इसके उदय के पीछे ज़िम्मेदार कारणों में पश्चिम (यूरोप व अमेरिका) की कोई बहुत स्पष्ट व निर्णायक भूमिका नहीं है। इस सम्बन्ध में 'हिन्दी आलोचना की पारिभाषिक शब्दावली' के लेखक डॉ. अमरनाथ ने उल्लेख किया है कि "हिन्दी में रेखाचित्र नामक जिस साहित्यिक विधा का उद्भव और विकास हुआ, उसके उदाहरण अंग्रेज़ी या अन्य यूरोपीय साहित्य में उपलब्ध नहीं हैं। कुछ व्यक्तियों, साहित्यकारों, राजनेताओं, वैज्ञानिकों आदि के बारे में संस्मरणात्मक कृतियाँ अंग्रेज़ी या यूरोपीय साहित्य में मिल जाती हैं, पर रेखाचित्र या स्केच नहीं मिलते। दरअसल हिन्दी में इस साहित्यिक कला का आविर्भाव चित्रकला में प्रचलित रेखांकन और पोर्ट्रेट के आधार पर हुआ है। 'इनसाइक्लोपीडिया ब्रिटेनिका' में भी अंग्रेज़ी साहित्य की एक साहित्यिक विधा के रूप में स्केच का कोई ज़िक्र नहीं है, पर चित्रकला के इतिहास के अन्तर्गत पोर्ट्रेट का ज़िक्र अवश्य है।" (पृ.सं. 309)

इसमें कोई सन्देह नहीं है कि यह चित्रकला से हिन्दी में आयी हुई 'नव विकसित विधा' है। इसमें साहित्य और चित्रकला दोनों ही के गुण-धर्म सम्मिलित हैं। यह गद्य साहित्य की कई अन्य विधाओं उदाहरणार्थ निबन्ध, संस्मरण और कहानी की विधाओं से भी प्रभाव ग्रहण करने वाली विधा है। बहुत बार भ्रमवश यह तय करना मुश्किल होता है कि अमुक रचना, निबन्ध, कहानी, संस्मरण, जीवनी, आत्मचरित्र या कि रेखाचित्र है। इन गद्य विधाओं के मध्य कोई स्पष्ट विभाजन रेखा तय करना कठिन कार्य है। हिन्दी साहित्य कोश, भाग-एक में कहानी और रेखाचित्र विधाओं के साम्य के बारे में सविस्तार उल्लेख किया गया है–"रेखाचित्र किसी व्यक्ति, वस्तु,

घटना या भाव का कम-से-कम शब्दों में मर्मस्पर्शी, भाव पूर्ण एवं सजीव अंकन है। कहानी से इसका बहुत अधिक साम्य है—दोनों में क्षण, घटना या भाव पर विशेष ध्यान रहता है, दोनों की रूपरेखा संक्षिप्त रहती है और दोनों में कथाकार के नैरेशन और पात्रों के संलाप का प्रसंगानुसार उपयोग किया जाता है। इन विधाओं के साम्य के कारण अनेक कहानियों को भी रेखाचित्र कह दिया जाता है और इसके ठीक विपरीत अनेक रेखाचित्रों को कहानी की संज्ञा प्राप्त हो जाती है।" (पृ.सं.-575)

साहित्यकोश में रेखाचित्र की परिभाषा व उसकी विधागत विलक्षणता का साफ़ संकेत किया गया है और ऐसा उदाहरणों में भी देखने में आता है। राय कृष्णदास की 'अन्तःपुर का आरम्भ' शीर्षक कहानी है, किन्तु उसमें आदिम मनुष्य की अन्तःवृत्तियों को केन्द्र में रखा गया है। यह रेखाचित्र की श्रेणी में सम्मिलित किया जाता है। ऐसे ही महादेवी वर्मा के प्रसिद्ध रेखाचित्रों रामा, घीसा व लछमा आदि को 'रेखाचित्र कहानी' भी कहा जाता है। महादेवी के रेखाचित्र संस्मरण की सीमा-रेखा में बहुत आसानी से प्रवेश पा जाते हैं। वस्तुतः संस्मरण और रेखाचित्र को विभाजित करने वाली रेखा तो निहायत बारीक है। दोनों की आधारभूत सामग्री 'स्मृति' है। इसी को केन्द्रीय मानकर दोनों की रचना होती है। विस्तार दोनों में सम्भव है, किन्तु दोनों का एक स्पष्ट अन्तर यह है कि रेखाचित्रकार अपने वर्ण्य विषय की एक-एक विशेषता को अत्यन्त सूक्ष्मता से अंकित करता चलता है और समापन करते हुए वह वर्णित विषय का सजीव चित्र, अपने पाठकों के सामने रख देता है। संस्मरण में वर्ण्य के इतने बारीक उद्‌घाटन की आवश्यकता नहीं होती है, फिर भी यह कहना ही ज़्यादा सार्थक है कि दोनों विधाओं के बीच सूक्ष्म अन्तर है। डॉ. रामचन्द्र तिवारी ने भी स्वीकार किया है कि "संस्मरण और रेखाचित्र में सामान्यतः भेद करना कठिन है।" (हिन्दी का गद्य साहित्य, पृ.सं.-416)

पं. बनारसीदास चतुर्वेदी ने भी इस सम्बन्ध में अपना अभिमत दिया है—"संस्मरण, रेखाचित्र और आत्मचरित इन तीनों का एक-दूसरे से इतना घनिष्ठ सम्बन्ध है कि एक की सीमा दूसरे से कहाँ मिलती है और कहाँ अलग हो जाती है, इस बात का निर्णय करना कठिन है।" (संस्मरण, पृ.सं.-4)

महादेवी वर्मा अपने संस्मरणों व रेखाचित्रों के लिए एक साथ 'स्मृतिचित्र' शब्द इस्तेमाल करती हैं—"इन स्मृतिचित्रों में मेरा जीवन भी आ गया है। यह स्वाभाविक भी था। अन्धेरे की वस्तुओं को हम अपने प्रकाश की धुँधली या उजली परिधि में लाकर ही देख पाते हैं, उसके बाहर तो वे अनन्त अन्धकार के अंश हैं।...परन्तु मेरा निकटता-जनित आत्म विज्ञापन उस राख से अधिक महत्त्व नहीं रखता, जो आग को बहुत समय तक सजीव रखने के लिए ही अंगारों को घेरे रखता है।" (अतीत के चलचित्र, अपनी बात, पृ.सं.-2)

'रेखाचित्र' की विद्वानों/साहित्यकारों ने अनेक परिभाषाएँ दी हैं। महादेवी वर्मा ने माना है कि "चित्रकार अपने सामने रखी हुई वस्तु, व्यक्ति या रंगहीन चित्र जब कुछ रेखाओं में इस प्रकार आँक देता है कि उसकी विशेष मुद्रा पहचानी जा सके तब उसे हम रेखाचित्र की संज्ञा देते हैं। साहित्य में भी साहित्यकार कुछ शब्दों में ऐसा चित्र अंकित कर देता है जो उस वस्तु या व्यक्ति का परिचय दे सके, परन्तु दोनों में अन्तर है।" (हिन्दी के श्रेष्ठ रेखाचित्र, सं.–प्रो. चौथीराम यादव, पृ.सं.-8 से उद्धृत) यहाँ महादेवी जी स्पष्ट रूप से रेखाचित्र की खूबियों को चित्र की खूबियों के साथ एक करके देख रही हैं। उनकी धारणा है कि शब्दचित्र व रेखाचित्र इस प्रकार रचे जाते हैं कि दोनों जीवन्त लगने लगते हैं और वे अपने देखने वालों या पढ़ने वालों से एक सम्बन्ध जोड़ लेते हैं।

डॉ. गोविन्द त्रिगुणायत 'रेखाचित्र' को एक मिश्रित विधा मानते हुए कहते हैं कि–"रेखाचित्र, चित्रकला और साहित्य के सुन्दर सुहाग से उद्भूत एक अभिनव कला रूप है। रेखाचित्रकार, साहित्यकार के साथ-ही-साथ चित्रकार भी होता है। रेखाचित्र मनःपटल पर विशृंखल रूप में बिखरी हुई शत-शत स्मृति रेखाओं में उभरी हुई रमणीय रेखाओं को अपनी कला की तूलिका से सहानुभूति के रंग में रंजित कर जीते-जागते शब्द चित्र में परिणत कर देता है।" (हिन्दी के श्रेष्ठ रेखाचित्र, सं. प्रो. चौथीराम यादव, पृ.सं. 8 से उद्धृत)

डॉ. त्रिगुणायत की 'रेखाचित्र' की परिभाषा में इसे मिश्रित विधा माना गया है और इसमें साहित्यकार की सहानुभूति को महत्त्व दिया गया है। इसका अभिप्राय यह हुआ कि रेखाचित्र लिखने वाला साहित्यकार निरपेक्ष होकर रेखाचित्र नहीं लिखता है, बल्कि वह पूरी तरह से अपने वर्ण्य विषय के साथ 'इनवाल्व' रहता है।

रेखाचित्र वस्तुतः व्यक्ति प्रधान होते हैं। इसीलिए रेखाचित्रकार व्यक्ति के चरित्र के सम्यक उद्घाटन का ध्यान रखता है। वह वर्ण्य विषय की सारी ख़ूबियों को सूक्ष्मता से अंकित करता चलता है। इसके साथ ही संवेदनशीलता, स्मृति मूलकता, तटस्थता, अनुभव की प्रामाणिकता, सघन पर्यवेक्षण व सोद्देश्यता आदि विशेषताएँ भी 'रेखाचित्र' को विशिष्ट विधा बनाने में सहयोग करती हैं।

हिन्दी में रेखाचित्रों के उद्भव के सम्बन्ध में अनेक मत-मतान्तर हैं। कुछ विद्वानों की राय है कि यह पाश्चात्य साहित्य से हिन्दी में आयी हुई विधा है तो कुछ इसे विशुद्ध भारतीय मूल की विधा मानते हैं। कुछ विद्वान उत्कट देश प्रेम साबित करने के लिए इसका सम्बन्ध प्राचीन भारतीय वाङ्मय में खोजते हैं, जो कहीं से भी तार्किक प्रतीत नहीं होता है। इस बात में कोई सन्देह नहीं है कि 'रेखाचित्र' आधुनिक हिन्दी साहित्य की गद्य विधा है, जिसका प्रारम्भ/उदय/ विकास बीसवीं शताब्दी के आरम्भिक दशकों (1900-1940) में हुआ। यह वह समय है जब भारतीय

समाज नवीन चेतना से अनुप्राणित हो रहा था। साहित्य, संस्कृति, कला, राजनीति व धर्म आदि सब प्रभावित हो रहे थे। नयी जनतान्त्रिक, मानवीय व प्रगतिशील दृष्टि विकसित हो चुकी थी। साहित्य में 'सामान्य' की प्रतिष्ठा की घोषणा हो चुकी थी। सरस्वती सम्पादक आचार्य महावीर प्रसाद द्विवेदी ने आधुनिक हिन्दी साहित्य को सर्वथा नवीन चेतना से लैस करने व उसे जन-कल्याणधर्मी अनुष्ठान का सशक्त माध्यम बना दिया था। पं. पद्म सिंह शर्मा 'पद्म पराग' से संस्मरण/रेखाचित्र के क्षेत्र में शुरुआत कर चुके थे। 'रेखाचित्र' की विधा का प्रभावी विकास द्विवेदी युग के बाद के दौर में हुआ। गांधी जी भारतीय स्वातन्त्र्य आन्दोलन का नेतृत्व स्वीकार कर चुके थे। परिणामतः आन्दोलनों का सिलसिला चल पड़ा था। आन्दोलनकारियों में राजनेताओं के साथ-ही-साथ साहित्यकार भी सक्रिय थे। अंग्रेज़ी सरकार भारतीय आज़ादी के लिए चलाये जा रहे आन्दोलनों का बेहद निमर्मता से दमन करती थी। आन्दोलनकारियों को जेल में यातनाएँ दी जाती थीं। इस प्रकार देश में एक प्रखर सामाजिक राजनीतिक परिदृश्य तैयार हो रहा था। हिन्दी के साहित्यकारों ने इन परिस्थितियों से नयी प्रेरणा व अनुभव हासिल करके ख़ूब लिखा है। इनमें बनारसीदास चतुर्वेदी, सेठ गोविन्ददास आदि सम्मिलित हैं।

हिन्दी रेखाचित्र की विधा को समृद्ध करने वाले कुछ महत्त्वपूर्ण रेखाचित्रकारों व उनके रेखाचित्रों के उल्लेख के बिना रेखाचित्र की चर्चा पूरी नहीं हो सकती है। इसलिए यहाँ उनका सम्मान सहित उल्लेख करना आवश्यक है। श्रीराम शर्मा ने अत्यन्त कलात्मक व सजीव रेखाचित्रों का सृजन किया है। उनके रेखाचित्रों का संकलन 'बोलती प्रतिमा' शीर्षक से सन् 1937 में प्रकाशित हुआ। महादेवी वर्मा हिन्दी की अन्यतम रेखाचित्रकार है। उन्हें 'अतीत के चलचित्र' (1941 ई.), 'स्मृति की रेखाएँ (1943 ई.) और 'मेरा परिवार' (1972 ई.) से पर्याप्त यश प्राप्त हुआ। प्रकाश चन्द्र गुप्त 'रेखाचित्र' (1940 ई.) 'मिट्टी के पुतले', 'पुरानी स्मृतियाँ', 'नये स्केच' रामवृक्ष बेनीपुरी, 'माटी की मूरतें' (1946 ई.), 'गेहूँ और गुलाब' (1950 ई) 'लाल तारा' (1938 ई.), 'मील के पतथर', पं. बनारसीदास चतुर्वेदी, 'रेखाचित्र' (1952 ई.), 'सेतुबन्ध' (1952), कन्हैयालाल मिश्र प्रभाकर 'माटी हो गयी सोना', 'दीप जले शंख बजे' (1959), डॉ. नगेन्द्र 'चेतना के बिम्ब' (1967), सेठ गोविन्ददास, 'चेहरे जाने पहचाने' (1966 ई.), देवेन्द्र सत्यार्थी, 'रेखाएँ बोल उठीं' (1949 ई.), कृष्णा सोबती, 'हम हशमत', भाग-1, (1977 ई.), भीमसेन त्यागी, 'आदमी से आदमी तक' (1982 ई.) सत्यवती मल्लिक, 'अमिट रेखाएँ' (1951 ई), उपेन्द्र नाथ अश्क 'रेखाएँ और चित्र' (1955 ई.), माखनलाल चतुर्वेदी, 'समय के पाँव' (1962 ई.) आदि रेखाचित्रकारों ने अपनी कलम से हिन्दी रेखाचित्र विधा को अत्यन्त सशक्त विधा के रूप में स्थापित किया है। इनके अतिरिक्त पत्र-पत्रिकाओं में अनेक लेखकों के रेखाचित्र प्रकाशित होते रहते हैं।

महादेवी हिन्दी की बेजोड़ रेखाचित्रकार हैं, उन्होंने निर्जीव पदार्थों और अत्यन्त साधरण चरित्रों, व्यक्तियों को असाधरणता प्रदान कर दी है। उन्होंने लछमा जैसी साधारण, उपेक्षित और प्रताड़ित पर्वतीय स्त्री को अत्यन्त मानवीय दृष्टिकोण से प्रस्तुत करते हुए उसे महत्त्वपूर्ण व्यक्तित्व प्रदान कर दिया है। ऐसे ही घीसा, रामा, भक्तिन आदि के साथ किया है। नीलकण्ठ मोर को उन्होंने अपनी कलम से अविस्मरणीय व मानवीय बना दिया है। इस सम्बन्ध में डॉ. रामचन्द्र तिवारी ने अपनी पुस्तक 'हिन्दी का गद्य साहित्य' में मार्मिक टिप्पणी की है–"महादेवी वर्मा के संस्मरणनुमा रेखाचित्र बेजोड़ है। साधारण व्यक्तियों और निर्जीव पदार्थों को रेखांकित करना अपेक्षाकृत कठिन है। यह काम अन्तःकरण की आर्द्रता और गहन शब्द-साधना के साथ ही वस्तु या व्यक्ति के उभरे हुए पहलू को सहसा दृष्टि से समेट लेने की क्षमता की भी अपेक्षा रखता है।' (पृ. सं.-417)

हिन्दी के रेखाचित्रकारों ने अपनी प्रतिभा और लेखन-कौशल से इस विधा को नवीन चेतना, प्रगतिशील दृष्टि सम्पन्न करते हुए उसे अत्यन्त महत्त्वपूर्ण विधा के रूप में विकसित कर दिया है। रेखाचित्र विधा का भूत, वर्तमान और भविष्य सब सुन्दर हैं।

हिन्दी का पत्र-साहित्य : विकास एवं महत्त्व

देवेन्द्र कुमार गुप्ता

पत्र हिन्दी साहित्य की नवीन विधाओं में से एक है। यह पाठकों में तेजी से लोकप्रिय हो रही है। यद्यपि अधिकांश पत्र प्रकाशन के विचार से नहीं लिखे गये। यह कहना गलत नहीं होगा कि पत्रों की उपयोगिता समाज में लम्बे समय से रही है। साहित्य में, विशेष रूप से भारत में इसे एक विधा के रूप में 20वीं शताब्दी में स्वीकार किया गया। पत्र, साक्षर समाज में परस्पर विचारों के आदान-प्रदान का माध्यम है। भले ही इनके पहुँचने का तरीक़ा अलग-अलग क्यों न हो, जैसे—डाकसेवा, सन्देहवाहक, इन्टरनेट इत्यादि। व्यक्तिगत पत्रों का सम्बन्ध व्यक्ति के हृदय से होता है। इसमें व्यक्ति अपने मन की बात को दूसरे के साथ बाँटता है। इसे हम यह भी कह सकते हैं कि पत्र में दो हृदयों का सम्बन्ध स्थापित होता है। लेखक का अन्तर्मन खुलकर व्यक्त होता है। पत्रों में किसी तरह की बनावट नहीं होती बल्कि यही वह विधा है जिसमें व्यक्ति अपने को दूसरों से स्वाभाविक रूप में जोड़ लेता है। पत्र की ताकत का अन्दाज़ा इसी से लगाया जा सकता है कि जो बात हम किसी से कह नहीं पाते, उसे पत्र में लिख देते हैं। व्यक्ति का सहज और स्वाभाविक रूप उसके पत्रों में उद्घाटित हो जाता है। पत्र जीवन के किसी क्षेत्र—सामाजिक, राजनीतिक, साहित्यिक में विशेष उपलब्धि अर्जित करने वाले लोगों के महत्त्वपूर्ण होते हैं। ये लोग चर्चित होते हैं। इनके बारे में लोगों को अधिक-से-अधिक जानने की उत्सुकता होती है। ये भावी पीढ़ी के प्रेरणा-स्रोत भी होते हैं। इनके अनुभव बहुत व्यापक होते हैं। पत्रों के माध्यम से इनके परिवेश, संघर्ष और सम्बन्धों की जानकारी प्राप्त होती है। एक साहित्यकार के पत्र तो साहित्य की महत्त्वपूर्ण निधि हैं। उसके पत्रों में प्रतिभा, अध्ययन और अनुभव का समोवश होता है। उसके पत्रों में सृजनात्मकता होती है। इन पत्रों में उसका परिवेश भी साफ़-साफ़ स्पष्ट हो जाता है। यही नहीं, उसकी जीवन-दृष्टि का आभास भी, उसके पत्रों से हो जाता है। व्यक्तिगत पत्रों की भाषा कृत्रिमता से दूर होती है, यह सहज और स्वाभाविक होती है।

हिन्दी में पत्र-साहित्य बहुत कम प्रकाशित हुआ है। इसे हम यह भी कह सकते

हैं कि पत्र विधा अन्य विधाओं की अपेक्षा कम समृद्ध हुई है। इस विधा में विकास की पर्याप्त सम्भावनाएँ मौजूद हैं। हिन्दी में जो कुछ पत्र-साहित्य मिलता है वह बीसवीं शताब्दी से ही प्रकाशित होना आरम्भ हुआ है। सबसे पहला पत्र-साहित्य 1904 में स्वामी दयानन्द सरस्वती के पत्रों के संकलन के रूप में प्रकाशित हुआ। इसी क्रम में भगवद्दत्त द्वारा सम्पादित पत्र-संग्रह 'ऋषि दयानन्द का पत्र-व्यवहार' 1909 में प्रकाश में आया। इस पत्र-संग्रह से आर्यसमाज के संस्थापक स्वामी दयानन्द सरस्वती की जीवन-दृष्टि और तत्कालीन परिस्थितियों की प्रामाणिक जानकारी मिलती है। इसके उपरान्त जो पत्र-संग्रह प्रकाशित हुए उनमें श्रीरामकृष्ण आश्रम, देहरादून से प्रकाशित 'विवेकानन्द पत्रावलि' का नाम भी आता है। इसमें स्वामी विवेकानन्द के पत्र हैं। विवेकानन्द ने विश्व में भारत के गौरव को स्थापित किया। वे भारतीय संस्कृति के प्रतिभाशाली एवं प्रभावशाली प्रवक्ता थे। उनका व्यक्तित्व लोगों को आकर्षित करता था। इसी तरह एक अन्य संग्रह 'पत्रावलि' में प्रसिद्ध स्वतन्त्रता संग्राम सेनानी सुभाषचन्द्र बोस के पत्र हैं। सुभाषचन्द्र बोस देश के अग्रणी नेता थे। राष्ट्रीय मुक्ति आन्दोलन में उन्होंने अपनी प्रतिभा और नेतृत्व क्षमता से पूरी दुनिया को प्रभावित किया था। इस संग्रह के 153 पत्र, नेताज़ी की सोच को दर्शाते हैं। पत्रों का एक और संग्रह बहुत चर्चित हुआ है। इस संग्रह का नाम 'पिता के पत्र पुत्री के नाम' है। इस संग्रह के पत्र जवाहरलाल नेहरू ने अपनी पुत्री प्रियदर्शिनी (इन्दिरा गांधी) को लिखे थे। इन पत्रों में नेहरू जी ने अपनी पुत्री को विभिन्न विषयों के बारे में बताया है। ये पत्र मर्मस्पर्शी और शिक्षाप्रद हैं। ये पत्र राष्ट्रीय मुक्ति आन्दोलन के दौरान लिखे गये हैं। ये पत्र मूलतः अंग्रेज़ी में हैं। इनका हिन्दी अनुवाद प्रसिद्ध साहित्यकार प्रेमचन्द ने किया है। अनुवाद इतना अच्छा है कि मूल लगता है। पत्र-साहित्य के विकास में साहित्यकारों के पत्रों का उल्लेखनीय योगदान है। इन पत्रों में न केवल साहित्यकार की जीवन-दृष्टि का परिचय मिलता है बल्कि साहित्य का इतिहास भी झलकता है। पत्र-साहित्य में प्रसिद्ध साहित्यकार डॉ. धीरेन्द्र वर्मा द्वारा संकलित 'यूरोप के पत्र' संकलन का नाम भी आता है। इन पत्रों से यूरोप के सम्बन्ध में बहुत-सी जानकारियाँ प्राप्त होती हैं।

स्वतन्त्रता के पश्चात पत्र-साहित्य अधिक विकसित हुआ। एक महत्त्वपूर्ण बात यह हुई कि आज़ादी के बाद साहित्यकारों द्वारा लिखे गये पत्र अच्छी संख्या में प्रकाश में आये। इन पत्रों में लेखक की सोच, सृजनात्मकता के साथ उभर कर आयी। इन लेखकों में महावीर प्रसाद द्विवेदी, प्रेमचन्द, निराला, पद्मसिंह शर्मा, सुमित्रानन्दन पन्त के नाम प्रमुखता से सामने आते हैं। बनारसीदास चतुर्वेदी और हरिशंकर शर्मा ने पद्मसिंह शर्मा के पत्र सम्पादित किये। अमृतराय तथा मदन गोपाल द्वारा प्रेमचन्द के पत्रों का संकलन 'चिट्ठी-पत्री' शीर्षक से दो भागों में प्रकाश में लाया गया।

इसके पहले भाग में प्रेमचन्द द्वारा 'जमाना' के सम्पादक दयानारायण निगम को लिखे गये 281 पत्र हैं। ये पत्र इस बात का प्रमाण हैं कि निगम जी और प्रेमचन्द के सम्बन्ध बहुत गहरे थे। इन पत्रों में 31 वर्ष की गहरी दोस्ती समाहित है। इन पत्रों के सम्बन्ध में अमृतराय ने भूमिका में लिखा है कि "जीवन के तथ्य तो जैसे इन चिट्ठियों में हैं ही–क्या लिख रहे हैं, क्या पढ़ रहे हैं, क्या सोच रहे हैं, घर में कब किसका क्या हाल है, कौन जिया कौन मरा, किसकी शादी हुई?...लेकिन उससे भी बड़ी बात यह है कि ये चिट्ठियाँ उस आदमी के दिल-दिमाग़ का आईना हैं, इनमें वह साँस ले रहा है, उसकी खुशी, उसका गम, उसका गुस्सा, उसकी झुँझलाहट, सब कुछ इस पिटारी में मौजूद है।" 'चिट्ठी-पत्री' के दूसरे भाग में प्रेमचन्द का अन्य लोगों के साथ पत्र-व्यवहार संकलित है। इनमें जैनेन्द्र कुमार, बनारसीदास चतुर्वेदी, इम्तयाज़ अली 'ताज़', महताब राय, शिवपूजन सहाय, इन्द्रनाथ मदान, विष्णु प्रभाकर, उषा देवी मित्रा, रघुपत सहाय 'फ़िराक', हजारी प्रसाद द्विवेदी आदि के साथ पत्राचार है। इन पत्रों में प्रेमचन्द के लेखक, सम्पादक और सहयोगी का रूप उभर कर आया है। इसके साथ ही समाज, देश के प्रति उनकी सोच भी स्पष्ट हुई है। इन पत्रों में उनके साहित्य के क्षेत्र में सक्रियता का परिचय भी मिलता है। इसके साथ ही 'हंस' को लेकर चिन्ताएँ हैं, सजगता है और नये लेखकों के प्रति प्रोत्साहन का भाव देखने को मिलता है। इन पत्रों में प्रेमचन्द का पूरा व्यक्तित्व स्पष्ट दिखाई पड़ता है, एकदम उनके साहित्य की तरह। प्रेमचन्द का यह पत्र-व्यवहार प्रेमचन्द के जीवन और उनके साहित्य को समझने में उपयोगी है।

प्रसिद्ध कथाकार वृन्दावन लाल वर्मा ने बनारसीदास चतुर्वेदी के पत्रों को सम्पादित किया। छायावाद के दोनों प्रसिद्ध कवियों सुमित्रानन्दन पन्त और सूर्यकान्त त्रिपाठी 'निराला' के पत्र प्रकाशित हुए। ये पत्र इन दोनों कवियों के बारे में बहुत कुछ कह देते हैं। इन दोनों के व्यक्तित्व को समझने में सहायक हैं। पन्त के पत्रों का सम्पादन प्रसिद्ध साहित्यकार हरिवंशराय बच्चन ने 'पन्त के दो सौ पत्र बच्चन के नाम' तथा 'कवियों में सौम्य सन्त' शीर्षक संग्रहों में किया है। निराला के पत्रों का संग्रह प्रसिद्ध आलोचक रामविलास शर्मा ने 'निराला की साहित्य साधना' शीर्षक से किया है। निराला की साहित्य साधना के तृतीय खण्ड में निराला का पत्राचार संकलित है। यह पुस्तक दो भागों में है। पहले भाग में निराला को लिखे हुए पत्र हैं और दूसरे भाग में निराला के दूसरे लोगों को लिखे गये पत्र हैं। निराला का पत्राचार बहुत-से लोगों से था। निराला को जिन लोगों ने पत्र लिखे, उनमें गुलाबराय, जयशंकर प्रसाद, प्रेमचन्द, नन्ददुलारे वाजपेयी, आचार्य महावीर प्रसाद द्विवेदी, सुमित्रानन्दन पन्त, भगवतीचरण वर्मा और बनारसीदास चतुर्वेदी आदि साहित्यकारों के नाम उल्लेखनीय हैं। इसी तरह निराला ने जिन लोगों को पत्र लिखे उनमें जयशंकर प्रसाद, नन्ददुलारे

वाजपेयी, आचार्य महावीर प्रसाद द्विवेदी, सुमित्रानन्दन पन्त, भगवतीचरण वर्मा, बनारसीदास चतुर्वेदी, गुलाबराय, केदारनाथ अग्रवाल, रामविलास शर्मा और शिवपूजन सहाय के नाम प्रमुख हैं। रामविलास शर्मा, केदारनाथ अग्रवाल और शिवपूजन सहाय से निराला जी पत्रों के माध्यम से लम्बी अवधि तक सम्पर्क में रहे। इन पत्रों में निराला के व्यक्तित्व का वास्तविक परिचय भी मिलता है। ये पत्र निराला की जीवन-दृष्टि और साहित्यिक समझ के परिचायक भी हैं। इन पत्रों के सम्बन्ध में रामविलास शर्मा ने पुस्तक की भूमिका में लिखा है कि "निराला ने अपने पत्र, साहित्य समझकर, न लिखे थे जिसे वे प्रकाशित करते। कलाकार की सहज वृत्तियाँ यहाँ निर्बाध रूप में प्रकट हैं। सर्वत्र वह कलाकार हैं और गद्य उनकी कला का ऐसा माध्यम है जो पद्य से कम महत्त्वपूर्ण नहीं है। अनेक पत्रों में ऐसे वाक्य पढ़ने को मिलते हैं जो अपनी मार्मिक अभिव्यंजना के कारण अनुपम हैं और उनके साहित्य में अन्यत्र दुर्लभ हैं।" निराला के पत्रों का सम्पादन जानकीवल्लभ शास्त्री द्वारा भी किया गया है। आलोचक मधुरेश ने प्रसिद्ध कथाकार यशपाल के पत्रों का संग्रह 'यशपाल के पत्र' शीर्षक से तैयार किया। ये पत्र यशपाल के सम्बन्ध में बहुत-सी सूचनाएँ प्रदान करते हैं। माखनलाल चतुर्वेदी हिन्दी के प्रमुख साहित्यकार थे। उन्होंने जीवन्तता उत्पन्न करने वाला साहित्य लिखा। 'कर्मवीर' के द्वारा पत्रकारिता के नये मापदण्ड स्थापित किये। उनके पत्रों का प्रकाशन 'माखनलाल चतुर्वेदी रचनावली' के आठवें खण्ड में हुआ है। इन पत्रों में माखनलाल चतुर्वेदी के व्यक्तित्व और अपने समकालीनों से सम्बन्धों का उद्घाटन हुआ है। मुक्तिबोध के द्वारा लिखे गये पत्रों का प्रकाशन नेमिचन्द्र जैन द्वारा सम्पादित 'मुक्तिबोध रचनावली' के छठे खण्ड में हुआ है। मुक्तिबोध के पत्र अंग्रेज़ी और हिन्दी—दोनों भाषाओं में हैं। ये पत्र नेमिचन्द्र जैन, माखनलाल चतुर्वेदी, वीरेन्द्र कुमार जैन, शमशेर बहादुर सिंह, नामवर सिंह, श्रीकान्त वर्मा, विष्णुचन्द्र शर्मा, प्रभाकर माचवे, भारतभूषण अग्रवाल आदि को लिखे गये हैं। इनमें सर्वाधिक पत्र नेमिचन्द्र जैन के नाम हैं। इन पत्रों में मुक्तिबोध का जीवन-संघर्ष स्पष्ट उभरकर आया है। ये पत्र उनके व्यक्तित्व पर भी प्रकाश डालते हैं। इनमें उनकी साहित्यिक मान्यताओं का भी उद्घाटन हुआ है। इन पत्रों से यह भी स्पष्ट हो जाता है कि वे अपने समकालीन साहित्यिक परिदृश्य के प्रति बहुत सजग थे और साहित्य में निरन्तर सक्रिय। उनके पत्रों के सम्बन्ध में इस रचनावली के सम्पादक नेमिचन्द्र जैन ने भूमिका में लिखा है कि "कविताओं की भाँति पत्र भी मुक्तिबोध लम्बे-लम्बे ही लिखते थे। उनमें उनकी निजी समस्याओं के अतिरिक्त साहित्यिक, सैद्धान्तिक विषयों पर भी बहुत-सी चर्चा है और यह सामग्री निस्सन्देह उनके व्यक्तित्व और कृतित्व दोनों को अधिक आत्मीय और नये ढंग से उद्घाटित करेगी।" मुक्तिबोध के पत्र मुक्तिबोध के साथ-साथ उनके समकालीन साहित्यिक परिदृश्य को समझने में उपयोगी होंगे।

मुकुन्द द्विवेदी ने आचार्य हजारी प्रसाद द्विवेदी के पत्रों का संकलन किया। उनके पत्र 'हजारी प्रसाद द्विवेदी ग्रन्थावली' के ग्यारहवें खण्ड में संकलित हैं। इन पत्रों में उनके व्यक्तिगत जीवन के साथ-साथ उनकी विद्वत्ता का परिचय भी मिलता है। इन पत्रों से स्पष्ट होता है कि वे बड़े चिन्तक और भारतीय संस्कृति के गम्भीर अध्येता थे। वे उन विद्वानों में से थे जो दूसरों का मार्गदर्शन भी करते हैं। इन पत्रों से यह भी ज्ञात होता है कि उन्हें ज्ञान का दम्भ नहीं था। उनके स्वभाव में विनम्रता थी। उनका पत्र-व्यवहार समकालीन साहित्यकारों से लेकर देश के शीर्ष राजनेताओं के साथ था। इस ग्रन्थावली में बनारसीदास चतुर्वेदी, भीष्म साहनी, यशपाल, इन्द्रनाथ मदान, शिवमंगल सिंह 'सुमन', गंगाप्रसाद विमल, नरेन्द्र कोहली, रामपूजन तिवारी, इन्दिरा गांधी, हेमवतीनन्दन बहुगुणा आदि को हजारी प्रसाद द्विवेदी द्वारा लिखे गये पत्र संकलित हैं। इस संकलन में हजारी प्रसाद द्विवेदी द्वारा लिखे गये सर्वाधिक पत्र बनारसीदास चतुर्वेदी के नाम पर हैं। इन पत्रों में उनके जीवन के विविध पहलुओं का उद्‌घाटन हुआ है। हजारी प्रसाद द्विवेदी के पत्रों में हिन्दी साहित्य के प्रति उनकी निष्ठा, रवीन्द्रनाथ टैगोर के प्रति लगाव स्पष्ट परिलक्षित होता है। उनके पत्रों में उनके गम्भीर और आकर्षित करने वाले व्यक्तित्व का उद्‌घाटन हुआ है। इसी क्रम में चन्द्रदेव सिंह ने हरिवंशराय बच्चन के पत्रों का संकलन 'बच्चन के विशिष्ट पत्र' शीर्षक से किया। हिन्दी के प्रमुख जनकवि नागार्जुन के पत्र भी प्रकाशित हुए हैं। इनका सम्पादन नरेन्द्र कोहली ने किया है। रामविलास शर्मा ने आधुनिक हिन्दी कवियों के पत्रों का संकलन 'कवियों के पत्र' शीर्षक से सम्पादित किया। इन पत्रों में हिन्दी के प्रमुख कवियों का अन्तर्मन उभरकर आया है। इस संग्रह में हिन्दी के प्रसिद्ध कवियों के पत्र संकलित हैं। ये पत्र मैथिलीशरण गुप्त, सुभद्राकुमारी चौहान, रामधारी सिंह 'दिनकर' हरिवंशराय बच्चन, अज्ञेय, नेमिचन्द्र जैन, गिरिजाकुमार माथुर, प्रभाकर माचवे, सुमित्रानन्दन पन्त, महादेवी वर्मा, नरेन्द्र शर्मा, शमशेर बहादुर सिंह, त्रिलोचन, नागार्जुन, केदारनाथ अग्रवाल और शिवमंगल सिंह 'सुमन' के हैं। इन पत्रों के लेखन में लम्बी कालावधि समाहित है अर्थात् 1943 से लेकर 1998 तक। इन पत्रों के महत्त्व के सम्बन्ध में रामविलास शर्मा ने भूमिका में लिखा है कि 'ये पत्र भी हिन्दी साहित्य के इतिहास के लिए महत्त्वपूर्ण हैं। साहित्य के इतिहास की पुस्तकों में इस तरह के सम्बन्धों की चर्चा कम ही होती है। परन्तु जिस तरह के परिवेश में कवि तथा अन्य साहित्यकार रचना करते हैं, उसमें ये व्यक्तिगत सम्बन्ध भी महत्त्वपूर्ण भूमिका निभाते हैं। यदि कवि अपने परिवेश से आश्वस्त हो तो उसकी रचनाशीलता बढ़ती है। साथ ही आस-पास के साहित्यकारों से सम्बन्ध अच्छे न हों तो इसका प्रभाव भी उसकी रचनाशीलता पर पड़ता है।'' इन पत्रों में लेखक और आलोचक के सम्बन्धों का भी उद्‌घाटन हुआ है। इसके साथ ही कवियों का

व्यक्तित्व भी उभरकर आया है। इन पत्रों में साहित्यिक वातावरण का भी आभास मिल जाता है। इसके अतिरिक्त कवियों की ईमानदार आत्माभिव्यक्ति भी मिलती है। इस संग्रह में कुछ कवियों के एक-दो पत्र हैं और कुछ के कई पत्र, जिनमें सर्वाधिक पत्र शिवमंगल सिंह 'सुमन' के है। आधुनिक हिन्दी साहित्य के अध्येताओं के लिए यह संग्रह महत्त्वपूर्ण हैं।

प्रतिभाशाली साहित्यकार मोहन राकेश के 771 पत्रों का संग्रह जयदेव तनेजा ने 'राकेश और परिवेश पत्रों में' शीर्षक से किया है। ये पत्र उन्होंने मित्रों, सहयोगियों और परिवार के लोगों को लिखे हैं। इन पत्रों में राकेश के जीवन के विविध पहलू और उनकी सोच का आभास मिलता है। भारत यायावर ने प्रसिद्ध लेखक फणीश्वरनाथ 'रेणु' के पत्रों का संग्रह 'चिठिया हो तो हर कोई बाँचै' शीर्षक से किया है। इन पत्रों में रेणु के जीवन-संघर्ष और उनकी जीवन-दृष्टि का उद्‌घाटन हुआ है। प्रसिद्ध साहित्यकार विवेकीराय से सम्बन्धित पत्रों का संग्रह 'पत्रों की छाँव में' शीर्षक से प्रकाशित हुआ है। इस पत्र संग्रह में 140 पत्र हैं। इन पत्रों में अमृतलाल नागर, रामधारीसिंह 'दिनकर', हजारी प्रसाद द्विवेदी, नागार्जुन, धर्मवीर भारती, विष्णुकान्त शास्त्री, विद्यानिवास मिश्र और विष्णु प्रभाकर के नाम प्रमुख हैं। प्रसिद्ध साहित्यकार और सम्पादक धर्मवीर भारती के पत्रों का संग्रह 'अक्षर-अखर यज्ञ' नाम से प्रकाशित हुआ है। इन पत्रों में उनके व्यक्तित्व और सोच के दर्शन होते हैं। प्रतिभाशाली आलोचक देवीशंकर अवस्थी को लिखे गये साहित्यकारों के पत्र 'हमको लिख्यौ है कहाँ' शीर्षक से प्रकाशित हुआ है। इन पत्रों में छठे और सातवें दशक के साहित्यिक परिदृश्य का आभास होता है। प्रसिद्ध साहित्यकार भारतभूषण अग्रवाल का पत्र व्यवहार 'पत्राचार' शीर्षक से प्रकाशित हुआ है। एक अन्य पत्र-संग्रह चर्चित रहा है—'तीन महारथियों के पत्र'। इसका संकलन प्रसिद्ध आलोचक रामविलास शर्मा ने किया है। ये तीन महारथी हैं—वृन्दावनलाल वर्मा, बनारसीदास चतुर्वेदी और किशोरीदास वाजपेयी। देखा जाये तो ये तीनों अपने-अपने क्षेत्र के महारथी ही थे। वृन्दावनलाला वर्मा कथाकार के रूप में बनारसीदास चतुर्वेदी पत्रकार के रूप में और किशोरीदास वाजपेयी भाषाविद के रूप में प्रसिद्ध हैं। प्रसिद्ध कथाकार नरेन्द्र कोहली के लिखे गये पत्रों का संग्रह 'प्रतिनाद' शीर्षक से प्रकाशित हुआ है। इनमें जैनेन्द्र, हजारी प्रसाद द्विवेदी, भगवतीचरण वर्मा, अमृतलाल नागर आदि साहित्यकारों के नाम उल्लेखनीय हैं।

पत्र-साहित्य के विकास में साहित्यिक पत्रिकाओं की महत्त्वपूर्ण भूमिका रही है। पत्रिकाओं ने कई साहित्यकारों के पत्र प्रकाशित कर पत्र-साहित्य को समृद्ध किया है। इनमें 'हंस', 'नागरीप्रचारिणी पत्रिका', 'सरस्वती', 'माधुरी', 'धर्मयुग', 'ज्ञानोदय', 'वसुधा', 'वर्तमान साहित्य', 'सारिका', 'आलोचना', 'दस्तावेज़', 'सम्मेलन पत्रिका'

आदि पत्रकाओं के नाम उल्लेखनीय हैं। इन पत्रिकाओं के अतिरिक्त अन्य बहुत-सी पत्रिकाओं ने रचनाकारों की जयन्ती, शताब्दी वर्ष आदि अवसरों पर विशेषांक प्रकाशित किये जिनमें उनसे सम्बन्धित पत्र भी प्रकाशित किये गये।

भारतेन्दु युग से लेकर अब तक साहित्यकारों ने ख़ूब पत्र-व्यवहार किया है। इनमें से बहुत कम पत्र प्रकाशित हुए हैं। अधिकांश दबे हुए हैं। इनके प्रकाशन से हिन्दी साहित्य और उसके पाठक लाभान्वित होंगे। इन पत्रों में हिन्दी साहित्य से सम्बद्ध अनेक तथ्यों का उद्घाटन सम्भव है। यही नहीं तत्कालीन परिवेश का भी प्रामाणिक ज्ञान सम्भव है। इन पत्रों की रोशनी में हिन्दी साहित्य को समझने की नयी दृष्टि मिलेगी। लेकिन विडम्बना यह रही कि हिन्दी में पत्र-साहित्य को प्रारम्भ में साहित्य की विधा के रूप में स्वीकार नहीं किया गया। इनके संकलन और प्रकाशन की ओर रुचि बहुत कम रही। स्वयं साहित्यकारों ने भी इस ओर ध्यान नहीं दिया। इसके साथ ही बहुत-से साहित्यकारों के पत्र सुरक्षित नहीं रह सके वर्ना हिन्दी का पत्र-साहित्य बहुत समृद्ध होता। पत्र-साहित्य बहुत समृद्ध होता। पत्र-साहित्य साहित्य के गम्भीर अध्ययन में सहायक सिद्ध हो सकता है। लेखक को और उसकी रचना को समझने में उपयोगी हो सकता है। इस विधा को विकसित करने की आवश्यकता है। इस विधा के क्षेत्र में कार्य करने के लिए धैर्य, संयम और अन्वेषण की दृष्टि का होना ज़रूरी है। इस विधा के विकास के साथ हमारी ऐतिहासिक और सांस्कृतिक विरासत जुड़ी हुई है। इसको प्रोत्साहित करने की नितान्त आवश्यकता है।

हिन्दी का पत्र-साहित्य : कुछ उभरते सरोकार

सुनील कुमार मानस

'पत्र' मूलतः संस्कृत का शब्द है, जिसकी निष्पत्ति 'पत्' धातु के साथ 'ष्ट्रन' प्रत्यय के योग से हुई है। 'पत्' का अर्थ गिरने या अलग होने की क्रिया से जुड़ता है अर्थात् जो हमसे अलग होकर दूर हो जाये। इसका सम्बन्ध वाहन, पत्ता, पक्षी के पंख और बाण आदि से भी जोड़ा गया है, जिसका निहितार्थ अलग या दूर जाकर प्रभावित करने से है। 'पत्र' के लिए यह कहना सबसे सटीक होगा कि जब हमारे विचार, भावनाएँ एवं चिन्तन आदि हमारे हृदय-स्थल से निकलकर अपने स्वजन आदि के पास लिखित माध्यम से उसी रूप में पहुँच जाये, तो 'पत्र' की निष्पत्ति होती है। हिन्दी में 'पत्र' शब्द का प्रयोग स्वजन-परिजन, इष्ट मित्रों आदि को डाक द्वारा भेजे जाने वाले दैनिक, साप्ताहिक, मासिक पत्रों के लिए भी होता है। अखबारों-मैगजीनों के साथ 'पत्र' जोड़ देने का सम्भवतः यही कारण रहा होगा कि यह सभी एक स्थान से दूसरे स्थान पहुँचाये जाते हैं। पत्र के लिए चिट्ठी, खत, पाती आदि शब्दों का भी उपयोग किया जाता है।

पत्रों को प्रायः दो श्रेणियों में विभक्त किया जाता है, औपचारिक एवं अनौपचारिक। औपचारिक के अन्तर्गत, प्रार्थना-पत्र, कार्यालयी पत्र एवं व्यावसायिक पत्रों को रखा जाता है। जिसमें नपी-तुली भाषा में सीधे-सीधे अपनी बात सरल एवं प्रभावशाली शैली में रखी जाती है। इसमें हृदय के खुलने का अवकाश नहीं होता, किन्तु अनौपचारिक पत्रों के अन्तर्गत कलात्मक सौन्दर्यबोध, अन्तरंग-भावनाओं एवं विचारों के अभिव्यंजन का पूरा अवकाश रहता है। इन पत्रों में पत्र लिखने वाले एवं पढ़ने वाले दोनों का व्यक्तित्व उभरकर सामने आता है एवं उनके चरित्र, दृष्टिकोण, संस्कार, विचार, मानसिक स्थिति, आचरण आदि का भी पता चल जाता है।

पत्र-लेखन की विशिष्टता है कि उसमें मानसिक विरेचन की बहुत बड़ी क्षमता होती है। किसी को सुधारने के लिए जितना एक अन्तरंग भावनाओं वाले पत्र से काम हो सकता है, शायद उतना किसी अन्य माध्यम से नहीं। पत्र व्यक्ति के जीवन में कितनी महत्त्वपूर्ण भूमिका निभा सकता है, इसका पता वियोगी हरि के

22-03-68 के पत्र, जो श्री राम शंकर द्विवेदी के नाम प्रेषित था, से लग जाता है। उन्होंने लिखा है–"पत्रों में अजेय शक्ति होती है, यदि हम अपना हृदय उसमें उड़ेल सकें।...जितने भी भाई मुझे मिले, वे सभी पत्रों की देन हैं। गुरुदेव रवीन्द्रनाथ के चरणों की धूलि भी पत्रों के बदौलत मिली।" इसी तरह ज्ञानोदय के सम्पादक ने पत्रों की महत्ता की ओर संकेत करते हुए लिखा है–"पत्रों में एक अनूठा आकर्षण, बल्कि अजीब-सा रहस्य होता है।" इसी आ़कर्षण और रहस्य की ओर अख़्तर शीरानी संकेतात्मक रूप से लिखती हैं–

मिट गये मेरी उम्मीदों की तरह हर्फ़ मगर।
आज तक तेरे ख़तों से तेरी ख़ुशबू न गयी॥

इसी तरह शिवानी ने अपने पाठकों के पत्रों को किसी उपन्यास से कम रुचिकर नहीं माना। वे लिखती भी हैं–"सच्चे पत्रों के संकलन को पढ़ना किसी उपन्यास के पढ़ने से कम रुचिकर नहीं होता।" डॉ. राम अवध द्विवेदी का मानना है कि "आत्म प्रकाशन की दृष्टि से सबसे अधिक महत्त्वपूर्ण पत्र वे होते हैं, जो स्नेहियों, घनिष्ठ, मित्रों और निकटतम सम्बन्धियों को लिखे जाते हैं।" इसकी महत्ता पर प्रकाश डालते हुए डॉ. प्रभाकर माचवे अपने एवं निजी पत्र में लिखते हैं कि–"पत्र-लेखन ऐसी विधा है, जिसमें वैयक्तिक-सामाजिक का भेद बहुत कम हो जाता है। वैसे भी साहित्य में जो सतत वैयक्तिक है, वह नितवैयक्तिक होता रहता है।" प्रेम नारायण शुक्ल का उपरोक्त सन्दर्भ में यह कथन भी समीचीन है कि "हम अपने पत्रों में ही वास्तविक रूप से पहचाने जाते हैं। हमारी चिन्तनधारा, हमारे मन का वेग, हमारा विवेक, हमारा सम्पूर्ण हृदय-प्रदेश, हमारे पत्रों की पंक्तियों में चित्रित हो जाते हैं। उसमें हम बोलते हैं, हमारा मन बोलता है। उसमें हमारी साधों के अंकुर उगते हैं। हमारी कल्पनाओं का प्रासाद निर्मित होता है। सच तो यह है कि हमारे पात्रों में हमारा जीवन विकसित होता है। पत्र-लेखन की विषय-वस्तु की ओर प्रकाश डालते हुए शिवशंकर त्रिपाठी बताते हैं कि "पत्रों में युगीन इतिहास, समाज-संस्कृति, राजनीति के रहस्य, उनके उद्‌घाटन निमित्त वाक्य-सूत्र संयोजित होते हैं। पत्र-लेखन जब, जहाँ, जिस सन्दर्भ, जिस स्थल पर, जिस क्षण, जिस भाव-भूमि तथा जितनी, आकांक्षा-संवलित संस्मृति को समेट पाता है, उसी परिमाण में हम पत्रों में निहित सामाजिकता और लोकेषणा को गृहण करते हैं। बाबू गुलाबराय ने पत्र-साहित्य के सरोकारों पर प्रकाश डालते हुए लिखा कि–"पत्र व्यक्ति द्वारा लिखे जाते हैं और वे व्यक्ति के लिए ही होते हैं, किन्तु वे जन-साधारण के लाभ या मनोरंजन की भी वस्तु हो सकते हैं। उसमें साहित्य की सब विधाओं की अपेक्षा व्यक्तित्व की झलक अधिक रहती है। इस तरह पत्र विधा की कुछ मूलभूत विशेषताएँ होती हैं जो अन्य साहित्यिक विधाओं में प्रायः सम्भव नहीं। जैसे, पत्र वैयक्तिक विधा के अन्तर्गत आता है, जिसमें पत्र लेखक

सीधे-सीधे पत्र प्राप्तकर्ता को सम्बोधित करते हुए लिखता है और वह अपनी निजी बातों को भी उसमें कह देता है, जो सार्वजनिक रूप से कभी नहीं कह सकता। अगर पत्र लेखक को पहले ही यह मालूम हो जाए कि उसके पत्र प्रकाशित किए जाएँगे तो वह सावधान हो जाएगा और फिर पत्र-लेखन की स्वाभाविकता में एक कृत्रिमता का समावेश हो जाएगा। इन्हीं बातों की ओर इशारा करते हुए हेमिंग्वे ने अपनी वसीयत में मनाही की थी कि उसके जीवन काल में उसका कोई पत्र न प्रकाशित किया जाए। प्रसिद्ध अमेरिकी आलोचक एडमंड विल्सन ने भी अपने उपन्यासकार मित्र जॉन डॉस पैंसॉस के पत्रों को उनके जीवनकाल में प्रकाशित करना अस्वीकार कर दिया था और कहा था कि "लोगों की मृत्यु के पश्चात ही उनका पत्राचार प्रकाशित होना चाहिए।" डॉ. वासुदेव शरण अग्रवाल ने भी पण्डित बनारसीदास चतुर्वेदी को इसी तरह कुछ लिखा था, जब उन्होंने उनके पत्रों को बिना अनुमति के प्रकाशित कर दिया था। अग्रवाल जी की टिप्पणी थी–"आपने मेरे पित्रों को छपवाकर पत्र लिखने की स्वतन्त्रता को जैसे कुण्ठित कर दिया। प्रवाह में बहुत-सी बातें लिख जाता था, सम्भव है वैसा अब न होगा।" इस तरह से कहा जा सकता है कि जो पत्र साधनावस्था में लिखे जाते हैं, उनकी अपेक्षा सिद्धावस्था में लिखे पत्र की रोचकता कम हो जाती है, उसमें एक तरह की औपचारिकता का प्रवेश हो जाता है क्योंकि आत्म-संवेदना का रस हमें साधनावस्था में ही अधिक प्राप्त प्राप्त होता है।

महान या बड़े साहित्यकारों एवं महापुरुषों के पत्र उत्प्रेरक के रूप में महत्त्वपूर्ण भूमिका निभाते हैं, महात्मा गांधी के पत्र, पण्डित पद्मसिंह शर्मा, बनारसीदास चतुर्वेदी, निराला, पन्त आदि के अनेक पत्र इस बात की पुष्टि करते हैं। ये पत्र एक साहित्यिक विधा के अनुरूप अधिक महत्त्वपूर्ण हो जाते हैं। पत्रों के माध्यम से ही लेखक के वास्तविक व्यक्तित्व का उद्घाटन होता है। इसके सन्दर्भ में डॉ. लक्ष्मी सागर वार्ष्णेय ने लिखा भी है कि बहुत-सी बातें, जो सार्वजनिक रूप से नहीं कही जा सकतीं या जो सार्वजनिक रूप से ज्ञात नहीं होतीं, वे पत्रों में सहज ही स्वीकार कर ली या कह दी जाती हैं। पत्र-लेखक से पत्र प्राप्तकर्ता की पारस्परिक मैत्री-भावना या उनकी आत्मीयता की झलक मिल जाती है। इससे यह भी ज्ञात हो जाता है कि पत्र-लेखक से पत्र प्राप्तकर्ता का किस तरह का सम्बन्ध है। पत्र लेखन के माध्यम से समकालीन घटनाओं एवं परिस्थितियों का बोध प्राप्त होता है। महत्त्वपूर्ण व्यक्तियों के पत्र समकालीन समय या इतिहास के मूल्यवान दस्तावेज़ के रूप में भी अपनी सार्थक भूमिका निभाते हैं। पत्र-लेखन की एक विशेष तरह की संवाद शैली या ध्वनि होती है, उसका एक खास किस्म का प्रवाह एवं प्रभाव होता है, जो पत्र-लेखन एवं पत्र प्राप्तकर्ता के सम्बन्धों के अनुरूप ही प्रस्तुत होता है। पत्र स्वयं में प्रत्येक रचनात्मक विधा की तरह पूर्ण होते हैं। सच है कि वे भले ही पूरे

जीवन का लेखा-जोखा प्रस्तुत करने में समर्थ न हों पर जीवन के किसी एक पक्ष को पूर्णतः उद्घाटित करने की क्षमता रखते हैं। डॉ. शंकर दयाल ने ठीक ही लिखा है—"पत्रों की स्थिति भी निबन्ध की भाँति मुक्तक काव्य की-सी होती है। वे स्वतः पूर्ण होते हैं। पत्र-लेखन में केवल पत्र-लेखक की भाव-ग्राहिता की ही जानकारी नहीं प्राप्त होती बल्कि पत्र प्राप्तकर्ता का भी सम्पूर्ण व्यक्तित्व उभर कर सामने आता है। लेखक हमेशा अपने भाव-ग्राहक के अनुकूल ही लिखता है साहित्य की अन्य विधाओं में ऐसा सम्भव नहीं। हम जिसे अपने पत्र लिखते हैं, उसी के मनोनुकूल हम अपने विचार, चिन्तन एवं दृष्टिबोध का चित्रण करते हैं। साथ ही यह भी निर्देशित करते हैं कि उसके विचारों को किस प्रवाह की ओर पहुँचाना है। उदाहरण के लिए, बालकृष्ण शर्मा ने अनेक साहित्यकारों को पत्र लिखे, पर पण्डित बनारसीदास चतुर्वेदी को लिखे पत्रों में जो आत्मीयता, उन्मुक्ति एवं अनौपचारिकता देखने को मिलते है, अन्यत्र दुर्लभ है। इस तरह से इन सूत्रों के आधार पर पत्र लेखन की विशिष्टता को समझा जा सकता है।

पत्रों के प्रकाशन का कार्य आधुनिकता के उदय के साथ प्रारम्भ होता है जिसके प्रथम उन्नायक भारतेन्दु हरिश्चन्द्र ही ठहरते हैं। उन्होंने हिन्दी में इस शैली के अनुरूप नये चाल के पत्रों के लेखन को प्रश्रय दिया। वे पत्र-लेखन के लिए दिन (वार) के आधार पर अलग-अलग रंग के कागजों को चुनते थे। उनकी एक सुव्यवस्थित पद्धति भी उनके यहाँ देखने को मिलती है। उदाहरण के लिए यह वाक्यांश देखा जा सकता है—"नये चाल के पत्रों के साथ लिफ़ाफ़ों के ऊपर पत्र के आशय प्रकट करने वाले वाक्यों या शब्दों के नये चाल के वेफर भी भारतेन्दु जी ने छपवा रखे थे जिन पर 'सलाम', 'प्रेम' 'कुशल', 'शीघ्र', 'और कोई न खोले', 'गुप्त', 'आवश्यक', 'शीघ्र उत्तर' आदि शब्द रहा करते थे। भारतेन्दु युग में प्रसिद्ध व्यक्तियों के 'पत्र' पत्र एवं पत्रिकाओं में अवश्य ही प्रकाशित हुए, किन्तु कोई पत्रों का कोई संग्रह नहीं प्रकाशित हुआ। 'प्रशस्ति संग्रह अथवा पत्र-बोध' में भारतेन्दु हरिश्चन्द्र ने पत्र लेखन का स्वरूप भी निर्धारित किया था। इसी के अनुरूप नये पत्र-लेखन की पहल भी उन्होंने की।

पत्रों के संग्रह का पहला काम स्वामी श्रद्धानन्द (महात्मा मुंशीराम) ने किया। इन्होंने अपने सम्पादन में 'ऋषि दयानन्द का पत्र-व्यवहार भाग-1' 1910 ई. में मन्त्रालय-गुरुकुल कांगड़ी, हरिद्वार से प्रकाशित कराया। इस तरह हिन्दी साहित्य में 'दयानन्द सरस्वती' के पत्रों के संग्रह के माध्यम से 'पत्र-संग्रह-साहित्य' की विधा के रूप में एक नयी शुरुआत होती है। हिन्दी में इसी को पत्रों का पहला संग्रह भी माना जाता है। तदुपरान्त इसकी एक लम्बी शृंखला देखने को मिलती है, चाहे वे साहित्यिक-सांस्कृतिक गतिविधियों के पत्र हों या सामाजिक-राजनीतिक गतिविधियों

के। सभी पत्रों में नैतिक रूप से उद्‌बोधन, सुधार एवं मानदण्ड के निर्धारण एवं उन्हें पालन करने के लिए प्रतिबद्ध होने के संकेत ही मिलते हैं। इस रूप के पत्रों में 1922 ई. में पण्डित लक्ष्मीधर बाजपेयी ने 'महात्मा गांधी के निजी पत्र' का सम्पादन किया, जिसमें नैतिक मूल्यों के जागरण एवं कर्तव्यनिष्ठा पर विशेष ज़ोर दिया गया है। स्वाधीनता को लेकर गांधी के विचारों में आ रहे परिवर्तन का दस्तावेज़ वहाँ मिलता है। राष्टीय चेतना को जागांत करने के उपायों की सोच उनमें दृष्टव्य है। कुछ ही समय पश्चात कुछ अनूदित पत्र-संग्रहों का प्रकाशन किया गया, जो बहुत महत्त्वपूर्ण रहे। जैसे प्रेमचन्द ने 'पिता के पत्र पुत्री के नाम' (1931), शान्तिप्रिय आत्माराम ने 'आलमगीर के पत्र' (1931) और आचार्य चतुरसेन शास्त्री ने 'गदर के पत्र' अनूदित करके सम्पादित किया। 'पिता के पत्र पुत्री के नाम' में प्रेमचन्द ने जवाहरलाल नेहरू द्वारा अपनी पुत्री को लिखे पत्रों का अनुवाद किया। नेहरू ने इसकी भूमिका 'दो शब्द' शीर्षक से लिख है–"वह दस वर्ष की थी और ये खत उसी के लिए लिखे गये थे और किसी का ख़्याल नहीं था...मुझे आशा है कि जो इनको पढ़ेंगे वे इस हमारी दुनिया और उसके रहने वालों को एक बड़ा कुटुम्ब समझेंगे। और जो भिन्न-भिन्न देशों के रहने वालों में वैमनस्य और दुश्मनी है वह उनमें नहीं होगी।" इसमें 31 पत्रों का संग्रह है, जिसमें संसार की उत्पत्ति से लेकर भारतीय जीवन के सामाजिक, सांस्कृतिक परिवेश के उद्‌भव एवं विकास सम्बन्धी बहुत ही महत्त्वपूर्ण जानकारी हैं। 'शुरू के आदमी' शीर्षक पत्र में उन्होंने लिखा–उस ज़माने में न तो मकान थे, न और कोई इमारत थी; लोग गुफाओं में रहते थे। खेती करना किसी को न आता था। लोग जंगली फल वग़ैरह खाते थे, या जानवरों का शिकार करके मांस खाकर रहते थे। रोटी और भात उन्हें कहाँ मयस्सर होता क्योंकि खेती करनी आती ही न थी। वे पकाना भी नहीं जानते थे, हाँ शायद मांस को आग में गर्म कर लेते हों। उनके पास पकाने के बर्तन, जैसे कढ़ाई और पतीली भी न थे। ...इन जंगली आदमियों को तस्वीर खींचना आता था...इन्हीं गुफाओं की दीवारों पर जानवरों की तस्वीरें बनाया करते थे। इस तरह से सभ्यता और संस्कृति के इतिहास से नेहरू ने पत्रों के माध्यम से 'इन्दू' को शिक्षित करने का कार्य किया। इसी रूप में 'आलमगीर औरंगजेब के पत्र' एवं 'गदर के पत्र' महत्त्वपूर्ण हैं। 'गदर के पत्र' में भारतीय स्वाधीनता संग्राम की योजना एवं उसकी सफलता एवं असफलता की जानकारी प्राप्त होती है। डॉ. धीरेन्द्र वर्मा ने 'यूरोप के पत्र' शीर्षक से एक पुस्तक का सम्पादन किया जिसमें योरप-यात्रा के संस्मरण हैं। बेढब बनारसी ने 'महत्त्व के गुमनाम पत्र' नामक पुस्तक का सम्पादन किया, जो लोकसेवा प्रकाशन, वाराणसी से प्रकाशित है। ये पत्र उस दौर के सामाजिक एवं राजनीतिक चिन्तन को भली-भाँति दिग्दर्शित करते हैं।

हिन्दी के पत्र-साहित्य के प्रकाशन की शुरुआत 1954 में श्री वैजनाथ सिंह 'विनोद' द्वारा सम्पादित पुस्तक 'द्विवेदी-पत्रावली' के साथ होती है। यह भारतीय ज्ञानपीठ, काशी से प्रकाशित है। इससे द्विवेदी जी के व्यवहार का पता चलता है, उन्होंने बड़े ही अधिकार भावना से मैथिलीशरण गुप्त को सचेत करते हुए एक पत्र लिखा था—"आगे से आप सरस्वती के लिए लिखना चाहें तो इधर-उधर अपनी कविताएँ छपाने का विचार छोड़ दीजिए। जिस कविता को हम चाहें उसे छापेंगे। जिसे न चाहें उसे न कहीं दूसरी जगह छपाइए, न किसी को दिखाइए। ताले में बन्द करके रखिए। इस तरह द्विवेदी के व्यक्तित्व का पता उनके पत्रों के माध्यम से हो जाता है। तदन्तर 1956 में बनारसीदास चतुर्वेदी एवं हरिशंकर शर्मा द्वारा सम्पादित 'पद्मसिंह शर्मा के पत्र', और 1958 में श्री बैजनाथ सिंह 'विनोद' द्वारा सम्पादित 'द्विवेदी युग के साहित्यकारों के कुछ पत्र', प्रकाशित होते हैं। इसी वर्ष पण्डित किशोरीदास बाजपेयी द्वारा सम्पादित 'साहित्यकारों के कुछ पत्र' भी प्रकाशित हुआ। 1960 में वियोगी हरि द्वारा सम्पादित 'बड़ों के प्रेरणादायक कुछ पत्र', 1962 में अमृतराय एवं मदनगोपाल द्वारा सम्पादित 'चिट्ठी-पत्री, भाग-1 एवं 2', 1971 ई. में जानकी बल्लभ शास्त्री के द्वारा सम्पादित 'निराला के पत्र' एवं बच्चन द्वारा सम्पादित 'पन्त के दो सौ पत्र', 1977 में मधुरेश द्वारा सम्पादित 'यशपाल के पत्र', और 1982 में पद्मधर पाठक द्वारा 'द्विवेदी जी के पत्र पाठक जी के नाम' आदि महत्त्वपूर्ण पत्र-संग्रह हैं, जिनमें साहित्यिक चिन्तन एवचं उसकी हलचल का पता चलता हैं और साहित्यकारों के आन्तरिक भावों एवं विचारों से भी अवगत होने का अवसर मिलता है।

1958 ई. में ही रामकृष्ण बजाज द्वारा सम्पादित 'बापू के पत्र' और 'पत्र-व्यवहार' भी विशेष महत्त्वपूर्ण पत्र-संग्रह हैं, जिसके माध्यम से गांधी जी एवं जमनादास के सम्बन्धों और उनके वैचारिक उन्मेष को समझने में मदद मिलती है। इसमें गांधी की सत्यनिष्ठा, स्वयं-नियम, अविचल दृढ़ता, विनम्रता एवं दृष्टिकोण को समझा जा सकता है। साथ ही जमनादास बजाज से उनकी व्यवहार कुशलता, घनिष्ठता, लगाव तथा आपसी योगदान को जाना जा सकता है। इसके अतिरिक्त गांधी के अपने वैचारिक चिन्तन, उनकी राजनीतिक एवं सामाजिक सक्रियता से जुड़े विचार भी इन पत्रों में दृष्टव्य हैं।

साहित्यकारें के पत्रों के माध्यम से उन्हें जानने-समझने में विशेष मदद मिलती है। रचनाकारों को भी पत्र में अपने को खोलने को पूरा मौक़ा मिलता है, जो अन्य साहित्यिक विधाओं में सम्भव नहीं। निजता का जो भाव अपने लोगों को पत्र लिखने में रहता है, उतना अन्यत्र नहीं। इसमें ऐसे मनोभावों का सृजन होता है, जिसमें मनोनुकूल वातावरण में मनोनुकूल 'कथ्य' की अभिव्यक्ति हो पाती है। 'कथ्य'

जितना उनके जीवन से जुड़ा होता है उतना ही उनकी कल्पना एवं चिन्तन का भाव भी उसमें सन्निहित होता है। भारतेन्दु जी के पत्रों को ही ले लीजिए। उनके पत्रों से उनकी विविध यात्रा सम्बन्धी परेशानी, बीमारी और पारिवारिक स्थिति का पता चलता है। साथ ही मल्लिका के प्रति उनके प्रेम-भाव का, उनकी आर्थिक संकट की स्थिति एवं परिस्थिति का, हिन्दी साहित्य एवं भाषा को लेकर उनकी चिन्ता का, उनकी अध्ययनशीलता का, उनकी जिज्ञासा एवं दृष्टिकोण आदि का पता उनके पत्रों के माध्यम से मिल जातीं है। एक रचनाकार को उसकी 'रचना' एवं उसके 'पत्रों' के माध्यम से अलग-अलग रूप से देखा जा सकता है। रचना में वह कितनी 'जागरण' की बात करता रहता है और जीवन में कैसे उसकी जगह को तलाशता फिरता है। इसी तरह महावीर प्रसाद द्विवेदी के पत्रों में भी उनके स्वाभिमान एवं निर्भीकता, नम्रता एवं सरलता, भावुकता एवं कर्तव्यपरायणता, आस्तिकता एवं दानशीलता, प्रतिभा की परख एवं तीक्ष्ण विवेकशीलता आदि की जानकारी प्राप्त होती है। 'सरस्वती' को लेकर 'उनकी चिन्ता' और 'परेशानी' दोनों बहुत ही रुचिकर एवं महत्त्वपूर्ण विषय हैं, जो उनके पत्रों में दृष्टव्य हैं। प्रेमचन्द के पत्रों से उनके जन्म की स्थिति, बचपन की परेशानी, उनकी शिक्षा-दीक्षा एवं उनके संघर्ष का विवरण, उनकी साहित्यिक चिन्ता और परेशानी, नाम और उप-नाम के साथ उनकी कर्मठता और स्पष्टता, 'विनोदप्रिय स्वभाव' एवं 'नवोदित लेखकों के प्रोत्साहन का भाव' आदि का परिचय प्राप्त होता है। निराला के पत्रों से उनकी कौटुम्बिक स्थिति एवं उनके संगीतप्रिय मन का परिचय प्राप्त होता है। 'पल्लव' के प्रकाशन को लेकर उनकी साहित्यिक चिन्ता और साहित्यिक गतिविधियों की परेशानी से हम रू-ब-रू होते हैं। इसके अतिरिक्त 'सरोज' को लेकर उनकी पीड़ा विशेष रूप से उल्लेखनीय है। उनका अक्खड़पन और उनका भोलापन दोनों उनके पत्रों में भली-भाँति मिलता है। इसी तरह पन्त, प्रसाद, दिनकर आदि सभी रचनाकारों की सामान्य विशेषताओं (पारिवारिक स्थिति एवं परेशानी), संघर्षों के साथ 'व्यक्ति विशेष की परिस्थिति' का अवबोधन होता है, जिससे साहित्यिक चिन्तन-धारा एवं उसकी समस्त गतिविधियों का विवरण सहज ही प्राप्त होता है।

महावीर प्रसाद द्विवेदी जी श्रीधर पाठक को हमेशा पत्र लिखते थे, जिसमें अपनी निजी पीड़ा का भी उल्लेख कर दिया करते थे। 7 दिसम्बर, 1999 में वे उनको लिखते हैं—"मेरी समझ में 'भारत-मित्र' ने मेरी समीक्षा की चर्चा ही नहीं की। बाबू बाल मुकुन्द मुझे लिखते हैं कि 'ज़रा सीताराम जी पर कृपा ही रखना चाहिए।' इस सज्जन के प्रति मैं कभी कठोर नहीं रहा। उनके कालिदास के रूपान्तर के प्रति तो अवश्य मैं वैसा रहा हूँ। ये, बाबू सीताराम के मित्र मालूम पड़ते हैं। इसी तरह उनके 15 नवम्बर, 1899 के पत्र में पाठक जी की साहित्यिक विशिष्टता के दर्शन प्राप्त

होते हैं। वे लिखते हैं–काव्य के क्षेत्र में आपने अपने लिए एक नया मार्ग बनाया है जो कि हिन्दी कवियों द्वारा अपनाये गये मार्ग से भिन्न है। आपने इसमें जो सफलता पाई है, उसके लिए मैं आपको बधाई देता हूँ। आप जिस भाषा और छन्द में लिखते हैं वे वास्तव में बड़े आकर्षक हैं और पढ़ने वाले को बड़ा सुख पहुँचाते हैं। आपकी शैली सरल है और आपके विचार मौलिक हैं।" इसी तरह से जब रामधारी सिंह दिनकर किशोरी दास वाजपेयी के व्यक्तित्व एवं कृतित्व पर ग्रन्थ प्रकाशित कर रहे थे तब उन्होंने 26-12-60 को शिवपूजन सहाय को एक पत्र लिखा था, जिसमें वे लिखते हैं–"...उनका व्यक्तित्व भी कम आकर्षक नहीं है। प्रत्येक प्रश्न पर उनकी प्रतिक्रिया एक ऐसे व्यक्ति की प्रतिक्रिया होती है, जिसका कहीं भी कोई निहित स्वार्थ नहीं है। साहित्य और भाषा के अनेक विवादों में उन्होंने तेजस्विता के साथ भाग लिया है और बराबर उन्होंने बातें दो टूक कही हैं। यह अक्खड़पन उनके स्वभाव की सबसे बड़ी शोभा है।...वाजपेयी जी ने जिन साहित्यिक शास्त्रार्थों में भाग लिया था उनकी कहानी आज की पीढ़ी के लिए विशेष रूप से रोचक और ज्ञानवर्धक होगी। इसी संकलन के एक पत्र में दिनकर की विनोदप्रियता का पता चलता है। उन्होंने ब्रज किशोर नारायण को लिखा कि–'कश्मीर की छवि देखकर तबीयत लहा-लोट हो गयी। तुम लड्डू खा रहे होंगे। यहाँ लड्डू की फ़ोटो ही नसीब है। ...जवानी सौन्दर्य की लहरों पर तैरती है। सच पूछो तो तैरने की उमंग अभी मेरी भी मरी नहीं है। किन्तु, जवानी मर गयी। जीवित रहती तो दौड़कर श्रीनगर नहीं जा पहुँचता? वहाँ फूलों की जो कविताएँ तुम दोनों लिख रहे होंगे। उसकी कल्पना मैं कर रहा हूँ। मगर भाई, रंग और खुशबू दोनों लाना। नहीं, तो मैं माफ़ नहीं करूँगा।"

इस तरह से कहा जा सकता है कि व्यक्तिगत भावों एवं विचारों को किसी अपने आत्मीय-जन को सम्प्रेषित करने का लिखित माध्यम 'पत्र' कहलाता है, जिसका सम्बन्ध सूचना/सन्देश पहुँचाने से जुड़ता है। इसका विशेष उल्लेख प्रेम, युद्ध एवं वैचारिक जागरण के लिए किया गया है। संस्कृत एवं अन्य भारतीय भाषाओं में इसकी परम्परा बड़े पैमाने पर है। 19वीं सदी से Letter Writing की पद्धति के अनुरूप पत्र-साहित्य या पत्र-लेखन का स्वतन्त्र प्रकाशन होने लग है। यह ध्यान देने की बात है जब भारत के पत्र-लेखन की शुरुआत होती है तभी यहाँ पर सामाजिक-सांस्कृतिक-राजनीतिक एवं साहित्यिक जागरण का भी स्वरूप निर्धारित होता चलता है। एक तरफ़ बौद्धिक उन्नति के प्रयास होते हैं तो दूसरी ओर विदेशी पराधीनता से मुक्ति पाने की चाहत है। इसीलिए पत्र-लेखन की शुरुआत प्रबोधनीय शैली में रहती है। इस दौर के पत्रों में सांस्कृतिक परम्परा की मर्यादा के प्रति गहरी निष्ठा, कलात्मक एवं सृजनात्मक विचार, सामाजिक एवं राजनीतिक जागरण की प्रेरणाएँ अधिक मिलती हैं। भारत के पत्रों के इतिहास को तीन कालखण्डों में रखा

जा सकता है, जिससे उसके सामाजिक-सांस्कृतिक, राजनीतिक-ऐतिहासिक दस्तावेज़ को भी जाना एवं खोजा जा सकता है। पहला, जिसमें नवजागरण के पहले के पत्र हैं, जिसके अन्तर्गत पृथ्वीराज, तुलसी के पत्र 'सुरतिय, नरतिय, नागतिय, सब चाहत अस होय' रहीम के पत्र 'गोद लिए हुलसी फिरै तुलसी सो सुत होय' एवं महाराज शिवाजी के पत्रों को रखा जा सकता है। जिसकी एक लम्बी परम्परा है। दूसरा, जो नवजागरण के समस्त वैचारिक आयामों एवं स्वाधीनता-प्राप्ति के विविध सोपानों एवं उसकी सामाजिक, सांस्कृतिक, राजनीतिक एवं साहित्यिक मूल्यों एवं नीतियों से परिचय कराते हैं। तीसरा जिसमें स्वाधीन भारत की बदलती राजनीतिक, सांस्कृतिक, सामाजिक, साहित्यिक एवं पारिवारिक समीकरण का चित्रण है, जो अपने मूल्यों से विलग होने का द्योतक भी होता जा रहा है। संचार क्रान्ति के उपकरणों, टेलीफ़ोन, मोबाइल, इंटरनेट ने अब परिदृश्य ही बदल दिया है। इस दौर में लगभग 21वीं सदी की शुरुआत से पत्र-लेखन की परम्परा ख़त्म होती नज़ी आ रही है।

स्वातन्त्र्योत्तर जीवन एवं हिन्दी नाट्यलेखन

सत्यदेव त्रिपाठी

आज़ादी मिलने के बाद की अर्द्धशताब्दी के हिन्दी नाट्यलेखन पर ग़ौर करें, तो वह अपने समय और समाज का सच्चा एवं साफ दर्पण भी दिखता है और एक प्रकाशपुंज दीपक भी—और कुछेक बार तो जलती हुई मशाल भी। नाटक में दीपकत्व के तत्त्व अन्य विधाओं के मुक़ाबले अधिक हैं—अपनी सक्रियता-सकारात्मकता के चलते। उदाहरणस्वरूप आज़ादी के मुहाने पर लिखे गये 'कोणार्क' से शुरू कर लें, तो इसमें उक्त समस्त प्रवृत्तियाँ कूट-कूट कर समायी हैं। श्री जगदीशचन्द्र माथुर ने यह नाटक 1946 से ही लिखना शुरू कर दिया था। छपा 1951 में। छपने के बाद भी परिवर्तन परिष्कार होता रहा और छठे संस्करण के वक़्त 1961 में लेखक ने उल्लेख किया कि वे परिवर्तन-परिष्कार रंगमंच की दृष्टि से किये जाते रहे हैं। इस प्रयत्न में उन्होंने अन्तिम दृश्य में कोणार्क मन्दिर की मूर्ति तोड़ने को मंचीय बनाने का आइडिया प्रस्तुत किया और अन्त में मंचन-गुर के लिए पर्याप्त लम्बा परिशिष्ट भी लिखा। मंचन को लेकर इतनी अधिक सचेतनता-सजगता स्वातन्त्र्योत्तर हिन्दी रंगमंच के लिए सचमुच बहुत महत्त्वपूर्ण एवं शुभ थी और वह इस नाटक से सिद्ध भी हुई। मंचन व पठन-पाठन दोनों स्तरों पर कोणार्क बेहद सराहा-अपनाया गया।

'कोणार्क' की महत्ता का राज़ जितना उसके प्रस्तुतीकरण के गुर व लेखकीय नीयत में निहित है, उससे अधिक उसमें समाविष्ट सोच व कथ्य में है। स्वातन्त्र्योत्तर काल में हर मुद्दा हर व्यवस्था, हर सम्बन्ध, हर दायित्व नये सिरे से विचारित व परिभाषित किये गये। इसमें कलाकार के दायित्व एवं समाज व व्यवस्था के साथ उसके सम्बन्ध व कर्तव्य का मुद्दा भी नये सिरे से प्रमुख बनकर उभरा। 'आज जीत की रात पहरुए सावधान रहना' से जो शुरुआत हुई, उस पर साहित्य के अन्तर्गत नाट्य-विधा में जितना विचार हुआ तथा जितने सन्दर्भ व आयाम उभर सामने आये, आनुपतिक दृष्टि से देखा जाये, तो उतने किसी अन्य विधा में नहीं और 'कोणार्क' इस धारा का सूत्रपात करने वाली नाट्य-रचना है। इसका अनुगमन या इस मुद्दे पर सोच की विकास-परम्परा लगातार नाटकों में होती चलती रही। इसका एक बड़ा

कारण वह विख्यात सच भी है कि प्रस्तुति के कारण नाटक ही जन समाज से सीधे व सर्वाधिक जुड़ी हुई विधा है। उसके दायित्व भी अपेक्षाकृत अधिक हैं, इसीलिए चुनौती भी बड़ी है। इसी अनुपात में ज़्यादा असरकारिता से भी इन्कार नहीं किया जा सकता। इसी सबके प्रमाण एवं परिणाम हैं—स्वातन्त्र्योत्तर काल में इस थीम पर लिखे अनेक और हर दृष्टि से उत्तम नाटक...।

इन नाटकों में कलाकार के साथ जीवन के कई-कई आयाम खुले-खिले और बेहद प्रख्यात हुए। इस थीम पर आधारित नाटक स्वातन्त्र्योत्तर नाट्य-यात्रा के सर्वप्रमुख सोपानों में सर्वाधिक हैं। स्वाभाविक है कि इस आलेख में भी वे सबसे अधिक होंगे। इस दृष्टि से 'कोणार्क' ही कलाकार के सबसे प्रखर व ओजस्वी तथा एक तरह से शहादती स्वरूप को प्रकट कर सका है। यह अत्याचारी प्रशासन के समक्ष कलाकार वर्ग के जुझारू जीवन की कथा है। स्वातन्त्र्योत्तर भारत में कलाकार के दायित्व की प्रतिज्ञा और उसके वजूद की स्थापना की संकल्पना यह है कि उसे उत्कृष्ट कला सृजन तो करनी है, पर मात्र कला में डूबे ही नहीं रहना है। आवश्यकता पड़ने पर जूझना भी है। कलम से, कूँची से, हथौड़े-छेनी से स्वतन्त्रता की रक्षा हो सकती है और 'कोणार्क' जैसी अद्‌भुत कला के निर्माता यही करते हैं। नरसिंह देव की बंग-विजय तत्कालीन गुलामी पर आज़ादी की जीत ही है। परन्तु इस जीत के दुष्परिणाम उसके मन्त्री की महत्त्वाकांक्षाओं की पूर्ति के लिए किये जाते षड़यन्त्रों, दमन व अत्याचारों के रूप में प्रकट होते हैं। यह स्वतन्त्र भारत के भावी विकास का ही एक ज़हीन कलाकार द्वारा किया भविष्य-दर्शन है। उसके बाद की हमारी व्यवस्था का स्वरूप इसी स्वार्थ-लिप्सा व भ्रष्टाचार का जीता-जागता नमूना है। 'कोणार्क' में मन्त्री चालुक्य व उसकी सेना का डटकर मुक़ाबला करते हैं दोनों कलाकार—विशू एवं धम्मपद। सारे काम करने वालों को सैनिक बना देते हैं और तब नरसिंह देव जैसे योग्य राजा को बचा पाते हैं। यह दायित्व भी निभाना है, कलाकार को, जो ज़ाहिर है, कि नहीं निभाया गया।

'कोणार्क' में विशू और धम्मपद ने अन्तरिम ज़रूरत पर अपनी उस प्राण प्रिय एवं सर्वश्रेष्ठ कला के प्रतिमान कलाकार की उजास्विन आत्मा, यानी मन्दिर और मूर्ति तक का उत्सर्ग कर दिया; क्योंकि उन कलाकारों की प्रतिज्ञा थी कि 'कोणार्क शिल्पी की पराजय का प्रतीक नहीं हो सकता और दोनों शिल्पी (इत्तफ़ाक व नाटकीय संयोग एवं नाट्यचेतना यह कि दोनों बाप-बेटे थे और यह उसी दिन पता चला था, उन्हें) उसी कला-प्रतिमान के बीच दबकर प्राणोत्सर्ग भी कर देते हैं। ऐसे बलिदानों से मिली थी आज़ादी और ये प्रतिज्ञाएँ उसी के अनुरूप थीं, जो कितनी ज़रूरी एवं ज़हीन थीं, यह बता रहा है उसके बाद से आज तक का समय। कहना होगा कि जो व्यवस्था हमें मिली है, उसे पाने के लिए कलाकारों की यह जमात भी

ज़िम्मेदार है, जो बाद में विशू व धम्मपद जैसी ऊर्जा व त्याग से रहित होती गयी...

इधर जगदीशचन्द्र माथुर कलाकार की सामाजिक जहनियत का पुरज़ोर जज़्बा दिखाने में लगे थे, उधर आज़ादी के बाद कलाकार अब स्वयं अपने अधिकार, प्रतिष्ठा व सुख-वैभव के लिए पुनः राज्याश्रय में जाने-लगे हैं—बड़ी संस्थाओं के निदेशक होकर, बड़े पत्रों के सम्पादक होकर और अपनी मूल ज़मीन सृजन धर्म तक छोड़कर। इस सत्य को समझने व व्यक्त करने वाला नाटक, 'कोणार्क' के अन्तिम संशोधित संस्करण के तीन साल पहले 1958 में ही आ चुका था 'आषाढ़ का एक दिन'। लेकिन तब तक भी स्थितियाँ इतनी (आज जितनी) भयावह नहीं हुई थीं, इसीलिए कालिदास की वह थीम उठायी गयी, जहाँ राज्य उन्हें ससम्मान बुलाता है। सम्मान्य पद देता है। मोहन राकेश ने संकेत किया है कि अपनी ज़मीन से कट जाने और सृजन के अवरुद्ध हो जाने की आशंका कालिदास को थी। प्रेमिका मल्लिका को छोड़ने का दुख भी कम न था। यानी 'साख से कटने का गम उनको बहुत था लेकिन, फूल मज़बूर थे, हँसते रहे गुलदानों में'। कालिदास की मज़बूरी क्या थी? भौतिक लिप्सा तो न थी। परन्तु कालिदास के ही शब्दों में—'अभावपूर्ण जीवन की वह एक स्वाभाविक प्रतिक्रिया थी। सम्भवतः उसमें कहीं उन सबसे प्रतिशोध लेने की भावना भी थी, जिन्होंने जब-तब मेरी भर्त्सना की थी। मेरा उपहास किया था।' इस प्रकार यह एक मनोवैज्ञानिक दंश था। अपनी सृजनभूमि छोड़कर जाने के अनौचित्य का ज्ञान व अहसास उसे था। लेखक ने ख़ूब पुछवाया-क़बूलवाया भी है। युग के ऐतिहासिक विकास में 1958-60 तक यह अहसास था। प्रश्न करने की स्थिति थी। सो, राकेश ने किया। किया ही नहीं, उसे वापस भी लौटाया। यानी भविष्य की दृष्टि भी दी कि लौटने में ही भला है। सुख-सुविधा, अधिकार व राजनीतिक दाँवपेंच कलाकार के प्रतिभा-स्रोत को सुखा देंगे, की सच्चाई भी चेतावनी बनकर आयी। यहाँ से 'आषाढ़ का एक दिन' में दूसरा-तीसरा आयाम भी जुड़ता है, जो पुरुष के अहम की प्रकृतिगत सच्चाई, नारी-प्रेम की भावमयता पर आधारित एकनिष्ठता एवं कठोर जीवन-वास्तव की अनिवार्य विडम्बना आदि से बावस्ता है। इस सबसे नाटक में वैचारिक समृद्धि आती है। वैविध्य बनता है। स्तरीयता बढ़ती है।

प्रस्तुति की सजगता 'आषाढ़ का एक दिन' में भी है, पर वह 'कोणार्क' की तरह घोषित कथित व दृश्य नहीं है। उसकी तरह वाचक-वाचिका जैसा कोई प्रयोग भी लक्ष्य नहीं है। कोणार्क में संस्कृतनिष्ठता को सरल बनाने का भी प्रयत्न है, परन्तु यहाँ तो उसे सायास संस्कृतनिष्ठ किया गया है। समीक्षकों ने इस भाषा को कठिन भी कहा, पर प्रस्तोताओं और प्रेक्षकों ने एक ज़माने में समीक्षकों के उक्त कथन को झुठला दिया। ख़ूब प्रयोग हुए। ख़ूब सराहना हुई, कई-कई भाषाओं में भी मंचित हुआ और हिन्दी में अन्य भाषा-भाषियों ने भी किये। पाठ्यक्रम में यह 'कोणार्क' से

ज़्यादा ही स्वीकारा गया और निस्सन्देह ज़्यादा रोचक है। हर स्तर पर 'कोणार्क' का अगला सोपान। लेकिन इधर अब इन दोनों के प्रदर्शन नहीं सुने जा रहे हैं। 'आषाढ़ का एक दिन' का न खेला जाना ज़्यादा चिन्त्य है और अब जब होगा, तो भाषा अवश्य बाधा पैदा करेगी। चैनलों ने जिस तरह की 'जिन्दी' और 'हिंग्रेजी' बनायी है, अफ़सरों ने जिस तरह इनकी राहें प्रशस्त की हैं, उससे अब आषाढ़... करने वालों को शायद परिवर्तन करने पड़ें। आस्तरण-तल्प-परिधान अयाचित-शावक जैसों को तो बदलना ही पड़ेगा, शायद अभावग्रस्त को ग़रीब, अनर्गनलता को फ़ालतूपन, व्यवधान को डिस्टर्बेंस तथा प्रतीक्षा तक को इन्तजार बनना पड़े। सत्तर वर्षों की ऐसी प्रगति पर चाहे जो कहा जाये, परन्तु यदि वे शब्द बदले गये, तो नाटक की आत्मा मर जायेगी। इसका तो वाक्य विन्यास भी इतना अभिजात है कि आज न जाने कैसे अपनाया जा सके...यदि उसे भी छुआ गया, तब तो नाटक नंगा ही हो जायेगा...।

'कोणार्क' में मन्दिर बनाने वाला शिल्पी कलाकार है, तो 'आषाढ़ का एक दिन' में कविता लिखने वाला शब्दशिल्पी, तो भीष्म साहनी को 'हानूश' में वह घड़ी बनाने वाला कारीगर है–रोज़गारी कला हुई यह। असल में तो वह ताला बनाने वाला कारीगर था–कुफ्लसाज। फिर ज़बर्दस्त शौक के चलते घड़ी बनाने लगा। तब तक दुनिया में कोई घड़ी न थी। सो, शौक और आविष्कार के चलते यह भी कला सिद्ध हुई। फिर मार्क्सवादी दृष्टि वाले भीष्म साहनी को श्रमजीवी कलाकार ही दरकार होगा। तो मज़दूर जीवन व परिवेश भी तदनुसार आया और इसका तकाज़ा यह कि जहाँ विशू की प्रेमिका उसके अवैध बच्चे को जन्म देकर उसे पिता की तरह शिल्पी कलाकार बनाने के लिए हर कष्ट सहती है, कालिदास को कवि बनाने, आदर दिलाने में प्रेमिका मल्लिका हर दुख-अपमान सहती है और कालिदास की राजपुत्री पत्नी उसके प्रान्तर (उज्जयिनी) के कंकड़-पत्थर बटोर कर कवि पति को सन्तुष्ट करना चाहती है, वहीं हानूश की पत्नी उसकी घड़ी बनाने की धुन के लिए उसे कोसती है, क्योंकि इसके चलते घर में फांके की नौबत आ जाती है।

इस हद तक की दीवानगी के बाद घड़ी बनती है, तो असली कलाचेतना का मानक बनता है। पत्नी भी इस उपलब्धि से प्रसन्न होती है। अब कला पर एकाधिकार की फ्यूडल प्रवृत्ति का कला-दमन सामने आता है–राजा हानूश की आँखें निकलवा लेता है, ताकि वह दूसरी घड़ी न बना पाये और एकमात्र घड़ी का अकेला उपभोक्ता और मालिक (ओनर) राजा ही बना रहे। इस मुख्य घटना को लेकर विवाद बहुत हुए। पहला तो यही कि यह सच घटना हमारे देश की नहीं, चेकोस्लोवाकिया की है। सो, इसे विदेशी चेतना की उत्पत्ति कहा गया। दूसरे यह, कि आज़ादी के बाद के भारत की लोकतान्त्रिक व्यवस्था में कलाकार के प्रति इस दर्जे की नृशंसता असम्भव है। अतः इसकी प्रतीकात्मकता की प्रासांगिकता अकल्पनीय है। परन्तु दोनों

ही विवाद निरर्थक हैं। विदेश में सुनी यह घटना भी वहाँ की तत्कालीन सामन्तवादी मानसिकता पर आधरित किंवदन्ती से बनी है। इतिहास की यह सच घटना भी हो, तो भी नाटक कतई ऐतिहासिक नहीं है। बकौल लेखक "दो-एक तथ्यों को छोड़कर सब कुछ काल्पनिक है। यह मानवीय त्रासदी को मध्यकालीन परिप्रेक्ष्य में देखने का प्रयास है।" अतः देशी-विदेशी की चर्चा बेईमानी है और नाटक की कथा के श्रवण-ग्रहण व लेखन की कला चेतना पर ग़ौर किया जाये, तो स्वातन्त्र्योत्तर भारत में इसकी प्रासंगिकता अपनी सम्भाव्यता स्वतः सिद्ध कर देगी। साहनी जी ने जब उक्त घटना प्राक् में सुनी 1960 में तो 1976-77 में ही नाटक क्यों लिखा गया और 1975 से 77 का स्वातन्त्र्योत्तर दौर अपनी हामी आप भरता है कि उस दौरान किसी एक की आँख भले न फोड़ी गयी हो, वह कितना भयानक अन्धकार-काल था! सो, हानूश की समकालीनता, प्रासंगिकता और सम्भाव्यता तथ्यगत नहीं प्रवृत्तिगत है।

लेकिन इसका असली विमर्श तो आँखें फोड़ देने के बाद शुरू होता है। हानूश मर जाना चाहता है। राजा की गाड़ी के नीचे दबकर प्राण देना उसकी यथाशक्ति विरोधी चेतना का क्रिया-व्यापार ही है। परन्तु घड़ी की टिकटिक सुनते रहना ही उसके जीते रहने का मक़सद व ख़ुशी भी है। 'कोणार्क' में अपनी कला के उत्सर्ग के साथ व्यवस्था की रक्षा का मक़सद है। ऐसा सम्भव होता, तो अवश्य करता हानूश, क्योंकि हानूश का कर्ता भी इसी चेतना का पक्षधर है। किन्तु ऐसा जब सम्भव नहीं, तो कला व कलाकार का यह जीवनदायक सम्बन्ध भी दिल को छू जाता है। घड़ी बिगड़ने पर बनाने के लिए जाने वाला हानूश भी उसे तोड़ने का पक्का इरादा रखता था, पर अपने सृजन का स्पर्श उसे रोमांचित कर देता है और उसे न तोड़कर कला के बने रहने को जो अर्थ देता है हानूश, वह भी कलाकार के दायित्व व प्रकृति का गुरुतर श्रेय है। कलाकार की विकृति से बचाती है कला। पर इस राजकीय दमन के प्रतिकार का क्या? तो इस कला को जीवित रखने के लिए अन्य देश में जाने का रास्ता खुलता है, जो पलायन नहीं, जिवीविषा व दायित्वबोध के पालन का प्रयत्न है। परन्तु राजसत्ता इस मामले में इतनी असावधान नहीं है। उसे इस योजना का पता चल जाता है। इस बिन्दु पर कलाकार की एक महत्ता भी समझी जा सकती है कि वह हमेशा सत्ता की नज़र में है। लेकिन लेखक ने संकेत के सारे रास्ते बन्द नहीं होने दिये हैं, एक खिड़की खोल रखी है। हानूश का समर्थक अनुवर्ती जैकोब, जिसने घड़ी बनाने की कला सीख ली है, देश से निकल जाने में कामयाब हो जाता है—यानी घड़ी बनाने की कला न सत्ता से कीलित रहेगी और न मरेगी। वह जिन्दा रहेगी और फैलेगी भी।

लेकिन इससे अधिक कारगर रास्ता सुरेन्द्र वर्मा ने बताया है कि राजकीय प्रतिबन्ध एवं राजनीतिक कुचक्र के बीच फँसे-दबे कलाकार को अपनी जड़ें जनमानस

में फैलानी व मज़बूत करनी होंगी, का विचार निश्चित ही खांटी भी है और सही भी तथा कला के लिए सर्वाधिक संगत भी। 'कुमारसम्भव' के आठवें सर्ग को अश्लील कहते हुए प्रतिबन्धित कर देने पर कालिदास 'अभिज्ञान शाकुन्तल', 'रघुवंश' जैसी रचना करते हैं, तो इनसे प्रभावित जनसमाज जब 'कुमारसम्भव' को पूरा करने का सामूहिक आग्रह करता है, तो सत्ता को भी झुकना पड़ता है। यह है असली ताकत एक कलाकार की। स्वातन्त्र्योत्तर युग में जन-समाज पर रचनाकार की यह पकड़ जैसे-जैसे कम होती जा रही है, साहित्य व कला का संकट वैसे ही गहराता जा रहा है, की 'आठवाँ सर्ग' की वैचारिकता वैसे-वैसे अधिकाधिक प्रासंगिक होती जा रही है। हालाँकि कलाकार पर हानूश की तरह का दमन अब आज कम होता जा रहा है, अब लालच व प्रतिपक्ष के प्रलोभन के वश में कलाकार स्वयं सहमतिदायक ढंग से सत्ता व व्यवस्था के साथ व पिछलगू होते जा रहे हैं। ऐसे में उन्हें लड़ना नहीं, आत्मान्वेषण व आत्ममूल्यांकन करना है। यही भाव 'आठवें सर्ग' में है। यही इसमें साहित्यकार को सफल व साहित्य को कारगर बनाता है।

यूँ देखा जाये तो दोनों नाटक लगभग एक ही कालखण्ड में लिखे गये हैं। 'हानूश' 1977 में तो 'आठवाँ सर्ग' 1976 में। आपातकाल के सामयिक असर से प्रायः युक्त होकर 'आठवाँ सर्ग' ज़्यादा गहरे उतरा है और कालिदास को माध्यम बनाने एवं तदनुसार भाषागत आभिजात्य अपनाने के चलते क्लासिकल प्रवृत्ति वाला बन गया है। परन्तु इन्हीं क्लासिक कारणों से वह ज़्यादा मंचित न हो सका–मंचीय अनुकूलता के बावजूद। 'आषाढ़ का एक दिन' के नाते कुछ लोगों ने अनायास इसे पुनरावृत्ति मानने की कुचेष्टा की। भाषा व रूपायन में 'आषाढ़'... 'लहरों के राजहंस' की परम्परा के कारण भी इसके प्रति पिष्टपेषण का भाव बढ़ा होगा। इसके विपरीत 'हानूश' में आपातकाल का गहरा अहसास उसे समसामयिक ज्वलन्तता से भरकर ज़्यादा लोकप्रिय बना देता है। फिर 'हानूश' ने एक नयी परम्परा की नींव रखी है–प्रस्तुति को लेकर भी और कंटेंट में भी। अतः मंचन में हाथों हाथ लिया गया। पाठ्यक्रम में दोनों का समावेश लगभग बराबर ही रहा। आम पठनीयता में अपनी सरलता व आमवर्ग के जीवन पर आधारित होने के कारण बाजी 'हानूश' के साथ रही। लोग भूल ही गये कि जिस अश्लीलता के प्रतिबन्ध को ध्यान में रखते हुए सुरेन्द्र वर्मा कालिदास तक पहुँचे और 'कुमारसम्भव' का 'आठवाँ सर्ग' ढूँढ सके, उसकी ज्वलन्तता कभी राजकमल चौधरी पर दायर हुए केस के नाते थी। स्वयं उनके अपने नाटकों में 'द्रौपदी' एवं 'सूर्य की अन्तिम किरण से सूर्य की पहली किरण' तक, भी इस दृष्टि से आरोपों के घेरे में रहे–'देवयानी का कहना है' तो रहा ही है। लेकिन इमर्जेंसी की रेंज के सामने ये ज्वलन्तताएँ तो गौण ही रहीं और अपनी शब्दबहुलता व दृश्यविधान की कुछ अनुकूलताओं के बावजूद 'हानूश' को

इस चुस्त-दुरुस्त, मंजे-सधे 'आठवाँ सर्ग' के समक्ष अधिक टीआरपी मिली।

वैसे यदि ग़ौर किया जाये, तो 'आठवाँ सर्ग' अपने तात्कालिक सन्दर्भ (आपातक. ाल) के साथ और गहराई से जुड़ा है। जब सामान्यतः कोई भी रचना (सम्पादकीय तक) एतराज-अभियोग-प्रतिबन्ध के घेरे में थी, तो उस वृहत्तर सन्दर्भ को अश्लीलता के विशिष्ट दायरे में प्रतीकात्मक ढंग से उठाना ज़्यादा व्यंजक कला कर्म है। परन्तु 'आठवाँ सर्ग' को इस दृष्टि से नहीं देखा गया।

कला एवं कलाकार के बरक्स समाज को लेकर और भी कई नाटक लिखे गये और इस मुद्दे पर प्रायः हर नाटक पर कुछ-न-कुछ कहा गया—ख़ासकर नाट्यकला की स्थितियों को लेकर। लेकिन स्वदेश दीपक का 'कालकोठरी' इसी थीम पर 1999 में छपकर आया। इसमें प्रशासनिक अफ़सरों के समक्ष ज़हीन रंगकर्मी की दुरवस्था व अपमानजनक जीवन-सन्दर्भों की अच्छी पहचान के बावजूद नाटक के रूप में यह बात बन नहीं पायी है। इसी के साथ कवियों व लेखकों के जीवन पर आधारित प्रायः सभी नाटक इसी थीम से बावस्ता हैं। इस सन्दर्भ में उल्लेख्य है कि कबीर का जीवन नाटककारों को सर्वाधिक आकर्षक लगा है। अब तक कबीर के जीवन पर लगभग सात नाटक छप चुके हैं। इनमें जीवनी के फॉर्म से हटकर लिखा गया मणिमधुकर का 'इकतारे की आँख' में कलाकार के संघर्ष को अच्छा स्वर मिला है। दो तो उल्लेख करने लायक भी नहीं हैं। गालिब के जीवन की एक विशिष्ट घटना पर लिखा 'क़ैद-ए-हयात' (सुरेन्द्र वर्मा) भी इस संघर्ष व सलूक की करुण एवं हृदयद्रावक कथा कहने के लिए यादगार नाटक है। दोनों मंचित रूप में भी ख़ूब निखरे हैं।

इस मुद्दे का प्रतिनिधित्व कर सकता है 'कबीरा खड़ा बाज़ार में'। कबीर का जवीन ही इतना संघर्षमय है कि ऐसा न होना ही आश्चर्यजनक होता। परन्तु उसका फॉर्म जीवनीपरक हो गया है और इस श्रेणी के नाटकों में यहाँ 'हत्या एक आकार की' की चर्चा ज़्यादा उपयुक्त लगी। ताज्जुब है कि सहस्त्राब्दि के विश्वपुरुष गांधी पर हिन्दी में मात्र एक यही नाटक मिला, अब तक शायद उपन्यास भी एक ही है—'पहला गिरमिटिया'। यह शोध व विचार का विषय है कि इस अद्भुत व्यक्तित्व ने रचनाकारों को सृजन के लिए क्यों उतना प्रेरित आकर्षित नहीं किया। जीवनीपरक नाटक भी इतने ही हैं। मोहन महर्षि ने 'आइंस्टाइन' लिखा, परन्तु यह गणितीय वैज्ञानिकता में इस तरह घिर गया कि एक मिनट भी नाट्य रूप में बाँध नहीं पाता। ब्रेख्त के 'गैलिलियो' से मोहन का प्रेरित होना तो समझा जा सकता है, पर इतने नाट्यजीवी व्यक्तित्व से इतने नाट्यविहीन नाटक की कल्पना भी असम्भव थी, जिसे महर्षि जी ने सम्भव कर दिखाया है। किन्तु हमसफ़र हस्तियों ने तारीफ़ भी कर डाली है, जो कि औपचारिकतन करनी ही पड़ती है। ख़ैर, गांधी जी के जीवन पर उपलब्ध एकमात्र नाटक 'हत्या एक आकार की' भी लिखा नहीं गया है, अनुदान देकर प्रकल्प

के रूप में ललित सहगल से लिखाया गया है। इस एकमात्र नाट्यकर्म के अलावा सहगल जी का कुछ उल्लेख्य नाट्यकर्म तो क्या, एक अनाम-से-उर्दू नाटक एवं तीन मामूली से अनुवादों (शायद अनुदानित) के अलावा कुछ है भी नहीं। लेकिन इस रिकॉर्ड से 'हत्या एक आकार की' की गरिमा कम नहीं हो जाती। वैसे तो गांधी का जीवन स्वयं इतना समर्थ है कि 'कोई भी कवि बन जाये, सहज सम्भाव्य है।' दूसरे, ललित सहगल ने जो प्रस्तुति विधान रच डाला है कि दोनों ने मिलकर इसे उच्च कोटि का नहीं, तो भी एक अच्छी स्तरीय नाट्य कृति बना दिया है। रचना-विधान के आगोश में निखरती कुछ विरल साहित्यिक कृतियों में एक प्रमुख यह नाट्यकृति भी है। चार युवकों ने मिलकर किसी की हत्या की योजना बनायी है। अंजाम देने के लिए गोडाउन जैसे कमरे से निकलने के पहले एक युवक शंकाकुल प्रश्न करता है कि एक बार और क्यों न सोच लिया जाये और इसी प्रक्रिया में वहाँ कोर्ट बन जाता है। एक जज, एक सरकारी गवाह, एक सरकारी वकील और शंकित युवक अभियुक्त की भूमिका में खड़े हो जाते हैं। आरोपों एवं स्पष्टीकरणों के दौर चलते हैं। इस दौरान बिना नाम लिए (पूरी रचना में गांधी जी का नाम नहीं आता, जो स्वतः एक सुन्दर कलाचेतना का नमूना है) गांधी पर लगाये जाने वाले लगभग सभी प्रमुख आरोप और उन पर गांधी जी की दृष्टि एवं कर्म के स्पष्टीकरण बड़ी सधी एवं नाटकीय भाषा व अन्दाज़ में चलते हैं। स्पष्ट हो जाता है कि वह व्यक्ति हत्या करने योग्य नहीं, वरन् आदर सम्मान की हैसियत वाला है। परन्तु अन्त में हत्या तो करनी ही थी। 1966 में लिखा नाटक इतिहास को झुठला तो नहीं सकता, परन्तु इतिहास में घटित को गलत एवं अनुचित तो सिद्ध कर ही देता है।

किन्तु यह भी पूरी शक्तिमत्ता से स्थापित हो जाता है कि हत्या सिर्फ़ एक आकार की हुई है—व्यक्ति की हुई है। वह विचार न ख़त्म हो सकता, न उसे ख़त्म किया जा सकता है। समस्त उग्रवादी हिन्दूवादी एवं कुछ वाममार्गी पक्षों के तथा गांधीवादी सोच को गलत सिद्ध करने वाले ऐतिहासिक विवेचनों के विचार इसमें एक-एक करके करीने से निरस्त हुए हैं और गांधीवाद की सशक्त स्थापना भी हो सकी है।

यह सारा विधान बहुत नाट्यमय, प्रतीकात्मक एवं सांकेतिक बन पड़ा है। यही रचनात्मकता इस रचना की जान है। राजेन्द्र नाथ के निर्देशन में शंकित युवक (गांधीवाद के प्रवक्ता) की भूमिका कुल भूषण खरबन्दा ने की थी। प्रस्तुति असर कारक बनी थी। विधान के बाद नितान्त सरलता एवं सादगी में यह नाटक गांधी जी के व्यक्तित्व का सच्चा प्रतिनिधित्व करता है। एक कमरे में बिना किसी नाट्य-सामग्री के भी मात्र चार ठीक-ठाक अभिनेता इसे प्रस्तुत कर सकते हैं। सतत् तर्क एवं बहस के बावजूद यह कहीं विचार-बोझिल नहीं हुआ है—'उध्वस्थ धर्मशाला' भी इससे बच न सका। 'ख़ामोश अदालत...' की तरह सबका मिलकर एक को साजिश व षडयन्त्र

से अभियुक्त या अपराधी सिद्ध करने का एकतरफ़ा सरंजाम की अतिशयता व एकांगिता से भी बचा है यह। इसके अधिक प्रदर्शन नहीं हुए। अधिक चर्चा में नहीं रहा यह। यही हमारी उदासीनता को सिद्ध करता है। इन सबके बावजूद पूरा नाटक इस बात का अहसास कराता रहता है कि यह इससे अच्छा भी बन सकता था।

अपने कल्पनाशील रचना-विधान की सटीक प्रयुक्ति एवं सांकेतिकता तथा सरल नाटकीयता एवं प्रखर वैचारिकता के चलते जीवनीपरक नाटकों में यह 'कबीरा खड़ा बाज़ार में' से श्रेष्ठ रचना के गौरव का अधिकारी है। पूरे जीवन की क्रमबद्ध प्रस्तुति के फेर में बहुत महत्त्वपूर्ण लोकप्रिय, उत्तेजक होने के बावजूद 'कबीरा खड़ा...' एक फ्लैट नाट्यकृति है और नरेन्द्र मोहन का 'कहै कबीर सुनो भई साधो' तो नाटक ही नहीं बन सका है।

'कोणार्क' के परवर्ती विकास के सिलसिले में चर्चा जरा लम्बी हो गयी। उसी के तीन साल बाद 1954 में हिन्दी नाट्य संसार की अभूतपूर्व रचना प्रकाशित हुई—'अन्धायुग'। आज़ाद भारत के साथ विभाजन के नरसंहार एवं उसके पूर्व के द्वितीय विश्वयुद्ध की विभीषिका को महाभारत के विकराल युद्ध की पीठिका देकर परवर्ती स्थितियों का हाहाकारी मूल्यांकन इस काव्य-नाटक में हुआ है। स्वातन्त्र्योत्तर काल का यह भी एक महत्त्वपूर्ण पक्ष है—'कोणार्क' से एकदम अलग। लेकिन इसकी कोई परम्परा नहीं बन सकी। कोई परवर्ती विकास न हुआ। युद्ध की ऐसी विभीषिका फिर बनी भी नहीं—न बने तो ही अच्छा। लेकिन इस विकास के अभाव का कहीं कुछ कारण 'अन्धायुग' स्वयं भी क्या नहीं हो सकता। भारती जी की कई एक कृतियाँ इसी तरह इकली ही रह गयीं—'कनुप्रिया' एवं 'सूरज का सातवाँ घोड़ा' भी स्वयं भारती जी में ही कहाँ विकास पा सके? 'अन्धायुग' के बाद दूसरा नाटक भी नहीं लिखा उन्होंने। इस नाट्यकृति की श्रेष्ठता ने कहीं दूसरी रचना का मार्ग तो नहीं अवरुद्ध कर दिया? स्वयं भारती जी इसकी श्रेष्ठता के आतंक तले हदस तो नहीं गये कि इस श्रेणी की नाट्यकृति न बनी तो...!!

'अन्धायुग' पहले रेडियो नाटक के रूप में लिखा गया था। किन्तु पठन-पाठन-वाचन-मंचन आदि सभी रूपों में यह इतना मक़बूल हुआ कि एक दौर में हिन्दी नाटक का पर्याय बन गया था। हर युनिवर्सिटी ने इसे पाठ्यक्रम में रखा, तो हर रंगमण्डल ने इसे खेला या फिर खेलना चाहा। विश्व नाट्य-साहित्य में इसकी श्रेष्ठता की चर्चा हुई। तरह-तरह से यह मंच पर प्रस्तुत हुआ। हर रूप में सिरमौर बना। अकेले 'अन्धायुग' पर समीक्षा-पुस्तकें निकलीं। जब इतना कुछ कहा जा सका, तो यहाँ चन्द शब्दों के गुंजाइश-स्थल में क्या कहा जा सकेगा?

लेखक ने कहा कि 'अन्धायुग' 'कथा ज्योति की है अन्धों के माध्यम से।' परन्तु वह ज्योति कहीं दिखाई नहीं पड़ती मुझे, जो निश्चित ही मेरी अल्पज्ञता होगी। वरना

पूरे संसार ने इसमें कुछ तो देखा होगा, जो इतना सर-आँखों पर उठाया। किसी भी चरित्र के शुभ पक्ष पर कोई बात नहीं कही गयी है। सभी कीलित हैं, बिद्ध हैं, विगर्हणीय हैं–कृष्ण तक। यह भावी युग की मूल्यहीनता का प्रतीक बन गया है पर सब कुछ नष्टप्राय ही है, ऐसा भी कैसे कहा जाये? युयुत्सु की दशा एवं भीम का उसके प्रति व्यवहार तथा सत्तासीन पाण्डवों की गति...आदि मूलकथा में पेबन्द की तरह जुड़े हैं। इसे सोद्देश्यता के तहत समझने का सूत्र भी सूझता है, पर अतिशयता के सबब बचना नहीं सधता। मूल्यहीनता के प्रति इस तरह सन्नद्ध रचना के इतना मूल्यवान बन जाने की मिसाल 'अन्धायुग' आपो आप है।

यही सच 'आधे अधूरे' का भी है। इसकी लोकप्रियता व नाट्यमयता के चलते इसे समकालीन क्लासिक भी कहा जा सकता है। जिस तरह 'अन्धायुग' मूल्यों के पतन की कथा अपने से बहुत आगे के युग की कहता है, उसी तरह 'आधे अधूरे' भी भौतिक-परस्तता में टूटते मूल्यों और बदलती नैतिकताओं की कथा अपने से आगे की कहता है। सावित्री के चरित्र में इस बात का द्वन्द्व नहीं है कि वह पति के अलावा अन्य पुरुष से सम्पर्क रखे या नहीं। जब 'आधे अधूरे' के समय का साहित्य विवाहेतर सम्बन्धों की नैतिकता की बहसें कर रहा था और इसके समक्ष प्रेम और नारी की इयत्ता की गुहारें लगा रहा था, मोहन राकेश इसके पार जा चुके थे। सावित्री यह सोपान पार कर चुकी है। अब चाहे वह निजी सुख के लिए ऐसा करती हो या परिवार की समृद्धि के लिए अथवा बच्चों के भविष्य के लिए। इसी को लेकर सावित्री को बहुत अच्छा नारी चरित्र मानने वाले लोग भी हैं, जो 'आधे अधूरे' के घर की बर्बादी का कारण पति को मानते हैं। परन्तु सावित्री एक नहीं, तीन-तीन पुरुषों के साथ घर आती है और सबके साथ घर से भागने को उद्यत रहती है।

मोहन राकेश के पहले दो नाटकों में पुरुष पात्र अन्त में घर छोड़ जाता है। इस तीसरे में पूरे नाटक घर छोड़ने और घर में रहने की नीयत के बीच फँसे पति-पत्नी अन्त में घर में रहने की नियति के शिकार हो जाते हैं। इनके पहले दोनों में पुरुषों के पलायन के अलावा दूसरा रास्ता न था। मंचन में यही पक्ष बहसों के कई द्वार खोलता है। अब इसमें एकायामिता के साथ घर से भागने के समक्ष घर में रहने की दृष्टि भी मिली, जो कहीं न कहीं सकारात्मक है। प्रो. विष्णुकान्त शास्त्री ने ठीक ही कहा है कि 'आषाढ़ का एक दिन' एवं 'लहरों के राजहंस' के बाद 'आधे अधूरे' की परिणति ही स्वाभाविक थी। यह अलग नहीं, पहले की ही अगली कड़ी है।

इस रचना में मंच प्रस्तुति की कई-कई सम्भावनाओं के प्रयोग हैं, जो विश्रुत हैं। 'अन्धायुग' के बाद इसी के सर्वाधिक प्रयोग हुए भी हैं और अभी भी होते जा रहे हैं...जबकि 'अन्धायुग' के मंचन में इधर मण्डलियों का किंचित शैथिल्य लक्ष्य किया जा सकता है। 'आधे अधूरे' इस एक अर्थ में राकेश का पहला नाटक है कि

पुरानी कथा व पात्रों से पल्ला छुड़ाकर आज की ज़िन्दगी व मनुष्य से पहली बार समक्षता इसी नाटक में हुई है और क्या ख़ूब हुई है।

'आधे अधूरे' अपनी लोकप्रियता एवं प्रयोगशीलता में 'अन्धायुग' के साथ है, तो विकास परम्परा की समृद्धि में 'कोणार्क' से भी आगे निकल जाता है। हालाँकि इसकी प्रेरणा व स्पर्धा में जो नाटक लिखे गये, वे 'आधे-अधूरे' की आत्मा व प्रकृति से भिन्न उसके परिधान व स्वरूप को लेकर चले हैं। उसमें स्त्री-पुरुष सम्बन्ध और नारी-स्वातन्त्र्य के स्वर गौण उपादन बनकर आये हैं—माध्यम। परवर्ती नाटकों ने इसी को मूल कथ्य बनाया और इस पर कई-कई नाटक लिखे गये। स्वातन्त्र्योत्तर हिन्दी नाटक का सबसे प्रमुख स्वर यही है। इस पर कुछ नाटक तो सत्तर के दशक में ख़ूब मशहूर हुए और आज तक याद किये जाते हैं। इनमें 'कर्फ्यू', 'देवयानी का कहना है' एवं 'सूर्य की अन्तिम किरण से सूर्य की पहली किरण तक' सर्वाधिक चर्चित हुए।

डॉ. लक्ष्मी नारायण लाल ने 'कर्फ्यू' का सांकेतिक उपयोग किया। शहर में कर्फ्यू लगा है जिसे हटाने की इच्छा सभी करते हैं। हटना चाहिए भी। लेकिन उसी रात कर्फ्यू के चलते ही गौतम के घर में संजय की पत्नी मनीषा को आश्रय लेना पड़ता है और गौतम की पत्नी कविता को संजय के घर में। पर पुरुष व पर स्त्री को पाने के बाद इस रात को दोनों ही पुरुष-स्त्री समझ जाते हैं कि उनके अपने दाम्पत्य जीवन में भी कहीं कर्फ्यू लगा है। उसे भी हटाना चाहिए। इस प्रकार यहाँ विवाहेतर सानिध्य विवाह को स्थायी बनाने व स्थापित करने के साधन के रूप में आता है। एक रात में अचानक ही मुलाकात में ऐसा समझ पाना जादू की पुड़िया जैसा लगता है—आयोजित-आकस्मिक। सहज व विश्वसनीय कुछ नहीं। विवाहित जीवन की एकरसता ऊब तो सही है। उसे तोड़ने की ज़रूरत भी जायज़ है पर यह तरीक़ा? बहुत नाटकीय, बहुत बनावटी लगता है। नाटक का फॉर्मेट बहुत अच्छा है—कल्पनाशील, नाटकोचित। परन्तु संयोजन व घटित में यथार्थता नहीं, स्टंट है। संवाद व्यर्थ के बढ़ाये गये हैं। दृश्य-निर्माण नकली लगते हैं। क्लाइमेक्स आता ही नहीं। निष्कर्ष पहले ही पता हो जाता है—फ्लैट व रचनात्मक भूमिका से। टी.पी. जैन ने पहले खेला, जिसमें कविता नागपाल, सुधा चोपड़ा जैसों ने काम किया। लेकिन उससे भी क्या होता है? हाँ, लालजी के ढेरों नाटक लिखने के योगदान को श्रेय एवं आदर वश यहाँ उनका एक नाटक तो लेना चाहिए, के निमित्त 'कर्फ्यू' ही ठीक लगा।

जहाँ 'कर्फ्यू' में दाम्पत्येतर सम्बन्ध दाम्पत्य को मज़बूत बनाने के लिए है, वहीं, 'देवयानी का कहना है' में विवाह को तोड़ने के लिए विवाह है। सेक्स-सम्बन्ध क़ायम रखने की सुविधा के लिए शादी कर लेते हैं देवयानी एवं साधन, क्योकि 'रोज़-रोज़ होटल महँगा पड़ता है'। देवयानी तीन पुरुषों को छोड़कर आयी है, तो साधन भी एकाधिक स्त्रियों से जुड़ चुका है। यहाँ देवयानी की मान्यता ही है कि 'वन ऐपल

इज़ नॉट इनफ़ फ़ॉर द लाइफ। टेस्ट मोर'। बिना शादी के साथ रहने लगे हैं, तीसरे दिन शादी की पार्टी रखी है। सबसे कहते हैं, शादी कर ली है। देवयानी के पिता प्रमाण माँगते हैं, तो देवयानी नाइटी उतार कर प्रमाण दिखाने की पेशकश धमकी की तरह पेश करती है। तीसरे दिन की पार्टी के पहले ही सम्बन्ध टूट जाते हैं। बकौल नाटककार रमेश बख्शी, ये तीन दिन चलता या तीस साल, कोई फ़र्क़ नहीं पड़ता। देवयानी ने माँ-पिता के सम्बन्धों की सिल्वर जुबली के खोखलेपन को देखा है। इसी से उबर कर एवं उत्तेजित होकर यह सब हुआ है। सम्बन्धों का स्वरूप तलाशना अभिप्रेत है नाटक का, ऐसा आभास होता है। परन्तु स्वरूप किस सम्बन्ध का? तो शायद विवाह व प्रेम का नहीं, सेक्स सम्बन्ध की तलाश बन गया है। पत्नी, रखैल, वेश्या जैसे सम्बन्धों का जायज़ा मिलता है, परन्तु प्रेमी-प्रेमिका का तो नहीं। दोनों की अधिकार-समता का ज़िक्र भी है। कुल मिलाकर यह तलाश मात्र चमत्कार एवं युवा वर्ग की भोगवादी उच्छृंखलता बनकर रह जाती है। सब कुछ का विखण्डन है। तर्कहीन, अमर्यादित, अनुशासित मनमानी है। कहीं कोई सीमा नहीं। लगता है, सब कुछ उत्तर आधुनिकतावादी है।

कथ्यविहीन एवं कनफ्यूज्ड यह नाटक इन्हीं चमत्कारिक आयामों के कारण मशहूर हुआ, पर प्रभावी न हो सका। खेला गया, पर स्वीकारा नहीं जा सका। विषय के अनुसार चलताऊ मुहावरे की भाषा प्रयुक्त हुई, जो नाटक के लिए बहुत मुफ़ीद सिद्ध हुई। नाटक की भाषिक ज़मीन को तोड़कर उर्वर बनाने के लिए ऐसी भाषा दरकार थी, पर जीवन की उर्वरता के लिए ऐसा कथ्य नहीं। देवयानी का इकला चरित्र भी बहुविध रूपों में बहुत खिंच-तन जाता है। उपन्यास विधा में पहुँचेली (कुरु कुरु स्वाहा) की तरह यह चल भी जाता, पर मंचन में 'देवयानी का कहना है' ख़ूब सधा। हिट हुआ। पर अधिक मण्डलियों द्वारा ख़ासकर गाँवों में खेले जाने को लेकर आशंका अब भी है। चैनल टी.वी. से बनती शहरी संस्कृति में अब यह काफ़ी फिट हो जायेगा। इस तरह के बोल्ड नाटकों में सुरेन्द्र वर्मा का 'द्रौपदी' भी है। देवयानी ने बाप के सामने नाइटी उतार नखक्षत-दन्तक्षत दिखाने की बोल्डनेस की बात की थी, तो द्रौपदी में अपनी बेटी के प्रेमी को लेकर बाप यह शिकायत करता है कि छह महीनों में वह ब्लाउज के बटनों तक ही पहुँचा है। यह मात्र भड़कीला भर बनकर रह गया है। न जरूरत थी, न संगति है। प्रगति के नाम पर जो कुछ ऐसा होता है, किसी दृष्टि से सही नहीं है। पैटर्नाइज्ड जीवन को बदलना ज़रूरी हो सकता है, पर इस तरह तो कतई नहीं। 'द्रौपदी' में मात्र नाम ही महाभारत का है। बाकी कुछ नहीं। इसमें तो पत्र-प्रसंग दृश्य के कनफ्यूजन भी बहुत हैं। दृश्यों-संवादों के भयावह दुहराव प्रयोग के नाम पर बोरियत के सबब बने हैं। ये नाटक सिर्फ़ नाम में उछले, फिर डूबकर रह गये।

इन नाटकों के उत्स के सन्दर्भों की तलाश करें, तो आज़ादी के बाद स्वतन्त्रता पाने की बेरोक लहर मिलेगी मूल में। निज की स्वतन्त्रता के भाव ने वैयक्तिकता को ख़ूब बढ़ाया। इसे पाश्चात्य अध्ययन एवं सांस्कृतिक एक्सपोजर ने हवा एवं दिशा दी। आधुनिक एवं बोल्ड बनाने की उफान भरी ज़िद आयी। बोहेमियनपन आने लगा ऐसे व्यक्तियों में। नैतिक-सांस्कृतिक अंकुश ख़त्म हुआ। सरनाम व स्थापित होने के जज़्बे ने चमत्कृत करने व चौंकाने का हथकण्डा अपनाया और ऐसी कृतियाँ आने लगी। इनके 'बेस' में एक बदलाव का आइडिया था, पर वह स्कैंडल पैदा करने में बदलकर नाकाम हो गया।

लेकिन इस ज़मीन पर एक बहुत महत्त्वपूर्ण नाट्यकृति आयी—'सूर्य की अन्तिम किरण से, सूर्य की पहली किरण तक'। इसे 'बात एक रात की' कहा जा सकता था। सीधा-सरल, सहज सम्प्रेषणीय होता, पर थोड़ा आम, थोड़ा फ़िल्मी (इस नाम से फ़िल्म आ चुकी है) होता। प्रस्तुत नाम बड़ा ज़रूर है, पर बेहद साहित्यिक है। प्रवृत्ति में क्लासिक है। पूरा नाटक ही आधुनिक क्लासिक बन पड़ा है। 'द्रौपदी' के उच्छृंखल उतावलेपन को बाद कर दिया जाये, तो सुरेन्द्र वर्मा बेहद कलात्मक एवं गम्भीर तथा दृष्टि-सम्पन्न नाटककार हैं। विधा की 'नेक' पर अच्छी पकड़ है इनकी। प्रायः पुराने चरित्रों-सन्दर्भों-कथाओं को उठाकर उससे आधुनिक सन्दर्भों को जीवन्त-ज्वलन्त करने की उनकी रचनात्मक प्रकृति तो बेमिसाल है। स्त्री-पुरुष सम्बन्धों के मास्टर हैं वर्मा जी। इन्हें 'स्त्री-पुरुष सम्बन्धों की कमनीयता का नाटककार' यूँ ही नहीं कहा गया है। 'सूर्य की अन्तिम किरण...' इन सबका अन्यतम उदाहरण है। इसमें पति-पत्नी के सम्बन्धों के स्थायित्व की जड़ता को तोड़ने का सही मुद्दा उठाया गया है। मान्यता है कि एक बार वरा पति छोड़ा-बदला नहीं जा सकता—चाहे वह जैसा भी हो—'अन्ध-बधिर, कोढ़ी अति दीना, वृद्ध, रोगबस, जड़ धनहीना...' भी। इसी के तहत रानी शीलवती अपने नपुंसक राजा पति को सहर्ष निभा रही है—सहज निर्मल मन से। लेकिन राजा को उत्तराधिकारी भी चाहिए और इसके लिए नियोग प्रथा व्यवस्था भी विश्रुत है। बस, यही विधान परम्परा से मिल गया। इसे लेकर सुरेन्द्र वर्मा ने पति-पत्नी सम्बन्ध की उदात्तवादी जड़ता को तोड़ा। नियोग की वैधानिकता जो भी रही हो, स्वेच्छा से एक रात के लिए उपपति के चयन का अधिकार सुरेन्द्र वर्मा ने शीलवती को दिया। उपस्थितों में शीलवती के पूर्व प्रेमी को ला दिया। स्वाभाविक था शीलवती से उसे चुनवा देना। इस सोपान पर एक और जड़ तत्त्व को पूरी ताकत से उभारते व तोड़ते हैं सुरेन्द्र वर्मा। हमारी परम्परा में शरीर-सम्बन्ध को मात्र सन्तानोत्पत्ति के लिए स्वीकार किया गया था। इसीलिए शीलवती को नियोग के लिए जाते हुए महामन्त्री ने समझाया था—'एक प्रक्रिया में से निकलने भर की बात है—औपचारिकता, एक खानापूरी...उन कुछ क्षणों के लिए अपने आप

को भूल जायें...पलकें मूँद लें, कान बन्द कर लें...बिल्कुल ढीला छोड़ दें शरीर को ...पाँच इन्द्रियों को अचेतन करके भावतन्त्र को निर्जीव बना लें...और मन की आँखों से लगातार केवल भावी परिणाम की ओर देखें...अबोध मुद्रा, घुँघराली अलकें, दूधिया दाँत...नारीत्व की सार्थकता...मातृत्व की तृप्ति।'

यहाँ सुरेन्द्र वर्मा पारम्परिक शादी के समक्ष भी एक प्रश्न जोड़ देते हैं—दो अपरिचितों के अचानक रात्रि-मिलन की अस्वाभाविकता का। शीलवती अपनी कठिनाई बताती है 'बिल्कुल पहली ही भेंट और उसी में सबसे आत्मीय सम्बन्ध ...निकटता की चरम सीमा...' और महामन्त्री ने तब भी उपदेश-परामर्श दिया था— 'स्थिति का सामना आपके लिए सरल हो जायेगा, अगर आपकी दृष्टि केवल अपने लक्ष्य की ओर हो। अर्जुन ने द्रोणाचार्य से क्या कहा था, मुझे मछली की केवल दायीं आँख दिखाई दे रही है।'

जब अपने पूर्व प्रेमी के साथ रात बिताकर तथा वैवाहिक जीवन के कई सालों बाद शरीर सुख की पूर्ण तृप्ति का चरम आह्लादक अनुभव पहली बार लेकर वह सुबह आती है, तो महामन्त्री की सारी सलाह के पीछे निहित पारम्परिक अवधारणाओं की रूढ़ियों-जड़ताओं-पाखण्डों को विस्फोटक की तरह तोड़ती हुई प्राकृतिक सच्चाइयों की अनिवार्यता को स्थापित करती है। महामन्त्री से पूछती है—"जब आप अपनी पत्नी के साथ सोते हैं, तो क्या सोचते हैं उन क्षणों में?...कितने मूर्ख हैं आप? महामूर्ख।...उस उत्तेजना और उन्माद में...उस तृप्ति के साथ कौन-सी स्त्री है संसार की, जो होने वाली सन्तान का ध्यान कर पाती है? नारीत्व की सार्थकता केवल मातृत्व में नहीं है महामात्य। है केवल पुरुष से संयोग के इस सुख में...मातृत्व केवल गौण उत्पादन है...

यह है आधुनिक चेतना, आधुनिकता बोध—सहज-प्राकृतिक-व्यावहारिक-वैज्ञानिक। इसे पूरी ईमानदारी-बेबाकी-सतर्कता के साथ सोद्देश्य ढंग से उठाया है सुरेन्द्र वर्मा ने। इसके लिए सभी ज़रूरी प्रसंग-दृश्य संवाद सिरजे हैं। उनकी सही एवं सटीक पूर्वापर संगति बिठायी है। यह संयोजन सुरेन्द्र वर्मा की नाट्य कला का ख़ास गुण है। उसे वे भाषा के क्राफ्टमैनिशप वाले प्रयोग से सजाते-सँवारते हैं। छाँटी-तराशी भाषा, तपे-सधे शब्द, सुविचारित रचना-विधान, सही फॉर्मेट, समर्थ दृश्य-योजना, सार्थक पात्र-सृष्टि, सशक्त रंगानुकूलता में मंच-निर्देश, संवाद-सम्प्रेषण के भावों का वांछित एवं असरकारक सूचन...आदि। स्वातन्त्र्योत्तर काल के सबसे बड़े हिन्दी नाटककार हैं सुरेन्द्र वर्मा—मोहन राकेश से भी बड़े...और भारती से बड़ा तो कोई भी नाटककार है, जिसने एक से अधिक नाटक लिखा हो—भले 'अन्धायुग' से श्रेष्ठ कोई नाटक न हो। लेकिन सुरेन्द्र वर्मा यदि राकेश जितने लोकप्रिय व स्वीकृत नहीं हुए, तो इसके लिए थोड़े से व्यावहारिक अन्तर्विरोध ज़िम्मेदार हैं और थोड़ा-सा

उनकी नाट्यधर्मिता की क्लासिकल वृत्ति, जो क्लास के लिए बन जाती है। परन्तु ज़्यादा ज़िम्मेदार है थियेटर जगत, जो हसे 'मास' तक पहुँचाने की ज़िम्मेदारी नहीं निभाता। पर्याप्त जोख़िम उठाना नहीं चाहता। श्रम करना नहीं चाहता। एन.एस.डी. ने किये इनके नाटक। समर्थ थे। पर वही–कला मर्मज्ञों के चर्चा-चर्वण तक, जिस क्लास के थे ये नाटक, उसी के बीच रह गये।

याद है कि अमोल पालेकर ने जोख़िम लिया था–'सूर्य की अन्तिम किरण ...' किया था। सेंसर के चक्कर में 'रजनीगन्धा' की सफलता की ख़ुशी कुर्बान हो गयी थी। अश्लीलता के इन्हीं सेंसर्स का जवाब है 'आठवाँ सर्ग'। ऐसे नाटककार का दुर्भाग्य है कि वह हिन्दी का नाटककार है। सुरेन्द्र वर्मा किसी अन्य भाषा–मराठी कन्नड़-बंगला में होते, तो अब तक कितने बड़े होते। इसीलिए उनकी व्यावहारिक कटुता, उनका एलीनियेशन वाला स्वभाव (जो अब कुछ बदल रहा है) भी समझ में आता है और नाट्य विधा से उपन्यास में उनका जाना भी। 'मुझे चाँद चाहिए' की सफलता शायद उन्हें वह सन्तोष दे सकी हो...।

जिस थीम पर जो कहने के लिए सुरेन्द्र वर्मा ने सूर्य की अन्तिम...जैसा क्लासिक नाटक लिखा, उसी को मुद्राराक्षस ने सीधे-सीधे 'तिलचट्टे' में कहा नपुंसक पति को पतिव्रता बनकर बर्दाश्त करने के बदले स्त्री किसी डाक्टर से गर्भवती होना क़बूल करती है। यह तो ठीक है, लेकिन मुद्राराक्षस ने सेक्स सम्बन्धों के कुछ ऐसे प्रसंग भी नाटकों में सिरजे, जो यथार्थ भले हों, पर न कलात्मक ज़रूरत महसूस कराते, न औचित्य की जद में आ पाते। 'योर्स फेथफुली' का अफ़सर अपनी स्टेनों के साथ ऑफ़िस के कमरे में बार-बार सम्भोगरत होता है। 'तेन्दुआ' में श्रीमती मदान एवं रेणु राय उत्तेजनार्थ जिस तरह माली को प्रताड़ित करती हैं, वह सहज कदापि नहीं है', कहीं का यथार्थ भले हो। ऐसा सब कर-कराके हिन्दुस्तान में शोभा डे अंग्रेज़ी उपन्यासों के माध्यम से सरनाम हो गयी हैं। पेंग्विन ने छापा। शोभा डे ने कमा भी लिया। परन्तु मुद्राराक्षस को इन सबसे कुछ हासिल भी नहीं हुआ–'ना ख़ुदा ही मिला, ना बिसाले सनम, ना इधर के रहे–ना उधर के रहे'।

स्वातन्त्र्योत्तर जीवन का सबसे महत्त्वपूर्ण पक्ष है राजनीति एवं राजनीतिक सत्ता की कारगुजारियाँ। जनतन्त्र में इस पक्ष का दायित्व होता है–व्यवस्था का संचालन, पर निर्मम और सिद्ध सत्य यह है कि यह पक्ष परोक्षतः बन गया है, व्यवस्था का डिक्टेटर-नियन्ता जो प्रत्यक्षतः एकदम साफ़-साफ़ दिखता भी है। विवेच्य कालावधि के नाट्य-लेखन में इसका पर्याप्त निदर्शन हुआ है। प्रच्छन्न रूप से तो सीधे या संकेत बनकर यह पक्ष प्रायः सभी नाटकों में व्याप्त है, परन्तु जहाँ सम्पूर्ण नाट्य-कृति इसी पक्ष पर केन्द्रित होकर रची गयी है, उनके प्रतिमान बनने की क्षमता रखते हैं तीन नाटक–'शुतुरमुर्ग', 'बकरी' और 'एक था गधा'। कहना होगा कि यह नाट्य-चेतना

भारतेन्दु बाबू की 'अन्धेर नगरी' की परम्परा से सम्बद्ध है। अजीब इत्तफ़ाक है कि ये तीनों ही रचनाएँ पशु-पक्षियों के प्रतीक के माध्यम से ही राजनीति एवं राजनीतिज्ञों के चरित्रों व कारगुजारियों का पर्दाफ़ाश करती हैं और तीनों ही व्यंग्य रचनाएँ हैं। 'अन्धेर नगरी' भी सत्ता पर ही व्यंग्य थी और उसके मूल में भी एक 'बकरी' (पशु) की ही मौत है। उस मौत के बदले एक फाँसी होनी थी, सो हुई। यही न्याय था। यहाँ 'एक था गधा' में गधा मरा है और अब सत्ता तन्त्र में सत्ताधीश की छवि बचाने के लिए एक आदमी को मरना पड़ता है। ऐसे ही दिखावों व भ्रष्टाचारों को ढँकने के ढकोसलों के चलते 'बकरी' में आम आदमी की त्रासदी का माध्यम बनाया जाता है बकरी को। 'अन्धेर नगरी' की तरह ही ये दोनों नाटक भी फार्सिकल और लोक शैली में रचे गये हैं। 'बकरी' का प्रभाव जहाँ शोकाकुलता में तीव्र संवेदना जगाता है, 'एक था गधा' हँसाते-हँसाते इस राजनीतिक चरित्र पर थू-थू करा देता है। इन तीनों नाटकों में लचीलापन ऐसा है कि थोड़े-थोड़े बदलाव के साथ जब चाहें, तात्कालिक सन्दर्भ को भर सकते हैं—ऐसे 'गैप्स' बने हैं, जो इनकी शक्ति हैं। तीनों में राजनीतिक हरामज़दगी को राजा के माध्यम से व्यक्त करना अपनी टोटैलिटी में सिद्ध कर देता है कि यह प्रजातन्त्र अपनी वास्तविक प्रकृति में बेहया राजतन्त्र है। 'बकरी' का लेखक तो प्रतिष्ठित कवि ही है, अतः उसमें कविताओं का प्रयोग वांछित भी था, जोकि राजनीतिक व्यंग्य के रूप में लिखी गयी हैं। परन्तु 'एक था गधा' में शरद जोशी ने भी कविताओं का बहुत सुन्दर-सटीक उपयोग किया है। दोनों ही नाटक अपनी ज़मीन के सिरमौर नाटक हैं—स्वातन्त्र्योत्तर रंगमंच के हरावल दस्ते सिद्ध हुए हैं।

परन्तु यहाँ विवेचन के लिए 'शुतुरमुर्ग' को इसलिए भी लिया जा रहा है कि उसकी चर्चा उक्त दोनों के मुक़ाबले कम हुई। वे प्रख्यात हैं, पर 'शुतुरमुर्ग' भी उतना ही प्रख्यातेय है। उन दोनों में नाटकीयता अधिक हो सकती है, पर नाट्यमयता तो निश्चितः 'शुतुरमुर्ग' में ही अधिक है। गधा किसी प्रतीकात्मकता की सम्भावना से रहित है। 'बकरी' प्रतीक बन नहीं पाती। सुन्दर संकेत या माध्यम ज़रूर बन जाती है। लेकिन 'शुतुरमुर्ग' बहुत व्यंजक प्रतीक बन सका है, जो 'शुतुमुर्गी आड़' के निहितार्थ को भी सार्थक करता है। एक तरफ़ पूरी प्रजा को सोने का शुतुरमुर्ग बनाने की राष्ट्रीय योजना में उलझाकर शासन-तन्त्र अपने मतलब सिद्ध करता है, तो दूसरी तरफ़ राजा जानबूझकर उस सत्य से आँखें चुराये बैठा रह जाता है, जो उसे मालूम है। वही कि कहीं कोई 'शुतुरमुर्ग' वग़ैरह नहीं बन रहा है। सोने के मृग की तरह यह 'शुतुरमुर्ग' सबको दिये जाते सबके छलावे का प्रतीक बन गया है। घोर भ्रष्टाचार फैला है। सब सबको लूट रहे हैं। प्रजा का प्रतिनिधि मामूलीलाल जनता से धोखा करके सत्ता में शामिल हो जा रहा है। यह सब तो तब तक होने लगा

था–जबकि 1968 में यह लिखा और खेला गया, लेकिन बिहार में लालू ने सत्ता तो राबड़ी देवी को इधर आकर सौंपी है और 'शुतुरमुर्ग' में रानी को मन्त्री बना दिया जाता है। तो क्या उस काल में भी कोई बड़ा और केन्द्रीय सत्तासीन व्यक्ति अपने निकटस्थ को ऐसा मन्त्रालय दे रहा था? यह सबके सोचने-बूझने की बात है। नाटक तो परिधान मात्र से जिसकी तरफ़ चाहे, संकेत कर दे...जैसा कि 'गधा' व 'अन्धेर नगरी' में होता रहा है।

'शुतुरमुर्ग' की महत्ता ज़्यादा इसलिए भी आंकी जानी चाहिए कि स्वातन्त्र्योत्तर काल में इस प्रवृत्ति को केन्द्रीय विषय बनाकर उठाने वाला यह पहला नाटक है। 'बकरी' और 'गधा' बाद में आये–'बकरी' इमर्जेंसी के पहले आया और 'गधा' इमर्जेंसी के बाद, पर 'शुतुरमुर्ग' तो इमर्जेंसी के शुरुआती उठान के साथ ही आ गया था। नाट्य-रचना के रूप में यह निस्सन्देह शेष दोनों से ज़्यादा असरकारक है–पढ़ने में तो है ही, प्रदर्शन में भी है–अपनी प्रकृति व शैली के कारण। यह उन दोनों की तरह नाटकीय प्रयोगशीलता में बहता नहीं कि कथ्य का असर हल्का पड़ जाये। इस व्यंग्य-कृति को यथार्थवादी शैली का आधार दिया गया है। फिर ठीक है कि इसे 'अनामिका' (कलकत्ता) ने स्टाइलाइज्ड शैली में खेला और एन.एस.डी. (दिल्ली) ने, बकौल लेखक ज्ञानदेव अग्निहोत्री, चौंका देने वाली शैली में खेला। उन दोनों प्रस्तुतियों का हाल व हस्र क्या रहा, यह तो बिना देखे-जाने कैसे कहा जाये, पर सत्यदेव दुबे ने इसे यथार्थवादी शैली में पेश किया, जो काफ़ी पुरअसर बन पड़ा। राजनीतिक अतिचारों के साथ सलूक क्या हो, की चर्चा व दृष्टि ही ऐसे मामलों में प्रमुख विवेच्य होती है। ध्यातव्य है कि यथार्थ के कटु निदर्शन एवं इसमें निहित जनविरोधी अनैतिकता का मज़ाक़ उड़ाने तक का कार्य करके ही 'बकरी' और 'एक था गधा' रुक जाते हैं। 'शुतुरमुर्ग' इससे आगे के उस वांछित सरोकार के सोपान तक जाता है, जहाँ 'शुतुरमुर्ग' न बनने और मन्त्री...आदि को इस छल का दण्ड देने के लिए राजा जब बुलाता है, तो वे लोग एकजुट होकर राजा को दण्ड देने चलते हैं–नागपाश लेकर आये हैं। फिर सच बताने के अपराध में नागपाश मामूलीराम को जकड़ता है। एकजुटता के बल पर मन्त्री अब राजा बनना चाहता है। सभी पात्र मुखौटे लगाकर राजा की तरफ़ बढ़ते हैं–शायद उसकी हत्या करने, कि तब तक धक्का खाकर राजा मंच के नीचे (या पीछे) गिर जाता है। उठकर मंच पर आता है और कहता है 'यह तो हमें मालूम था कि 'शुतुरमुर्ग' कभी नहीं बना और कभी नहीं टूटा... वह तो शक्ति और सत्ता सुरक्षित रखने की एक नीति थी... तो आप समझ गये होंगे कि हम एक राजा हैं और इस अनन्त नाटक के शाश्वत सूत्रधार...उल्लेख्य है कि नाट्य-प्रयोग में सूत्रधार ही राजा बना था, जो अब पुनः सूत्रधार बनकर इस सारी कारस्तानी की निरन्तरता का संकेत दे रहा है। यह अपने आप में एक व्यंजक अन्त है।

परन्तु दुबे जी अपने प्रयोग में उस बिन्दु पर राजा की हत्या करा देते हैं, जब वह बताता है कि उसे सब पता था। राजा की तरफ़ बढ़ते मुखौटाधारियों को वे प्रजा का प्रतिरूप बनाकर पेश कर देते हैं। इस तरह निर्देशकीय रचनात्मकता में एक एक्शन मात्र से सारी परिणति, पूरी निष्पत्ति बदल जाती है और एक सूत्र मिलता है—इन स्थितियों के प्रति सलूक का। कौन-सा अन्त बेहतर है, की चर्चा तो सबकी 'स्वमति अनुरूपा' होगी, पर नाट्यकृति का श्रेय यह ज़रूर है कि दुबे जी को ऐसा सूलक करने की सम्भावना इसने दी। ऐसे एक्टिविस्ट रूप की ही आज ज़रूरत है, इससे इन्कार नहीं किया जा सकता।

इसी तरह के अन्त वाला एक और नाटक 1999 में बना व खेला गया—'राजा की रसोई'। मोहन महर्षि ने यह अद्भुत नाटक लिखा है। उन्हीं के निर्देशन में देखने को मिला। कहीं आज के किसी राजनीतिक व आज की किसी बात की छाया नहीं। पूरा नाटक इतना ख़ूबसूरत रूपक है और दृश्य-योजना इतनी नाट्यपरक कि अभिनय व आनन्द का पूरा आलोक निखर उठता है। शब्द बहुत कम और ऐक्शन्स ख़ूब ज़्यादा...राजा को एक दिन इमर्जेंसी में रसोइये ने आदमी का मांस दे दिया। ऐसा चस्का लगा कि वही रोज़ चाहिए उसे। रसोइये ने तो छिपाया था, इसलिए मारे डर के बता नहीं रहा था, पर 'शुतुरमुर्ग' के राजा की तरह उसे भी मालूम था। जब हर दिन एक-एक आदमी के मारे जाने से त्रस्त प्रजा के सामने एक दिन राजा पेश होता है, तो मांस के बिना उसके अंग-प्रत्यंग सिकुड़ने लगते हैं। वह मर जाता है। पूरी प्रजा के समक्ष नरभक्षी राजा का ऐसा अन्त किसी ऐक्टिविज़्म के बिना भी सारी बात कह-कर देता है।

लेकिन खुले ऐक्टिविज़्म—नक्सलवाद पर भी एक बहुत अच्छा नाटक स्वदेश दीपक ने लिखा है—'सबसे उदास कविता'। इसमें लीडिंग भूमिका ऐक्टिविस्ट युवती की है, जो हिन्दी नाटकों में अभिनव प्रयोग है—हीरोइन ऐक्टिविस्ट वाली फ़िल्में तो बहुत-सी आयी हैं। पाँच-छह प्रमुख पात्रों वाला यह नाटक पता नहीं क्यों, लोग खेल नहीं रहे हैं—अरविन्द गौड़ के निर्देशन में एक बार के खेले जाने का उल्लेख तो मिलता है, पर और नहीं। इसकी वैचारिकता से सहमत न होने के बावजूद यह खेले जाने जैसा नाटक इसलिए है कि सारे भ्रष्टाचार को देखकर सब ख़त्म करने की प्रतिक्रिया में गोली चलाने की वैधता का एक अहसास होता है। वह प्रक्रिया भी लक्ष्य है, जहाँ बहुत शान्तिप्रिय प्रेमी डॉक्टर भी अपूर्वा के प्रभाव से इस कृत्य में विश्वास करने लग जाता है। लेकिन इन सबके बीच कहीं बहुत गहरे यह उस संवेदना को जगाता है जिसमें, 'औरत सबसे उदास कविता है। लगातार संघर्ष करता, लेकिन लगातार पराजित होता मज़दूर सबसे उदास कविता है। खेतों में शिशु को जन्म देती माँ सबसे उदास कविता है। निर्धनता सबसे उदास कविता है। बातूनी लड़की का अचानक चुप हो जाना सबसे उदास कविता है...

स्वतन्त्र भारत में राजनीतिक सत्ता और प्रशासन-तन्त्र एक-दूसरे के ही चट्टे-बट्टे हैं। एक-दूसरे के पूरक भी, अभिन्न भी और एक-दूसरे के आईने। ऐसे तो इसकी भी बहुतेरी छवियाँ हिन्दी नाटकों के कैमरे में कैद हुई हैं, जो इस चर्चा में राजनीतिक के समानान्तर यहीं अपना स्थान सुरक्षित रखने की हक़दार हैं। असल में इस मुद्दे को यहाँ रखने लायक बनाने वाला नाटक भी 1999 में ही छपकर आया है, 'ताजमहल का टेण्डर'। एन.एस.डी. के लिए रामगोपाल बजाज ने निर्देशित किया। अद्भुत नाटक के रूप में ख्याति पायी इसने। नाटककार बिल्कुल अज्ञात था। इस नाटक से ही अजय शुक्ला को जान पाने का मौक़ा मिला। वे इस दशक की शुरुआत से ही सक्रिय हैं। नाटक पढ़ने में इतना बाँधता है, तो मंच पर कल्पना की जा सकती है...वह भी बजाज जी का निर्देशन। 'ताज़महल' पर शीर्षक है। अन्दर शाहजहाँ का पात्र भी है, पर नाटक ऐतिहासिकता के लवछेवर (संस्पर्श) से भी मुक्त है। 'बुद्धि के लिए बृहस्पति की तरह आलीशान निर्माण के लिए 'ताज़महल' की संगति है। नाम की सुविधा यह है कि इंजीनियर गुप्ता यदि पैसा निकालना चाहे, तो बादशाह तुरन्त दिला दें, वरना प्रशासन में आज तो मंजूर हुए पैसे मिलते-मिलते ही कितने प्रोजेक्ट्स के काम तमाम हो जाते हैं। जल्दी-जल्दी पैसा निकालना है और इतना आलीशान ताजमहल बनाने की जो पूर्व तैयारियाँ चलती हैं, उसमें पचीस साल गुज़र जाते हैं। सारा ख़ज़ाना खाली होने पर पैसों के लिए कुछ और सरकारी जुगाड़ कर लिया जाता है। शाहंशाह मर जाते हैं और इस दौरान ताज़महल बनाने का टेण्डर तक निकल नहीं पाता—बनना तो दूर...। हाँ, इस दौरान ठेकेदार-इंजीनियर आदि के बंगले, फार्महाउस, फाइवस्टार होटल आदि सब बन जाते हैं।

क्या कुछ बाकी है बताने को कि नाटक क्या कहना चाहता है? इस पूरी प्रक्रिया के दृश्यमान, नाट्यमय प्रसंग इस बारीकी से पिरोये गये हैं कि नाटक होने-होने का इन्तजार होते-होते नाटक पूरा भी हो जाता है। प्रशासन में कार्यालयीन प्रक्रियाओं के सूक्ष्म विवरणों की इतनी विपुल जानकारी है अजय शुक्ला को, कि दंग रह जाना पड़ता है। मुख्य पात्र इंजीनियर गुप्ता को इतना 'कूल' दिखाया जाता है कि कुछ असर ही नहीं उस पर...पूरी व्यवस्था का पक्का घुन्नापन समोकर वह ठाठ से है और सर पीटने पर आमादा शहंशाह की तरह पब्लिक है, जो वास्तविक जीवन में सच ही सर पीट रही है। संवाद इतने सरल-सहज कि कहीं बनावट या नियोजन का अहसास ही नहीं होता...।

'ताज़महल का टेण्डर' के मि. गुप्ता को अपने किये का कोई गिला तो क्या, पता तक नहीं है। उनका यही जीवन है—यही उनके जीवन का मूल्य है। आज का यही यथार्थ भी है। लेकिन एक वक़्त था, जब ऐसा सब हो रहा था, पर करने वाले को अहसास था। द्वन्द्व था मन में। उसी दौर में उसी मानसिकता को व्यंजित

करता नाटक 'मि. अभिमन्यु' लिखा डॉ. लाल ने। उस द्वन्द्व के ख़त्म होने वाले दौर के ठीक बाद कुसुम कुमार ने एकमात्र ठीक-ठाक नाटक 'दिल्ली ऊँचा सुनती है' लिखा, जिसमें पेंशन पाने वाला आदमी फाइल में मर जाता है और उसे ख़ुद को जिन्दा साबित करने के लिए जितने पापड़ बेलने पड़ते हैं, उतने में वह सचमुच मर जाता है, पर न पेंशन मिलनी थी, न मिली। कुसुम कुमार ने कई नाटक लिखे हैं पर इस एक के अलावा एक भी उल्लेख्य नहीं बन पड़ा है। 'दिल्ली ऊँचा सुनती है' में कुछेक पात्र हैं, जो जीवित मृत व्यक्ति के कष्ट को समझना चाहते हैं। इस प्रकार 1971 के 'अभिमन्यु' के द्वन्द्व और 1981 में 'दिल्ली ऊँचा सुनती' में बचे हल्के-से अहसास से होकर 1999 के 'ताज़महल' में सब कुछ ख़त्म हो जाने के रूप में मूल्यों के पतन का इतिहास बहुत मर्मांतक है।

असल में सत्तर का दशक ही द्वंद्वों का दौर था। बहुत कुछ पाने की दौड़ में क्या-क्या छोड़ा जाये, की चिन्ता का आलोड़न काल चल रहा था। पानी थी भौतिक समृद्धि और खोने थे मानवमूल्य। भ्रष्टता के समक्ष शिष्टता के नतशिर होने का कठिन दौर था वह। सफलता और नैतिकता के भयावह द्वन्द्व का भीषण दौर था। उसी दौर में सर्वाधिक नाटक लिखे गये और प्रमुख बनकर उभरे नाटककार शंकर शेष 'सफलता व नैतिकता के 'द्वंद्व' के सबसे महत्त्वपूर्ण नाटककार है। उनके कई नाटक इस चर्चा में समाविष्ट होने की योग्यता रखते हैं, पर यहाँ मात्र 'एक और द्रोणाचार्य' की चर्चा से ही सन्तोष करना पड़ रहा है और इसका गिला भी हो रहा है। मि. अभिमन्यु अफ़सर था। उसमें द्वन्द्व था, पर वह महाभारत के अभिमन्यु से अलग व्यवस्था के इस चक्रव्यूह से निकलना भी नहीं चाह रहा था। उसी वर्ष (1971) आये 'एक और द्रोणाचार्य' का अरविन्द प्रोफ़ेसर है। वह द्रोणाचार्य की तरह ही इस गलीज व्यवस्था में अपनी सफलता के लिए नैतिकता का हनन करके आना ही नहीं चाहता। परन्तु द्रोणाचार्य की तरह ही आना पड़ता है। ठीक उसी तरह अपने बेटे व परिवार के लिए। तब कौरव सत्ता ने फाँसा था, अब कॉलेज के प्रेसीडेंट नेता ने फाँसा है। तब नमकहलाली का बन्धन था, अब सीधे ब्लैकमेलिंग है। अरविन्द फँसता जाता है। असफलताएँ आती जाती हैं, अध्यापक से प्रिंसिपल बनता है, नैतिकताएँ छूटती जाती हैं–फिर अध्यापक से मनुष्य तक नहीं रह जाता।

इस फन्दे को काटने के चक्कर में विमलेन्दु नाम का एक दूसरा प्रोफ़ेसर जान गँवा बैठा है। उस अतीत का डर भी अरविन्द को फ़िसलने के लिए धक्का देता है। लेकिन मूल्यों के खोने, मनुष्यता के मरते जाने का दंश बना रहता है। प्रेसीडेंट मरता है और प्रश्न बना रहता है कि उसे मारने की इच्छा रखने वाला अरविन्द उसे मारने का दोषी सचमुच है या नहीं। इसी द्वन्द्व पर ख़त्म है नाटक...बहुत खेला गया नाटक है। सर्वाधिक इप्टा (मुम्बई) ने खेला। कोर्स में भी ख़ूब रहा–अब भी

होगा। मंचन व पठन-पाठन में 'अन्धायुग' एवं 'आधे अधूरे' के समकक्ष नहीं, तो उसके बाद 'एक और द्रोणाचार्य' का ही नाम लिया जा सकता है। रंगकर्म से जुड़े शंकर शेष ने इस नाटक में मंचन के कोई निर्देश नहीं दिये और यह उनका अज्ञान या असावधानी नहीं, इरादन बनाया विधान था। पूरी छूट थी। अच्छा इस्तेमाल किया इस छूट का निर्देशकों ने–'इप्टा' के लिए सुभाष दण्डाइच ने। दो युगों की तुलनात्मकता की मणिकांचन संयोगी कला के साथ प्रखर तर्कों से पुष्ट विचारपूर्ण सूत्रात्मक संवादों ने मिलकर ऐसा पूर्ण नाट्य परिपाक किया है कि न पब्लिक देखते अघाती, न बुधजन पढ़ते...।

मूल्यों एवं कर्त्तव्याकर्त्तव्यों के द्वन्द्व जब भी दिखाने हुए 'एक और द्रोणाचार्य' के शंकर शेष की तरह ही स्वातन्त्र्योत्तर हिन्दी नाटककार ऐतिहासिक-पौराणिक चरित्रों एवं प्रसंगों में डूबे और एक से एक माणिक-मोती लेकर उतराये। कोणार्क, कालिदास, गालिब, कबीर आदि को हम देख चुके हैं। अकेले शंकर शेष ने मात्र महाभारत के चरित्रों-प्रसंगों पर पाँच-छह नाटक लिखे हैं। बाद के दौर में नन्दकिशोर आचार्य 'देहान्तर' में पुराण से एवं 'हस्तिनापुर' में महाभारत से चरित्र लेकर आये। दोनों ही नाटक अच्छे बन पड़े हैं। 'अन्धायुग' की तरह इस चरित्रों के अनुछुये-अनजान नये पहलुओं को सामाजिक-मनोवैज्ञानिक तर्कों के आधार पर खोज निकाला गया। आचार्यजी ने 'हस्तिनापुर' में यह उद्भावना की कि महाभारत के दौरान कौरव पक्ष को न छोड़ने का एक असली कारण भीष्म के मन में कौरवों की दादी अम्बिका के प्रति प्यार का भाव था। ऐसी उद्भावनाओं की कुछ तो महत्ता होती होगी और 'हस्तिानपुर' नाटक में गलीज राजनीति से रहित 'हस्तिनापुर' की कल्पना अवश्य सही उद्भावना है।

इस कोटि व प्रकृति के नाटकों में सर्वाधिक सम्भावनापूर्ण लगा है 'कथा एक कंस की।' दयाप्रकाश सिन्हा ने कंस के चरित्र को ऐसे आधार दिये कि पूरा व्यक्तित्व मनोवैज्ञानिक पीठिका पर बहुत कनीविन्सिग लगने लगा। खण्डित व्यक्तित्व के रूप में अध्ययन को एक दिशा भी दी इस नाटक ने। यह कंस तो गिरीश कर्नाड के 'तुगलक' जैसा मक़बूल हो सकता था। बस जरा से बुनियादी फ़र्क़ ने वैसा नहीं होने दिया। शुरू के दिनों में तुगलक जैसा ही ज़हीन व उदार तथा कलाप्रेमी कंस भी था। तुगलक को अमीरों के दुष्चक्रों ने बिगाड़ा और कंस को उसके पिता आदि ने। लेकिन प्रक्रियात्मक कारणों के बाद परिणाम में तुगलक ने जो किया, आवाम की बेहतरी के उद्देश्य से किया और कंस ने अपने और ससुर आदि की स्वार्थपूर्ति के लिए और इसे बदला नहीं जा सकता था। परन्तु कारणों के वाजिब आधार से चरित्र को सहानुभूति तो मिली ही। ऐसी उद्भावनाएँ फिर भी सकारात्मक हैं। चरित्रों को भरती हैं। पूतना को युवावस्था से कंस की प्रेमिका बताना और इसी रेशमगाँठ

के चलते कंस के लिए उसका कुछ भी करना बहुत कुछ को सँवार-निखार देता है। ये सर्जनात्मकताएँ सचमुच चिताकर्षक हैं।

यह नाटक 1976 का है। वही इमर्जेंसी, जब एक नारी शासक इतनी निरंकुश हो गयी थी। क्या इसीलिए इतने कठिन-क्रूर कंस को शुरु में स्त्रैण के ताने दिलाये गये? यह तो समझ में आता है—नारी शासकों एवं कई नारी व्यक्तियों के डाकू आदि कई तरह के क्रूर कर्म में मुब्तिला देखकर। लेकिन इसीलिए प्रभाकर श्रोत्रिय के 'इला' का तर्क सहमत नहीं कर पाता कि मूल में कमी होने के कारण शिकार आदि में राजकुमार प्रद्युम्न कोमल पड़ जाते हैं। शस्त्राभ्यास में थक जाते हैं और यही पूरे नाटक में कई तरह के उतार-चढ़ावों, द्वन्द्वों-सन्तापों का कारण बनता है। इस मूल प्रसंग के अलावा 'इला' नाटक मिथकीय नाट्य लेखन के बीच एक शीर्ष रचना के श्रेय का अधिकारी है। सबसे प्रासंगिक पक्ष उसमें राजा और गुरु के सम्बन्धों वाला है कि कैसे हर देश-काल का बुद्धिजीवी राजाज्ञा से बँधा कुछ भी करने को तैयार होता है। बेटी को बेटा बनाते हुए औषधियों की वैज्ञानिकता और उसके रासायनिक असर से नन्हीं-सी बच्ची की छटपटाहट भी बहुत जेनुइन है। राजा को वारिस पाने की जड़ इच्छा है। यही सब कुछ कराती है और नर-नारी फ्रंट नहीं आता, यह भी बहुत अच्छा ही हुआ। बिना उल्लेख के यह इम्प्रेशन देती है पुस्तक, कि बहुमंचित है नाटक। अवश्य एडिट करना पड़ा होगा। चार अंकों का बड़ा नाटक है। एपिक ड्रामा कह सकते हैं। इस युग में यह मंचन की दृष्टि से अव्यावहारिक है। बहुत कुछ कहने और पूरी कथा को पूरने के चक्कर में बहुत कुछ भर उठा है। मोह संवरण करके नाट्यमयता के लिहाज़ से कमज़ोर प्रसंगों को निकालना और बातों को अधिक परिनिष्ठित करके संवाद लिखना बहुत ज़रूरी है। पाठ व शोध के लिए नाटक बहुत उपयुक्त है। पूरे नाटक के सम्पूर्ण प्रभाव में इस लिंग परिवर्तनीय कथा में कुछ सोद्देश्यता, दृष्टिपरकता नहीं बनती।

ऐसा ही 'देहान्तर' भी है। अबाध सुखभोग के लिए बेटे का यौवन माँग लेने की मशहूर तथा रोमांचक कथा पर आधारित हे। अब पति में अपने बेटे का यौवन देखकर पहली पत्नी राजा के साथ जुड़ नहीं पाती और बेटे के प्रेमिका अपने प्रेमी के यौवन का उपभोग नहीं कर पाती क्योंकि शरीर दूसरे के पति का है। इस द्वन्द्व में ही बसता है नाटक। शैली में प्रतीक आदि विधानों में यह सुरेन्द्र वर्मा व राकेश की प्रकृति परम्परा की कोटि में आता है। लेकिन निजी सुख-भोग की इच्छा के दुष्परिणामों और पश्चाताप भाव के आदर्शवादी रुख के अलावा इन नाटकों का क्या मूल्य है। रोचक कथा भर हैं।

देश की स्वतन्त्रता प्राप्ति के साथ विभाजन की जो त्रासदी आयी, उस पर अन्य विधाओं में तो बहुत कुछ लिखा गया, पर नाटक बहुत कम लिखे गये। एक

ही नाटक नज़र में आता है—'ओ जन्मया ई नयी।' असगर वजाहत का यह नाटक जनवरी-जून, 1990 के 'नटरंग' में छपा था। यानी विभाजन के 40-42 साल बाद आया। लेकिन दो-तीन साल बाद ही बाबरी मस्जिद काण्ड ने इसे प्रखर प्रासंगिकता से भर दिया। नाटक बहुत अच्छा भी है। भारत से पाकिस्तान गये सिकन्दर मिर्जा को जो हवेली एलाट होती है, उसमें रहने जाने पर पता लगता है कि वहाँ तो उसके हिन्दू बासिन्दे की माँ रहती है 65-70 साल की रतन की माँ। उनके बेटे सपरिवार मारे जा चुके है, पर उन्हें हवेली नहीं छोड़नी है। क़ानूनन निकाल नहीं सकते और इतनी बड़ी हवेली पाकर छोड़ कैसे दें। साथ रहने के दौरान ऐसा अपनापन बन जाता है कि रतन की माँ सिकन्दर मिर्जा की माँ बन जाती हैं और उनकी बेटी तन्नो की दादी। बिना एक भी हिन्दू वाले उस मुहल्ले में रतन की माँ सबकी माँ बनकर आदर पाती है। कट्टरपन्थी ताकतों से कभी बात की थी जिस सिकन्दर मिर्जा ने रतन की माँ को निकालने के लिए, अब वही माँ को उनसे बचाने के लिए रात-रात भर जागते हैं। जब सिकन्दर के परिवार पर भी कट्टरपन्थियों का कोप बरसने वाला होता है, तो घर को न छोड़ने के लिए जान तक देने को तैयार माँ चुपचाप घर छोड़कर चली जाती है—अपने बेटे-बहू-पोते-पोती (सिकन्दर मिर्जा के परिवार) की ख़ातिर। स्टेशन से पकड़कर लाते हैं मुहल्ले वाले। कभी न भागने की क़सम दिलाकर रखते हैं। स्वाभाविक मृत्यु के बाद पूरा मुहल्ला मौलवी से सलाह लेकर हिन्दू रीति से संस्कार करता है—कट्टरपन्थी ताक़तों के विरोध के बावजूद। बदले में मौलवी की जान ले लेते हैं कट्टरपन्थी लोग।

नाटक बड़ी सहजता से मनुष्यता के मूल भाव के समक्ष धर्म-जाति-सम्प्रदाय के भेद की व्यर्थता को स्थापित कर सका है। यह भी कि कट्टरपन्थियों का कोई धर्म नहीं होता—कट्टरता-बर्बरता के अलावा। उन्हें तो काटने से मतलब है—मौलवी हो या पण्डित, जो भी कट्टरपन्थ के रास्ते में आया। आम जन चाहे, तो इसके प्रभाव से बच सकते हैं। बस, जान देने तक की क़ीमत भी कभी चुकानी पड़ सकती है। हबीब तनवीर की प्रस्तुति में भी उतनी सहजता से ही यह बात दर्शकों तक पहुँचती है—असर भी डालती है। हवेली के अलावा एक चाय की दुकान का नुक्कड़ भर से मंचन का काम बन जाता है। पात्र भी बहुत नहीं है। नाटक की लम्बाई भी सही है—न बड़ा, न छोटा। यानी हर तरह का सुभीता है। ख़ूब मंचन व चर्चा होनी चाहिए ऐसी कृतियों की। इसमें निहित आदर्शवादिता आज के लिए नितान्त व्यावहारिक ही ठहरती है।

हबीब तनवरीर जी से याद आया कि जहाँ अच्छे नाटकों के पर्याप्त मंचन नहीं हो पाते, वहीं फुलटाइम रंगकर्मियों के कुछ नाटक खेल लिये जाते हैं, पर छप नहीं पाते। यही नाट्ययविधा की मूल प्रकृति भी रही है। हबीब साहब के कई नाटक ख़ूब

खेले गये, पर पुस्तक रूप में नहीं दिखे—शोहरत राय, देख रहे हैं नैन, जहरीली गैस ...आदि। आगरे बाज़ार, चरणदास चोर छपकर आया। शुद्ध नाट्यमयता से लबरेज इन नाटकों की चर्चा भी काश यहाँ हो पाती। ऐसे रंगकर्मियों के नाटकों में ब्रजमोहन शाह के 'त्रिशंकु' का ज़िक्र सभी लोग प्रमुख नाटकों में करते हैं। कुछ लोग बलराज पण्डित के 'पाँचवाँ सवार' की भी करते हैं। दोनों विशुद्ध रंगधर्मी नाटक हैं। अद्भुत व विरल प्रयोग है। बहुत कुछ, बहुत तरह से कहते हैं, पर बस देखने पढ़ने भर का मज़ा रहता है। बाद में छाप तो रहती है, याद नहीं रह जाता। मूल प्रकृति इनकी ऐब्सर्ड नाटकों की-सी है।

इसी में मैं एक बहुत प्रसिद्ध एवं आदृत नाटक 'रसगन्धर्व' को जोड़ना चाहूँगा। मणिमधुकर का यह नाटक सेमी क्लासिक व सेमी एब्सर्ड कहा जा सकता है। सभी उसी सत्तर के हैं, जब नाट्य लेखन का दौर अपने उरोज़ पर था। स्वातन्त्र्योतर जीवन के बरक्स मूल्यांकन के इस प्रयत्न में ये नाटक बहुत मौजूँ नहीं होते, रंगकर्म पर ज़हीन टिप्पणियों के अलावा इनमें जीवन व नाट्य की कोई समानान्तर सरणी नहीं बनती, जो इनकी सीमा नहीं, उपलब्धि एवं प्रतिज्ञा है। मक़सद है। प्रकृति है। परन्तु इसी के चलते यहाँ इस चर्चा की सरणी में बहुत सही फिट नहीं होते। फिर इनमें से एक को भी मंच पर न देख पाने का गहरा असन्तोष भी है, जिससे कुछ कहने की अच्छी स्थिति नहीं बन पा रही है, क्योंकि सिर्फ़ पढ़कर नाटकों पर लिखने-कहने की संकल्पना से ही हमारी असहमति है। उसमें भी 'इला' जैसे पाठ्य नाटक हों, तो कोई बात फिर भी हो। ये तो खेलने की मूल प्रकृति वाले हैं। इनमें खेलने की ढेरों ढेर संकल्पनाएँ, सम्भावनाएँ हैं। चुटीले-नसीले-गीतमय-नारेमय संवाद हैं। पात्रों में नाम न होकर नम्बर भी है, प्रतीक नाम भी हैं। सब पर प्रहार है। सबका विखण्डन है। ये खेले जाने के लिए पक्के नाटक हैं। पाठ्यक्रम आदि में अध्ययन के लिए तो इनकी बात ही नहीं की जा सकती। हमारी युनिवर्सिटियाँ अभी इतनी मेच्योर्ड नहीं हुई हैं।

मूलतः रंगकर्मी नाटककार मोहन महर्षि के नाटकों की चर्चाएँ पीछे हुई हैं। उनके अनछपे 'राजा की रसोई' की भी चर्चा हुई। लेख की शुरुआत कलाकार व समाज के सम्बन्धों से हुई थी। इसी थीम पर थियेटरिस्ट लेखक सत्यदेव दुबे का अनछपा नाटक खेलने में बहुत मक़बूल हुआ—'इंशाअल्लाह'। समर्पित रंगकर्मी बिना किसी प्रलोभन-समझौते के अब तक अच्छा रंगकर्म करता रहा है। स्वाभिमानी है। अक्खड़ है। शिष्यों में बहुत सम्मानित है। लेकिन इन सबकी क़ीमत ज़िन्दगी की अभाव ग्रस्तता से चुकाता है। अब एक शिष्य ही सरकारी कला संस्थान का डायरेक्टर बनकर आया है। बुला रहा है। जाने का अर्थ है समझौता। थियेटरकर्म की हानि। न जाने का अर्थ है इन्हीं कठिन हालात में जीते रहना। इस अन्तर्द्वन्द्व को इतनी शिद्दत, इतनी नाट्यमयता के साथ प्रस्तुत किया गया है, नाट्य के इतने कलात्मक

गुर पिरोये गये हैं कि उस दशक का रंगकर्म उसके नाम कर देने लायक है।

हक़ीक़त में तो कोई बचा नहीं है आज। सभी थियेटरकर्मी मीडिया, सरकारी ग़ैर सरकारी संस्थानों में एडजस्ट हो गये हैं। या तो हाई लेवल के बुद्धिजीवियों तक सिमटा रंगकर्म हो रहा है, या स्टारों को लेकर पूँजीपतियों के स्तर वालों के बीच पहुँच रहा है रंगकर्म। आम और असली दर्शक के लिए बहुत कम बचा है...। ऐसे में अच्छे नाटकों के लिए कला व रंग संस्थान ही बचते हैं। ऐसी विकट स्थितियों में ही नाट्यविधा को अपनी जगहें बनानी हैं। वे बनेंगी, की उम्मीद एवं बनने की शुभेच्छा के साथ और क्या कहा जाये—बस 'इंशाअल्लाह'...।

कथेतर गद्य की कई विधाओं का संगुम्फन : मैं और मेरा मन

विद्याबिन्दु सिंह

डॉ. शरद नागर के 'मैं और मेरा मन' पुस्तक का संकलन सम्पादन डॉ. ऋचा नागर ने किया है। इसमें संस्मरण, जीवनी, रेखाचित्र, आत्मकथ्य, डायरी, पत्र-लेखन आदि कई विधाओं का एक स्तबक प्रस्तुत किया गया है। ऋचा नागर ने यह ग्रन्थ अपनी माँ को समर्पित करते हुए लिखा है–

"विभा नागर को जो सही मायनों में पूर्णिमा बनकर अपने शरद के लिए हर असम्भव को सम्भव बनाती रहीं।"

इस पुस्तक की भूमिका में वरिष्ठ कथाकार सुश्री चित्रा मुद्गल जी लिखती हैं–

"मन की लगाम न कोई साध पाया है, न आसानी से उसके अथाह तल की ह मुमकिन है। वह मन अनगिनत परिचित और अल्पपरिचित मनों के बीच यदि गई का मन है तो उससे निकली हुई बात वह बात होगी जो औरों की बात

म की बाड़ें तोड़, बल्कि एक सदी पार कर दूसरी सदी के कन्धे थपका र भूगोल को मथा, जहाँ वह अपने दादे-परदादों की हथेलियों की और उनके समय का जन-पाठ पढ़ते हैं, वहीं सत्ता-केन्द्रों के सांकेतिक रूप से देखने-परखने की कोशिश करते हैं। यहीं कि 'मैं और मेरा मन' स्वयं की आत्कथात्मक गद्य की समकालीन समाज और उसके उतार-चढ़ावों को साक्ष्य भी प्रस्तुत करता है। 'देखे और अनदेखे वरत प्रवाह में वह साक्ष्य चरित्रों के कई पें स्वयं को उकेरता दृष्टिगत होता है।"

उद्धृत है जिसमें यह शीर्षक क्यों

"देखा यह कि चौक के मकान के विशाल आँगन में टूटे कमरे के तीसरे दरवाज़े के पास ही बाबू जी अपने घरेलू कुर्ता और तहमद बाँधे खड़े हैं। कुर्ते के ऊपर अपना आधी बाँह का स्लेटी स्वेटर पहने हैं। मैं उनके सामने ही बहुत निकट खड़ा हूँ और बाबू जी के ही आत्मकथ्यों एवं संस्मरणों के संकलन के शीर्षक के विषय में चर्चा कर रहा हूँ। मुझे एक शीर्षक सूझता है और मैं बेतकल्लुफ़ होकर मित्रवत अपना दाहिना हाथ उनके बाएँ कन्धे पर रखकर कहता हूँ, बाबू जी...इनो शीर्षक आप ''मैं और मेरा मन' राखौ"।

बाबू जी हरखकर कहते हैं, "वाह! घणो बढ़िया!"

यह सुनकर मैं तपाक से कहता हूँ, "म्हने शाबाशी आपो, म्हारी पीठ थपथपावौ।"

और वे गर्मजोशी से मेरी पीठ थपथपाते हैं।

भाग एक में 'पीढ़ियों और शहरों के आर-पार', 'देखे और अनदेखे पूर्वजों' के बारे में शरद जी अपनी स्मृतियों को संजोते हैं। उनके आचरण और व्यवहार से मिली सीखों को याद करते हैं। पूर्वजों के अहेतुक प्रेम और अगाध आशीर्वादों से अभिभूत होकर अभिव्यक्ति देते हैं। अपने बचपन के शौक और पूर्वजों के सहयोग की चर्चा करते हैं। देशप्रेम का ज्वार मन में जगाने वाले माता-पिता के और संस्मरण उद्धृत करते हैं। नागर जी की किस तरह परिवार के ही नहीं, पास पड़ोस के बच्चों के साथ खेलते थे, उन्हें कहानियाँ गढ़कर सुनाते थे। बच्चों की जिज्ञासाओं का किस प्रकार मनोरंजक उदाहरणों से समाधान करते थे, इसका वर्णन करते हैं। नागर जी अपने पूर्वजों का वंश वृक्ष बनाकर नयी पीढ़ी को उनके बारे में जानकारी देते हैं, पूर्वजों के महत्त्व को समझाते हैं। उनके जीवन में घटी घटनाओं की कथाएँ सुनाकर उनके मानवीय गुणों को अपनाने की प्रेरणा देते हैं। इस अध्याय में उस समय के परिवेश, रहन-सहन, खान-पान का स्वाभाविक चित्र भी मिलता है जो एक ऐतिहासिक दस्तावेज़ है।

दूसरे अध्याय, नानी की कहानी में नानी के स्नेह भरे लालन-पालन और उनके आगरा में स्थित गोकुलपुरा के घर की यादें हैं। इसमें नानी के द्वारा सुनाये गये उनके बचपन के संस्मरण हैं। बच्चों से उनके तरह-तरह के संवाद हैं। नानी के अतीत और वर्तमान की तुलना करते हुए सन्तोष और असन्तोष भरी टिप्पणियाँ हैं। पारिवारिक सम्बन्धों की नोक-झोंक के बीच सौहार्द भरे वातावरण की कहानियाँ हैं। नौकरों से किस प्रकार पारिवारिक रिश्ते थे इसका उल्लेख है। बेटियों को ससुराल जाते समय दी गयी सीखें हैं और पारिवारिक रिश्तों को किस तरह सहेजा जाता है, तमाम तरह की कटु और खटास भरी ज़िन्दगी को मधुमय कैसे बनाया जा सकता है, इस तरह की सीख और प्रेरणा है जो आज भी अनुकरणीय है।

'नानी को याद करते-करते' नामक अध्याय में नानी द्वारा सुनायी गयी लोक

कथाएँ हैं। जिसमें शनि द्वारा दण्डित महराजा विक्रमादित्य का जीवन-संघर्ष है।

'यादें गृह समाज की' अध्याय में शरद जी स्नेह भरे संस्कार देने वाले अपने माता-पिता की जन्म से दी गयी शिक्षा के प्रति स्वयं को सौभाग्यशाली मानते हैं। श्री अमृतलाल नागर जी बच्चों को किस तरह कहानियों, प्रश्नों और पत्रों द्वारा मार्गदर्शन किया करते थे, उसका भावुक उल्लेख है। श्री अमृतलाल नागर जी ने 'गृह समाज' नामक एक संस्था बनायी थी और उसके पदाधिकारी, अध्यक्ष, कोषाध्यक्ष और मन्त्री आदि बच्चों को ही बनाया था। सदस्य और संरक्षक परिवार के बड़े लोग थे। इसकी बैठकें होती थीं। बैठकों की कार्यवाही लिखी जाती थीं। हस्तलिखित पत्रिका 'घर संसार' निकाली गयी। छोटा पुस्तकालय बनाया गया था। जिसमें बालोपयोगी पत्रिकाएँ पुस्तकें तथा कल्याण के अंक मँगाए जाते थे। खेल-खेल में प्रशासन, व्यवसाय, गृह-संचालन आदि तमाम गुणों को बच्चे सीख जाते थे।

'बाबू जी के पत्र 1941 से 1956' अध्याय में तमाम घटनाओं के उदाहरण देते हुए पत्रों के उदाहरण हैं। एक पत्र में शरद जी ने अपने तुतला कर बोलने के कारण बाबू जी के पत्र का हवाला दिया है, जिसमें उनकी तोतली बोली का प्रयोग किया गया है। इसमें दिये हुए हर पत्र में राष्ट्र प्रेम, पारिवारिक सौहार्द और मानवता का सही अर्थ बताने की पहल की गयी है।

शरद जी के लिखे हुए पत्र भी हैं जिनमें अपने से बड़ों के प्रति आदर, छोटों के प्रति स्नेह और सामाजिक सौहार्द भाव सहज ढंग से व्यक्त हैं।

'आदमी नहीं, नहीं! कुछ यादें' अध्याय में रंगमंच से जुड़ी हुई यादें हैं, पुस्तकों के मुद्रण, प्रकाशन का उल्लेख है। पुस्तकों की चर्चा और पाठकों के पत्र-व्यवहार का वर्णन है। विधालय के अनुशासन और सुधार के लिए दण्ड मिलने आदि घटनाओं को आत्मीय ढंग से व्यक्त किया गया है।

'बाबू जी की बैठक' अध्याय में शरद जी ने माता-पिता के साथ पहली बार लखनऊ आने की घटनाओं को उकेरा है, नानी, दादी, परदादी के जीवन की घटनाओं को संवेदना की गहराइयों से छूते हुए उल्लेख किया है। इसमें भी नौकरों के सुख-दुख में उनके प्रति पारिवारिक सद्भाव की चर्चा है। 'चकल्लस' साप्ताहिक अख़बार निकलने का वर्णन है। महात्मा गांधी की हत्या से पिता नागर जी के दुख को महसूस करने की संवेदना है। इस बैठक चर्चा में पारिवारिक रिश्तों और साहित्यकारों के बारे में भी संस्मरण दिये गये हैं। उत्तर प्रदेश हिन्दी संस्थान के भारत भारती सम्मान को नागर जी के चौक स्थित आवास पर दिये जाने का विवरण है।

भाग दो–'गोकुलपुरा की यादें' में यादें अधिक हैं। कुछ अविस्मरणीय छवियाँ भी हैं। छह पीढ़ियों का वंश वृक्ष भी है। करीम बख्श परचूनियाँ, गिनगिना गुरु, बाबू झम्मनलाल, कन्हैया चाचा उर्फ़ राजा मण्डी के चाचा, एक अनागर नागर रामजी

लाल जैसे अभिन्न मन वाले पात्रों की स्मृतियाँ भी हैं। इन पात्रों के बारे में जो कुछ भी लिखा गया है, वह रेखाचित्र पढ़ने का अनुभव देता है।

'होली के रंग' में जाति-धर्म-मज़हब से परे होली के हुड़दंग और रस में सभी के सराबोर होने की स्मृतियाँ हैं। होलिहार लड़कों की नटखट शरारतें, होली का चन्दा बटोरने की करतूतें आदि उस समय का सजीव चित्र खींच देती हैं। होली में बुरा मानने वालों को धिक्कारते हुए—'बुरा न मानो होली है' की मनुहार है। होली की शोभा यात्रा में परस्पर राख का टीका लगाते हुए लोकमंगल की शुभकामना के गूँजते स्वर हैं—

होली आयी रे मेरे खेड़े का भला।
होली गयी रे मेरे खड़े का भला ॥
तथा—जो जीवै सो खेलै फाग।

भाग तीन में 'कुछ और सफ़र' के संस्मरण हैं। जिसमें 'रंगयात्रा' में नानी और उनके रंग अनुभव, 'हमारी संगीत शिक्षा', 'युवक समाज की स्थापना से गोवा मुक्ति आन्दोलन तक', 'इप्टा के साथ सम्बन्ध', 'इप्टा आगरा के संग बिताया समय', 'हिन्दी रंगेतिहास तथा हिन्दी में तकनीकी लेखन की ओर रुझान', 'नक्षत्र की स्थापना', 'नक्षत्र की प्रथम नाट्य प्रस्तुतिः कांचन रंग', 'उत्तर प्रदेश संगीत नाट्य भारती का रंगमंच के क्षेत्र में पदार्पण', 'नाटक कोणार्क का मंचन' आदि शीर्षकों के अन्तर्गत तमाम साहित्यकारों, पत्रकारों, परिजनों के सहयोग, संघर्ष, सफलता-विफलता को कलमबद्ध किया गया है।

'मेरी नौकरी' शीर्षक के अन्तर्गत शरद जी अपनी नियुक्ति और सेवाकाल की वे स्मृतियाँ देते हैं जो कभी उत्साहित-आह्लादित करती हैं तो कभी हताश करके चुनौती भी देती हैं।

'आगरा के विक्टोरिया हाईस्कूल और नवप्रभात अख़बार में नौकरी', 'केमिकल एक्जामिनर लेबोरेट्रीज आगरा में नौकरी', 'प्रोविंशियल हाइजीन इंस्टीट्यूट में गुज़ारे ढ़ाई वर्ष', 'फार्माकोलाजी विभाग में बिताया समय' आदि शीर्षकों के अन्तर्गत सेवा काल के अनुभव हैं, तथा सहयोगियों के अच्छे-बुरे व्यवहार आदि के बारे में तन्मय भाव से लिखा गया है।

'व्यसन कथा' शीर्षक में अन्तरराष्ट्रीय तम्बाकू विरोधी दिवस को याद करते हुए धूम्रपान प्रारम्भ करने से लेकर इस व्यसन को सदैव के लिए त्याग देने के खट्टे-मीठे अनुभव हैं। गली मोहल्लों में रहने वाले विविध व्यवसायों से जुड़े लोगों के जीवन में व्यसनों के कारण होने वाले तनाव, दुष्प्रभाव आदि का ज़िक्र किया गया है। मित्रों के प्रभाव से अपने पिता श्री अमृतलाल नागर जी को भी हुक्का गुड़गुड़ाते देखने का विस्मय भाव भी है। इसमें बाबा संचित सिंह जी को याद किया गया है और बाबू जी का अनुकरण करने की भंगिमा भी दिखाई गयी है।

'जिगरी दोस्त' में शेर याद करने के शौक का उल्लेख है। सेंट जांस गर्ल्स स्कूल के रोमांटिक परिसर की बाल सुलभ यादें हैं। शेख चिल्ली की कहानियाँ सुनने की तन्मयता का ज़िक्र है, और किशोरावस्था की देहली पर चढ़ने वाले भावुक मन की कल्पनाएँ हैं।

इसमें एक संस्मरण है—"सन् 1961-62 की बात है, बाबू जी आगरा आए हुए थे, एक दिन प्रसंगवश कहने लगे कि आगरा में तो शरद को लोग इतना जानते हैं कि अक्सर हमारा परिचय लोग यह कह कर कराते हैं कि ये हैं शरद के पिता श्री अमृतलाल नागर।"

हम झेंपकर बोले—"नहीं बाबू जी! हमें तो आपका बेटा होने की वजह से ही जाना जाता है।"

"उन्होंने कहा—बेटा! हमें कोई बुरा थोड़े ही लगता है। हम तो यह चाहते हैं कि तुम ऐसे काम करो कि हमसे भी अधिक नाम कमाओ। यही हमारा आशीर्वाद है।"

'मेरे गुरु' शीर्षक अध्याय में गुरु और शिष्य के पौराणिक-ऐतिहासिक सम्बन्धों पर टिप्पणी करते हुए अपने पाठशाला के गुरु से ले करके अन्य सभी गुरुओं को नमन किया गया है।

अन्त में डॉ. शरद नागर के शब्दों में उनका आत्मकथ्य प्रस्तुत है—

"मेरे साथ सबसे बड़ी दिक्क़त यह है कि जब अपनी यादों के गलियारों से गुज़रता हूँ तो यादों के बीहड़ जंगल में खो जाता हूँ। कदाचित शरीर की विकलांगता के फलस्वरूप स्मृतियाँ अधिक क्षिप्र व प्रखर हो गयी हैं। मुझे बचपन से लेकर अब तक लोगों से सुनी हुई सारी बातें इतनी गहराई से याद हैं जैसे कि कल ही सुनी हों। जिन स्थानों पर मैंने अपना जीवन जिया है, उन स्थानों के चित्र और जिन लोगों के साथ मैं जिया हूँ उनके चलचित्र मेरी स्मृति में अपने गहरे रंगों के साथ उभर आते हैं।"

व्यक्तिव्यंजक गद्य

विद्यानिवास मिश्र

मैं सोचता हूँ, निबन्ध की बात न करके भाषा की बात करूँ, क्योंकि भाषा से सरोकार, निबन्धकार का कुछ ज़्यादा होता है। कविता में लय का सहारा होता है, और भी कई चीज़ों का सहारा होता है, बिम्बों का सहारा होता है। अगर वह सहारा गद्य में लेने चलें तो गद्य जरा दूभर हो जाता है। गद्य के लिए, रचनात्मक गद्य के लिए और कथेतर गद्य के लिए भाषा कुछ अधिक आवश्यक हो जाती है और अधिक केन्द्र में हो जाती है। यह नहीं कि विचार वहाँ होता ही नहीं। जैसा कि आमतौर पर समझ लिया जाता है कि निबन्ध में क्या विचार, विचारात्मक निबन्ध ही अलग है; ऐसी बात नहीं है। विचार होता है, पर वह अलग दिखता नहीं, ओत-प्रोत होता है भाषा में।

लेकिन आत्म-व्यंजक निबन्ध लिखने वाले के सामने समस्या सबसे बड़ी यह रहती है कि वह बिना सामने श्रोता देखे हुए श्रोता देखता है और बातचीत करना चाहता है, एक घरू स्तर पर बातचीत करना चाहता है। कविता में भी उसका इस्तेमाल हुआ, लेकिन वह बहुत स्पष्ट नहीं हो पाया है। सपाट बयानी की कविता में इस प्रकार का प्रयोग काफ़ी ऐसा लगता है कि वह एक खींच का प्रभाव पैदा करता है, लेकिन गद्य में यह कारगर होता है, इसका कुछ जादू चल जाता है। जब समर्थ गद्यकारों को आप लें, द्विवेदीजी को लें, अज्ञेय को लें, तो ये लोग बहुत बहकते हैं, बहुत घुमाते हैं, कहाँ की बात शुरू करेंगे, कहाँ ले जायेंगे और एकाएक ऐसा मोड़ देंगे कि आप कहेंगे कि इन्होंने बड़ा झाँसा दिया। बहकाना तो है, द्विवेदीजी जिस को 'बतरसना' कहते थे, वह बतरसना भी है और कभी-कभी बतरसना भी है, जिसको किसी तरह से उड़ जाना कह सकते हैं। ये सारी चीज़ें हैं, लेकिन सोद्देश्य हैं, न बतरसने के लिए हैं, न बहकाने के लिए; आपको घेर कर साथ लेने के लिए हैं कि हमारे साथ चलिए। जब जान जायें कि आप हमारे साथ आ गये तब असली बात करेंगे। जब तक विश्वास नहीं होता है कि श्रोता हमारे साथ पूरी तरह आ गया, उससे ऐसी आत्मीयता, ऐसी अन्तरंग आत्मीयता स्थापित हो गयी कि उसका परिवेश हमारा परिवेश हो गया; उसके साझे हमारे साझे की कहानियाँ आ गयीं, तमाम कथानक आ

गये, मुहावरे आ गये और हमारे आमने-सामने गुज़रती हुई कोई घटना भी आ गयी, जिस घटना को उसने भी देखा और अच्छी तरह से नहीं देखा, फिर से हम दिखा रहे हैं, तब तक बात नहीं होती, उपदेश हो सकता है। इन सब युक्तियों के सहारे हम केन्द्रस्थ बात की ओर चलते हैं। इसमें आत्मीयता की स्थिति को लाने में भाषा के एक विशेष कौशल की आवश्यकता पड़ती है या एकदम ऐसी भाषा का प्रयोग करें जो अपने आपको प्रोजेक्ट करे, आपको अपने पाण्डित्य से आतंकित करे, उससे काम नहीं चलेगा। ऐसी भाषा का प्रयोग करें जो फुरहरी हो, उड़ती चले बिल्कुल, उससे भी काम नहीं चलेगा, कुछ दूर चलने के बाद उपहसनीय हो जायेगा या बड़ी कुरकुरी भाषा हो तो एक आध टुकड़ा तो अच्छा लगेगा, लेकिन उससे भी निश्चय ही एक प्रतिक्रिया ऐसी पैदा होगी जो श्रोता को, पाठक को विमुख कर देगी। तो समस्या आती है सन्तुलन की।

आप सब कुछ दें, आप जानकारी का रोब भी गालिब कर सकें—हम जानते हैं, तुम्हारे बारे में ही जानते हैं, तुमने इस फूल को देखा, तुम नहीं जानते हो, मैं जानता हूँ या यह भाव दें कि तुमने देखा ज़रूर है, मैं एक अतिरिक्त जानकारी दे रहा हूँ—या वैद्य जी एक किस्सा कहानी सुनाते थे, तुम्हारे भी परिचित होंगे वैद्य जी, हम तुम को बता दे रहे हैं, तुम शायद भूल गये हो; या ऐसे बात करें कि बड़ी अन्तरंग बात है, 'बिटवीन अवरसेल्व्स' वाली बात है, किसी दूसरे से नहीं कह सकते; लेकिन सबसे अधिक आवश्यक चीज़ है एक सन्तुलन, कौन चीज़ कितनी, कौन शैली कितनी! और शब्द के प्रयोग में कितनी सावधानी बरती जाये कि वह शब्द ऐसा हो जो उनका परिचित तो हो लेकिन जिन अर्थों की ओर हम उन्हें मोड़ दे रहे हैं, वे सारे अर्थ अपरिचित हों। जब पण्डित हजारी प्रसाद जी कुटज की चर्चा शुरू करते हैं तो कुटज का फूल किसी ने देखा-वेखा नहीं और पण्डित जी मानकर चल रहे हैं कि किसी ने देखा नहीं है, एक-आध ने देखा होगा; लेकिन सबको ले जा रहे हैं कुटज के फूल की ओर, और आप समझते हैं कि एक बड़ी नयी चीज़ है और सचमुच मन में यह होता है कि इस फूल से परिचय नहीं था, ख़ूब फूलता है, बरसात में फूलता है, सूखी ज़मीन में होता है, जहाँ कोई रस नहीं होता, ऊपर ज़मीन में भी होता है, पथरीली ज़मीन में हो जाता है, नाटा पेड़ होता है, बड़ा सुन्दर होता है। इतने में पण्डित जी मौक़ा पाकर उड़ जाते हैं: कालिदास का यक्ष, अलकापुरी का यक्ष बादल को जिस फूल से अर्घ्य चढ़ाता है वह कुटज है और आप कुटज में कोई सम्भावना देखने लगते हैं और तब उस सम्भावना को और बड़े रूप में, पण्डित जी समझते हैं, उपस्थित किया जा सकता है। यह जो हार न स्वीकार करने वाला मानव है, हार न मानने वाला मानव है—पत्थर में हैं, कहीं भी हैं, खड़े हो गये, खड़े रहेंगे, फूलेंगे, तनेंगे—यह जो भाव है, यह एक ऐसा भाव है जिसकी ओर अब इशारा किया

जा सकता है, और इस इशारे को पकड़ना सम्भव हो जाता है एक कुटज के कुछ विशेष गुण चुन लेने से। वैसे भी किया जा सकता था, लेकिन वैसे करना शायद उपदेश हो जाता। वैसे करना कविता में सम्भव है, आसान है। एक-आध भावात्मक आवेग जोड़कर उससे किया जा सकता है, लेकिन आत्मव्यंजक निबन्ध में कठिन है। उसका कारण यह है कि निबन्ध व्यक्तित्व है, एक विचित्र प्रकार का व्यक्तित्व है। प्रत्येक साहित्य में व्यक्तित्व का कुछ-न-कुछ विगलन होता है, संस्कार होता है, उसका सामाजिकीकरण होता है। लेकिन आत्मव्यंजक निबन्ध में व्यक्तित्व का एक अलग प्रकार का संस्कार होता है। उसमें व्यक्तिगत अनुभव बराबर सहायक रहता है और व्यक्तिगत वस्तुनिरीक्षण बराबर सहायक रहता है। व्यक्तिगत परिवेश के शब्द, कथानक, स्मृतियाँ, इनकी गूँजें—ये सभी सहायक रहती हैं। उनकी सहायता से ही एक व्यक्ति की सीमा को अतिक्रमण करने वाला या व्यक्ति के समाज को भी या व्यक्ति के सीमित समाज को अतिक्रमण करने वाला अर्थ आता है। विशेष के अभिव्यंजन के द्वारा सामान्य आता है और विशेष की प्रस्तुति इस ढंग से करना इसलिए आवश्यक है कि आपका भी विशेष हो जाये, केवल लिखने वाले का विशेष न रहे, जिसको सम्बोधित है उसका भी विशेष हो जाये। इसलिए व्यक्तित्व को बराबर एक तरह से अलग हाथ में लिए चलना होता है, आत्मव्यंजक निबन्धकार उसे छोड़ नहीं सकता, कभी भी नहीं छोड़ सकता। अपने ऊपर हँस सकता है, अपना मज़ाक़ कर सकता है लेकिन कभी उसे छोड़ नहीं सकता, उसे साथ-साथ बराबर ले चलता है। उसके सहारे की उसको बराबर ज़रूरत पड़ती है। इसीलिए उस भाषा में सर्वनाम के प्रयोग का बड़ा महत्त्व है। आप कब मैं से तुम में उतरेंगे, कब तुम कहेंगे, कब मैं की ओर चले जायेंगे, कब अन्य पुरुष का प्रयोग करेंगे—इसमें उसे बड़ी सावधनी बरतनी होती है।

एक भाई ने पूछा था कि—आप इनवर्टेड कोमा का प्रयोग करेंगे या डैश लगायेंगे, क्या करेंगे, कहाँ क्या करेंगे, तो उसके बारे में कोई निश्चित नियम नहीं है। किस प्रकार की आकांक्षा है अगर स्मृतियों की एक रील है तो वहाँ पर उद्धरण चिन्ह लगाने की आवश्यकता है। यदि एक सोचने के बाद दूसरे सोचने का क्रम आता है तो वहाँ पर अल्प-विराम लगाने की ज़रूरत नहीं। पूर्ण विराम के बाद भी चल सकता है। यह लिखित रूप में क्योंकि वाचिक रूप में भी अगर कहा जाता तो वहाँ आगे रुकता, अच्छी तरह से रुकता जैसे अटक रहा हो और फिर शुरू कर देता। एक वाक्य पूरा हो गया है। "उसने कहा। अच्छा।" वाक्य पूरा हो गया। "उसने कहा" और "अच्छा" के बीच निश्चित विराम होना चाहिए। जिस तरह से वाचिक में विराम होना चाहिए उसी तरह से लिखित में भी विराम होना चाहिए। उसने कहा, इसका प्रभाव जताना लेखक के लिए अभीष्ट है। जैसे 'उसने कहा था' कहानी में

'उसने कहा था' केवल इस गूँज को बार-बार अंकित कराना अभीष्ट है। इसलिए उसके बाद क्या कहा था यह तुरन्त बताना अभीष्ट नहीं है, रुक कर भी बताया जा सकता है, छोड़ भी दिया जा सकता है कि आप सोचिए कि उसने क्या कहा था, आप फिर से याद कीजिए। तो वह वाचिक कौशल अत्यन्त आवश्यक होता है। तो यह बड़ी सामान्य-सी बात हुई, कोई ख़ास ऐसी जादूगरी की बात नहीं है।

एक दूसरी बात है जो इससे थोड़ी सूक्ष्म है। वह यह कि सन्दर्भ का उपयोग कैसे किया जाये। आप कविता में सन्दर्भ दीजिए, एक-आध सन्दर्भ तो खप जायेंगे, लेकिन यदि आदि से अन्त तक अगर तुलसीदास जी के सन्दर्भ दे दीजिए उनके शब्दों का प्रयोग कर दीजिए तो कविता बिल्कुल पहचानने में ही नहीं आयेगी और उसके सम्प्रेषण में बड़ी कठिनाई होगी। कहानी और उपन्यास में तो सम्भावना बहुत कम है। लेकिन निबन्ध में सन्दर्भ की एक गहरी उपयोगिता है। सन्दर्भ का दुरुपयोग हो सकता है, पाण्डित्य का प्रदर्शन उससे हो सकता है। पर सन्दर्भ इसलिए नहीं दिया जाता कि पाण्डित्य का प्रदर्शन हो। सन्दर्भ इसलिए दिया जाता है कि जिस एकीकृत भावबोध की अपेक्षा निबन्धकार से की जाती है कि यह समूची संस्कृति, समूची जो अपनी अस्मिता है इसका एक रूप आपके मन में आये, यह आपके समक्ष आये कि यह बात अकेले अमुक 'क', 'ख', 'ग' की नहीं है, इसमें कहीं कालिदास हैं, इसमें कहीं तुलसीदास हैं, इसमें लोकमानस है, इसमें एक ऊपर से एकदम पागल दिखने वाला आदमी भी है, एक बड़ा पढ़ा-लिखा विद्वान आदमी भी है, हमारे समूचे जीवन की सारी विडम्बनाएँ, सारी सम्भावनाएँ मिलकर एक समान भाव-बोध की ओर इशारा करती हैं और उस एक बिन्दु की ओर हम यहाँ पर इशारा करना चाहते हैं—कोई और बिन्दु भी हो सकता है, लेकिन हम उसी की ओर इशारा करना चाहते हैं, जो इन तमाम सन्दर्भों में व्याप्त है, इसलिए इन सन्दर्भों का उपयोग कर रहे हैं। सन्दर्भ केवल गूँज नहीं है। ये सन्दर्भ एक प्रकार से ताने-बाने का काम करते हैं। निबन्ध की बुनावट में इनका उपयोग ताने-बाने का है और वहाँ भी सन्दर्भ कई प्रकार के होते हैं। कुछ सन्दर्भ ऐसे होते हैं जो बिलकुल समकालीन होंगे—अगर नहीं होंगे तो निबन्ध कभी भी नहीं पढ़ा जा सकता क्योंकि जिस अन्तरंगता की बात, उसकी अपरिहार्यता की बात मैंने शुरू में की उस अन्तरंगता के लिए अपने ज़माने, अपने देश, अपनी ज़मीन को सामने रखना, बिल्कुल सामने रखना बहुत ज़रूरी होता है। इसलिए समकालीन घटना का सन्दर्भ, उसका ताना समझ लीजिए और एक पूरा ऐतिहासिक आयाम में फैला सांस्कृतिक सन्दर्भ, उसका बाना समझ लीजिए—दोनों मिलाकर निबन्ध बुना जाता है, दोनों सन्दर्भों से मिलकर निबन्ध बनता है समकालीन सन्दर्भ से कटकर कोई निबन्ध नहीं बन पायेगा। समकालीन घटना ऐसी होती है, उस व्यक्ति के जीवन की ऐसी घटना होती है, बड़ी सामान्य घटना होती है, हो सकता

है कि घड़ी गिर गयी और उसकी तारीख़ वाला जो पुर्जा था वह बिगड़ गया, तो तारीख़ उसकी निश्चित हो गयी, बड़ी सामान्य घटना हो सकती है, लेकिन उसको भी जोड़ा जा सकता है, क्योंकि उसको समय का एक ठहराव बनाया जा सकता है, समय के विजड़न की सम्भावना है उसका एक बिम्ब बनाया जा सकता है। लेकिन है वह बिल्कुल अपने जीवन की घटना होते हुए भी अत्यन्त समकालीन, संवेद्य। आप कहेंगे यह तो ठीक है, आपके निबन्ध को बीस वर्ष बाद कौन समझेगा। निबन्धकार के रूप में कई अनुभव हैं, बड़े-बड़े विचित्र प्रश्न पूछे गये हैं—कवियों से भी पूछे जाते होंगे लेकिन कविता का काम आलोचना करने के लिए किया जाता है—निबन्ध कुछ हिन्दी के अध्यापन में भारी पड़ता है, ऐसा हमको लगता है। इस कारण निबन्धकार से ज़्यादा प्रश्न पूछे जाते हैं और उसमें सबसे अधिक कठिनाई उनको पड़ती है जो सन्दर्भों को जोड़ नहीं पाते कि सन्दर्भ कहाँ का है क्योंकि पाद-टिप्पणी निबन्ध में दी नहीं जाती। हाँ, वैरूप्य का प्रभाव उत्पन्न करने के लिए पादटिप्पणी देकर भी निबन्ध लिखे गये हैं, जैसे श्रीलाल शुक्ल ने लिखा है। श्रीलाल ने 'नया मार्गदर्शन' पर एक 'शोध निबन्ध' लिखा है। उसमें मूल अगर है दो पंक्ति तो पाद-टिप्पणी हैं दस पंक्ति, अधिक भी हैं, लेकिन वह पाद-टिप्पणी नहीं हैं : वस्तुतः पाद-टिप्पणी का वैरूप्य है, उसका उपहास है, पूरी शोध प्रक्रिया का एक उपहास है और इसीलिए इतने असन्तुलित परिमाण में पाद-टिप्पणी है। लेकिन किसी भी निबन्ध को आप तब नहीं समझ सकते जब तक कि आप उसके सन्दर्भों के ताने-बाने को अच्छी तरह से नहीं समझ लेते, जब तक कि उस व्यक्ति को, उस व्यक्ति के परिवेश को और उस व्यक्ति के परिवेश में मुखरित होती हुई पूरी की पूरी संस्कृति के आयाम को नहीं देख लेते और यहीं पर उसका व्यक्तित्व रहते हुए भी उस प्रभामण्डल से आलोकित हो जाता है जो उसकी समूची संस्कृति के शैशव का है। लेकिन आलोकित होने के कारण ही उसका निजी व्यक्तित्व बराबर सुरभित रहता है, बराबर प्रकाशित करता है, उसको बराबर देखा जा सकता है। इस आदमी का गाँव ऐसा होगा, इस आदमी की बोली अमुक होगी, इस आदमी के इतने बच्चे होंगे, इस आदमी का जीवन पूरा का पूरा आइने की तरह से सामने होगा। लेकिन तब भी वह आदमी नहीं आयेगा, उसका सारा परिवेश आयेगा और आदमी नहीं आयेगा। तो यह जो तलवार की धार पर चलना है, अपने को काटो और अपने साथ जुड़ी हुई हर चीज़ को कम-से-कम उस हर चीज़ को उजागर करो जो मानवीय संवेदन की एक अक्स बनती है—समूचे समाज के मानवीय संवेदन की यह कठिन साधना है। सध जाये तो हम निबन्धकार व्यक्ति को एक बड़े आलोक में देख सकते हैं।

तीसरी बात यह है कि निबन्ध के बारे में कहा जाता है कि यह प्रायः तर्कहीन होता है, वह बात केवल सतह पर ही सच है। वैचारिक निबन्ध में और आत्मव्यंजक

निबन्ध में अन्तर ही यह है कि वैचारिक निबन्ध में तर्क की एक सुव्यवस्थित शृंखला होती है, क्रमबद्ध शृंखला होती है और आत्मव्यंजक निबन्ध में एक सतही तर्कहीनता होती है, तर्क की कोई शृंखला ही नहीं होती। बल्कि तर्क होता भी है तो कुतर्क होता है, तर्क का उपहास होता है। इस प्रकार की अनर्गल और अर्गलारहित तर्क की स्थिति होती है जिसमें आदमी महसूस करने लगे कि इन बातों के लिए तर्क की आवश्यकता नहीं है, इनमें संगति दूसरे प्रकार की है। तर्क से स्तर से भिन्न संगति की तलाश वाक्य-रचना में होनी चाहिए। एक उदाहरण 'मार्गदर्शन' निबन्ध है, अज्ञेय का, रास्ता दिखा रहे हैं, रास्ता पूछ रहा है आदमी और कोई आदमी रास्ता ठीक नहीं बताता, जितने बताते हैं सब रास्ते के बारे में। मार्गदर्शन के अलावा सारी चीज़ें हैं, मार्ग का अदर्शन ही सब-कुछ हो जाता है और उसी के बारे में सारा निबन्ध है। मन में होता है आख़िर यह कहने क्या जा रहे हैं, और यही एक कौशल है। "अच्छा छोड़िए इस बात को" मतलब जितना मैंने कहा सब बेकार है, अब दूसरी तरफ़ मैं आपको लिए चलता हूँ। ऐसा नहीं कि आपको दूसरी तरफ़ ले चल रहे हैं तो इसे छोड़ने को कह रहे हैं, "उसे छोड़ दीजिए"। आप छोड़ नहीं सकते, ऐसा पकड़ रखा है, जितना कहा है उसे छोड़ नहीं सकते और इसलिए लेखक कहता है छोड़िए इसको, मैंने कहाँ यह चर्चा छेड़ दी, आपको भी परेशान किया। लेकिन आप तो परेशान हो चुके हैं। इस युक्ति का प्रयोग, इस प्रकार के वाक्य-विन्यास का प्रयोग सिर्फ़ इसलिए होता है कि जब विश्वास हो जाये कि पाठक गिरफ़्त में है, तब उसे छूट दी जाये कि तुम दूसरी तरफ़ देखो। लेकिन दूसरी तरफ़ देखता है उसे जोड़कर, उससे अन्विति कर के देखता है। तो इस प्रकार ऐसे अन्वय को उत्पन्न करना, एक ऐसी अन्विति की उत्पन्न करना जो अन्विति तोड़कर के पैदा की जाती है, आवश्यक है, और यहाँ अन्विति तोड़ने के जो दृश्य उपाय हो सकते हैं वे काम में लाये जाते हैं, ऐसे वाक्य जोड़े जाते हैं जिनसे अन्विति टूट जाये और तोड़कर के फिर अन्विति स्थापित करायी जाती है क्योंकि वह अन्विति उसके दिमाग़ में अंकित कर दी जाती है, हाँ, अब इससे जुड़ी हुई चीज़ आयेगी।' इसमें उस प्रकार के चमत्कार की बात नहीं है कि आप पूरी कहानी में पढ़ते रहें, जैसे खट्टर काका। खट्टर काका नहीं, हरिमोहन झा का मैथिली में एक निबन्ध है, कहानी है, पूरा वर्णन ऐसा होता है, एक बच्ची वर्णन करती है अपने नौकर का, वह मुझे बड़ा प्यार करता था, ऐसा था, वैसा था, और एक क्लाइमैक्स आ जाता है, जो सुनने वाला है वह नाराज़ होता चला जाता है, अन्त में कहती है कि बचपन में वह हमको गोद में खिलाता था। तो यह जो एंटीक्लाइमैक्स पैदा करना कहानी की युक्ति के द्वारा है इसका उपयोग निबन्ध में अभीप्सित नाटकीयता को जन्म देता है और उसका प्रयोग करके निबन्ध सफल नहीं हो पाता लेकिन एक-दूसरे प्रकार की नाटकीयता का उपयोग होता है कि इससे

समान्तर स्थितियाँ उसमें रख दी जायें और लगे कि दोनों समान्तर नहीं हैं और वे समान्तर सिद्ध हो जायें : उनमें समान्तरता को स्थापित करने के लिए एक तीसरी स्थिति ला दी जाये। यह नाटकीयता अधिक मोहक होती है और अधिक उपयोगी भी होती है। खट्टर काका वाले निबन्धों की-सी क्लाइमैक्स और एंटीक्लाइमैक्स वाली नाटकीयता बहुत उपयोगी नहीं होती। मैंने इसलिए कहा कि एक अन्विति की बात आप जब सोच रहे हैं तो नाटकीय अन्विति की बात, कहानी की अन्विति की बात से अलग एक अन्विति की बात करें क्योंकि यहाँ विचार निश्चय ही केन्द्र में है, विचार चाहे कितना ही भावोच्छ्वास क्यों न बन गया हो लेकिन वह केन्द्र में है, इसके केन्द्र में कोई दूसरी चीज़ नहीं है। वह शुद्ध विचार है इसमें कोई सन्देह नहीं है। अगर विचारहीन है तो आप उस निबन्ध को एक तरह से राइटऑफ कर सकते हैं ख़ारिज कर सकते हैं। तो एक ऊपर से तर्कातीत संगति की बात एक महत्त्वपूर्ण बिन्दु है निबन्ध-रचना में।

अन्तिम बिन्दु जो भाषा के स्तर पर देखी जाती है वह शब्द-चयन की है। सबसे ज़्यादा नये शब्द गढ़े गये हैं रचनात्मक रूप में गद्य की भाषा में, विशेष रूप से आत्मव्यंजक निबन्धों में, यह मैं दावे के साथ कह सकता हूँ। गढ़ने वालों में मैं हूँ, तो इसमें अभिमान न माना जाये, लेकिन यह प्रक्रिया सब से अधिक आत्मव्यंजक निबन्ध में आयी है। 'धक्कामार भाषा' द्विवेदीजी ने इस्तेमाल किया, 'मना लेने वाली भाषा' इसका इस्तेमाल किया। ऐसे नये प्रयोग या संस्कृत के शब्दों के ही नये प्रयोग, नये जोड़ आपके परिचित हैं सारे शब्द और जोड़ और उनसे बने अनेक प्रकार के प्रयोग अपरिचित, पर मोहक। आपको लगेगा कि यह गढ़ा हुआ है, बिल्कुल लगेगा कि गढ़ा हुआ है और एकदम से इसी आदमी ने गढ़ा है, इसी आदमी की शरारत है, किसी दूसरे की शरारत नहीं है लेकिन वह गढ़ना आपको अच्छा लगेगा। उस गढ़ने से आप शब्द की शक्ति पहचानेंगे और आपका एक संस्कार होगा कि हाँ आदमी केवल भाषा नहीं सीखता, भाषा-रचना भी सीखता है, और भाषा-रचना सीखना गद्य की भाषा सीखने से जल्दी आता है। आप अच्छे समर्थ गद्य को पढ़ें तो पढ़ते-पढ़ते आप स्वयं रचने लगते हैं। हम लोगों ने भी ऐसे ही रचा, पढ़-पढ़ कर रचा। फिर वह अपना हो गया, शुरू-शुरू में अपना नहीं था। बाणभट्ट की कादम्बरी किसी दूसरे की रही होगी, अपनी नहीं थी, लेकिन उसमें रमने से अपनी हुई और निश्चय ही उससे रचना उन विन्यासों से, उन शब्द-चयनों से, शब्द निर्मितियों से निर्मित हुई। आदमी के पास एक रचनात्मक शक्ति होती है जो जोड़ने वाली, सांधिनी शक्ति होती है, इस सन्दर्भ को उस सन्दर्भ से जोड़ती है और पुकारती रहती है, इस शब्द में यह सम्भावना है, इसको इस विशेष सम्भावना से जोड़ा, इस संज्ञा को क्रिया से जोड़ा, इस क्रिया को संज्ञा के रूप में प्रस्तुत करो,

संज्ञा से क्रिया बना दो। जैसे-शुरू-शुरू में बतियाना स्वीकार नहीं होता था अब इस प्रयोग को हम लोगों ने अपने बाहुबल से चला दिया। अज्ञेय ने कभी बताया था कि उनकी आलोचना एक हुई थी कि "इनकी भाषा में पूर्वी प्रयोग है", यह आलोचना रेडियो पर हुई थी किसी हिन्दी प्रोफ़ेसर ने की थी कि और सब ठीक है, और सब आलोचना हो गयी जैसे होती है कि इतने पृष्ठ की पुस्तक है, मूल्य ज़्यादा है इत्यादि-इत्यादि, विचार प्रौढ़ हैं, भाषा प्रांजल, परिमार्जित है, एक बात खटकती है कहीं-कहीं पूर्वी प्रयोग हैं। पूर्वी प्रयोग कुछ नहीं था, जीवन्त शब्द-चयन था। यह जो शब्द-चयन और शब्द-निर्माण एनौलोजी पर' सादृश्य पर होता है। यह विशेषता कमोबेश और विधाओं में न मिलती हो, यह बात नहीं है, लेकिन और विधाओं में इसका महत्त्व हाशिए पर है, यहाँ इसका महत्त्व बहुत ज़्यादा है, इसके बिना काम नहीं चलता है। जहाँ कहीं नाना प्रकार की परिस्थितियों को जोड़ना पड़ता है, वहीं इस प्रकार के शब्द जोड़ते हैं। व्यंग्य की भाषा में और ज़्यादा इसकी आवश्यकता पड़ती है क्योंकि वहाँ अतिरंजना करनी होती है और अतिरंजना नयी शब्द-निर्मिति के द्वारा, नयी गढ़ाई के द्वारा सबसे अधिक आती है।

यहाँ मदद मिलती है कई स्रोतों से। इसलिए मैं इस पर बल देता हूँ कि बहुश्रुतता एक निबन्धकार के लिए अत्यन्त अपरिहार्य आवश्यकता है। उसे बहुश्रुत होना चाहिए क्योंकि बिना बहुश्रुत हुए इतने जोड़ सहज ढंग से नहीं बैठते। दस हजार चीज़ें जानने का अर्थ यह नहीं है कि उन्हें सहेज कर रखिए, जानने का अर्थ है चीज़ों को पचाइए, लिखिए निबन्ध, लेकिन पचाकर लिखना पड़ेगा। निबन्धकार की पाचनशक्ति जब तक ऐसा न हो कि होड़ ले सके कि ब्रजभाषा के छन्द आप सुनाइए, मैं सुनाऊँ, संस्कृत के छन्द आप सुनाइए, मैं सुनाऊँ, होड़ के लिए तैयार हो जाइए, प्राकृत के छन्द आप सुनाइए, मैं सुनाऊँ, जब तक साहित्य को समग्र रूप से अपनी रागात्मक स्मृति का अंश नहीं बनाया जाता, तब तक बहुश्रुतता का कोई अर्थ नहीं। उस स्मृति का यही उपयोग है कि इसके कारण यह शब्द सहज रूप में रचे जाते हैं। वह स्मृति न रहे तो सहज रूप में निर्मित न हो। इस प्रकार की बहुश्रुतता, लोक-संसार, लोकसाहित्य, क्लासिक साहित्य, मध्ययुगीन साहित्य, समूचे साहित्य की जिसके हम वारिस हैं, जिसमें हम हैं, जो हमारे इर्द-गिर्द है, अत्यन्त अन्तरंग जानकारी से आती है। इसी जानकारी से प्रेरित होकर ये शब्द-निर्मितियाँ सम्पूर्ण जातीय अनुभव को आकार दे पाती हैं। इन शब्द-निर्मितियों द्वारा ही बहुत सारी स्थितियाँ अत्यन्त संक्षेप में व्यक्त की जा सकती हैं। पर यह तो मामूली उपलब्धि है। असली उपलब्धि यह होती है कि पढ़ने वाले की सर्जनात्मक क्षमता, भाषा की सर्जनात्मक क्षमता का विकास होता है, उसके भीतर भाषा रचने की क्षमता पैदा होती है, सबमें यह क्षमता प्रसुप्तावस्था में होती है, उस क्षमता का विस्तार होता है। गद्य-रचना का सबसे बड़ा

फल यह होता है कि आदमी अपनी भाषा को पहचानने लगता है।

अन्त में एक बिन्दु की ओर इशारा करता हूँ। रचनात्मक गद्य की भाषा में एक चीज़ का उपयोग ऐसा होता है जो दूसरी भाषा में नहीं होता। वह है प्रतिलोम का, कहीं-कहीं एक एब्सर्ड प्रतिलोम का उपयोग। नाटक में प्रतिलोम स्थिति का तो उपयोग होता है, लेकिन प्रतिलोम वाक्य-विन्यास, प्रतिलोम शब्द का उपयोग सबसे अधिक रचनात्मक गद्य की भाषा में होता है, और इसके उपयोग के बिना जो जोड़-तोड़ की बात आती है रचनात्मक गद्य में हो ही नहीं सकती। बिना काटने वाले वाक्य के, बिना काटने वाले शब्द के उस प्रकार का जोड़-तोड़ जो समकालीन परिस्थिति को एक व्यापक परिस्थिति के साथ जोड़ने में समर्थ बना सके, यह एक बड़ी महत्त्वपूर्ण चीज़ है, और इसका उपयोग कुछ-एक लोग, नौसिखिए लोग कुछ अतिरेक में करते हैं और वहाँ पर उसकी स्थिति वही होती है जैसी सपाटबयानी की बहुत सारी कविताओं की हुई है कि जहाँ एक अतिरिक्त अतिरंजना, या उस प्रकार की आत्मकथाओं में हुई, जहाँ सच कहने के बानक के पीछे गहरा कुछ छिपा हुआ था। तो इस प्रतिलोम वाक्य-विन्यास के प्रयोग में एक प्रयोजन होना चाहिए, प्रयोजनहीन प्रयोग अगर होगा तो उसमें कहीं न कहीं एक बेईमानी ज़रूर आ जायेगी और तब शैली तो नहीं रहती, शैली तो रह ही नहीं सकती जब तक उसमें कोई विचार न हो, लेकिन गद्य का, गद्य की शैली का एक ऐसा आभास, ऐसा विरूप आभास ज़रूर रह जायेगा जिससे पूरा गद्य कलंकित हो जायेगा। तो गद्य लिखने के लिए काफ़ी सावधानी बरतने की आवश्यकता है। लय का कोई सहारा है नहीं और रंगीनी का भी बहुत सहारा नहीं है। सहारा है तो भाषा का। अकेले भाषा के सहारे और एक खुले हुए दिमाग़ के सहारे लिखना आसान नहीं होता, बहुत कठिन होता है।

निबन्ध लिखना यन्त्रणा का काम है। कोई बहुत प्रतिष्ठा की बात भी नहीं है, कोई बहुत प्रतिष्ठित विधा भी नहीं है, आलोचना करने वाला भी इससे उदासीन रहता है। निबन्ध में कोई सामाजिक प्रतिबिम्ब नहीं होता। बड़ी सहूलियत है कि निबन्ध की आलोचना में जल्दी कोई भी आलोचक कोई सामाजिक तत्त्व, घात-प्रतिघात, संघर्ष और सामन्तवाद—यह सब कोई कुछ नहीं ढूँढ़ता। इस उपेक्षित विधा में, लिखकर उपेक्षित होने का जो जोख़िम उठाये, उसे भाग्यशाली नहीं कहा जा सकता, पर ऐसे भाग्यहीनों से ही भाषा भाग्यशाली होती है।

हिन्दी व्यक्ति-व्यंजक निबन्ध

विद्यानिवास मिश्र

अधिकांशतः लोग यही समझते हैं कि हिन्दी-व्यक्ति-व्यंजक निबन्ध की प्रेरणा का मूल स्रोत अंग्रेजी 'पर्सनल एसे' (Personal Essay) है और थोड़ा-बहुत उत्तर-काल में बंगला। किन्तु हिन्दी के व्यक्ति-व्यंजक निबन्धों की अपनी कुछ मौलिक परम्पराएँ हैं, जो हिन्दी की प्रकृति के स्वतन्त्र विकास का ही प्रमाण देती हैं। साथ ही हिन्दी-साहित्य प्रारम्भ से विविध प्रकार के और विविध स्रोतों से प्रभाव ग्रहण करने में बहुत मुक्त रहा है, पर हिन्दी-साहित्य का अपना एक स्वतन्त्र स्वर है और ग्रहण किये गये समस्त प्रभावों के इसी स्वर को मुखर करने में हिन्दी के सचेत लेखक और कवि ने बहुत कौशल के साथ बराबर विनियोजित किया है। इसीलिए यदि वास्तव में हिन्दी-व्यक्ति-व्यंजक निबन्ध-साहित्य का मूल हम ढूँढ़ना चाहते हैं तो एक ओर हमें उन वैदिक एवं पौराणिक स्तुतियों एवं आख्यानों की ओर जाना चाहिए, जहाँ मनुष्य देवता की सन्निधि में आने के लिए या देवता मनुष्य की सन्निधि में आने के लिए 'मैं'–'तुम' सम्बन्ध में आबद्ध दिखाई पड़ते हैं, या जहाँ, 'मैं' अनुभव प्रमाता के रूप में कथाकार और कथानायक दोनों बनकर आता है। यह स्मरण रखना चाहिए कि हिन्दी का 'मैं' 'हम' का विरोधी नहीं है और यहीं पश्चिम के व्यक्ति-व्यंजक निबन्ध से हिन्दी के व्यक्ति-व्यंजक निबन्धों का मूलतः स्पष्ट भेद दिखाई देता है। पश्चिम का 'मैं' 'हम' के विरोध में स्पष्ट खड़ा है। उसमें 'मैं' की कोर बड़ी तीव्र है। इसीलिए वहाँ के व्यक्ति-व्यंजक निबन्धों में अनुभव की अद्वितीयता और एकान्त निष्ठता पर विशेष बल है, जबकि ठीक इसके विपरीत कुछ–एक अपवादों को छोड़कर हिन्दी के व्यक्ति-व्यंजक निबन्धों का 'मैं' 'हम' के अनुभव का एक शक्तिशाली माध्यम मात्र बनकर उपस्थित होता है। उसमें अकेलापन होते हुए भी 'हम' का आह्वान करने की क्षमता है। 'हम' के विरोध में चुनौती देने के लिए वह नहीं खड़ा होता। यह 'मैं' समष्टि-जातीय चेतना का संग्राहक और अनुभविता बनकर प्रस्तुत होता है।

साहित्य की विधा के रूप में हिन्दी-व्यक्ति-व्यंजक निबन्ध संस्कृत, प्राकृत और अपभ्रंश की कथा, विशेष रूप से 'आख्यायिका' का ही उत्तराधिकारी है और वह

इसीलिए प्रकृति एवं मानव-जीवन में एक बिम्बानुबिम्ब-भाव देखने का अभ्यासी है। यह बात पश्चिम के प्रवृत्तिपरक व्यक्ति-व्यंजक निबन्धों में भी नहीं मिलती। प्रकृति का सूक्ष्म निरीक्षण उस व्यक्ति-व्यंजक निबन्ध-साहित्य में ज़रूर मिलता है और प्रकृति में रमने की उत्कंठा भी मिलती है, किन्तु प्रकृति के साथ जैसा गहरा तादात्म्य और प्रकृति में घटित होने वाले परिवर्तनों में मानव-जीवन-संवत्सर का जैसा आवर्तन देखने का भाव है, वैसा पाश्चात्य निबन्ध-साहित्य में नहीं, क्योंकि यह बात हिन्दी-साहित्य की वैचारिक पृष्ठभूमि से सम्बन्ध रखती है। हिन्दी साहित्य की वैचारिक पृष्ठभूमि में तीन प्रमुख विशेषताएँ हैं : पहली—अखण्ड विश्व-दृष्टि, दूसरी—मुक्त निर्बन्ध फक्कड़ भाव, और तीसरी—सामान्य में निगूढ़तम वैशिष्ट्य की तलाश। हिन्दी व्यक्ति-व्यंजक निबन्ध-साहित्य में ये तीनों ही वस्तुएँ वैचारिक पीठिका के रूप में मिलती हैं। इसी मायने में वह पश्चिम से ऊपरी सतह पर प्रभावित होते हुए भी भीतर से एकदम विलग है।

कई आलोचक निबन्ध की विधा को एक शक्तिहीन विधा मानते हैं और कुछ तो इसे मृतप्राय ही कहने को तैयार हैं। उसका कारण यह नहीं है कि यह विधा अपने-आप में कमज़ोर है, बल्कि यह है कि यह विधा अपनाने वालों से जिन शर्तों की माँग करती है वे शर्तें बहुत कड़ी हैं। प्राचीन साहित्य में भी गद्य को कवियों का निकष कहा जाता है। आज भी व्यक्ति में समर्थ निबन्ध लिखना भाषा के स्तर पर कवि-कर्म की कसौटी है। कवि को छन्द का एक सहारा रहता है, दूसरा सहारा संवेग-सघनता का रहता है। पर इन दोनों के प्रलोभनों को नियन्त्रित करके आन्तरिक लयबद्धता की (जो शब्द से अधिक अर्थ की ओर अभिमुख हो) और अपने को पूर्ण रूप से सम्पृक्त करते हुए भी बीच-बीच में अलग कर देने की निर्ममता की अपेक्षा व्यक्ति-व्यंजक निबन्धकार से की जाती है। बार-बार शैली के प्रसंग में एक घिसी-पिटी पंक्ति दुहराई जाती है कि शैली लेखक का 'व्यक्ति' स्वयं है। परन्तु यह बात वस्तुतः केवल इसी अंश तक सत्य है कि रचनाकार अपनी रचना- प्रक्रिया में अभिव्यक्ति के जिन संकटों से गुज़रा होता है और उन संकटों से जूझने के कारण उससे भाषा के माध्यम से व्यक्तित्व में जो निखार आता है वही उसकी शैली बन जाता है, या और ठीक-ठीक कहें, निरन्तर शैली बनता रहता है, क्योंकि शैली कोई सिद्ध वस्तु नहीं है, वह एक रचनाकार की भीतरी सर्जन-प्रक्रिया है। जो लोग व्यक्तित्व-व्यंजक निबन्ध में केवल शैली की तलाश करते हैं और यह मानकर चलते हैं कि ये निबन्ध विचार-प्रधान निबन्धों से अलग कोटि में आते हैं, क्योंकि इनमें विचार बहुत कम रहता है—विचार के बहाने केवल मनोरंजक तथा हल्की चुटकुलेबाजी, काल्पनिक उड़ान, बेतरतीब बातचीत, ये चीज़ें ज़्यादा रहती हैं—वे रचनात्मक साहित्य की मूलभूत प्रयोजकता ही भूल जाते हैं। जिसे विचार-प्रधान निबन्ध कहा जाता है वह रचनात्मक

नहीं होता। वह या तो समीक्षात्मक होता है या स्थापनात्मक। उसका आधार सर्वेक्षण या तर्कपूर्ण विश्लेषण होता है। इसीलिए वह व्यक्ति-व्यंजक निबन्ध से, जो शुद्ध रूप से रचना के उद्देश्य से रचा जाता है, किसी प्रकार तुलनीय नहीं है। यह सम्भव है कि किसी व्यक्ति-व्यंजक निबन्ध में विचारों की धारा सतह पर काफ़ी व्यापक रूप में दिखाई पड़े और किसी में नहीं। सतह पर ही जहाँ-तहाँ छलके, पर भीतर अनिवर्चनीय रूप से प्रवहमान हो। किन्तु विचारशून्यता जिस व्यक्ति-व्यंजक निबन्ध में हो उसे व्यक्ति-व्यंजक निबन्ध मानना ही नहीं चाहिए। उसे कोरा गद्य मानना चाहिए। इसी से संस्मरण, यात्रा प्रसंग और डायरी के नाम पर प्रचलित बहुत सारी गद्य-कृतियों को व्यक्ति-व्यंजक निबन्ध की कोटि में नहीं रखा जा सकता। उनमें शैली रहती है, शैली की बंकिम भंगिमा रहती है, शब्दों के साथ विलास भी रहता है और कुछ व्यक्तिगत संस्पर्श भी। किन्तु व्यक्ति-व्यंजक निबन्ध की एकाग्रता और वैचारिक पीठिका के अभाव में ऐसी कृतियाँ व्यक्ति-व्यंजक नहीं हो पातीं।

व्यक्ति-व्यंजक निबन्ध लिखने वाले हिन्दी में थोड़े हैं, यह सही है; और यह भी सही है कि जो हैं, वे व्यक्ति-व्यंजक निबन्धों के अलावा भी कुछ लिखते रहते हैं। व्यक्ति-व्यंजक निबन्धकार के रूप में मेरा निजी अनुभव यह है कि यह जल्दी लिखा नहीं जाता।

लोग 'मूड' की बात करते हैं। 'मूड' आने पर ही व्यक्ति-व्यंजक निबन्ध लिखा जा सकता है। पर जहाँ तक मेरा अपना अनुभव है, 'मूड' आने पर केवल कविता या छोटी कहानी लिखी जा सकती है। व्यक्ति-व्यंजक निबन्ध के लिए एक भीतर की घुमड़न ज़रूरी होती है। वह घुमड़न बार-बार होती रहे, कई दिनों तक मन को उन्मथित करती रहे और लिखने की लाचारी उपस्थित हो जाये, यह पहली शर्त है निबन्ध-लेखक की। दूसरी शर्त है—सामान्य जीवन की एक छोटी-सी घटना जब व्यापक सामाजिक सन्दर्भ से और उससे भी आगे जाकर विश्व-चेतना के किसी तार से जुड़ जाये और एक साथ सभी तार झंकृत हो सकें, ऐसा सामंजस्य बुद्धि में उपस्थित हो जाये। एक तीसरी शर्त भी है—सब कुछ कह जाने का लोभ संवरण करने की क्षमता; क्योंकि निबन्धकार 'रिपोर्टर' नहीं है। उसके मन में यह लोभ तो ज़रूर उठता है कि कितना-कुछ कह जाये, किन्तु यदि वह समर्थ निबन्धकार है तो उसमें से बहुत-कुछ काट-छाँट देता है। जैसे कि एक समर्थ उपन्यासकार जीवन की समग्र घटना को लेते हुए भी बहुत-से अनावश्यक सन्दर्भ छोड़ता रहता है और बहुत-से असम्बद्ध दिखने वाले पर भीतर से जुड़े हुए बाहर के सन्दर्भ जोड़ता रहता है, उसी प्रकार एक व्यक्ति-व्यंजक निबन्धकार प्रस्तुत के विषय में सब कुछ न कहकर दूर अप्रस्तुत से उसको जोड़ने के लिए केवल उन्हीं अंशों को उभारता है जो व्यापकता और गहराई लिये हुए हैं।

निबन्धकार के लिए इसलिए आवश्यक है कि वह बहुश्रुत हो। बहुश्रुत का अर्थ किताबी कीड़ा या पढ़ीस नहीं। बहुश्रुत का अर्थ है कि वह ज्ञान के विविध स्रोतों से रस-ग्रहण करने वाला हो और उन विभिन्न प्रकार के रसों में एक प्रवाहशीलता देखने वाला हो। कोरे पाण्डित्य से निबन्ध नहीं लिखा जा सकता। पर अनपढ़ आदमी भावोच्छ्वास में केवल सुने-सुनाए संस्कारों के बल पर गीत-रचना कर ले, लम्बे आख्यान भी रच डाले, वह निबन्ध नहीं लिख सकता। निबन्ध में अनुभव की यात्राओं के सन्दर्भ अपरिहार्य सूत्र हैं। कहीं-कहीं ये सूत्र साहित्य या कला या लोक-संस्कृति के सन्दर्भ से जुड़े होते हैं, कहीं-कहीं समसामयिक घटना से या उसकी व्याख्या से या उसके सम्बन्ध में किसी वक्तव्य से। केवल ग्रन्थ ही से जुड़े हुए सन्दर्भ रहे तो निबन्धकार उबाने लगता है और ग्रन्थ या संस्कृति का सन्दर्भ बिल्कुल न हो, तो निबन्ध एकदम हल्का हो जाता है, उसके शाश्वत मूल्य तिरोहित होने लगते हैं। लेकिन ये सूत्र अपने-आप में महत्त्व नहीं रखते; महत्त्व रखता है इन्हें जोड़ने वाला इनका काम। किस प्रकार और किनको वे जोड़ सकते हैं, यह अधिक महत्त्वपूर्ण है। इसीलिए निबन्ध की जान सूत्रों को बटोरना नहीं, या सुलझाना नहीं, सूत्रों के द्वारा संयोजन-कौशल उपस्थित करना ही है।

व्यक्ति-व्यंजक निबन्धकार के लिए इस सम्बन्ध में बहुत सारे भ्रम प्रचलित हैं। उनमें से एक यह भी है कि वह निबन्ध लिखने के लिए जिस बात का बहाना ढूँढ़ता है, उस बात में उसकी कोई ख़ास दिलचस्पी नहीं रहती। बल्कि उसके बहाने बतसने (बातचीत का सिलसिला बिना ओर-छोर के बढ़ाने) में उसकी दिलचस्पी ज़्यादा रहती है। पर ध्यान से यदि निबन्ध पढ़ा जाये तो पता चलेगा कि वह बात बहाना नहीं है। वह बात किसी न किसी रूप में बराबर आघात करती रहती है और उस आघात को ओढ़ने के लिए निबन्धकार अपने भीतर के जाग्रत संस्कारों की गुहार लगाने लगता है और गुहार की तीव्रता उस बात को, ऐसा लगता है, दबा देती है। पर निबन्ध के अन्त तक वह बात दबती नहीं है। किसी न किसी रूप में, चाहे समानान्तर बात के रूप में ही क्यों न हो, बराबर उभरती रहती है। इसीलिए शैली के स्तर पर निबन्ध में एक विशेष प्रवृत्ति दृष्टिगोचर होती है। वह है, एक ख़ास वर्ण्य-विषय की बार-बार अनुस्मृति। यह ऊपर से भले ही पुनरुक्ति लगे, लेकिन भीतर से देखने पर यह स्पष्ट प्रतीत होगा कि यह पुनरुक्ति नहीं, अतिरिक्त बल देने की लाचारी है।

हिन्दी गद्य के प्रारम्भिक इतिहास से लेकर अब तक व्यक्ति-व्यंजक निबन्ध लिखे जाते रहे हैं। जो भी कृतित्व सामने उभरे हैं, उनमें समान रूप से कुछ चीज़ मिलती है। निस्संग फक्कड़पन के साथ-साथ आस-पास के जीवन से गहरी सम्पृक्तता, भाषा के सभी धरातलों पर उसकी सम्भावनाओं की खोज और नयी भाषा की रचना (सामने उपस्थित भाषा में से नयी भाषा रचने) का उत्साह (जो नये शब्दों के गढ़ने,

पुराने शब्दों को नया अर्थ देने और अत्यन्त सामान्य जीवन के वाचक शब्दों को या अत्यन्त सामान्य मुहावरों को विशेष दीप्ति से दमकाने में संलक्ष्य होता है) तथा आधुनिक बोध, जो समसामयिक चेतन को कालातीत चेतना के साथ जोड़ने का संकल्प लेकर ही उपस्थित होता है। प्रतापनारायण मिश्र, बालकृष्ण भट्ट, माधव मिश्र, चन्द्रधर शर्मा गुलेरी, पूर्ण सिंह जैसे पिछले लेखक और श्री नारायण चतुर्वेदी, हजारी प्रसाद द्विवेदी, स्व. सियारामशरण गुप्त, महादेवी वर्मा, रामवृक्ष बेनीपुरी, अज्ञेय, मुक्तिबोध और उनके बाद के लेखक, सभी ऊपर की विशेषताओं के किसी न किसी अनुपात में साझीदार हैं और ये सभी रचनाकार के रूप में अपनी रचना के प्रति बहुत सजग कलाकार हैं, साथ ही ये सभी जीवन के बहुरूप अनुभव के प्रमाता होने के कारण जीवन में भी उतने ही रमे हुए हैं, जितना अपने साहित्य-बोध में, इसीलिए इनके कृतित्त्व में एक सतरंगीपन भी है। हिन्दी का व्यक्ति-व्यंजक निबन्धकार दूसरी साहित्य-विधाओं के रचनाकारों से केवल इस मायने में विशिष्ट है कि वह बहुत आत्मीय है। वह हिन्दी के पाठक के साथ बैठकर उसके समूचे घरू परिवेश में रमकर देखता है। उसकी उदासी भी अजनबी की उदासी नहीं है (वैसे कौन साहित्यकार अजनबी नहीं होता)। उसकी उदासी एक गहरी संवेदना की उदासी है और उसकी खुशी रस्म-अदायगी नहीं, समष्टि की उल्लसित चेतना का ज्वार है।

आधुनिक साहित्य का आस्वाद : गद्य का सलोनापन

विद्यानिवास मिश्र

आधुनिक साहित्य का आस्वाद मध्यकालीन साहित्य के आस्वाद से बिल्कुल अलग है या कुछ समानताएँ भी हैं, इसका विवेचन शुरू करें, इसके पहले एक बात जान लेना आवश्यक है। आधुनिक साहित्य शुरू होता है गद्य से। पद्य आधुनिक भाषा में बाद में ढलता है। गद्य से शुरुआत होने के कारण पूरे आधुनिक साहित्य में विचार तत्त्व अधिक मुखर हुआ है। दूसरी बात यह भी घटित हुई है कि नये विचार के साथ नयी भाषा का भी आयाम प्रसूत हुआ है। यह भाषा नये ज्ञान की संवाहिका है। इसका परिणाम यह है कि साहित्य की भाषा दो दिशाओं में जाती है—एक तो सपाटबयानी की है, दूसरी वक्रोक्ति और रंगामेजी की है। यह रंगामेजी विक्टोरियन अंग्रेज़ी की दरबारदारी फ़ारसी कसीदाकारी के अधिक समीप है, वह हिन्दी के अनुकूल नहीं। उसका परिणाम यह होता है कि इस अंग्रेज़ी के साथ जो घनिष्ठ सम्पर्क होता है, वह हिन्दी भाषा को प्रतिक्रिया में अधिक उच्छल और आक्षेप-प्रवण बना देता है।

चर्चा शुरू करना चाहते हैं भारतेन्दु की रचना से। उस रचना को पूरा उद्धृत करना आवश्यक न होगा। वह रचना है—'अद्‌भुत अपूर्व स्वप्न'। जब आप इस रचना से भारतेन्दु की काव्य रचना की तुलना करेंगे तो आपको तत्काल लगेगा कि यह दो युगों की रचना है; केवल भाषा की दृष्टि से ही नहीं, बुनावट की दृष्टि से भी पृथक् है—

1. 'देखो समय-सागर में एक दिन सम्पूर्ण संसार अवश्य मग्न हो जायेगा। कालवश शशि-सूर्य भी नष्ट हो जायेंगे। आकाश में तारे भी कुछ समय बाद दृष्टि में न आवेंगे। केवल कीर्ति-कमल संसार-सरोवर में रहे वा न रहे, और सब तो एक-न-एक दिन तप्त तवे की बूँद हुए बैठे हैं।'

2. 'स्वप्न ही में प्रभात होते ही पाठशाला बनाने का विचार दृढ़ किया। परन्तु जब बड़ी थैली में हाथ डाला तो केवल ग्यारह गाड़ी ही मुहरें निकलीं। आप जानते हैं, इतने में मेरी अपूर्व पाठशाला का एक कोना भी नहीं बन सकता था। निदान अपने इष्ट मित्रों की सहायता लेनी पड़ी। ईश्वर को कोटि धन्यवाद देता हूँ, जिसने

हमारी ऐसी सुनी। यदि ईंटों के और मुहर चिनवा लेते तब भी तो दस-पाँच रेल रूपए और ख़र्च पड़ते। होते-होते सब हरिकृपा से बनकर ठीक हुआ। इसमें जितना समस्त व्यय हुआ वह तो मुझे स्मरण नहीं है। परन्तु इतना अपने मुंशी से मैंने सुना था कि एक का अंक और तीन सौ सत्तासी शून्य अकेले पानी में पड़े थे। बनने को तो एक क्षण में सब बन गया था, परन्तु उसके काम जोड़ने में पूरी पैंतीस वर्ष लगे। जब हमारी अपूर्व पाठशाला बनकर ठीक हुई, उसी दिन हमने हिमालय की कन्दराओं में से खोज-खोजकर अनेक उद्दण्ड पण्डित बुलवाए, जिनकी संख्या पौन दशमलव से अधिक नहीं है। इस पाठशाला में अगणित अध्यापक नियत किये गये, परन्तु मुख्य केवल ये हैं—पण्डित मुग्धमणि शास्त्री, तर्कवाचस्पति प्रथम अध्यापक; पाखण्डप्रिय धर्माधिकारी, अध्यापक धर्मशास्त्र; प्राणान्तक प्रसाद वैद्यराज, अध्यापक वैद्यकशास्त्र लुप्तलोचन ज्योतिषाभरण, अध्यापक ज्योतिषशास्त्र; शीलदावानल नीतिदर्पण, अध्यापक आत्मविद्या।'

'अद्भुत अपूर्व स्वप्न' की भाषा गहरी चुहलबाजी ही नहीं, बहुत ही पैनी धारदार आक्षेप भाषा भी है। इसका आरम्भ होता है रूपक रंजित भाषा से और यह तत्काल ऐसी तीखी हो जाती है कि शब्द-शब्द से गहरा आक्षेप निकलने लगता है। आप अवतरण एक की तुलना अवतरण दो से करेंगे तो पायेंगे कि अवतरण एक में मध्ययुगीन भाषा नये रूप में सँवर कर आयी है; जबकि अवतरण दो में आदि से अन्त तक अपने समय के नकलीपन की बखिया उधेड़ी गयी है। हिसाब-किताब के जाल बट्टे से लेकर शिक्षा के पाखण्ड पर कई युक्तियों से टिप्पणी की गयी है। एक युक्ति है अतिरंजना की—'जब बड़ी थैली में हाथ डाला तो केवल ग्यारह गाड़ी ही मुहरें निकलीं,' अथवा 'बनने को तो एक क्षण में सब बन गया था, परन्तु उसको काम जोड़ने में पूरे पैंतीस वर्ष लगे।' दूसरी युक्ति है संस्कृत की, अर्थगर्भ समस्त पदावली का उपयोग कर प्रकट अर्थ की भण्डता को पारदर्शी आवरण देना, जैसे ये नाम 'मुग्धमणि, पाखण्डप्रिय प्राणांतक प्रसाद, लुप्तलोचन, शीलदावानल'—ये सभी शब्द कल्पित पाठशाला के अध्यापकों के नाम हैं। इस पूरे अवतरण को पढ़ने पर लगता है कि यह निर्मल हास्य का उदाहरण है, जबकि इसके अर्थ की गहराई में जायें तो पद-पद पर गहरा व्यंग्य है। शिक्षा के व्यवसायीकरण पर भारतेन्दु की यह टिप्पणी कितनी सीधी और कितनी अर्थपूर्ण है—

'हम अपने इष्ट मित्रों की सहायता को कभी न भूलेंगे कि जिनकी कृपा से इतना द्रव्य आया कि पाठशाला का सब ख़र्च चल गया और दस-पाँच पीढ़ी तक हमारी सन्तान के लिए बच रहा। हमारे पुत्र-परिवार के लोग चैन से हाथ-पर-हाथ धरे बैठे रहें। हे सज्जनो! यह तुम्हारी कृपा का विस्तार है कि तन-मन से आप इस धर्म कार्य में प्रवृत्त हुए। नहीं तो मैं दो हाथ-पैर वाला बेचारा मनुष्य आपके आगे कौन दौड़ा था, जो ऐसे दुष्कर कर्म को कर लेता, यहाँ तो केवल घर की मूँछें-ही-मूँछें

थीं। कुछ मेह, कुछ गंगा जल, काम आपकी कृपा से भली भाँति हो गया। मैं आज के दिन को नित्यता का प्रथम दिन मानता हूँ, जो औरों को अनेक साधन से भी मिलना दुर्लभ है। धन्य है उस परमात्मा को, जिसने आज हमारे यश के डहडहे अंकुर फिर हरे किये। हे सुजन शुभचिन्तको! संसार में पाठशाला अनेक हुई होंगी, परन्तु हरि कृपा से जो आप लोगों की सकल-पूर्ण कामधेनु यह पाठशाला है, वैसी, अचरज नहीं कि अपने इस जन्म में न देखी हो।'

सबसे अधिक मार्मिक पंक्ति है 'कुछ मेह, कुछ गंगा जल, काम आपकी कृपा से भली-भाँति हो गया।' आजकल भी जो काग़ज़ी भवन बनता है और उनका सारा रूपया निकाल लिया जाता है, वह भी भारतेन्दु बाबू की कामधेनु ही है।

भारतेन्दु के इस निबन्ध में एकालाप की भाषा है, जिसमें बात ऐसे कही गयी है कि आसपास सुनने वाले हैं और वे सभी बातचीत के सहभागी हैं। इसलिए सम्बोधन कहीं 'हे मित्र' है, 'हे सुजन शुभचिन्तको' है कहीं 'हे सज्जनो' है, कहीं केवल 'आप' है। इन सम्बोधनों में अपने आप नाटकीयता है और यह नाटकीयता आधुनिक भाषा का प्रथम अभिलक्षण है। अन्तिम अवतरण पर आयें, जिसमें अध्यापकों के गुणों का वर्णन है। सबसे अधिक सटीक वर्णन है शीलदावानल जी का–

'रहे पं. शीलदावानल नीतिदर्पण! इनके गुण अपार हैं। समय थोड़ा है, इस हेतु थोड़ा-सा आप लोगों के आगे इनका वर्णन किया जाता है। ये महाशय बालब्रह्मचारी हैं। अपनी आयुभर नीतिशास्त्र पढ़ते-पढ़ाते रहे हैं। इनसे नीति तो बहुत से महात्माओं ने पढ़ी थी परन्तु वेणु, बाणासुर, रावण, दुर्योधन, शिशुपाल, कंस आदि इनके मुख्य शिष्य थे, और अब भी कोई कठिन काम आकर पड़ता है तो अंग्रेज़ी न्यायकर्ता भी इनकी अनुमति लेकर आगे बढ़ते हैं। हम अपने भाग्य की कहाँ तक सराहना करें। ऐसा तो संयोग इस संसार में परम दुर्लभ है।'

इसमें टीप का बन्द है। 'अब भी कोई कठिन काम आकर पड़ता है तो अंग्रेज़ी न्यायकर्ता भी इनकी अनुमति लेकर आगे बढ़ते हैं।' अंग्रेज़ी न्याय व्यवस्था पर, जिसने निर्दोष नन्द कुमार को फाँसी दी थी, इससे तीखी टिप्पणी नहीं की जा सकती। विद्यालय को व्यवस्था पर भी उन्होंने टिप्पणी की है–'प्रथम तो हम किसी अध्यापक को मासिक देंगे नहीं और दिया भी तो अभी दस-पाँच वर्ष पीछे देखा जायेगा। यदि हमको भोजन की श्रद्धा हुई तो भोजन का बन्धान बाँध देंगे, नहीं यह नियत कर देंगे कि जो पाठशाला सम्बन्धी द्रव्य हो उसका वे सब मिलकर नाम लिया करें।'

इस लेख के अन्त में पाठ्यक्रम में निर्धारित पुस्तकों का नाम है। इस नामावली में भी तत्सम शब्दों का प्रयोग आडम्बर डालने के लिए है–

व्याकरण–मुग्धमंजरी, शब्दसंहार, अज्ञानचन्द्रिका।

धर्मशास्त्र–वंचकवृत्तिरत्नाकर, पाखण्ड-विडम्बन, अधर्मसेतु।

वैद्यक–मृत्युचिन्तामणि, मनुष्य-धन-हरण, कालकुठार।

16. अखिलेश कुमार दुबे, प्रोफेसर, हिन्दी एवं तुलनात्मक साहित्य विभाग, महात्मा गांधी अन्तरराष्ट्रीय हिन्दी विश्वविद्यालय, वर्धा महाराष्ट्र, 442001
17. सुनील कुमार, 'मानस', सम्पादक 'आलोचना दृष्टि' आजाद नगर, बिन्दकी फतेहपुर, 212635
18. सत्यदेव त्रिपाठी, मातरम्, 26 गोकुलनगर, डी.एल.डब्ल्यू, केन्द्रीय विद्यालय रोड, वाराणसी (उ.प्र.)
19. विद्याबिन्दु सिंह श्रीवत्स, 45, गोखले बिहार मार्ग, लखनऊ